双碳发展 研究丛书

丛书总主编＝王振
丛书总副主编＝彭峰 陈潇 陈韦

全球碳中和
合规研究

彭峰 安翊青 居晓林 等著

CARBON PEAKING
CARBON NEUTRALITY

RESEARCH ON GLOBAL CARBON
NEUTRAL COMPLIANCE

碳达峰与碳中和会给中国经济社会发展带来广泛而深远的影响。"双碳"既是中国高质量发展转型的内在要求，也是建设人与自然和谐共生的现代化的必要条件。在实现"双碳"目标进程中，不仅会重塑中国能源结构，而且会给生态文明建设、经济社会发展转型等注入新的活力，可以大幅拓展发展空间，激发创新活力，加速中国经济社会各领域的低碳绿色转型。

——安徽长三角双碳发展研究院首席专家 胡保林

"双碳"发展不仅是技术与产业的创新发展，而且是社会经济系统的转型发展，所以必须以社会科学的视角更加深入地观察和研究其发展的历史轨迹、国际经验和生动实践。

——阳光电源股份有限公司中央研究院院长 赵为

丛 书 序 一

全球气候变化对地球生态系统和人类生产生活带来的严重威胁,是当今世界关切的重大议题。在工业化进程中,人类大量消耗化石能源并把其中的二氧化碳释放到环境中,向大气中排放了上万亿吨的温室气体。由于自然界无法吸收、固定,人类也无法利用这么多的温室气体,大气圈中温室气体浓度不断增加,地球表面平均温度比工业化之前提高了 1.1 摄氏度。

为解决地球表面温度升高而造成的环境灾难,联合国通过了《联合国气候变化框架公约》(1992 年)、《京都议定书》(1997 年)、《巴黎协定》(2015 年)等。1992 年,在里约召开的联合国环境与发展大会达成了《联合国气候变化框架公约》(UNFCCC),要求各缔约方努力控制温室气体排放,到 2050 年全球温室气体排放总量要比 1990 年减少 50%,地球大气层中温室气体浓度不超过 450 ppm,其中二氧化碳的浓度不超过 400 ppm,以确保到 21 世纪末,地球的表面温度变化不超过 2 摄氏度。2015 年,新达成的《巴黎协定》要求为升温控制在 1.5 摄氏度以内而努力,并提出在 21 世纪下半叶全球实现碳中和的目标。因此,持续减少温室气体排放是全球应对气候变化的重要任务。我国也是国际气候公约的缔约国之一。

在 2022 年 4 月,联合国政府间气候变化专门委员会(IPCC)发布的第六次评估报告显示:当今全球温室气体年均排放量已达到人类历史上的最高水平,如不立即开展深入减排,将全球变暖限制在 1.5 摄氏度以内的目标将遥不可及。联合国秘书长古特雷斯也再次呼吁全球必须采取行动应对气候变化,气候变化已经将人类推向生死存亡的紧要关头。在全球气候危机下,越来越多的国家和地区意识到控制全球变暖刻不容缓,尽快实现碳达峰、碳中和已箭在弦上。

截至 2021 年底,全球已有 136 个国家提出碳中和目标,欧盟、美国、日本等主要国家和地区均提出到 2050 年实现碳中和。截至 2022 年 4 月,已有 45

个国家出台碳中和相关立法或政策文件,上百个国家和地区将碳中和行动上升为国家或地区战略。近年来,欧盟发布了《欧洲绿色协议》和《欧洲气候法》,英国、德国等也通过了相关气候变化法案,以法律形式明确了中长期温室气体减排目标,美国发布《迈向2050年净零排放的长期战略》,日本发布《绿色增长战略》。同时,世界上很多地区、城市、企业也纷纷自发地提出碳中和战略目标。传统的石油巨头如BP、壳牌、美孚、道达尔等已开启低碳转型之路。苹果公司提出了全产业链碳中和行动计划,要求其每一个零部件供应商、系统集成商都要实现碳中和;欧洲汽车企业响应政府号召,纷纷制订碳中和行动计划和路线图,其中一项就是要求与自己合作的企业制订"可测量、可核查、可报告"的行动计划和路线图,这涉及了很多来自中国的企业。

在2020年9月召开的联合国气候大会上,我国作出力争2030年前实现碳达峰、2060年前实现碳中和的目标承诺。随后,我国将碳达峰、碳中和目标写入国民经济"十四五"规划及相关专项规划。我国已将"双碳"作为国家战略加以实施,中央已经对碳达峰、碳中和工作作出部署,提出了明确要求。中共中央、国务院发布了《关于完整准确全面贯彻新发展理念做好碳达峰碳中和工作的意见》(2021年9月22日),围绕"十四五"时期以及2030年前、2060年前两个重要时间节点,对碳达峰、碳中和工作作出系统谋划,提出了总体要求、主要目标和重大举措,明确了我国实现碳达峰碳中和的时间表、路线图,是指导做好碳达峰碳中和工作的纲领性文件。随后,国务院印发了《2030年前碳达峰行动方案》(2021年10月24日)。当前,各行各业、各个部门、各个地方都在落实中央部署,为实现碳达峰碳中和积极谋划制定蓝图和实施路径。我国距离实现碳达峰目标已不足10年,从碳达峰到实现碳中和也仅剩30年,我们面临时间紧、幅度大、任务重、困难多的超级压力,但是我国必须要坚定不移地实现"双碳目标",这是我国主动要做的战略决策。

碳达峰、碳中和给我国发展带来了巨大挑战,同时也带来了转型升级的历史性机遇。我们要看到面临的问题和一些躲不开的挑战,比如:硬任务与硬约束的挑战。我国计划在2035年基本实现社会主义现代化,到本世纪中叶建成社会主义现代化强国,仍需要大力发展,这是硬任务,随之带来能源需求的强劲增长;而我国目前是全球最大的能源消费国和碳排放国家,要在2060年前实现碳中和,必须大幅度减少碳排放,这是硬约束。这一升一降对我国实现强国目标和零碳目标带来极大挑战。又如:结构转型与技术发展水平的挑战。当前我国经济社会正处于转型的关键期,结构转型已进入深水区,升级难度大大增加。高质量发展和碳中和的目标要求能源、运输、工业、农业、建筑、消费等各个领域加快转型,构建起绿色低碳循环的新经济体系,转型任务很重。经研究测算,依我国现在的能源结构沿用旧的传统办法实现不了"双碳目标"和美丽中国愿景,依靠科技创新将对最终解决生态环境问题、实现碳达峰、碳中和带来希望和保证。绿色发展转型需要创新驱动,需要掌握更多的绿色核心技术、大幅度减碳降碳技术等,而目前我国很多领域受制于核心关键技术的制约。再如:能源替代转换的挑战。以新能源替代化石能源是实现碳中和的根本路径,而我国降碳的能源结构先天不足,"富煤、贫油、少气"是我国的能源禀赋,现实能源结构中的化石能源占比高达84.7%,而且大部分是煤炭,洁净化程度不高,是高碳能源结构;新能源(非化石能源包括可再生能源和核能)占一次能源消费的比重偏低,为15.3%。陆地太阳能、风能及水能资源分布存在明显的地区性与季节性时空差异,不稳定性与相对成本较高给大规模均衡发展新能源带来一定制约;我国的能源利用效率总体上偏低,GDP能源强度和GDP碳排放强度仍处在高位。这些情况对我国建立现代能源体系以解决高碳结构问题带来了极大挑战。

挑战也是机遇,机遇与挑战并存。在全球及全国碳中和的大趋势下,我们的减碳已经不是讨论做不做的问题了,而是面临如何来做的问题,实质上是一场转变发展机制、促进发展转型的演进。碳达峰和碳中和会给我国经济社会发展带来广泛而深远的影响。"双碳"既是我国高质量发展转型的内在要求,也是建设人与自然和谐共生的现代化的必要条件。在实现"双碳"目标进程中,不仅会重塑我国能源结构,而且会给生态文明建设、经济社会发展转型等注入新的活力,可以大幅拓展我国发展空间,激发创新活力,加速我国经济社会各领域低碳绿色转型,给低碳零碳的新兴行业产业带来迅猛发展的难得机遇和新的经济增长点,将带动新动能、新市场、新经济、新产业、新业态、新技术、新材料、新消费的崛起,加速形成绿色新经济体系。

推进绿色低碳转型、走碳中和绿色发展之路是复杂的系统工程,不可能一蹴而就,需要把握好节奏,统筹处理好国际要求与国内实际、短期措施与长期规划、快速减碳与能源粮食及供应链安全、任务繁重与储备不足等关系,特别是要提高我国治理体系与治理能力现代化水平。要采取综合措施:以生态文明引领建设人与自然和谐的现代化国家;加快调整经济结构和改善环境质量,构建绿色经济体系;告别资源依赖,走科技创新之路;推动能源、交通、工业、农业、建筑、消费等各领域的低碳零碳革命;推进减污降碳协同增效;提高碳汇能力；用好绿色投资。我们应当继续全面协调发展、能源、环境与气候变化之间的关系，把"双碳"要求渗透到整个发展进程的各个环节，综合运用好全部政策工具和治理手段推进"去碳化"进程，积极探索低碳零碳发展模式，并根据我国地区差异性大的实际，分梯次、分阶段因地制宜制定及有序实施本地区的碳达峰碳中和施工图。

国外发达国家在绿色低碳技术创新、新能源与清洁能源、绿色低碳产业等战略研究与战略实施上进行了大量探索，为我国以及其他发展中国家加快实现碳中和提供了重要借鉴。随着我国双碳战略的深入推进，我国对全球双碳发展战略研究与双碳发展理论创新有着前所未有的需求。在这特殊时代背景下，上海社会科学院信息研究所与安徽长三角双碳发展研究院共同谋划，组织研究并撰写了双碳发展研究丛书。丛书突出全球视野、中国实践的特色，既观察和研究全球主要国家的双碳之路，包括了国家战略、政策法规、城市实践、企业案例等内容，也跟踪和探讨我国推进双碳驱动绿色发展的宏观战略部署、政策法规建设、地方和企业实践、双碳理论等内容。通过持续的努力，不断发展和丰富关于双碳发展的比较研究、案例研究、政策研究和理论研究，形成不断深化拓展的系列研究成果。这套丛书既有全球战略高度，又紧扣时代特征，具有十分重要的理论和现实价值，将为全国及各地深入推进实施双碳战略提供重要参考和支撑，可谓恰逢其时、正当其用。

减碳降碳是我国的长期任务，需要更多的科研工作者和实践者围绕双碳发展诸多问题开展进一步的深入研究和探索。我也希望更多的社会力量投身于双碳发展研究中来，为我国顺利实现双碳目标做出自己的贡献。

安徽长三角双碳发展研究院首席专家
胡保林
2022 年 8 月 30 日

丛 书 序 二

  2021年被称为"双碳"元年,为落实《巴黎协定》的庄严承诺,我国提出了2030年碳达峰、2060年碳中和的目标,并正全面启动"1+N"政策体系建设,科学提出实现双碳目标的时间表、路线图,力争用40年,实现国家能源战略转型。这一重大国家战略的提出和实施,不仅为新能源产业发展提供了重大机遇,也为我国经济长期可持续发展提供了巨大新动能。早在本世纪初,作为工业化发展大国,我国对新能源产业就予以了积极关注,各地通过国际合作和技术创新,纷纷把新能源产业列为加强培育的未来产业。历经二十余年发展,新能源产业已经成为我国经济发展的重要支柱产业,而且在全球新能源发展格局中也已占据举足轻重的地位。我们看到,国家正举全国之力实施双碳战略,为此已陆续出台多项政策,进一步加大倾斜力度,推进新能源技术创新和能源结构变革,为加快实现双碳目标创造更加积极有利的条件。预计到2030年,我国非化石能源消费比例将达到25%以上,在2020—2030年的时间段内,每年预计可再生能源新增装机1亿千瓦,将逐步建成以可再生能源为主体的新型电力系统。

  我国宣布将从政策制定、能源转型、森林碳汇三方面采取行动,稳步有序推进能源绿色低碳转型。围绕"双碳"所实施的战略行动,必将带来能源体系的重大创新变革,必将带来各行各业"能源变革+"的影响和变革。双碳之路全面启航,能源领域的创新正在成为行业发展新的驱动力,新能源应用场景正在加速多样化,"无处不在"的新能源电力,已不再是遥远的梦想。

  阳光电源是一家专注于太阳能、风能、储能、氢能、电动汽车等新能源电源设备的研发、生产、销售和服务的国家重点高新技术企业。主要产品有光伏逆变器、风电变流器、储能系统、水面光伏系统、新能源汽车驱动系统、充电设备、可再生能源制氢系统、智慧能源运维服务等,致力于提供全球一流的清洁能源全生命周期解决方案。公司二十多年的发展得益于国家对新能源行业的积极扶持和大力推动,公司的每一步印记都与时代的大潮交相呼应。公司从核心技术与市场开拓两端发力,形成"技术+市场"双轮驱动的生态化发展模式,已成为清洁电力转换技术全球领跑者。同时,公司持续稳固扩大海外布局,快速抢占新兴市场渠道,不断提升在全球清洁电力领域的影响力和竞争力。

在全球双碳发展的大背景下,立足国内、面向国际的阳光电源,以敏锐眼光,率先聚焦"光、风、储、电、氢、碳"等新能源主赛道,坚持以技术创新为导向构建全产业链体系。公司重视与大学和科研院所的深度交流,已经和合肥工业大学、中国科学技术大学、浙江大学、上海交通大学、中国科学院物质研究院等开展合作。2021年,首次尝试与国家高端智库上海社会科学院信息研究所进行合作,共同成立了安徽长三角双碳发展研究院,期望在双碳大数据开发利用与决策咨询领域进行长期合作,优势互补,打造新型智库,共同为政府和企业献计献策。

我们认为,"双碳"发展不仅是技术与产业的创新发展,而且是社会经济系统的转型发展,所以必须以社会科学的视角更加深入地观察和研究其发展的历史轨迹、国际经验和生动实践。我们积极支持上海社会科学院与安徽长三角双碳发展研究院组织力量研究和编撰双碳发展研究丛书,以期对全球最新的战略、政策、法律、产业、技术发展趋势进行多角度的观察和评估,供政策制定者、业界同行等参考,为双碳事业发展贡献微薄之力。

阳光电源股份有限公司中央研究院院长

赵　为

2022 年 9 月 1 日

前　言

2023年12月27日,《中共中央国务院关于全面推进美丽中国建设的意见》发布,重申了我国"积极稳妥推进碳达峰碳中和"的战略目标,这不仅是我国实现绿色增长、加快经济转型的内在要求,也是应对全球"环境、社会与治理(ESG)"浪潮的需要。2023年,在双碳合规领域,不论全球还是我国,发生了一系列重要的事件。碳中和合规并非一个已经形成的共识,或约定俗成的概念。与我国碳达峰碳中和目标相比,主要发达国家已经实现碳达峰,现有规范体系旨在推动实现国家达到碳中和目标。因此,本书主要是跟踪这些先进国家的法律规范动态,展开迈向碳中和的合规问题的比较研究,其研究内容并不限于环境法规范,而是横跨各部门法学规范。

早在2022年,上海社会科学院在双碳研究领域已经与里格律师事务所开展深入合作,并于当年12月12日,由上海社会科学院主办、里格律师事务所协办了中日邦交50周年正常化纪念活动,即以"中日碳中和互鉴:战略、政策与技术创新"为主题的"2022中日碳中和论坛",旨在推进中日碳中和领域合作,助力全球实现双碳目标。2023年初,上海社会科学院法学研究所与里格律师事务所签订了全面合作协议,后里格律师事务所并入段和段律师事务所,在前期合作的基础上,同年11月,上海社会科学院法学研究所与段和段律师事务所签订战略合作协议,双方进一步深耕数智双碳合规研究领域,为此,特联合成立了数智双碳合规研究中心。双方于2023年12月27日共同主办了"首届数智双碳合规江畔论坛";2024年1月31日,双方共同评选和发布了首份《中国企业走出去——2023全球双碳法治热点事项观察》,产生了一定的专业和社会影响力。

在此深度合作的基础上,2023年,段和段律师事务所也成立了ESG(Enviroment, Society and Governance,环境、社会与治理)研究中心。ESG 相关概念虽然起源于欧美,但截至目前已经演化为一种全球性的发展理念。全球众多国家均在大力倡导 ESG 投资理念,并逐步制定和完善 ESG 相关的制度和政策。中国企业在对外投资、对外承包工程、进出口贸易等重点领域,面临着巨大的 ESG 合规压力,而段和段作为一家公认的涉外法律服务的头部律所,将充分发挥自身在涉外法律服务领域的专业优势和境内外办公室的协同效应,为中国企业"走出去"保驾护航,推动和提升中国涉外企业的 ESG 能力和水平。目前,段和段已经与上海社会科学院法学研究所、信息研究所等相关机构和其他院校、企业建立了紧密的合作。本书的最终成稿即是双方合作的一项重要成果。未来,段和段将继续加大投入,在数智双碳领域发挥作用:协助有关部门制定 ESG 标准体系及规则指引;协助企业客户编制 ESG 报告;与高校智库、学术机构合作开展 ESG 相关领域的科学研究,培养 ESG 相关人才;提供 ESG 公益培训服务;为 ESG 创新业务提供法律支持等。

本书的撰写,由彭峰提出框架、组织协调,彭峰、何卫东、姚魏负责修改统稿,张梁雪子、梁婧对统稿工作给予了协助。本书各章执笔分工如下:第一章,居晓林、陈思彤、甘景辉、彭峰;第二章,李海棠;第三章,张梁雪子、彭峰;第四章,尹琳、安翊青;第五章,程飞鸿、茹煜哲、梁婧;第六章,吴春潇、曲璇;第七章,岳小花、严海媚;第八章,岳小花、严海媚;第九章,姚魏、陈思彤、何卫东。

本书是"双碳发展研究丛书"的第四本。本丛书是由上海社会科学院原副院长王振研究员领导的团队,紧紧围绕国家"双碳"发展大局,与长三角双碳发展研究院合作开展的系列研究成果。本书的写作团队横跨京沪两地的研究人员,团队协调难度大;在写作过程中,团队不定期组织头脑风暴会,沟通过程中由于地域的限制,多采用线上线下结合的会议形式,沟通上有一定的不便。本书的出版不仅要感谢团队的通力合作,也要感谢为本书的研究和编写提供诸多服务的人士。感谢阳光慧碳科技有限公司陈潇总裁、陈韦副总裁一如既往的支持和指导,感谢上海社会科学院出版社对本书出版提供的帮助。

在前几本研究成果的基础上,本书研究内容从碳中和战略、碳管理政策,进一步深化到了合规领域,团队合作方也进一步扩大。本书率先以全球视野进行前沿立法、司法、合规议题的跟踪、观察和研判,以期在 ESG 与双碳合规研究领域,抛砖引玉,为之后更多学术或实务机构开展研究提供基础。由于团队研究能力与精力有限,本书内容不尽完善,敬请读者批评指正。

彭　峰

上海社会科学院法学研究所研究员、

数智双碳合规研究中心主任

居晓林

段和段律师事务所副主任、

ESG 研究中心主任

2024 年 2 月 21 日

目　　录

丛书序一　　　　　　　　　　　　　　　　　　　　　　1
丛书序二　　　　　　　　　　　　　　　　　　　　　　1
前言　　　　　　　　　　　　　　　　　　　　　　　　1

第一章　全球碳中和合规展望　　　　　　　　　　　1
　　第一节　我国碳中和合规研究趋势　　　　　　　　1
　　第二节　全球气候规范发展趋势　　　　　　　　　6
　　第三节　全球气候司法裁判趋势　　　　　　　　　25

第二章　美国碳中和合规研究　　　　　　　　　　　36
　　第一节　政策演变与司法判例　　　　　　　　　　36
　　第二节　信息披露合规　　　　　　　　　　　　　51
　　第三节　碳交易市场合规　　　　　　　　　　　　60
　　第四节　投资与金融合规　　　　　　　　　　　　68
　　第五节　法律责任　　　　　　　　　　　　　　　74

第三章　欧盟碳中和合规研究　　　　　　　　　　　84
　　第一节　政策演变与司法判例　　　　　　　　　　84
　　第二节　信息披露合规　　　　　　　　　　　　　95
　　第三节　碳交易市场合规　　　　　　　　　　　　105
　　第四节　投资与金融合规　　　　　　　　　　　　116
　　第五节　法律责任　　　　　　　　　　　　　　　126

第四章　日本碳中和合规研究　　134
第一节　政策演变与司法判例　　134
第二节　信息披露合规　　143
第三节　碳交易市场合规　　147
第四节　投资与金融合规　　152
第五节　法律责任　　157

第五章　英国碳中和合规研究　　162
第一节　政策演变与司法判例　　162
第二节　信息披露合规　　171
第三节　碳交易市场合规　　177
第四节　投资与金融合规　　184
第五节　法律责任　　188

第六章　法国碳中和合规研究　　194
第一节　政策演变与司法判例　　194
第二节　注意义务合规　　203
第三节　信息披露合规　　210
第四节　投资与金融合规　　214
第五节　法律责任　　219

第七章　新西兰碳中和合规研究　　223
第一节　政策演变与司法判例　　223
第二节　信息披露合规　　234
第三节　碳交易市场合规　　242
第四节　投资与金融合规　　249
第五节　法律责任　　256

第八章　澳大利亚碳中和合规研究　　262
第一节　政策演变与司法判例　　262

第二节　信息披露合规	271
第三节　碳交易市场合规	281
第四节　投资与金融合规	290
第五节　法律责任	297

第九章　加拿大碳中和合规研究

第一节　政策演变与司法判例	303
第二节　信息披露合规	317
第三节　碳交易市场合规	323
第四节　投资与金融合规	330
第五节　法律责任	340

第一章　全球碳中和合规展望

碳中和合规是一个还未形成统一学术概念的领域，法学学术界对涉碳法律问题的研究，通常被统摄在"气候"或"双碳"法律问题这一宏大研究主题之下，该主题下的国内现有学术文献汗牛充栋，主要集中在经济学、管理学领域，法学理论界和实务界讨论相对较少，仅在环境法领域形成了一定的学术热点。通过聚焦于法学这一领域的文献观察可知，现有研究主要围绕"气候变化法""气候变化立法""气候变化司法""气候信息披露""碳排放交易"等主题展开，且这类研究呈现国内与国际基本同步的趋势。本章试图从整体研究、全球气候规范发展、全球气候司法裁判等三大趋势的角度勾勒一个全球图景。

第一节　我国碳中和合规研究趋势

合规（compliance），首先发端于美国，对于其含义，目前学术界和实务界并未统一，各有不同理解。企业合规具有三个方面的基本含义：一是从积极的层面看，企业合规指企业经营中遵守法律和规则，督促员工、第三方以及其他商业伙伴依法依规进行经营活动；第二，从消极层面看，指企业为避免或减轻因违法违规经营而可能受到的行政责任、刑事责任，以及避免更大经济或其他损失所采取的公司治理方式；第三，从外部激励角度，为鼓励企业积极建立或改进合规计划，国家通过法律规定将企业合规作为宽大行政处理和刑事处理的重要依据，使企业通过建立合规计划收到一定程度的法律奖励。①

---

① 陈瑞华：《企业合规基本理论（第三版）》，法律出版社2022年版，第7页。

一、合规义务与风险识别

2020年9月22日,第七十五届联合国大会一般性辩论上,习近平总书记郑重宣布:"中国将提高国家自主贡献力度,采取更加有力的政策和措施,二氧化碳排放力争于2030年前达到峰值,努力争取2060年前实现碳中和。"2020年12月12日,习近平总书记在气候雄心峰会上进一步宣布:到2030年,中国单位国内生产总值二氧化碳排放将比2005年下降65%以上,非化石能源占一次能源消费比重将达到25%左右,森林蓄积量将比2005年增加60亿立方米,风电、太阳能发电总装机容量将达到12亿千瓦以上。习近平总书记将"双碳"战略写入党的二十大报告,提出:"积极稳妥推进碳达峰碳中和。"建设人与自然和谐共生的现代化,内在要求我们立足我国能源资源禀赋,把系统观念贯穿"双碳"工作全过程,增加碳吸收、减少碳使用、加强碳转换、控制碳排放,积极稳妥地向"双碳"目标迈进。由于习近平总书记"双碳"战略顶层设计的提出,学术界围绕这一主题展开研究,进行理论创新,形成了一定的热潮。企业界与实务界则随着国家"双碳"战略布局,我国积极参与全球气候治理与绿色转型的竞争与博弈,中国企业走出去与全球海外战略布局的兴起,形成了一定的现实压力和合规需求。最典型的例子即气候披露合规,欧盟2023年1月5日生效的《企业可持续性发展报告指令》(CSRD),要求欧盟企业(包括非欧盟公司符合条件的欧盟子公司)报告其业务活动对环境和社会的影响及其环境、社会和治理(ESG)工作和举措对业务的影响;随后2024年3月6日,美国证券交易委员会(United States Securities and Exchange Commission,SEC)正式通过《加强和规范投资者的气候相关信息披露规则》,要求美股上市公司(不限于美国公司)对气候相关信息进行强制披露。已经具有海外布局和全球战略能力的中国企业将立即面临来自欧盟和美国的气候信息披露合规压力。

企业合规所应遵守的法律法规包括以下几类:第一,国家制定的法律法规;第二,商业惯例和伦理规范,如行业协会的规范等;第三,企业自行颁布的规章制度;第四,外国法律法规、国际公约或国际惯例等。[1]标准也是重要的合规依据,ISO 37301是一项合规管理体系(compliance management systems,CMS)的国际标准,它为在组织内部建立、开发、实施、评估、维护和改进有效且

---

[1] 陈瑞华:《企业合规基本理论(第三版)》,法律出版社2022年版,第7页。

响应迅速的合规管理体系提供了指导方针和指南。根据 2021 年 4 月发布的 ISO 37301 的定义,就是履行组织的全部合规义务;合规义务则是被定义为组织必须遵守的强制性要求,以及组织自愿选择遵守的要求。在 ISO 19600：2014 中,合规义务被分为合规要求和合规承诺。ISO 37301 是 ISO 19600 的替代。

根据合规标准 ISO 037301 的规定,可以归纳出强制性合规的事项包括:第一,法律法规;第二,许可、执照或其他形式的授权;第三,监管机构发布的命令、条例或指南;第四,法院判决或行政决定;第五,国际条约、公约和协议。组织自愿合规的事项包括:第一,与公共权力机构、社会团体或非政府组织签订的合同或协议;第二,与客户、合作伙伴等签订的合同或协议;第三,组织的要求,如方针和程序;第四,自愿的原则或规程;第五,自愿性标志或环境承诺;第六,与组织签署合同产生的义务;第七,相关组织和产业的标准等。[①]

合规风险并不完全直接来自法律法规或规章制度,而是来自合规义务的不确定性,以及履行合规义务的不确定性。[②]《中央企业合规管理指引(试行)》中,国务院国资委把风险评估称为"风险识别",其采纳了 ISO 37310 的规定。ISO 37310 将合规风险评估定义为"组织应基于合规风险评估、识别、分析和评价其合规风险。"《中央企业合规管理指引(试行)》(简称《指引》)第 18 条规定要求中央企业"建立合规风险识别预警机制,全面系统梳理经营管理活动中存在的合规风险,对风险发生的可能性、影响程度、潜在后果等进行系统分析,对于典型性、普遍性和可能发生较严重后果的风险及时发布预警"。

二、迈向碳中和合规的类型和方向

我国碳中和合规的研究领域,可能主要集中在以下几个方面:

第一,碳排放交易合规领域。2021 年 1 月 1 日,我国碳市场全面开启,中国碳市场第一个履约周期正式启动,7 月 16 日正式开市,首个履约周期到 2021 年 12 月 31 日截止,涉及 2 225 家发电行业重点排放单位。为保障全国强制碳排放交易市场的有序进行,2020 年 12 月 25 日生态环境部发布《碳排放权交易管理办法(试行)》,并于 2021 年 2 月 1 日施行。2023 年 10 月 19 日,生

[①] 李素鹏、叶一骏、李昕原:《企业合规管理实务手册》,中国工信出版集团 人民邮电出版社 2022 年版,第 3—4 页。

[②] 李素鹏、叶一骏、李昕原:《企业合规管理实务手册》,中国工信出版集团 人民邮电出版社 2022 年版,第 89 页。

态环境部和市场监管总局联合发布新修订的部门规章《温室气体自愿减排交易管理办法（试行）》，对温室气体自愿减排交易及其相关活动的各环节作出规定，对各主体权利、义务及法律责任进行了明确。同年11月16日，三项重要配套制度《温室气体自愿减排注册登记规则（试行）》《温室气体自愿减排交易和结算规则（试行）》《温室气体自愿减排项目设计与实施指南》发布。我国CCER交易市场经过2012年上线，2017年被暂缓，本次部门规章的修订标志着CCER自愿交易市场重新启动。2024年1月5日国务院第23次常务会议通过了《碳排放权交易管理暂行条例》，并于2024年5月1日施行。目前，已经出现了碳排放交易的合同类纠纷。

第二，ESG信息披露合规领域。2021年5月，生态环境部印发了《环境信息依法披露制度改革方案》的通知，明确了环境信息强制披露主体：重点排污单位；实施强制性清洁生产审核的企业；因生态环境违法行为被追究刑事责任或者受到重大行政处罚的上市公司、发债企业；法律法规等规定应当开展环境信息强制性披露的其他企业事业单位等。除了传统的污染信息披露外，碳排放信息也纳入了披露范围。根据上述改革方案，2021年12月11日，生态环境部印发了《企业环境信息依法披露管理办法》。受到欧美及其他国家和地区ESG信息披露浪潮的影响，2024年2月8日，沪深北三大交易所发布上市公司自律监管指引文件《可持续发展报告（试行）》（征求意见稿）以及起草说明，意见征求阶段截至2024年2月29日，并于4月12日正式发布，5月1日起实施。《指引》包括总则、可持续发展信息披露框架、环境、社会、公司治理具体披露要求，旨在助力构建具有中国特色、规范统一的上市公司可持续发展信息披露规则体系。2024年2月21日，工信部印发《工业领域碳达峰碳中和标准体系建设指南的通知》，要求到2025年，初步建立工业领域碳达峰碳中和标准体系，制定200项以上碳达峰急需标准，为工业领域开展碳评估、降低碳排放等提供技术支撑；到2030年，形成较为完善的工业领域碳达峰碳中和标准体系，加快制定协同降碳、碳排放管理、低碳评价类标准，实现重点行业重点领域标准全覆盖，支撑工业领域碳排放全面达峰，标准化工作重点逐步向碳中和目标转变。我国双碳标准化体系建设时代到来，也意味着全行业ESG自愿披露与强制披露相结合时代的到来。与信息披露有关的双碳标准体系以及各种行业规范的持续发布，将给企业合规带来较大的影响。

第三，与国际贸易问题有关的环境与气候合规。这一类合规与中国企业走出去利益密切相关。这一合规领域需要密切关注欧盟2023年5月16日发布的(EU)2023/956碳边境调节机制(CBAM)指令,它要求在欧盟境外生产的货物,根据其生产过程中的碳排放,在进入欧盟市场时支付一个碳价格,以解决碳泄漏的问题。CBAM目前所规定的货物大类包括水泥、电力、化肥、钢铁、铝、氢。温室气体包括二氧化碳、一氧化二氮、全氟化碳,对比EU ETS所覆盖的行业范围——电力、炼油、钢铁、铝、金属、水泥、石灰、玻璃、陶瓷、造纸、酸、化学品、航运、海上运输等,暂时较窄,但CBAM范围的逐步扩大将是趋势。美国两党分别向国会提出了类似欧盟版的边境碳调节提案,此外加拿大以及其他大国对CBAM的国内立法变化及其对策,是否引起新的国际贸易问题,需要进行密切的跟踪。

第四,能源与气候变化司法与纠纷解决。2023年2月17日,最高人民法院发布首部涉双碳司法政策文件《关于完整准确全面贯彻新发展理念为积极稳妥推进碳达峰碳中和提供司法服务的意见》,首批包括11起司法典型案例;同年6月5日,最高人民检察院发布了10起检察机关服务保障碳达峰碳中和典型案例,覆盖比特币"挖矿"、温室气体排放侵权、碳配额转让、碳配额清缴行政处罚、碳配额强制执行、碳汇赔偿等多个领域。根据最高人民法院的统计,2016年以来全国各级法院一审审结涉碳案件中涉经济社会绿色转型案件占比1.4%;涉产业结构调整案件占比11.9%;涉能源结构调整案件占比80.4%;涉碳市场交易案件占比0.06%;其他案件占比6.2%。[1]国际商会(ICC)仲裁与争议解决替代方式(ADR)委员会在国际商会环境与能源委员会的帮助下,也成立了名为"气候变化相关争议仲裁"工作组,明确定义了什么是"气候变化相关争议",即对能源、土地、城市与基础设施以及工业系统迅速而彻底变革的需求会在全球范围内引发对气候变化的回应,所催生新的投资与合同及其他法律的争议,包括:第一,为履行《巴黎协定》相关承诺而签订的实施能源等系统转型、减排和气候适应的合同。第二,合同虽然没有任何与气候相关的具体目的或主题,但因其所产生的争议会涉及或引起气候或其他相关环境问题。第三,为解决现存气候变化或其他环境问题而形成的、可能涉及受影响的群体与人口的事后仲裁协议或其他具体协议。[2]双碳的司法案件以及能源与气候变化纠纷都将出现一定程度的增长。

第五,气候变化问题的刑事合规。我国已经开始有学者关注到刑法对气

---

[1] 《2023年中国双碳法治十大事件》,载微信公众号"中南环境法",2024年2月2日。
[2] ICC报告:《通过仲裁和ADR解决气候变化相关争议》,载微信公众号"ICC国际商会",2021年10月9日。

候变化问题的规制这一主题。①2023年8月8日,最高人民法院和最高人民检察院联合发布《关于办理环境污染刑事案件适用法律若干问题的解释》(法释〔2023〕7号),在《刑法修正案(十一)》已经将环境影响评价的虚假证明纳入刑法的基础上,进一步扩大规制力度,将承担温室气体排放检验检测、排放报告编制或者核查等职责的中介组织的人员故意提供虚假证明文件且情节严重的行为,纳入刑法第229条第1款规定的虚假证明文件罪的适用范围,对于碳数据造假行为最高可以判处有期徒刑并处罚金。双碳的刑事合规还具有一定的风险防范空间。

第二节 全球气候规范发展趋势

早在1971年,就有科学家警告人类行为,大量化石燃料的使用可能引发严重的气候危机。1987年世界环境与发展委员会的报告《我们共同的未来》已经关注到气候变化问题。全球气候规范的发展趋势主要分为两个方向:第一,国际气候法的发展,从1992年《联合国气候变化框架公约》到1997年《京都议定书》到2015年《巴黎协定》作为一个阶段,后巴黎时代是一个全新阶段的开始,"阿联酋共识"将是化石燃料时代的"终结之始","终结化石能源"的新时代即将到来。第二,比较法上,各地区与各大国之间气候立法的竞争为碳中和合规提供了规范基础,立法优先路径也分为三大选项:其一为产业链重构的优先路径;其二为信息披露先导的ESG规范先行路径;其三为气候变化基本法或框架法的政策宣示路径。在制度工具选择上,气候领域的信息规制和市场机制的规范正在逐步向全球趋同的方向发展。本节将分别对这几个部分展开详细论述。

一、国际气候法律规范

国际气候机制主要以《联合国气候变化框架公约》(简称《公约》)及《巴黎协定》作为规则与机制依托。政府间气候变化专门委员会(IPCC)已经连续发布了六份评估报告,2022年发布的《AR6综合报告:气候变化2023》的核心结

---

① 相关研究成果包括蔡玥、王充:《德国刑法应对气候变化问题的新思考及启示》,《世界社会科学》2023年第5期;[德]赫尔穆特·查致格、尼古拉·冯·马尔蒂茨:《气候刑法——一个未来的法律概念》,唐志威译,载微信公众号"刑法界",2023年1月2日;《气候变化与刑法:悬而未决的法学与法政策问题》,载微信公众号"刑事法评论",2023年10月28日,等等。

论指出,"我们在未来七年内采取的行动将决定人类在地球的生存可能。将全球平均升温限制在1.5摄氏度以下,已经刻不容缓";"为所有人确保一个宜居的和可持续的未来的机会之窗正在迅速关闭"。

(一) 国际气候谈判的新进展:《巴黎协定》到"阿联酋共识"

国际气候谈判经历了漫长的过程,地球峰会1992年在巴西里约热内卢举行,峰会采纳了三个关键性协定——《里约环境与发展宣言》《21世纪议程》《联合国气候变化框架公约》,此后,气候谈判经历了几个关键的时间节点,1997年的COP3产生了《京都议定书》,并于2004年生效。从2007年《巴厘岛路线图》到2009年《哥本哈根协定》,发展中国家更加强调"共同但有区别的责任"原则,谈判中多方阵营在艰难中前行,技术意义上,《哥本哈根协定》不具有法律约束力。2015年12月,联合国气候变化大会(COP21)正式通过了《巴黎协定》,并于2016年11月4日实施,为全球气候治理提供了新的框架。

《巴黎协定》作为一项重要的成果,被认为具有法律约束力,要求国际社会应将全球平均气温较工业化前水平升高幅度控制在2摄氏度之内,并为把升温控制在1.5摄氏度以内而努力。根据《巴黎协定》,《公约》缔约方应当提交国家自主贡献,并应在2023年进行第一次全球盘点,此后每五年进行一次,以评估各国为实现《巴黎协定》宗旨和长期目标的集体行动的进展情况。全球盘点是推动落实《巴黎协定》的重要机制,通过全面盘点评估全球整体在减缓、适应、实施手段和支持等方面的履约进展,识别障碍、缺口、需求和机会,交流经验教训和最佳实践,帮助缔约方基于公平、"共同但有区别的责任"等原则,以自主决定方式采取行动、加强支持、深化国际合作。①

自《巴黎协定》后,全球进入绿色转型的碳中和竞争时代,2020年7月底,欧盟宣布了迄今全球最大的绿色刺激计划,为其气候行动拨款约6 000亿美元,并承诺到2050年实现碳中和。此后,中国、日本和韩国陆续做出了碳中和承诺。2021年1月拜登政府执政后,美国在特朗普宣布退出后再次宣布重返《巴黎协定》,不仅积极开展气候外交,还试图在国际气候进程中发挥引领作用,欲借气候议题重塑美国在全球治理中的外交实力。②

转眼间,国际气候谈判已经进展到COP28,该次会议于2023年11月30

---

① 曾梦宁:《〈巴黎协定〉迎来首次"全球盘点" 中国交出亮眼成绩单》,《中国金融家》2023年12期。
② 董亮:《气候危机、碳中和与国际气候机制演进》,《世界经济与政治》2022年第12期。

日至12月13日在阿拉伯联合酋长国迪拜举行,出席代表包括150多个国家的国家元首和政府首脑,以及国家代表团、民间社会代表、商界代表、土著人民代表、青年、慈善机构和国际组织的代表等。联合国气候谈判COP28达成了"阿联酋共识",该协议被认为为快速、公正和公平的转型奠定了基础,标志着化石燃料时代的"终结之始",这一转型以大幅减排和扩大融资规模为基础。"阿联酋共识"的主要成果包括以下几个方面:

《巴黎协定》第一次"全球盘点"。"全球盘点"被认为是气候大会COP28的核心成果,这标志着《巴黎协定》后的第一次全球盘点的努力,大会公布了最新一版"全球盘点文本",旨在为下一个十年加大气候行动的力度,将气候上升的总体目标限制在1.5摄氏度以内,各国基于此制定到2025年的更强有力的气候行动计划。

"气候损失与损害基金"实施细则的谈判被认为是又一项重要成果。COP28大会通过了一项关于损失与损害基金运作的决定。气候损失和损害基金的谈判经过了曲折的发展,联合国并没有损失和损害的统一概念,这一概念的雏形最早于1991年气候谈判中被提出,但并未被采纳,2013年在波兰华沙举行的COP19成立了华沙国际损失和损害机制(Warsaw International Mechanism,WIM)及其执行委员会,并确立执行委员会的组成和任务、模式和程序、议事规则。[①]WIM创建的宗旨是为"在特别容易受到气候变化不利影响的发展中国家应对与气候变化影响相关的损失和损害,包括极端事件和缓发事件"提供资助。此后,在马德里举行的COP25上,各方成立了WIM的技术机构——圣地亚哥网络(SNLD),旨在促进对损失和损害的技术援助。2021年,在苏格兰格拉斯哥举行的COP26上,为响应越来越多的融资需求,进行了围绕损失和损害活动筹资的讨论。2022年在埃及沙姆沙伊赫举行的COP27上,各缔约方同意建立一个损失赔偿基金和过渡委员会。在经过了首次引入损失和损害机制的十年谈判后,2023年的气候大会COP28终于通过这项决定,建立一个新的独立的秘书处和理事会,并指定世界银行为该基金为期四年的临时受托人和基金托管人,以及批准了基金的管理文书,该文书规定了分配资源时应考虑的因素。[②]

[①] 孙若水、陈敏鹏、孙雪妍等:《气候变化损失损害谈判:现状与新焦点》,《环境保护》2022年第20期。
[②] Emma Shumway, *Observations from COP28 on the Loss and Damage Fund*, https://blogs.law.columbia.edu/climatechange/2023/12/20/observations-from-cop28-on-the-loss-and-damage-fund/(2024年2月20日)。

国际碳排放交易制度有待进一步深化谈判。早在COP21时期，碳市场条款就被写入《巴黎协定》第6条，为构建国际碳交易机制提供了原则性框架，该协定第6条被视为实现《联合国气候变化框架公约》目标的重大进步，其中第2款和第4款继承并发展了《京都议定书》的国际碳交易机制，奠定了各国在《巴黎协定》下基于碳交易促进全球减排合作的基本政策框架，并为碳交易的全球协同提供了新的制度安排。2021年11月，COP26基本敲定了《巴黎协定》第6条旨在保障碳信用产生额外性效益和避免重复计算减排结果的实施细则，接下来的几次气候变化大会负责继续讨论剩余细节，预计2030年前完成机制搭建。①《巴黎协定》第6.4条建立了一个新的《气候公约》机制，用于高质量碳信用的审定、核查和发放；第6.8条为各国在不依赖碳市场的情况下合作实现国家数据中心提供机会。这意味着，国际碳市场建设努力的核心是联合国新的高度诚信碳信用机制，该机制在第6.4条下处于独特地位，允许各国提高气候目标并以更经济的方式实施国家行动计划。COP28在国际碳市场建构的谈判方面未有重大突破，留待未来的会议继续深入细节谈判。

COP28"阿联酋共识"关于"增强透明度框架"的谈判为实施《巴黎协定》的新时代奠定了基础。联合国气候变化大会正在开发供缔约方使用的透明度报告和审查工具，其报告工具的最终版本应在2024年6月前提供给缔约方会议。未来两年是关键的两年，阿塞拜疆将于2024年11月11日至22日主办COP29，巴西将于2025年11月10日至21日主办COP30。

二、世界各国气候立法竞争

自《巴黎协定》后，在欧盟的引领下，全球已经开始步入碳中和时代，开启了绿色转型的绿色增长竞争。欧盟宣布将是第一个在2050年实现碳中和（即净排放量为零）的大陆。早在2019年12月，欧盟委员会就提出了应对气候变化"绿色新政"——"欧洲绿色协议"（European Green Deal），并将其作为一项新的长期增长战略，旨在将欧盟打造成更为现代化、更加公平、资源节约型、具有强竞争力特质的共同体。为了支持这一雄心勃勃的绿色新政目标，加速促进绿色经济转型，欧盟通过了《欧盟气候法》（EU Climate Law）和《欧盟分类

---

① 曹莉、刘琰：《联合国框架下的国际碳交易协同与合作——从〈京都议定书〉到〈巴黎协定〉》，《中国金融》2022年第23期。

法》(EU Taxonomy)等,开启了欧洲的 ESG 政策快速发展期,并且引领世界的发展。

以欧盟绿色分类体系为基础,在 ESG 信息披露领域,欧盟《企业可持续发展报告指令》于 2023 年 1 月 5 日正式生效,要求在受欧盟监管的市场上发行证券的上市公司(除微型企业之外)、大型欧盟公司或者非欧盟公司的欧盟子公司(大型欧盟公司指符合以下两项标准的企业:员工人数超过 250 人,净营业额超过 5 000 万欧元,或资产总额超过 2 500 万欧元)以及欧盟营业额超过 1.5 亿欧元,且在欧盟设有大型分支机构或者大型子公司的非欧盟企业必须依据双重重要性标准披露企业信息,即这些企业必须报告其整个供应链上对人类和环境有影响的信息以及社会环境问题如何为公司带来财务风险以及机遇的信息。欧盟在可持续金融领域持续发力,这一指令的生效明确提出了企业发展计划必须符合应对气候变化的目标,以确保投资者能够获得公司对人权和环境造成影响的信息,有利于投资者评估气候变化问题带来的金融风险以及机遇。

2023 年,欧盟在碳交易和碳税两大应对气候变化制度工具方面,都取得了重大进展,两条路径同时推进,相互配合。2023 年 5 月 10 日,欧洲议会和理事会修订了第 2023/959 号指令——关于在欧盟内部建立温室气体排放配额交易系统的第 2003/87/EC 号指令以及关于建立和运营欧盟温室气体排放交易系统市场稳定储备的第 2015/1814 号决定(与欧洲经济区相关的文本),从 2024 年起,新修订的指令将海运排放纳入欧盟 ETS 交易体系。

经过几年的谈判,2023 年 4 月 18 日,欧洲议会终于投票通过了讨论已久的碳边境调节机制(CBAM)法案,该机制被认为是全球首个"碳关税"体系。为了推动和激励非欧盟国家提高其气候雄心,这一机制所涵盖的产品包括铁、钢、水泥、铝、化肥、电力、氢气以及特定条件下的间接排放,根据其规则,要求这些产品的进口商必须支付生产国支付的碳价格与欧盟碳排放交易体系中碳配额价格之间的差价。CBAM 将从 2026 年至 2034 年逐步实施,与欧盟碳排放交易体系逐步取消免费配额同步进行。

在欧盟绿色新政及相关法令的引领下,作为欧盟"领头羊"的德国和法国也在国内立法上相继发力。2023 年 10 月 23 日,法国发布《绿色工业法令》,其目标在于加快实现法国的再工业化进程,促进国家生态转型。该法令通过简化行政程序提高行政效率,对"涉及国家重大利益的工业项目"设立特殊程序,规定工业用地、绿色产业项目融资、绿色产业税收抵免条款,推动法国绿色工业化转型。根据该法令,法国政府计划2023年至2027年投资10亿欧元用于开发工业用地,并通过绿色产业税收抵免措施,到2030年为法国带来230亿欧元投资。

2023年12月22日德国公布《联邦气候适应法案》,旨在增强德国对气候变化的适应能力,以保护公民生命健康,维护社会经济以及生态系统的安全。该法案要求德国联邦政府必须在分析气候变化风险的基础上提出具有可衡量目标的预防性气候适应战略,并发布该战略目标实施情况的定期监测报告。在地方层面,德国各州可以自行制定气候变化适应战略,各州还必须以市和地区为单位制定基于气候变化风险分析的气候适应计划,但州层面享有很大的自主空间。该法案还规定了政府必须在规划和决策时以跨学科和综合性的方式考虑气候适应目标。

美国拜登政府重返气候谈判,并在国内立法中回归到较积极的态度。2023年3月31日,美国《通胀削减法案》(IRA)实施细则获得通过,规定对于美国本土制造的清洁汽车与清洁电力两个行业,进行国产化要求,实施税收补贴。在清洁汽车行业,主要针对电池部件和关键矿物两方面,在达到国产化要求的情况下,可以享受7 500美元税收抵免。在清洁电力投资与生产方面,如果达到国产化要求,可以申请税收补贴的额外优惠(10个百分点)。美国国会两党均已出台类似立法提案,对美国进口的高碳产品按照碳排放强度征税,其关键就是用美国企业的碳排放强度作为标定值。此外,美国和加拿大之间也有相关提案,研究类似美加版的边境碳调整体系,以反制欧盟CBAM的实施。2023年3月,欧美发表联合声明就关键原材料进行谈判,欧盟委员会随即发布关键原材料提案,美国也同日本签订了关键原材料协议。欧美还分别通过全球门户(Global Gateway)和全球基础设施伙伴关系(Partnership for Global Infrastructure and Investment,PGII)加强同亚非拉丁美洲等关键原材料资源国家的合作,意图掌握供应源。如果说钢铁行业是欧美制造业的象征,那么电动汽车和关键原材料已经成为欧美力图守住绿色科技领导力的关键领域。全球绿色供应链溯源和产品碳排放强度标定权之争端倪已现。欧美政府意图摆脱对中国依赖,均已显示出通过立法强制绿色供应链溯源的苗头,试图最终描绘出全球供应链图谱。[1]

拉丁美洲和加勒比地区的一些国家也在积极进行气候变化框架立法。气

---

[1] 老墨水:《盘点2023》,载微信公众号"老墨水"(2024年1月1日)。

候变化与公正转型议会观察站是由拉丁美洲和加勒比地区各国议会领导人联合发起的倡议,根据观察站发布的第一份立法公报显示,拉美和加勒比地区是受气候变化风险影响最严重的地区之一,容易受到饮用水短缺、传染病和流行病严重增加、粮食不安全、火灾以及洪水、海平面上升、海岸侵蚀和风暴潮的影响和威胁。巴西早在 2009 年 12 月 29 日颁布了巴西国家气候变化政策的第 12187 号法律,虽然该法律是基于国民议会象征性通过的一项法案,但这一姿态标志着巴西国会大多数成员对此事的重视,使其成为该拉丁美洲和加勒比地区第一个通过气候变化框架法律的国家。2019 年,阿根廷颁布了关于适应和减缓最低预算的第 27520 号法律,旨在确保在整个阿根廷领土上采取适当的行动、工具和战略来适应和减缓气候变化。智利共和国于 2022 年 3 月 7 日由众议院,2022 年 3 月 9 日参议院通过气候变化框架法,并由加布里埃尔·博里奇总统 6 月 13 日签署该法律。①这三个重要的拉丁美洲与加勒比地区的国家均承诺 2050 年实现碳中和。

随着全球绿色增长方面展开合作和竞争,亚洲的日本、韩国、新加坡及我国香港地区都积极进行政策跟进。日本于 2023 年 5 月先后发布了《促进向脱碳成长型经济构造顺利转型的法律》与《为实现脱碳社会确立电力供给体制的电力事业法》,为碳中和铺平了道路。日本两法一体,巩固 2050 年实现碳中和目标的能源政策总体框架,提高再生能源的竞争力,特别是《促进向脱碳成长型经济构造顺利转型的法律》最大的亮点在于,首次将碳定价引进入日本。韩国于 2021 年 8 月通过了碳中和法案,即《应对气候变化的碳中和和绿色增长法案》,该法律于 2022 年 3 月 25 日生效。2023 年 10 月 7 日,韩国发布了 ESG 基金披露要求的法规和标准,并正在讨论制定 ESG 披露法规以及 ESG 框架路线图。在此基础上,2023 年 12 月 23 日,韩国计划加强气候风险指南,要求政府在 2030 年将其温室气体排放量在 2018 年的基础上减少 35% 或更多,并由几项政策措施组成,以在 2050 年前实现碳中和。

2023 年 7 月 6 日,新加坡会计与企业管制局(ACRA)和新加坡交易所监管公司(SGX RegCo)宣布,就可持续发展报告咨询委员会(简称委员会)的建议,展开公众咨询。新加坡要求所有上市公司从 2025 财年起,根据国际可持续发展准则理事会(简称 ISSB)的要求进行气候相关披露。每年营收至少达

---

① Centro de Economía para América Latina: Framework legislation on climate change in Latin America and the Caribbean. Legislative Bulletin, https://www.cepal.org/en/publications/68878-framework-legislation-climate-change-latin-america-andcaribbean-legislative(2023 年 2 月 21 日)。

10亿元的大型非上市公司从2027财年起也需披露。在此之前,新加坡交易所要求所有发行人以"遵守或解释"为基础,根据气候相关财务披露工作组(TCFD)的建议披露气候相关报告,而特定行业的发行人从2023和2024财年开始必须提交气候相关报告。[①]

我国香港地区早在2019年12月18日,香港交易所已经正式发布了有关检讨《环境、社会及管治报告指引》及相关《上市规则》条文的咨询总结,并于2020年7月1日生效,该版本成为香港交易所自2012年以来的第三版《ESG报告指引》。香港地区的新版《ESG报告指引》首次将"强制披露"要求纳入港股ESG信息披露要求中,标志着香港交易所正逐步从"不披露就解释"阶段迈向"强制披露"阶段。2021年11月,港交所发布气候信息披露指引,旨在协助发行人按照气候相关财务信息披露工作小组(TCFD)的建议作出汇报;联交所将TCFD的多个主要建议纳入了ESG汇报规定。香港地区绿色和可持续金融跨机构督导小组宣布,拟于2025年或之前强制实行符合TCFD建议的气候相关信息披露。2023年4月,港交所就有关优化环境、社会及管治框架下的气候信息披露发布了咨询文件,建议规定所有发行人在其ESG报告中披露气候相关信息,以及推出符合ISSB气候准则的新气候相关信息披露要求。2023年4月,港交所再次修订《ESG报告指引》,最大变化由非具强制力的"指引"变更为具有法律强制力的"守则"。最新版的ESG守则的内容相比于2022版的《指引》,其中所增加的最主要的内容就是气候变化,对于企业而言,将不得不面对如何平衡利益以及ESG合规方面的要求。[②]

综上可以看出,各国在气候变化立法竞争方面,有美国和欧盟这类基于产业竞争,抢夺全球绿色产业链主导权的立法导向,主要采用补贴、碳税、碳交易市场工具等;也有亚洲如韩国、新加坡和我国香港地区这种优先气候信息披露工具的立法导向;还有日本、拉丁美洲与加勒比地区以框架法或基本法为主要立法形式的导向;总之,无论哪种立法导向,通过气候或碳中和立法保障本国经济发展,深入参与全球绿色增长竞争与大博弈,绿色产业链体系构筑,将是大势所趋,也是我国必须面对的挑战。目前,碳中和合规领域,各国更倾向采用的制度规范工具即气候信息规制工具和碳交易市场机制规制工具两种,欧

---

① 《中国企业走出去——2023年全球双碳法治热点事项观察》,载微信公众号"跨学科环境法前沿"(2024年1月31日)。
② 英斯·解读:《香港上市公司ESG信息披露制度解析》,载微信公众号"英斯Ins律所"(2023年9月15日)。

盟发起的CBAM工具暂时还未被全球广泛运用的程度,作为国际贸易工具的CBAM可能带来的贸易壁垒,值得我们密切关注。

三、全球气候信息披露规范

气候信息披露软法规范的发展,是全球气候制度规范发展中,在环境、社会治理(ESG)浪潮下,发展最快的制度领域。近年来我国和国际上均相继推出了气候相关的信息披露的标准和规范指引,并逐渐扩大信息披露的主体、内容和范围。加强ESG信息披露,为投资者提供更加真实、全面、准确的ESG信息,有助于获得消费者、监管机构、评级机构的认可,获得更多的资源支持,已经成为全球共识。全球及地区气候信息披露规范的发展呈现以下几个阶段的变化特点:

(一) 国际统一框架规则的变化

阶段一:国际软法规则百花齐放

自1995年以来,《联合国气候变化框架公约》缔约方大会(简称"联合国气候变化大会")每年举办一次会议,其是应对气候变化全球合作的主要协作机制和政策风向标。信息披露是可持续发展的重要支柱,联合国气候变化大会在推动可持续发展信息披露发展中发挥关键作用。

1997年12月在日本京都举办的《联合国气候变化框架公约》第3次缔约方大会(COP3)制定并发布了《京都议定书》,旨在加强全球合作,减少碳排放量,防范气候变暖的各种威胁。《京都议定书》出台催生了全球特别是发达经济体对可持续发展信息披露的需求,国际上多家可持续发展披露标准制定机构相继成立,积极推动可持续发展信息披露的规范化,并逐渐形成了几种主要的报告模式。有代表性的一是联合国倡议的负责任投资原则;二是碳信息披露项目、气候披露标准理事会、全球报告倡议组织、国际综合报告委员会、可持续会计准则委员会五大组织各自制定的业内标准(见表1-1)。

阶段二:国际软法规则趋于统一

1. 原有国际规则的新发展

2015年在法国巴黎举办的联合国气候变化框架公约第21次缔约方大会(COP21)通过了《巴黎协定》,成为继《京都议定书》后第二份具有法律约束力的国际气候公约。《巴黎协定》的签署激发可持续发展报告披露的新一轮发

表1-1 国际上主要报告机构和框架内容

机构或组织	标准/框架	主要内容
联合国负责任投资原则组织(PRI)	负责任投资原则	PRI六项原则:1.将ESG问题纳入投资分析和决策过程;2.成为主动的所有者,并将ESG问题纳入所有权政策和实践中;3.寻求被投实体对ESG问题的合理披露;4.促进投资行业对原则的接受和实施;5.提供原则对实施的有效性;6.对实施原则的活动和进展情况进行报告。
碳信息披露项目(CDP)	碳信息披露框架	其扩大了环境披露的范围,将森林状况和水安全纳入其中,设计气候变化、森林、水安全管理情况调查问卷。此外,还使用评分方法激励公司通过参加调查问卷来衡量和管理环境影响,并为全球市场提供重要的气候变化数据。
气候披露标准理事会(CDSB)	环境与气候信息披露框架	其致力于将气候信息披露与企业财务披露放在企业披露的同等位置上,并提出了公司在其年度报告、10-K归档或综合报告等主流报告中报告环境和社会信息的方法。
全球报告倡议组织(GRI)	可持续发展报告框架	GRI报告框架的目标旨在提供一套广泛适用于全球各大企业的披露体系,供企业或组织披露其经济、环境及社会影响。
国际综合报告委员会(IIRC)	国际综合报告框架	该框架的要求可总结为七大原则:1.注重战略和面向未来;2.注重各要素信息连通性;3.深入说明与利益相关者关系;4.综合报告中应披露对组织短期、中期和长期的价值创造能力具有实质影响的事件信息;5.综合报告应简明扼要;6.综合报告应包括所有正面和负面的重大事项,并以一种平衡方式列报,且应无重大错误;7.报告具有一致性和可比性。
可持续会计准则委员会(SASB)	可持续会计准则体系	其体系中的可持续性主题主要分为五个可持续性维度:1.环境,包括对环境的影响;2.社会资本,这个维度与企业进行经营时,市场对企业的社会贡献的期望有关;3.人力资本,此维度强调公司人力资源的管理是实现长期价值的关键所在;4.商业模式与创新,这个维度解决了公司价值创造过程中环境、人力和社会问题的整合;5.领导与治理,此维度涉及对业务模式或行业惯例中固有问题的管理。

表 1-2　更新披露标准的机构和标准内容

机构或组织	标准/框架	主要内容
全球报告倡议组织（GRI）	GRI 标准	2016 年，GRI 从提供发展指南转变为制定 ESG 披露的全球标准。GRI 标准包括三个部分：1.GRI 通用标准：适用于所有组织。使用 GRI 标准（GRI 1）的要求和原则。有关报告组织的披露（GRI 2）。有关组织实质性主题（GRI 3）的披露和指导。2.GRI 行业标准：将为 40 个行业制定标准，从高影响行业开始，例如石油和天然气、农业和渔业。目前，煤炭和石油天然气行业已有标准。3.GRI 主题标准：废物、健康与安全以及税收等特定主题的披露指南。
可持续会计准则委员会（SASB）	SASB 标准	在传统行业分类系统的基础上，SASB 推出了一种新的行业分类方式——可持续行业分类系统。并于 2018 年 11 月发布了一整套全球适用特定标准（SASB），其覆盖 11 个领域，具体 77 个行业，旨在帮助企业向投资者披露相关的可持续发展信息。

展。原有的一些可持续发展披露标准制定机构发布新的披露标准。

2. 国际规则趋于统一：TCFD 框架与 ISSB 准则

(1) TCFD 框架的提出

为了保障《巴黎协定》的顺利运行，二十国集团和金融稳定委员会（FSB）成立气候相关财务披露工作组（TCFD）。该工作组于 2017 年 6 月发布《气候相关财务信息披露建议》（TCFD 框架）。从信息披露层面看，该建议提出了以下标准及相关信息披露建议：首先是 TCFD 框架关于气候风险及机遇的界定。鉴于气候变化应对议题最核心的内容在于"企业面临着哪些风险和机遇"，TCFD 框架用专章对企业可能面临的风险及机遇进行了分类，为企业气候变化应对信息披露相关风险及机遇识别提供了指引（见图 1-1）。

其次是 TCFD 框架关于气候变化应对的信息披露建议。在明确如何界定企业风险及机遇后，TCFD 框架进一步从四大角度 11 个方面提出了气候变化应对议题的信息披露建议（见图 1-2）。

上述风险与机遇识别标准以及信息披露建议为气候变化应对议题的披露提供了丰富而清晰的架构，逐渐成为全球影响力最大、认可度最高的气候信息披露标准。

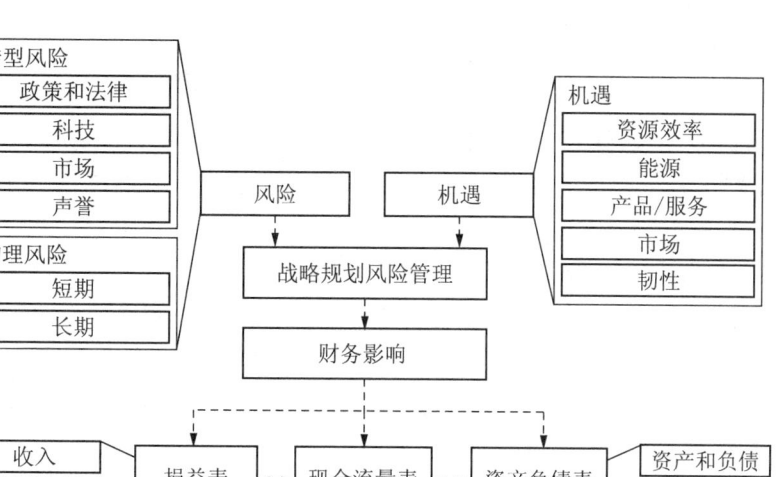

图 1-1　TCFD 框架的指引内容

资料来源：气候相关财务披露工作组网站，https://www.fsb-tcfd.org/publications/（2024 年 1 月 28 日）。

治理	战略	风险管理	指标和目标
披露组织关于气候相关风险和机遇的治理	披露气候相关风险和机遇对组织业务、战略和财务规划的实际和潜在重大影响。	披露组织如何识别、评估和管理气候相关风险。	披露用于评估和管理气候相关风险和机遇的重要指标和目标。
披露建议	披露建议	披露建议	披露建议
a) 描述董事会对与气候相关风险和机遇的监督。	a) 描述组织在短期、中期和长期中识别的气候相关风险和机遇。	a) 描述组织识别和评估气候相关风险的流程。	a) 披露组织根据其战略和风险管理流程，评估与气候相关风险和机遇所使用的指标。
b) 描述管理层在评估和管理与气候相关风险和机遇方面所起的作用。	b) 描述与气候相关风险和机遇对组织经营、战略和财务规划的影响。	b) 描述组织管理与气候相关风险的流程。	b) 披露直接排放（范围1）、间接排放（范围2）、其他间接排放（范围3）（如需）的温室气体（GHG）排放及相关风险。
	c) 在考虑到不同气候相关条件、包括2℃或更低温度的情景下，描述组织战略的韧性。	c) 描述识别、评估和管理气候相关风险的流程是如何纳入组织全面风险管理当中。	c) 描述组织用来管理与气候相关风险和机遇所使用的目标，和绩效与目标的对照情况。

图 1-2　TCFD 框架的披露建议

资料来源：气候相关财务披露工作组网站，https://www.fsb-tcfd.org/publications/（2024 年 1 月 28 日）。

(2) ISSB 准则的提出和框架

2021 年 11 月 3 日的《联合国气候变化框架公约》第 26 次缔约方大会(COP26)上,国际财务报告准则基金会正式宣布成立国际可持续发展准则理事会,并将在 2022 年 6 月前完成对联合气候信息披露标准委员会及价值报告基金会的整合。

此外,在 2023 年 6 月国际可持续发展准则理事会发布一般可持续发展相关披露标准后不久,金融稳定委员会表示,该标准基于气候相关财务披露工作组的建议是特别工作组工作的顶峰,气候相关财务披露工作组将在 2023 年状况报告发布后解散。这意味着从 2024 年起,国际可持续发展准则理事会将全面监督企业在气候相关财务披露方面的进展。

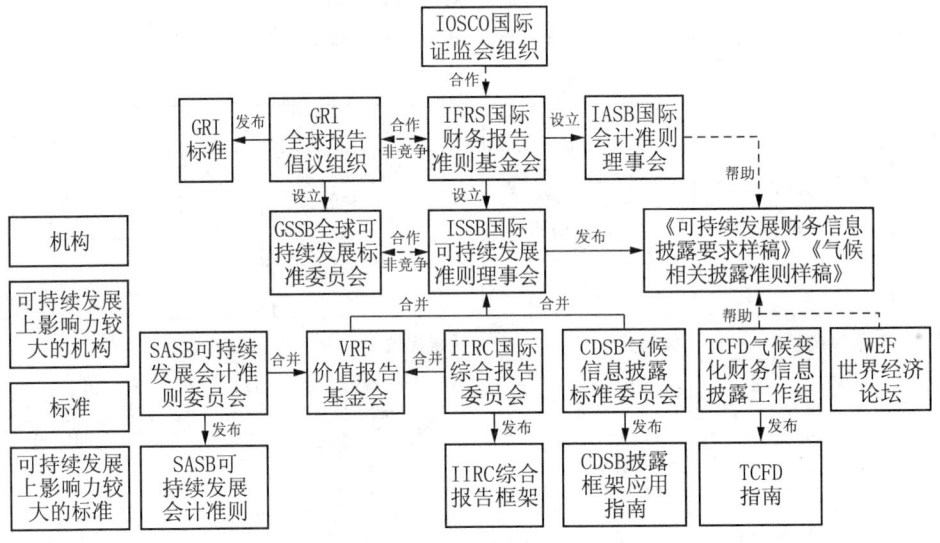

图 1-3　ISSB 相关机构关系结构

资料来源:《ISSB 可持续披露准则能统领 ESG 披露标准吗?》,载腾讯网,https://new.qq.com/rain/a/20220701A0D3Q800(2022 年 7 月 1 日)。

2023 年 6 月 26 日,在经过一年多的全球意见征集和修改之后,国际可持续准则理事会(ISSB)正式发布了《国际财务报告可持续披露准则第 1 号:可持续发展相关财务信息披露一般要求 IFRS S1》(以下简称"一般要求")和《国际财务报告可持续披露准则第 2 号:气候相关披露 IFRS S2》(以下简称"气候相关披露")两份 ESG 信披准则。

表 1-3　ISSB 两部信息披露准则的主要内容

《一般要求 IFRS S1》核心内容概述	《国际财务报告可持续披露准则第 1 号：可持续相关财务信息披露一般要求》提出了可持续发展相关财务信息披露的一整套核心内容，确定了可持续相关财务信息的综合基准。其目标是要求主体披露其关于可持续相关重大风险和机遇的信息，该信息有助于通用目的财务报告主要使用者评估企业价值和做出是否向主体提供资源的决策。 准则要求主体披露的可持续发展相关财务信息应当以计量、监控和管理重大可持续相关风险和机遇所采用的治理、战略、风险管理、指标和目标等四大核心内容为中心。这一做法与 TCFD 四要素框架相一致，并将 TCFD 框架扩大到所有与可持续发展相关的风险和机遇。
《气候相关披露 IFRS S2》核心内容概述	《国际财务报告可持续披露准则第 2 号：气候相关披露》是为了响应通用目的财务报告使用者对更一致、完整、可比较、可验证的信息的要求而制定的。 该准则要求主体在根据《国际财务报告可持续披露准则第 1 号：可持续相关财务信息披露一般要求》编制和披露气候相关信息时，应用本准则。该准则基本参照了 TCFD 框架，要求主体从治理、战略、风险管理、指标和目标等角度披露气候相关财务信息。并以 SASB 行业标准中的行业分类为依据，同步提供包含了针对不同行业附加要求的披露指标。准则还提供了一致的指标和标准化叙述性披露。

资料来源：《ISSB 发布"可持续相关财务信息披露一般要求 IFRS S1"和"气候相关披露 IFRS S2"准则》，腾讯网，https://mp.weixin.qq.com/s/r5Q-1zF0dvlUKFcrGQAjHg（2023年6月26日）。

可见，上述两部信息披露准则并非平地起高楼，而是建立在对众多气候信息披露标准的整合和归纳之上，国际可持续准则理事会对于统一气候信息披露标准势在必行。

（二）各国、地区的气候信息披露法规

ISSB 准则博采众长，作为一套由国际可持续披露准则理事会提出的最新的普适性标准，尤为适合那些本国气候信息披露制度还未形成体系的国家（例如加拿大和澳大利亚），但对于已经形成气候信息披露体系的国家和地区（例如美国和欧盟），则会面临 ISSB 标准与本土信息披露制度间的冲突和适用问题。国际可持续披露准则理事会已经认识到这类问题并在其发布的《一般要求 IFRS S1》和《气候相关披露 IFRS S2》两份文件中权衡并纳入了互操作性考虑因素，以实现 ISSB 标准和国家、地区披露标准之间的兼容。

表 1-4 各国/地区的气候信息披露法规及对 ISSB 准则的态度

国家/地区	文件名称	发布时间	主要内容	各国对 ISSB 的态度
美国	《加强和规范对投资者的与气候有关的信息披露》	2022年3月提出	上市公司将被要求披露其董事会和管理层对气候相关风险的监督和治理;任何气候相关风险如何对业务和合并财务报表产生重大影响;某些温室气体排放量等信息。	在制定和优化与气候有关的风险和机会披露框架方面立场一致,但美国证券交易委员会未见美国表达与国际可持续披露准则理事会就国际标准进行磋商。也未见美国表态支持适用 ISSB 标准,
欧盟	《公司可持续发展报告指令》	2023年1月生效	1. 该指令要求更多的大公司以及上市的中小企业(总共约 50 000 家公司)须按要求提供可持续发展报告。 2. 确定披露内容为与可持续性相关的战略和商业模式;与可持续性相关的治理和组织等。	国际可持续披露准则理事会、欧盟委员会(EC)和欧洲财务报告咨询小组(EFRAG)密切合作以促进互操作性。2023年6月,在发布 ISSB 最终准则前,EC 发布了修订后的 ESRS 草案,其重点是提高与 ISSB 标准的互操作性。
日本	《关于公司信息披露的内阁府令》	2023年1月31日修订	要求自 2023 年 3 月期的有价证券报告中披露可持续发展信息。该府令在扩大公司范围《金融商品交易法》第 24 条规定的上市公司年度报告信息披露范围。	2022年12月,日本可持续发展信息披露会工作小组发表可持续发展信息披露的路线图。今后,日本将以 ISSB 的披露标准为基础探讨国内的披露标准,并将进一步研究法定披露的举措。
英国	《2022年公司(战略报告)(气候相关财务披露)条例》与《2022年有限责任合伙企业(气候相关财务信息披露)条例》	2022年4月6日生效	针对某些公司和有限责任合伙企业引入符合 TCFD 建议的新报告要求,以确保此类具有重大经济或环境影响的实体评估、披露并最终采取行动应对与气候相关的风险和机遇。	2023年8月2日,英国商业贸易部发文声称英国将在 2024年7月之前根据 ISSB 标准建立英国可持续发展披露标准(UK SDS)框架。英国 SDS 框架将作为企业可持续发展要求披露的重要组成部分。
法国	《绿色增长能源转型法案》	2018年12月5日发布	法案明确要求上市公司、银行和信贷提供方以及机构投资者提高气候变化相关风险的披露与透明度,同时要求法国当局评估银行业与气候相关的风险。	法国金融市场管理局发表声明称支持 ISSB 制定全球可持续发展的披露标准并欢迎与其探讨 ISSB 准则与法国本土标准的兼容性问题。

续表

国家/地区	文件名称	发布时间	主要内容	各国对 ISSB 的态度
新西兰	《2021年金融部门（气候相关信息披露和其他事项）修正法案》	2021年10月27日发布	规定大型上市公司、保险公司、银行等大型金融市场参与者有义务在年度气候声明中披露其与气候相关的风险和机遇信息，确保在商业、投资、贷款和保险决策中考虑气候变化的影响。它还要求必须独立保证气候声明中关于温室气体排放的披露。	新西兰有独立的 XRB 气候披露标准和较为成熟的气候信息披露制度，对于适用 ISSB 准则还在观望和犹豫阶段。
澳大利亚	《2001年公司法》和《2001年澳大利亚证券和投资委员会法》	2024年1月1日修正	《公司法》要求公司披露重大风险，包括与气候变化相关的信息披露内容，其还细说明公司在财政年度的报告中详尽披露风险方面的表现；而上市公司《证券和投资委员会法》规定，上市公司应向证券和投资委员会和证券交易所报告与气候相关的风险，而报告准则由澳大利亚会计准则理事会和审计鉴证准则理事会制定。	澳大利亚会计准则理事会与鉴证准则理事会合作，成立一个联合非正式咨询小组，为澳大利亚未来引入气候和可持续性相关风险披露标准做准备。
加拿大	《国家文书 51-107 气候相关事项披露》	2022年12月31日生效	拟议的文件遵循了强制性气候相关披露的国际趋势，针对加拿大国内的气候信息披露现状，以 TCFD 框架为基础构建了加拿大气候信息披露体系，以应对气候相关风险和日益增长的投资需求。	加拿大监管机构密切关注 ISSB 的发展，具体来说，加拿大证券监管理局（CSA）组织已公开表示强烈支持 ISSB 准则的适用。此外，加拿大政府支持在本国设立国际可持续发展标准委员会，并得到了大型养老基金、金融组织、会计师事务所、领先的原住民组织、证券监管机构，保险公司和其他大型公司的支持。

目前世界各国都在制定和更新国内气候信息披露的法律和规定，ISSB标准势必会对各国相关规定的制定和修改造成影响。世界各国对ISSB标准的态度虽有不同，但总体是积极的，例如加拿大、澳大利亚和日本等国就已明确表示希望以ISSB标准为基础制定本国的披露标准及相关的气候信息披露制度；而美国和欧盟的披露标准虽在部分具体规定上与ISSB标准有差异，但在优化气候有关的风险和机会披露框架上与国际可持续披露准则理事会立场一致，其认为ISSB标准对其完善本国气候信息披露体系有积极作用。

四、全球碳交易市场规范

碳交易，也称碳排放权交易，是以国际公约和法律为依据，以市场机制为手段，以温室气体排放权为交易对象的制度安排。

碳交易市场主要有两类，一类是履约碳市场，也称排放交易系统（ETS），其是一种基于市场的旨在减缓气候变化的政策工具，遵循"总量控制与交易"（Cap-and-Trade）原则。在排放交易计划（ETS）中，监管机构明确纳入的行业（范围和覆盖范围）可能排放的温室气体排放上限（Cap）。该系统将排放许可证或配额发放或出售（分配）给纳入ETS的各行业实体，在规定的时间段结束时，每个被涵盖的实体必须交出与其在此期间的排放量相对应的一定数量的配额。排放量少于其持有配额数量的装置可以将多余的部分出售给该计划的其他参与者。①截至2024年1月，全球已建立29个碳市场，此外还有8个碳市场正在开发，履约碳市场因其便于统一管理、拥有政府背书等特性已经成为碳交易的主要方式。②

而另一类是自愿碳市场（也称碳抵消），是基于项目的基线信用型交易，其信用的产生主要依托于碳排放交易双方签署的合同，而交易的场所主要是全球各大碳交易所。自愿碳市场的优势是其能将产品作为融资工具的能力，这是一种将超出合规市场范围的环境保护和减排项目货币化的方式。③

---

① ICAP网站，https://icapcarbonaction.com/en/about-emissions-trading-systems（2024年1月28日）。
② ICAP网站，https://icapcarbonaction.com/en/ets（2024年1月28日）。
③ CSIS网站，https://www.csis.org/analysis/voluntary-carbon-markets-review-global-initiatives-and-evolving-models（2024年1月28日）。

表 1-5 全球适用履约碳市场的主要国家和地区

国家/地区	系统/计划名称	实施时间	主要内容
欧盟	欧盟排放交易体系	欧盟排放交易体系自2005年开始运行,是运行最大的交易体系。	该系统覆盖能源和工业领域以及在欧盟域内运营的航空公司的约10 000个固定设施。这约占欧盟总排放量的38%。2021年,欧盟排放交易体系进入第四个交易阶段(2021—2030年)。
英国	英国排放交易计划	退出欧盟排放交易体系后于2021年1月开始运营。	目前经核实的英国固定温室气体排放量约占英国领土温室气体排放量的四分之一。英国ETS覆盖电力和工业领域约1 000个实体,以及英国境内的航空以及从英国出发飞往瑞士和欧洲经济区的航班。
新西兰	新西兰排放交易计划	新西兰排放交易计划于2008年启动,是该国缓解气候变化的一项核心政策。它占新西兰温室气体排放量的一半。	新西兰ETS的独特之处在于,ETS系统涵盖范围广泛,包括林业、固定能源、工业加工、液体化石燃料、废弃物和林业部门既有排放量上交义务,又有机会获得排放量清除单位。而农业部门仅有排放报告义务,但没有上缴义务,预计到2025年,政府将通过该计划对农业排放征收碳价。
加州(美国)	美国-加州总量管制与交易计划	加州总量管制与交易计划于2012年开始运营,合规义务于2013年1月开始,该计划涵盖了该州约75%的温室气体排放量。	该计划涵盖电力、工业、交通和建筑部门的约400个设施和排放。配额的分配采取拍卖、免费分配和寄售相结合的方式。拍卖所得收益将再投资于减少排放、加强经济、公共卫生和环境的项目。
魁北克(加拿大)	加拿大-魁北克限额与交易系统	于2013年开始运行。	该系统涵盖电力、建筑、交通和工业部门的燃料燃烧排放以及工业过程排放,其大多数配备账户、留了一个配额储备账户。魁北克存在限是根据排放量的水平,并确保售给有足够配额来履行其义务的实体。
东京(日本)	日本-东京总量控制与交易计划	东京都政府的总量控制与交易计划于2010年4月启动,是日本第一个强制性碳排放交易体系。它涵盖了大都市区约20%的排放量。	东京ETS涵盖大型化石燃料消耗大量二氧化碳和其他消耗大量化石燃料的设施的设施级基线自下而上汇总的。受监管实体必须将排放量减少到特定设施基准线以下,并向排放量不足的实体发放信用额。

资料来源:根据ICAP网站资料自制。

近年来，自愿碳市场的支持者们提出了许多举措旨在寻求提高自愿碳市场的完整性和功能性。举措范围从贸易基础设施的创建到新形式的项目认证。自愿碳市场和履约碳市场仍有较大的差异，但已经有机构创建了二者的混合模型，其中最大的亮点为政府将在定义和规范公司自愿碳信用交易方面发挥更积极的作用。这些举措意在取长补短，促进自愿碳市场的持续发展。[1]

表1-6 国际上促进自愿碳市场发展的主要举措

举措名称	发布日期	主要内容
伦敦证券交易所自愿碳市场的创建	2022年5月11日	伦敦证券交易所将指定那些在交易所市场上市或获准的封闭式投资基金。它将便于投资者等识别符合国际公认标准的碳信用项目的基金。这一指定并不意味着对投资等事项提供保证，但预计英国现有的公共市场监管（包括披露、治理和防止市场滥用的保护）将为该自愿碳市场提供强有力的保障。
欧盟碳去除认证框架	2022年11月	该框架定义了合格的碳清除量以及验证和监测项目的流程，其涵盖森林恢复、碳捕获和储存以及直接空气捕获等项目。如果获得通过，欧盟将制定评估准则，并且项目还会由第三方进行评估。一旦项目获得认证，碳清除量将被列入登记册，以提高透明度并防止重复计算减排量。
能源转型加速器（美国国务院、贝索斯地球基金会和洛克菲勒基金会共同创立）	2022年11月9日	该举措旨在为发展经济体的气候融资和绿色发展服务，其希望实现净零排放和减排目标的公司将从合格发展中国家电力部门的减排项目中购买碳信用额。这些项目将包括淘汰燃煤电厂和加速可再生能源的建设。在该项目生态系统中，碳信用额的完整性将纳入并建立在各种行业标准的基础上。
澳大利亚自愿碳市场	2014年	澳大利亚政府设立了减排基金，以激励社会各界减排项目。根据该政策，清洁能源监管机构向澳大利亚符合条件的项目发放澳大利亚碳信用单位。这些信用单位大部分是由澳大利亚政府通过拍卖购买，但自愿买家的数量正在增加。为了应对上涨的需求，政府正在开发澳大利亚碳交易所，以简化碳信用的销售和购买。

---

[1] CSIS网站，https://www.csis.org/analysis/voluntary-carbon-markets-review-global-initiatives-and-evolving-models(2024年1月28日)。

续表

举措名称	发布日期	主要内容
日本 GX 联盟	2022 年	GX 联盟是日本企业自愿参与的自愿减排和交易体系。GX 联盟碳信用市场将由日本交易所集团主办,并向 GX 联盟参与者和其他对信用交易感兴趣的实体开放,该市场将由 GX 联盟参与者产生的信用、国内碳清除或避免项目产生的 J-信用以及合作伙伴国家产生的联合信用机制信用组成。虽然参与 GX 联盟是自愿的,但碳信用额的使用类似于合规排放交易计划。

资料来源:根据 CSIS 网站资料自制。

碳市场俨然成为应对全球气候危机的有效手段之一,其因可以有效地对污染定价、减少排放加速经济转型、可以高效筹集资金等能力,已经得到各国政府的广泛重视,未来将进一步发展以帮助全球的绿色转型和净零发展。①

第三节 全球气候司法裁判趋势

2023 年 7 月,联合国环境规划署和哥伦比亚大学萨宾气候变化法中心联合出版了《全球气候诉讼报告:2023 年现状回顾》。结合前两次报告的统计数据,全球气候诉讼数量从 2017 年的 884 例增长到 2020 年 1 550 例,再增长到 2022 年 12 月的 2 180 例,增长速度十分可观。司法诉讼逐渐成为推动气候变化治理行动的重要途径,在解决生态环境问题,尤其是气候变化、生物多样性保护和污染治理方面发挥着不可或缺的作用。通过这些具体的案例,尤其是一些具有广泛影响力的标志性案例,我们可以窥见全球气候司法裁判的趋势。这些趋势很有可能对今后气候变化立法、政府政策的制定产生理念性的影响,也是企业规划碳合规策略和社会成员采取气候变化集体行动的重要参考。国际海洋法庭和国际法院有关气候变化的咨询意见也将对其他法院和各国国内法院产生影响。

一、人权、基本权利与《巴黎协定》:诉讼请求的依据

气候诉讼案件可以被分为国际或区域气候诉讼案件和一国国内的气候诉

---

① UNDP 网站,https://climatepromise.undp.org/news-and-stories/what-are-carbon-markets-and-why-are-they-important(2024 年 1 月 28 日)。

讼案件,在数量上以后者居多。在国际或区域气候诉讼案件中,诉讼的依据往往来自法律(包括软法)和相关文件、声明中所宣示的人权,例如《世界人权宣言》《联合国儿童权利公约》和联合国人权理事会、联合国大会的声明等,或者《美洲人权公约》《欧洲人权公约》等区域性条约。但在实践中,大部分案件并没有进入实体审理,而是以原告不适格或者未穷尽国内救济途径而在程序上被驳回。例如在阿曼多·卡瓦略等诉欧洲议会和欧盟理事会一案中,欧洲法院认为气候变化以多样且独特的方式影响着每个人,而原告并没有充分且直接地受到被诉政策的影响,并不符合判例法对原告资格和诉讼权利的要求。[①]又如,在杜阿尔特·阿戈斯蒂尼奥等诉葡萄牙等国一案中,原告认为由于被诉国家未能对气候变化采取充分行动,以致影响了他们的人权,违反了禁止歧视的规定。原告基于解决气候危机的紧急需要,直接向欧洲人权法院提起诉讼。但是,由于没有首先用尽国内救济途径而被法院驳回。[②]

在各国国内的气候诉讼案件中,原告的依据大多来自宪法中的基本权利,例如人权、享有健康环境的权利、自然的权利,等等。例如,在纽鲍尔等人诉德国政府一案中,德国联邦宪法法院否决了德国《联邦气候保护法》的部分内容,认为其违反了宪法规定的生命和健康权利,因为该法案没有包括2030年以后充分的减排规定。[③]

一些国家还赋予国际公约,特别是《巴黎协定》,以国内法地位,且效力等级较高。于是,原告便可以依据《巴黎协定》中的相关要求,起诉被告承担一定的义务和责任。在PSB等诉巴西政府一案中,巴西联邦最高法院认为,《巴黎协定》是一项人权条约,享有"超国家"地位,意味着其法律效力高于"常规"法律。因此,任何与《巴黎协定》相抵触的巴西法律或法令都可能无效。《巴黎协定》也正逐渐成为国家内气候诉讼案件中被青睐的法律依据,尤其是其中的温控量化目标条款和国家自主贡献减排目标的承诺。以上两个案件也被联合国环境规划署的报告列为典型气候诉讼案件。

值得注意的是,虽然在以人权为依据提起的诉讼中,被告往往是国家或者国际机构,但这并不代表企业没有在这类案件中被起诉的可能。一个标志性

[①] Armando Ferrão Carvalho and Others v. the European Parliament and the Council, CJEU, Case No.T-330/18, 25 March 2021(European Union).
[②] Duarte Agostinho and Others v. Portugal and 32 Other States, ECtHR, Query No.39371/20, 4 February 2021(ECtHR).
[③] Neubauer, et al. v. Germany, Federal Constitutional Court of Germany, 29 April 2021(Germany).

的案例就是"保卫环境"组织(Milieudefensie)等诉荷兰皇家壳牌公司案。该案中,海牙地方法院确认壳牌公司根据荷兰侵权法负有公司注意义务和尽职调查义务,同时该判决还基于《巴黎协定》等国际法和欧盟法律所规定的人权义务。法院认为,商业企业应当尊重人权,且应避免侵犯他人的人权,并应处理其对人权的不利影响。尊重人权不是一种被动的责任,它需要商业企业采取行动。商业企业的这种责任独立于各国履行其自身人权义务的能力、意愿之外,且不是公司可以选择的责任。[①]壳牌公司已经上诉,案件要在2024年左右宣判。虽然此案还在审理,但这个初审判决很可能影响其他类似案件,特别是高碳排放行业的公司。

上述诉讼案件的特点是以权利为基础,进而推导出被告应负有的法律义务。但近年来也出现了不少以监督承诺实施为理由提起的诉讼。一国中央或地方政府可能会通过各种国际协议(特别是《巴黎协定》)和相关的国家立法或政策声明来做出各种各样的承诺,以解决气候变化问题。例如,设定碳排放的减排目标等。这种承诺可能会因其目标范围、执行方式或者不执行等方面的原因被起诉。政府是这类诉讼中最常见的被告,但越来越多的企业也开始承诺实现净零目标,因此可能会出现更多质疑这些企业实施相关计划的诉讼。

二、化石燃料:诉讼针对的主要领域

在全球气候诉讼案件中,化石燃料的勘探、开采以及相对应的政府许可是诉讼的重点对象,以确保对相关项目的气候变化影响进行充分的评估。这些案件不仅仅关注开采和勘探活动对水、土地、空气质量和生物多样性的当地性、区域性影响,更关注开采或加工化石燃料的长期性和全球性影响。越来越多案件的原告主张,一个建设项目的影响应包括该项目在世界其他地方和未来很长一段时间内促进化石燃料消费的程度。

联合国政府间气候变化专门委员会(IPCC)的第六次评估报告证实,继续勘探新的化石燃料很可能与1.5 ℃温控目标不相容。同时,该报告也证实减少或替换化石燃料的使用是应对气候变化的重要减缓措施。该报告很可能会成为未来气候诉讼证据的一部分。

---

① Milieudefensie et al. v. Royal Dutch Shell plc., The Hague District Court, C/09/571932/HA ZA 19-379, 25 April 2022(Netherlands).

对于化石燃料领域，全球气候诉讼主要有两个进路。一是要求审查涉案行为是否符合《巴黎协定》或者政府实现净零目标的承诺。在神户燃煤电厂项目公民委员会诉日本政府案中，该燃煤电厂准备建造和运营两个新机组。原告认为该新建项目与日本 2030 年和 2050 年的气候目标不一致。但是，大阪地区法院最终驳回了这个禁令请求，理由是原告的人权主张是一般性的，而不是个人的，因此缺乏原告诉讼资格。在二审中，大阪高等法院维持了一审判决，其认为个人利益必须受到法律保护才能享有行政法上的诉讼资格。虽然上诉方（一审原告）可以在受到空气污染时具备诉讼资格，但基于空气污染的个人利益并不包括所谓"气候损害"。日本最高法院最终维持了上述判决。[①]这类案件的诉讼请求往往与人权和基本权利的主张具有紧密联系，但正如前文所述，这些主张很大程度上会受到程序法的挑战。

二是要求将二氧化碳排放纳入环境影响评价，没有纳入碳排放的项目应不予发放或不予续期行政许可或批准。智利最高法院在一个案件中明确气候影响应包括在环境审查过程当中，对旧环境许可证进行修订、续期时也应当考虑气候影响。[②]在美国，对气候变化的影响也成为环境影响评价的重要组成部分。在地球之友环保组织诉哈兰德案中，华盛顿特区巡回上诉法院判决海洋能源管理局出售墨西哥湾近海土地用于石油和天然气开发的租赁出售无效。法院认为本案环境影响评价存在缺陷，因为海洋能源管理局在评估与本案租赁出售行为有关的温室气体排放时，没有考虑外国石油消费的变化[③]。两年后，华盛顿特区巡回上诉法院在另一个案件中再次确认这一观点，并要求涉案的联邦能源管理委员会在其环境影响评价中考虑由管道燃烧天然气导致的温室气体排放。[④]

但是，环境影响评价中纳入二氧化碳排放量的范围究竟有多大，是仅仅限于开发化石燃料的工程的二氧化碳排放量，还是将这些被开发出来的化石燃料在未来使用时排放的二氧化碳量也纳入进来，目前还存在着争议。在莎

---

① Citizens' Committee on the Kobe Coal-Fired Power Plant v. Japan, Supreme Court of Japan, 9 March 2023(Japan).
② Mejillones Tourist Service Association and others with the Environmental Evaluation Service(SEA) of Antofagasta, Supreme Court of Chile, Case No.6930-20216930-2021, 19 April 2022(Chile).
③ Friends of the Earth v. Haaland, Court of Appeals for the D.C. Circuit, Nos.22-5036, 22-5037, 22-5067, 24 January 2023(United States of America). 同时，该案也表现了针对化石燃料开发的诉讼逐渐从个别项目到整体规划、政策的发展趋势。
④ Food & Water Watch v. FERC, Court of Appeals for the D.C. Circuit, 28 F.4th 277, 11 March 2022(United States of America).

拉·芬奇(代表威尔德行动组织等)诉萨里郡议会(和其他机构)案中,萨里郡议会为一家公司发放了一份许可,以使该公司能够增加四口新井来开采原油。该公司披露的环境信息声明中对该新增项目有关的直接温室气体排放进行了评估,但没有评估这些原油被使用后所释放的温室气体。原告诉称该环境影响评价存在缺陷,违反了英国镇县规划(环境影响评价)条例。但是原审法院驳回了原告诉请,理由是对未来燃烧成品油产生的温室气体排放的评估,并不在该条例中环境影响评价所要求的范围内。上诉法院以多数裁决的结果,维持了原审裁判并认为在不考虑产品未来的二氧化碳排放量的情况下授予许可是合法的。决策者可以自行决定是否将这些未来的影响纳入环境影响评价。当然,本案中的少数意见认为不考虑未来排放仍是不合法的。①

三、有关公司和金融机构的义务和责任

从2020年到2022年,越来越多的案件将私主体列为被告,同时基于不同依据的诉讼策略也呈现多样化的趋势。这些案例主要包括诉请化石燃料公司对气候危害负责的案例和针对金融机构忽视或滥用有关气候变化风险知识的案例。诉讼请求的内容主要为被告因欺骗性地销售化石燃料而对构成公众妨害,或者未能就其产品造成的可预见损害向公众和消费者发出警告。

(一) 公司的减排义务和赔偿义务

在气候诉讼案件中,减轻温室气体排放的义务往往从公司的注意义务(duty of care)发展出来,但这个请求是否成立,目前各国法院裁判观点不一。在史密斯诉恒天然合作集团有限公司案中,作为初审法院的新西兰高等法院认为,这些公司对原告没有注意义务,因为气候损害不是合理可预见的,或由这些公司的行为直接造成的。在上诉中,上诉法院认为侵权法不是应对气候变化的适当途径,理由是世界上每个人都是造成气候变化损害的责任人,同时也是该损害的受害者。②相反,在前述的"保卫环境"组织等诉荷兰皇家壳牌公

---

① R(Finch on behalf of the Weald Action Group & Others) v. Surrey County Council(& Others), Court of Appeal(Civil Division) of England and Wales, CO/4441/2019 and C1/2021/0261, 2022 (United Kingdom of Great Britain and Northern Ireland).
② Smith v. Fonterra Co-Operative Group Limited, High Court of New Zealand, NZSC 35, 31 March 2022(New Zealand).

司案中,法院认为,壳牌公司的减排义务来自荷兰《民法典》第6卷第162节规定的不成文注意义务。最终,法院判决壳牌公司在2030年将其全球业务产生的二氧化碳排放相比于2019年减少45%,从而减轻对气候变化产生的影响。[①]从目前的案件情况来看,持前一种观点的裁判居多。

对于公司是否承担赔偿义务,目前各国法院也没有定论。在美国,诉请化石燃料公司承担赔偿义务的理由各不相同,包括妨害、过失、严格责任和侵权索赔,以及州和地方的消费者保护、不公平交易行为等法律规定。但自2017年提起第一个案件以来,诉讼一直集中在案件是属于联邦法院还是州法院管辖的程序法问题上。目前,大多数法院认为应归州法院管辖,原因在于这些案件不仅仅涉及化石燃料的生产,还涉及公司的欺骗性营销、虚假信息活动和未能对消费者发出警告的行为等。

(二) 金融机构的义务和责任

除了温室气体控制目标外,《巴黎协定》第2条设置的目标还包括"使资金流动符合温室气体低排放和气候适应型发展的路径"。这表明金融是应对气候变化的重要行动杠杆,这一观念也反映在《格拉斯哥气候公约》当中。

近年来,除了针对公司,尤其是高碳排放的化石燃料公司等私主体的诉讼外,针对金融机构的气候诉讼也逐渐兴起。但是,大部分案件都还在起步阶段,一些法院正在评估金融机构对其投资的气候方面的责任。在克莱恩斯欧洲环保协会(ClientEarth)诉比利时国家银行案中,原告认为,作为欧洲央行企业部门购买计划(CSPP)的一部分,该银行在从化石燃料和其他温室气体密集型公司购买债券时,未能满足环境、气候和人权要求。原告声称,CSPP购买的债券中,超过一半是由温室气体密集的行业发行的,因此该项目加剧了气候危机。布鲁塞尔一审法庭基于程序理由驳回了原告的申请,原告于2022年初提起上诉,在上诉程序尚未完成时,原告宣布将撤回其案件,理由是欧洲中央银行接受了在量化宽松改革中考虑环境的法律义务,因此弥补了被告比利时国家银行的违规行为。[②]

在美国,包括哈佛大学、普林斯顿大学、耶鲁大学和斯坦福大学在内的十

[①] Milieudefensie et al. v. Royal Dutch Shell plc., The Hague District Court, C/09/571932/HA ZA 19-379, 25 April 2022(Netherlands).

[②] ClientEarth v. Belgian National Bank, Court of First Instance of Brussels, 21/38/C, Withdrawn, 2022(Belgium).

三所大学的学生已经向各自州的总检察长提出了投诉,声称这些大学未能从化石燃料中撤资,从而构成了违反州法律的行为,包括基金经理谨慎管理慈善基金的受托责任。这些投诉要求各州调查涉嫌的违法行为,目前案件还在审理当中。

四、气候信息披露和洗绿问题

公众对气候变化的认识和理解在逐渐提高,进而对部分企业的气候变化虚假信息、声明采取了诉讼的法律手段。这类诉讼主要包括以下几类,一是投资者对企业提起诉讼,原因是其需要依靠企业的信息和声明来做出投资决定。如果这些信息是虚假的,则会对他们的投资造成损失;二是要求企业遵守有关信息披露和消费者保护的法律,并承担相应的责任;三是部分社会组织提起的反洗绿或称反气候清洗诉讼。

(一) 气候信息披露问题

气候信息披露案件通常基于消费者保护法或公司法。在本类案件中,原告(尤其是投资者)指控部分企业与气候风险有关的公开信息披露具有误导性或欺诈性,既涉及从化石燃料转型对其业务或投资资产造成的风险,也涉及对与气候变化相关的基础设施、运营和供应链投资造成实际影响的风险。在亚伯拉罕斯(Abrahams)诉澳大利亚联邦银行案中,股东起诉澳大利亚联邦银行,要求其根据2001年《公司法》披露该银行参与一系列化石燃料项目的文件,这些项目可能侵犯了世界银行的《环境和社会框架》《环境和社会政策》以及《巴黎协定》。澳大利亚联邦法院决定允许原告检查有限范围的文件,并命令澳大利亚联邦银行出示相关文件。[①]

气候信息披露有时也与诉讼证据有关。在法国地球之友和夏尔巴人诉佩朗科石油公司案中,原告请求访问该公司的内部文件,以确定该跨国石油公司在刚果环境损害中发挥的作用。起初,巴黎大审法院和巴黎上诉法院驳回了原告的请求。但最高上诉法院最终做出了有利于原告的判决。法院认为,如果在任何诉讼之前有正当理由保全或证立可能与解决争议有关的证据,任何

---

① Abrahams v. Commonwealth Bank of Australia, Federal Court of Australia, NSD864/2021, 26 August 2021 (Australia).

利害关系方都可以要求法国法官采取调查措施,但前提是所请求的行动并非明显不可接受,或将违反法律,或注定失败。①

(二) 洗绿问题

洗绿(Green-wash),是指企业伪装成环境友好型企业,通过一定的手段掩盖对社会和环境的破坏,以扩大自身影响力和市场的行为。例如,部分化石燃料公司在发布环境保护呼吁的同时,在该声明旁进行汽油营销宣传的行为。近年来,洗绿问题逐渐受到人们的高度关注。在反洗绿诉讼当中,原告通常认为,企业广告中含有与气候变化影响有关的虚假或误导性信息,违反了广告法、公平竞争等法律或标准。

在 2020 年,英国广告标准局(ASA)发现,瑞安航空声称二氧化碳排放量低且是低任务航空公司的说法具有误导性,要求删除或更正广告内容。该局发现,消费者会在广告中发现足够的信息来证明与乘坐另一家航空公司相比,会减少个人二氧化碳排放。进而,消费者基于环保考虑会优先选择瑞安航空。但经过调查发现,这一广告内容并不真实,具有误导性。②在"无化石运动"组织(Fossielvrij-Beweging)诉荷兰皇家航空案中,原告对荷兰皇家航空公司的广告宣传活动提出质疑,理由是该公司的行为目前并不符合其宣传的"(对气候变化)负责任地飞行"。航空公司如果追求保护环境,应对气候变化的目标,本应通过减少航班数量来减少排放,而荷兰皇家航空却在寻求增加航班销售额。该案建立在荷兰国家广告法规委员会 2022 年 4 月的一项决定的基础上。荷兰媒体监督机构基于该决定裁定,该公司"负责任飞行"运动的宣传内容违反了法规中有关误导性广告的规定,尤其该宣传中提及的气候中立或二氧化碳零排放的内容。③

五、诉请采取行动适应气候变化

人们意识到气候变化将带来可预见的极端天气事件,但政府和有关企

---

① Amis de la Terre and Sherpa v. Perenco, Court of Paris, No.20-22.444, 9 March 2022(France).
② ASA Ruling on Ryanair Ltd t/a Ryanair Ltd, Advertising Standards Authority, Complaint No.G19-1035778, 5 February 2020(United Kingdom of Great Britain and Northern Ireland).
③ Fossielvrij-Beweging v. Koninklijke Luchtvaart Maatschappij N.V., District Court of Amsterdam, 7 July 2022(Netherlands).

业尚未采取措施做好应对和预防。这类诉讼要求对失败的适应行为所造成的人身和财产损害进行赔偿,或者要求在面对已知的气候风险时采取预防措施。但这类偏向预防性的适应诉讼案件数量比较少。在 D. G. Khan 水泥公司诉旁遮普地方政府案中,巴基斯坦最高法院裁定禁止在环境脆弱地区新建或扩建水泥厂。该案中,水泥公司诉称旁遮普地方政府的行政通知侵犯了其享有贸易、商业和职业自由的宪法权利。但巴基斯坦最高法院并没有支持原告的诉讼请求,相反法院认为该行政通知是一种气候适应措施,和巴基斯坦宪法和国家气候变化政策一致。新建或扩建水泥厂可能会导致地下水的进一步枯竭和其他有害的环境影响。该判决强调有必要在政府决策中考虑气候变化及其对水资源的影响,并特别指出了制定和实施适应和预防措施的价值和必要性,以确保国家的水、粮食和能源安全。[①]

六、气候变化的国家责任

在国别气候诉讼领域,除了上述五个主要的气候司法裁判趋势之外,还有一些议题也逐渐引起人们的关注,如气候移民、碳汇与碳交易、跨国责任、弱势群体和生物多样性保护、气候司法判决的执行,等等。在国际法院和国际海洋法庭上最值得关注的是 2023 年 3 月 29 日联合国大会通过第 77/276 号决议,向国际法院提交咨询意见请求,要求其就国家为确保为各国以及当代和子孙后代保护气候系统的义务以及对其造成重大损害的法律后果提供指导。实际上,早在 2022 年 12 月,一个独立且全新的小岛屿国家的国际组织——小岛屿国家委员会就向国际海洋法法庭正式提交了咨询意见请求,这一请求对于海洋法来说是前所未有的,也是第一次就海平面上升和更广泛的气候变化有关的具体问题寻求咨询意见,其内容主要涉及缔约国对 UNCLOS 有哪些具体义务,包括第十二部分规定的义务:(a)防止、减少和控制与气候变化造成或可能造成的有害影响有关的海洋环境污染,包括人类向大气层排放温室气体造成的海洋变暖、海平面上升和海洋酸化。(b)保护和保全海洋环境免受气候变化的影响,包括海洋变暖和海平面上升以及海

---

① D. G. Khan Cement Company v. Government of Punjab, Supreme Court of Pakistan, C. P. 1290-L/2019, 16 April 2021(Pakistan).

洋酸化。同样,国际法院的该决议也是由太平洋国家瓦努阿图牵头,130多个国家共同发起,该咨询意见涉及的核心请求包括,"根据国际法,各国有哪些义务来确保为各国和子孙后代保护气候系统和环境的其他部分,使其不受人为温室气体排放的影响",特别是针对"今世后代的人民和个人"和小岛屿发展中国家义务有哪些。国际法院需要审查与气候变化有关的越来越多的国际法,比如2015年《巴黎协定》中各国的气候雄心,以确定各国的义务;以及《巴黎协定》中规定的一些行为义务,在其他国际法渊源中,如人权法条约或其他多边环境协定中是否具有法律约束力。国际法院在该案中是否会在环境与健康权上有所作为?国际法院咨询意见的发表可能影响到其他法院和国内诉讼的走向。

参考文献

[1] United Nations Environment Programme, Global Climate Litigation Report: 2023 Status Review, Nairobi, July 2023.

[2] Setzer J and Higham C, Global Trends in Climate Change Litigation: 2022 Snapshot, London: Grantham Research Institute on Climate Change and the Environment and Centre for Climate Change Economics and Policy, London School of Economics and Political Science, June 2022.

[3] 上海社会科学院数智双碳合规研究中心、上海段和段律师事务所:《中国企业走出去——2023全球双碳法治热点事项观察》,载微信公众号"跨学科环境法前沿",2024年1月31日。

[4] 中南财经政法大学双碳法治与经济研究院:《2023年中国双碳法治十大事件》,载微信公众号"中南环境法",2024年2月2日。

[5] 各国气候立法,https://climate-laws.org/(2024年2月22日)。

[6] 哥伦比亚大学Sabine气候中心气候诉讼数据库,https://climatecasechart.com/(2024年2月22日)。

[7] [美]约翰·R.诺朗、帕特里夏·E.萨尔金:《气候变化与可持续发展法精要》,申进忠、曹彩丹译,南开大学出版社2016年版。

[8] 唐纳德·R.罗斯韦尔:《气候变化、小岛屿国家和海洋法:国际海洋法法庭咨询意见请求案》,载微信公众号"跨学科环境法前沿",2023年11月2日。

[9] Maria José Alarcon and Maria Antonia Tigre, "Navigating the Intersection of Climate Change and the Law of the Sea: Exploring the ITLOS Advisory Opinion's Substantive Content", See https://blogs.law.columbia.edu/climatechange/2023/04/24/navigating-the-intersection-of-climate-change-and-the-law-of-the-sea-exploring-the-itlos-advisory-opinions-substantive-content/(Feb.22, 2024).

[10] Maria Antonia Tigre and Jorge Alejandro Carrillo Bañuelos, "The ICJ's Advisory

Opinion on Climate Change: What Happens Now?", See https://blogs.law.columbia.edu/climatechange/2023/03/29/the-icjs-advisory-opinion-on-climate-change-what-happens-now/ (Feb.22,2024).

执笔:居晓林(段和段律师事务所)
陈思彤、甘景辉、彭峰(上海社会科学院法学研究所)

第二章　美国碳中和合规研究

碳中和对于减缓全球变暖、改善空气质量、加强能源安全具有重要意义。美国作为温室气体历史累计排放头号大国,对于减缓和适应气候变化负有重要责任。随着美国重返《巴黎协定》,并承诺2030年温室气体排放量减少一半、2050年实现碳中和(与2005年的排放水平相比),美国联邦政府、州政府,以及一些企业逐渐启动碳中和相关战略部署,以应对气候变化危机和确保能源安全。同时,美国有关规制温室气体排放的法律政策经过多年发展,已形成了注重行政调控与市场机制相结合的特点,以共同推动碳中和法律政策的执行与落实。

第一节　政策演变与司法判例

早在20世纪70年代,美国政府就开始对控制温室气体排放的方法以及气候治理法律政策展开研究与探讨。1970年美国通过《清洁空气法》(Clean Air Act),虽经多次修改,但却一直沿用至今,并成为美国规制温室气体排放领域的重要法律依据。本节第一部分将呈现美国近50年的温室气体合规政策和法律演变,以洞悉美国各时期合规政策及法律的特点和变化;第二部分则精选两个司法判例,第一个案例涉及目前国际社会较为关注的与气候相关的信息披露及"漂绿"行为,第二个案例探讨美国银行违反绿色信贷规则的法律责任承担问题。

一、政策演变

美国联邦政府两党对气候政策的不同态度,导致联邦层面气候政策的不稳定和不明确。当气候行动支持者控制了美国政权时,他们积极动员应对气候变化的能力,将气候变化集中在整个美国行政部门。反之,如果气候行动反对者获得政权,又会迅速废除之前的气候政策授权和惯例。①这些波动使美国在应对气候变化方面的治理能力与策略变得并不明朗。

(一) 气候科学能力发展期(20 世纪 70 年代—21 世纪初)

在美国气候治理中,气候科学和决策能力在整个联邦政府中得到发展,使美国在评估新出现的气候威胁的努力中处于领先地位。这种能力最早出现在 20 世纪 50 年代,当时对热搜索武器的军事研究无意中加深了对温室效应的科学认识。然而,真正的能力建设工作开始于 20 世纪 70 年代,围绕气候科学研究的资金和机构支持展开辩论。联邦政府于 1978 年出台《能源税收法》(Energy Tax Act),规定购买太阳能和风能能源设备所支付的资金,可从当年需缴纳的所得税中抵扣。

从 20 世纪 80 年代开始,美国的政治注意力开始转向关注气候变化减缓政策。例如,1988 年的《全球变暖保护法》(Global Warming Protection Act)建议内阁部长和机构采取行动并向国会报告。1992 年的《全球气候保护法》(Global Climate Protection Act)建议环境保护署(EPA)管理碳排放。由于 1988 年《对外关系授权法案》(Foreign Relations Authorization Act)的成功修订,EPA 和国务院共同承担了报告国家气候战略的任务。1990 年通过了《全球变化研究法》(Global Change Research Act),该法确立了美国全球变化研究计划,该计划每四年发布一次美国国家气候评估报告。2000 年,美国建立了一个比较完善的二氧化硫许可证交易市场,使美国在削减二氧化硫排放污染控制的同时创造了经济价值。

该时期有关气候变化和碳规制的重要法律有以下两部:一是 1970 年通过的《清洁空气法》,该法案授权美国环保署制定国家环境空气质量标准、有害空气污染物排放标准和排放源绩效标准,以限制空气污染物排放。还规定各州须根据该法案制定州实施计划,该法案也适用于控制多地工厂温室气体排放;二是 1990 年通过的《全球变化研究法》,该法用以了解和评估气候变化给美国带来的风险,概述了全球变化研究计划必须遵守的具体标准,包括其委员会结构构成、资金来源和编写报告的时间表等。

---

① Navroz K. Dubash. Varieties of Climate Governance: the Emergence and Functioning of Climate Institutions, Environmental Politics: supl 30, pp.1 - 25(2021).

(二)气候治理能力边缘化时期(2000—2006年)

美国气候治理的第二阶段始于2000年小布什政府时期,该时期暴露了美国气候政策制定能力的体制脆弱性,并且易被政治人物和特殊利益所限制。该时期气候因素在行政部门的决策过程中经常被边缘化,这主要是由于碳密集型产业的干预。例如,时任美国总统小布什致力于削弱《全球变化研究法》的法律效力,以阻止行政部门人员参考《全球变化研究法》的报告,并减少或取消各种政府规划文件中对气候科学的提及。在此期间,美国立法部门再次就正式的气候立法以及支持这些拟议改革的必要机构进行辩论。面对依赖碳的利益集团和共和党内对气候改革的强烈反对,这些努力最终失败。

该时期联邦层面有关气候变化和碳规制的重要法律主要是2005年颁布的《能源政策法》(Energy Policy Act),该法通过为各种类型的能源生产提供税收优惠和贷款担保,以解决日益严重的能源问题。同时,该法案还强调可再生能源的重要性,推广清洁能源,加大温室气体捕集技术的研发和运用。因此,该法案也被认为是美国能源政策的重大转折。但也有批评者指出,该法是对美国能源公司的广泛补贴,特别是核工业和石油工业。[1]

(三)气候治理相对高潮期(2007—2016年)

美国气候治理与碳排放监管的第三个时期始于2007年6月最高法院对马萨诸塞州诉环保局案的裁决。[2]该案裁决可追溯到克林顿政府时期,由于对政府未能妥善管理气候危机感到失望,环保倡导者、清洁能源企业和一些州政府于1999年10月向环保署提出申请,要求根据目前已有的法规调整联邦气候政策。虽然布什政府环保署驳回了这一请求,但最高法院最终同意原告的观点,即温室气体排放合规已被《清洁空气法》这一现有法律所涵盖。根据法院裁决,联邦政府负有监管温室气体排放的义务。该项裁决同时也赋予环保署实施《清洁空气法》的职权,并使环保署成为事实上的气候治理机构。

在奥巴马政府将气候因素纳入不同行政部门日常工作的努力下,气候治理相关法律政策也得到了较大推动和发展。在奥巴马总统的两个任期内,政

---

[1] Michael Grunwald & Juliet Eilperin, "Energy Bill Raises Fears About Pollution, Fraud Critics Point to Perks for Industry", *The Washington Post* (Jul.30, 2005), https://www.washingtonpost.com/archive/politics/2005/07/30/energy-bill-raises-fears-about-pollution-fraud/ea8ddb6f-d75e-4c6c-80a1-8aefe6d64b55/.

[2] Massachusetts v. EPA, 549 U.S. 497(2007).

府发布了一系列有关机动车碳排放、新固定污染源的相关法规,并最终提出了针对现有电力系统基础设施的新法规。气候变化也成为各行政部门在决策制定过程中需重点考量的因素之一。例如,国务院扩大了全球事务办公室的规模和能力,并设立了气候变化特使办公室,成为协调双边和多边气候谈判的主要政府机构。国务院还在世界各地建立了一个由50多名环境、科学、技术和健康(ESTH)外交人员构成的组织,以就共同的环境挑战进行区域谈判。

2008年金融危机的影响以及参议院对关键气候变化立法的反对,导致美国立法制定新气候政策的努力再次失败。这次立法失败凸显了美国政治体制所带来的限制:美国参议院为小的、碳密集的州提供了巨大的政治代表权,使气候政策的分配谈判变得更加困难。

总之,在马萨诸塞州诉环保局案发生和奥巴马政府结束期间,美国经历了一个气候政策制定能力相对深化的时期,而且这种能力被利用来协调政策改革。这些努力因环保局转变为事实上的气候机构和奥巴马政府努力在不同的联邦机构中集中考虑气候问题而得以推动。然而,这些政策的效力仍受制于支持或反对气候改革的利益集团,这在2017年特朗普上任后得到进一步加强。

该时期有关气候变化和碳规制的重要法律包括:

第一,2007年《能源独立与安全法》(Energy Independence and Security Act of 2007)。该法案规定,扩大可再生燃料生产、减少对石油依赖、加强能源安全和应对气候变化措施;制定强制性可再生燃料标准,并为可再生能源技术(太阳能、风能、地热、海洋、生物质或垃圾填埋气)开发提供激励机制;照明方面,制定节能标准和灯具标识并促进消费者教育;制定电器、建筑(即确保所有新联邦建筑到2030年实现碳中和)和交通方面的能效标准;对碳捕获和储存以及氢技术研究提供资助;首次提高燃油经济性标准。①

第二,2008年《邓肯·亨特2009财政年度国防授权法》(Duncan Hunter National Defense Authorisation Act for Fiscal Year 2009)。该法案授权2009财年的国防开支,包括针对能源效率、可再生能源和武装部队使用替代能源的相关规定。要求国防部考虑为远征部队使用风能和太阳能,以减少向战区输送燃料的需要,要求国防部对替代品的使用进行研究,以减少替代燃料和合成

---

① 燃油经济性标准,是指到2020年,汽车制造商须将整个车队的燃油经济性提高到每加仑35英里(14.8公里/升)。

燃料(包括煤制油燃料)的全生命周期排放。

第三,2008年《食品、环境保护和能源法》(Food, Conservation, and Energy Act of 2008)。该法中"可再生能源规定"对农业补贴、生物质燃料作出规定,并提供3.2亿美元的贷款担保(2008—2010年)以建立商业规模的生物精炼厂、拨款5500万美元支持生物精炼厂使用可再生生物质代替化石燃料、向联邦采购计划和自愿标签计划分配1100万美元以扩展生物基市场计划、向先进燃料生物能源计划拨款3.45亿美元以支持先进生物燃料生产。

第四,2009年《美国复苏与再投资法》(American Recovery and Reinvestment Act)。该法案授权支持新的和现有可再生能源和能源效率计划的刺激方案,以取代2008年《能源改善和扩展法》中相关税收规定。

第五,2011年修订《清洁空气法》(Clean Air Act)。环保署于2011年首次规定,根据《清洁空气法》对移动和固定污染源产生的温室气体进行监管;并制定移动污染源标准、颁布化石燃料发电厂和其他固定污染源标准。

第六,2015年《综合拨款法》(Consolidated Appropriations Act)。该法更新了风能和太阳能发电的税收抵免计划,为可再生能源市场提供了一定的稳定性。

(四) 气候治理严重衰退期(2016—2020年)

该时期主要是特朗普政府时期,其特点是气候治理与碳规制政策缩减和能力减弱。随着白宫控制权的转移,奥巴马政府时期将气候因素纳入行政部门日常工作的努力很快被颠覆。

为了配合其反气候治理的姿态,特朗普政府及其共和党解散或取消了联邦政府中许多与气候治理有关的办公室。该时期唯一的气候能力建设举措来自于美国国会部门,这主要是因为民主党在2018年赢回了众议院选举。虽然民主党于2019年重新设立了一个众议院气候危机特别委员会,但却并未对国家转向气候改革产生任何影响。因此,特朗普政府完全颠覆了奥巴马政府在2007—2016年试图将气候因素深深融入行政部门的努力。因此,当反对气候行动的政治行为者控制了联邦政府时,美国气候治理的能力很容易被边缘化。

该时期有关气候变化和碳规制的重要法律主要有两部,一是2018年《两党预算法案》(Bipartisan Budget Act of 2018),该法案与气候治理相关的是美国证券交易委员会在第二篇杂项条款中增加了碳捕获项目的税收抵免;二是2020年《环境质量激励计划》(Environmental Quality Incentives Program),该法案旨在促进气候智能型农业和林业缓解措施,特别提倡"先进的放牧管理"以改善土壤健康和固碳及提高抗旱能力,并提出"管理密集型轮牧"以通过增加牧草收获来增加碳封存。

(五)气候状态重新组合期(2021年至今)

美国总统拜登上任后几周内就扭转了特朗普政府对气候治理的边缘化趋势。拜登政府将气候变化因素纳入联邦行政部门决策考虑的程度比美国历史上任何时候都要深。在现有机构中,拜登为从财政部到国务卿的大多数职位规定了气候任务。许多机构都有专门的气候工作人员和政策部门。此外,具有气候政策制定背景的官员被雇用来管理更广泛的经济和政策制定工作。例如,拜登政府聘请了奥巴马政府时期的气候和能源高级顾问领导国家经济委员会,在联邦政府内部建立了新的协调机构,以监督美国气候治理行动。拜登政府对于国际和国内气候协调与治理分别组建不同行政部门,组建新的白宫气候政策办公室,由前环保局局长领导,并担任新一届白宫国家气候顾问;对于国际气候治理协调,设立气候问题总统特使。

2022年11月举行的美国中期大选,共和党以微弱优势赢得众议院,民主党以微弱优势保住参议院。该选举结果在一定程度上影响了美国气候行动成功的可能性。国会的新组成将使拜登政府的气候努力受到更严格的审查,主要影响表现在以下方面:一是共和党可能利用其在众议院的多数地位,加强对联邦气候工作的监督,并解散民主党设立的众议院气候危机特别委员会(一个强调气候影响和讨论解决方案的论坛);二是共和党将收紧联邦在气候方面的开支,尤其是对发展中国家的气候融资,包括拜登承诺到2024年每年提供114亿美元的资金,其基础尤其不稳;三是共和党控制的众议院将针对环保署的法规和决策进行更大的审查;四是共和党还将打击"考虑到ESG因素的商业行为和投资",预计共和党控制的州立法机构将推出立法措施,限制或阻止在投资决策中使用ESG标准。安全和交易委员会为上市公司提出的气候披露规则将面临更严格的监督。[①]

2022年中期选举的结果可能会改变民主党和共和党在未来选举中处理气

[①] Alice C. Hill & Madeline Babin, "What the 2022 Midterm Elections Mean for U. S. Climate Policy", Council on Foreign Relations(Nov. 22, 2022), https://www.cfr.org/blog/what-2022-midterm-elections-mean-us-climate-policy.

候治理和碳规制的态度与方式。许多人认为,年轻选民在健康和气候变化等问题的驱动下,会以压倒性优势投票支持民主党候选人。到2024年总统选举年,千禧一代和Z世代选民人数将超过老一代,共和党可能面临越来越大的压力,亟待重新审视其对气候变化的立场。同时,在世界面临一个迅速缩小的机会之窗时,独立监管局、《基础设施法》以及州和地方政府将为美国的气候行动提供动力。总之,拜登政府对美国气候治理的最终影响仍悬而未决,仍需拭目以待。

就立法方面,三大气候法案是能源加速转型的重要努力:一是2021年11月颁布的《基础设施法》(The Infrastructure Act),该法案也称为《两党基础设施法》,旨在使美国基础设施现代化并提高竞争力,但也对清洁能源进行了大量投资以应对气候危机,促进环境正义。该法案规定,投入1 100亿美元的额外资金用于修复和重建道路、桥梁和转型项目,重点关注所有用户的气候变化减缓、复原力、公平和安全;投资75亿美元建设全国电动汽车充电桩网络;投资650亿美元升级电力基础设施,以在全国范围内提供清洁、可靠的能源,并部署尖端能源技术以实现零碳排放。建立有弹性的输电线路以促进可再生能源和清洁能源的扩展;投资超过500亿美元用于抵御干旱、高温、洪水和野火,力求使美国基础设施能够抵御气候变化、网络攻击和极端天气事件等的影响。

二是2022年8月通过《芯片和科技法》(The CHIPS and Science Act of 2022),该法旨在提高美国在芯片制造和人工智能技术方面的竞争力,并遏制中国在新技术方面的发展。此外,该法案也将投入数十亿美元用于新能源研发,包括清洁能源技术、氢、核、碳去除和建筑效率等。

三是2022年8月通过的《通胀削减法》(Inflation Reduction Act)。作为美国有史以来通过的最重要的气候立法,该法以直接付款和税收减免的形式为清洁能源提供3 790亿美元补贴。首先,该法案对电网脱碳尤为关注:(1)对清洁电力税收抵免政策作出十年延期;(2)270亿美元用于绿色银行部署清洁技术;(3)能源消费者可获得90亿美元补贴;(4)20亿美元用于新输电线路建设;(5)180亿美元用以资助部落土地能源项目。其次,该法案对交通设施也进行了重要部署:(1)为新能源技术发展提供400亿美元;(2)为农村电力合作社建设可再生能源设施提供100亿美元,对使用美国供应链制造的电动汽车消费者提供税收抵免;(3)10亿美元用于资助零碳卡车和公交车,包括校车和垃圾车;(4)给予重型充电站税收抵免;(5)30亿美元用于邮局购买电动货车。最后,还有60亿美元用于支持重工业减排和支持低排放建筑材料、95亿美元用于环境正义、50亿美元用于森林保护投入。

同时,该法案对市场监管、绿色就业、产业创新、国家政策影响等方面都有积极意义。首先,资金刺激了创新。随着减排技术市场的增长,投资于研发的积极性显著增加。新技术反过来又推动了就业,在扩大市场和增加创新之间形成"良性循环";其次,补贴间接促进了更强的监管。机构监管的重点通常是基于那些减排是可行的,或基于应用成本效益分析。补贴使工业减排成本降低,也意味着更大的减排量在经济上的可行性。例如,由于该法案增加了对碳捕集与封存(CCS)的税收优惠,环保署有更强的理由要求化石燃料工厂使用CCS;最后,补贴创造了新的国家政治活力。可再生能源政策创造了更强大的可再生能源产业,并推动政策实施。例如,该法案有很多再分配条款,旨在降低低收入消费者和农村选民的减排成本。[①]

此外,还修订了三部重要法案以加强碳排放和气候治理。一是2021年修订《清洁空气法》,此次修订颁布新的能源性能标准,恢复新建、改造和重建发电厂排放,恢复对石油和天然气行业甲烷排放的限制。环保署还制定了2020年飞机及其发动机、乘用车、卡车和公共汽车的碳排放标准;二是2021年修订《综合拨款法》,环保署发布为期15年逐步减少氢氟碳化物(HFC)的最终规则。该规则设定了HFC生产和消费基线水平,并据此进行削减;建立了2022年和2023年HFC配额分配和交易的初步方法,并创建了一个强大、灵活和创新的合规和执法系统;三是2022年修正《2050年国防生产法》(Defense Production Act of 2050),该法指出,应通过推广可再生能源(例如太阳能、地热、风能和生物质能源)和节能措施加强国内能源供应。

另外,美国缺乏专门气候治理机构,每个时期的气候治理机构也主要是在现有机构的基础上增加新的责任或功能(见表2-1)。在缺乏制度创新的情况下,气候政策的政治冲突继续受到美国政治制度影响,包括三权分立制度、多元化的决策机构、薄弱的政党联合、活跃的司法部门等特征。这些制度特征并不是美国气候政策冲突的唯一驱动因素,美国气候政策冲突还受到依赖碳的特殊利益集团的影响,并加速围绕气候政策的党派分化。

美国联邦政府在应对气候变化方面的停滞不前和相对缺位,为州和地方政府等的气候行动提供了空间和舞台。在州政府层面,加州和纽约一直致力

[①] Dan Farber, "IRA's Impact", Berkeley law (Aug.15, 2022), https://legal-planet.org/2022/08/15/iras-impact/.

表 2-1　美国气候治理行政机构的演变与趋势

总　统	时　间	气候治理行政机构情况
卡特、里根、老布什、克林顿	1970—2000 年	建立国家气候项目办公室,国家海洋和大气管理局(NOAA),并将环境保护局(EPA)设置为独立部门,通过《全球变化研究法》协调政府部门以及非国家和国际研究机构进行气候分析,气候科学能力逐渐出现。
小布什	2000—2006 年	气候科学和决策能力边缘化;在分党控制政府的情况下,气候改革立法的努力失败。
小布什、奥巴马	2007—2016 年	将环保署转变为事实上的气候机构;2009 年奥巴马就职后,将气候因素纳入整个行政部门决策过程;但由于两党之争,气候改革立法以失败告终。
特朗普	2016—2020 年	气候科学和政策制定能力边缘化,并缩减基于气候治理的行政部门。
拜登	2021 年至今	建立新的行政机构以协调国内和国际气候政策的制定。

资料来源:Navroz K. Dubash, "Varieties of Climate Governance: the Emergence and Functioning of Climate Institutions", *Environmental Politics*: supl 30, pp.1-25(2021).

于补充奥巴马和拜登领导下的联邦气候变化政策;在特朗普放弃《巴黎协定》后,加州和纽约州都承诺到 2050 年达到温室气体近零排放水平,[1]夏威夷也宣布了 2045 年实现碳中和计划,[2]另外 2 500 个非联邦团体,也承诺支持《巴黎协定》的目标;[3]许多城市在推动美国气候治理和碳规制方面也发挥着重要作用。为了应对沿海城市海平面上升对人口稠密城市空气质量及公共健康的不良影响等问题,美国各地的市长们已采取行动,以保护他们的城市;在私营企业层面,美国相当多的私营企业已制定温室气体自愿减排目标。这些企业无论经济总量,还是碳排放都在美国占有重要地位,拥有超过 25 万亿美元的市

---

[1] Cinnamon P. Carlarne, U.S. Climate Change Law: A Decade of Flux and an Uncertain Future, 69 AM. U.L. REV. 387(2019).
[2] Robert Walton, "Hawaii First State to Enact 100% Carbon Neutral Goal", Utility Dive(Jun.5, 2018), https://www.utilitydive.com/news/hawaii-aims-for-carbon-neutrality-by-2045/525028/.
[3] Kristin Igusky & Kevin Kennedy, "By the Numbers: America's Pledge Shows How US is Taking Climate Action Without Trump", World Resources Institute(Nov.11, 2017), https://www.wri.org/insights/numbers-americas-pledge-shows-how-us-taking-climate-action-without-trump.

值,其碳排放总和几乎达到千兆吨/每年。①

二、司法判例

(一) 信息披露及"漂绿"案例:马萨诸塞州诉埃克森美孚石油公司案②

1. 基本案情

埃克森美孚是世界上最大的上市石油和天然气公司,由石油巨头埃克森公司和美孚石油公司于 1999 年合并产生。作为一家综合性石油和天然气公司,其业务可分为三个部分:上游是勘探和生产;下游是炼油厂和零售;还有化学业务,包括制造和销售各种化石燃料产品。从 2001 年到 2017 年,埃克森美孚销售超过 420 亿桶石油产品并获得超过 5.6 万亿美元的收入,其石油产品销售量平均约占世界每日石油消耗量的 8%。2019 年 10 月,马萨诸塞州总检察长对埃克森美孚公司提起诉讼,因为埃克森美孚错误地将该公司描述为通过技术创新和采用各种"可持续性"措施以积极应对气候变化的领导者,进而达到推广其产品的目的。但是该公司却没有披露以下内容:(1)埃克森美孚在面对日益严重的气候变化时,增加化石燃料生产的情况说明与汇报;(2)与其对常规化石燃料生产的投资相比,埃克森美孚实际在清洁能源方面的投资最少;(3)埃克森美孚破坏提高消费者在应对气候变化方面的努力。因为埃克森美孚在与消费者沟通时的欺骗性陈述和遗漏,以及对投资者的虚假陈述,都推迟了应对气候变化的行动。

2. 争议焦点

(1) 温室气体与气候变化

从 1988 年到 2015 年,埃克森美孚是美国最大的温室气体排放者,如果考虑到消费者对产品的使用,它是全球所有非政府拥有的化石燃料生产商中的第五大排放者。根据政府间气候变化专门委员会的数据,化石燃料产生的二氧化碳排放量"占 1970 年至 2010 年温室气体排放总增长量的 78%"。马萨诸塞州检察长声称,埃克森美孚几十年前就知道这些基本科学事实。

(2) 埃克森美孚的欺骗行动

1988 年 8 月,埃克森美孚的内部备忘录标题为"温室效应",阐述了埃克森

---

① America's Pledge, "America's Pledge Phase 1 Report: States, Cities, and Businesses in the United States Are Stepping Up on Climate Action", Bloomberg Philanthropies (Nov. 2017), https://assets.bbhub.io/dotorg/sites/28/2017/11/AmericasPledgePhaseOneReportWeb.pdf.

② Commonwealth of Massachusetts v. Exxon Mobil Corp., 489 Mass. 724, 187 N.E.3d 393(2022).

美孚的立场,强调关于潜在增强的温室效应的科学结论具有不确定性,并且"明确表示埃克森美孚'没有修改其能源前景'或预测以解释由于温室效应导致的化石燃料需求或利用的可能变化"。埃克森美孚在过去的三十年内都致力于通过各种途径努力"淡化和掩盖气候变化带来的风险"。

(3) 埃克森美孚对投资者的虚假陈述

埃克森美孚通过一般性和特定性的虚假陈述和遗漏欺骗马萨诸塞州投资者。即,"埃克森美孚所谓的气候风险披露表明,埃克森美孚已经说明并负责任地管理气候变化风险,称其不会对公司的商业模式、资产或其证券价值构成重大威胁"。然而,"这些信息具有欺骗性,因为其否认或忽视了气候变化给全球经济、世界金融市场、化石燃料行业以及埃克森美孚自己的业务带来的众多系统性风险"。事实上,马萨诸塞州总检察长声称:"埃克森美孚的肯定性披露,包括其能源预测,不仅没有披露这些风险;在许多情况下,披露的信息具有欺骗性,否认并淡化了这些风险。"

更具体地说,"埃克森美孚一再向投资者表示……埃克森美孚使用不断上升的碳减排相关成本"作为估计气候变化对公司财务风险的一种方式,但"埃克森美孚实际上并没有产生相关碳减排成本"。通过其他诉讼披露的文件显示,埃克森美孚在内部使用的碳减排成本低于其向投资者的披露。因此,避免了"预计数十亿美元的额外气候相关成本"。

(4) 埃克森美孚对消费者的不实陈述

马萨诸塞州总检察长声称,"埃克森美孚误导马萨诸塞州消费者,声称使用埃克森美孚的 Synergy™ 燃料和'绿色'美孚 1 号™机油产品将减少温室气体排放"。在营销这些产品时,"埃克森美孚对产品的环境效益做出了误导性陈述,并且没有披露埃克森美孚化石燃料产品的开发、精炼和消费者使用会排放大量温室气体"。原告指控埃克森美孚"漂绿",将其定义为"广告和宣传材料,旨在传达一家公司比实际情况更环保的错误印象,从而诱使消费者购买其产品"。

3. 诉讼请求

2019 年 10 月,马萨诸塞州总检察长对埃克森美孚公司提起诉讼,原告根据《马萨诸塞州消费者保护法》对埃克森美孚提起四项诉讼请求,其中两项是由于对投资者构成欺诈,两项是由于对消费者构成欺诈:

(1) 指控埃克森美孚未能向其投资者披露有关系统性气候变化风险的重要事实,违反了马萨诸塞州一般法律第 1 章;

（2）指控埃克森美孚就其使用碳减排成本向马萨诸塞州投资者作出重大虚假和误导性陈述，违反了马萨诸塞州一般法律第1章；

（3）指控埃克森美孚歪曲事实，使用其所声称的具有环境效益的产品（"Synergy™"和"绿色 Mobil 1™"），但却并未披露其化石燃料产品引起的气候变化风险，进而欺骗和误导马萨诸塞州消费者，违反马萨诸塞州法律第2章；

（4）指控埃克森美孚通过宣传虚假和误导性的"洗绿"活动来欺骗马萨诸塞州的消费者，这违反了马萨诸塞州普通法第1章。

马萨诸塞州总检察长寻求宣告性和禁令性救济，对该公司每次违反《马萨诸塞州消费者保护法》的行为处以5 000美元罚款，并要求赔偿诉讼费和律师费。

4. 审判及判决

埃克森美孚公司迅速寻求将其移至马萨诸塞州联邦法院（因为如果该案在联邦法院审理，案件将受到联邦豁免辩护[①]的影响），而联邦法院则驳回特别动议。[②]2020年5月，联邦法院允许将该案发回州法院。[③]该联邦法院认为，一家大型石油公司无权根据《马萨诸塞州一般法》（General Laws of Massachusetts）的规定驳回州总检察长对其提起的诉讼。因为埃克森美孚公司未能通过大量证据满足其最低限度的责任，并且未能证明联邦检察长的指控违反了《马萨诸塞州一般法》，且没有表明它做出任何所谓的陈述完全或主要是为了直接或间接地影响任何政府机构，因为这些陈述似乎是为了影响投资者保留或购买该公司的证券或诱导消费者购买其产品，从而增加其利润。因此，判决驳回埃克森美孚提出的特别动议（即要求联邦法院审理的诉讼请求），并将该案发回州法院审理。

值得一提的是，虽然该案主要针对管辖权作出判决，尚未明确针对具体诉

[①] 此处的"豁免辩护"是指，根据1995年颁布《私人证券诉讼改革法》（PSLRA），以保护被告免受"无异议的"或"滥用的"证券欺诈索赔。根据PSLRA，对于每一个被指控的误导性陈述或遗漏，原告必须具体说明被指控的误导性陈述，并给出其误导性的理由；原告必须详细说明引起强烈推断的事实，即被告在每项被指控的误导性陈述或遗漏方面是以必要的心态行事的；原告有责任证明作为或不作为造成了他们所寻求赔偿的损失。

[②] Commonwealth of Massachusetts v. ExxonMobil Corp., No. 19-12430-WGY (D. Mass., Dec. 26, 2019).

[③] Mem. of Decision Commonwealth of Massachusetts v. ExxonMobil Corp., No. 19-12430-WGY (D. Mass., May 28, 2020).

讼请求作出判决,但也在一定程度上表现出法院对企业承担气候变化责任的支持。①根据法院的说法,"我们的地球显然正在变热,科学家们已经达成共识,这主要是由于二氧化碳浓度和其他温室气体排放的上升造成的,这一事实威胁着我们的地球和所有人民"。法院指出,埃克森美孚试图影响公众的看法,当然包括所提供的信息的"总体组合",以推动"气候科学受到怀疑的虚假叙述"。

针对埃克森美孚公司的正式欺诈案件仍在马萨诸塞州进行,但该公司试图否认气候变化影响的做法,已经受到了投资者施加的压力。因此,2021年11月,埃克森美孚公司对投资者的正式披露已有所改变,将其很大比例的化石燃料资产描述为潜在的"减值",原因是受到气候变化的影响。②

5. 该案的重大意义

在联邦气候治理缺位的情况下,通过气候变化证券欺诈诉讼为公民提供了一个应对气候变化可行的救济途径。然而,考虑到目前联邦证券法的框架和较大碳排放公司目前的雄厚财力,由州总检察长在州法院提起的气候变化证券欺诈诉讼可能是目前取得的最大成功。将来个别碳排放大户的股东也可能对碳排放大户提出成功的气候变化证券欺诈诉讼,为清洁能源转型开辟一条明确的道路。

(二) 银行违反绿色信贷规则案例——NGO诉美国进出口银行③

1. 基本案情

切萨皮克气候行动网络、地球之友、塞拉俱乐部、西部弗吉尼亚高地保护协会、国际环境法中心和太平洋环境(简称为"原告")对美国进出口银行(简称为"银行")批准一项9 000万美元的贷款担保提起诉讼。该担保支持银行向一煤炭公司(Xcoal)提供为期三年的1亿美元贷款。据原告称,银行的担保允许Xcoal出口价值10亿美元的美国煤炭,这将对人类健康和环境造成重大不利

---

① Nelson J. S. *The Future of Corporate Criminal Liability*: *Watching the ESG Space*, Edward Elgar Research Handbook on Corporate Liability, Edward Elgar Publishing(2022).
② Sabrina Valle, *Exxon Warns Some Assets May Be at Risk for Impairment Due to Climate Change*, Reuters(Nov.3, 2021), https://www.reuters.com/business/energy/exxon-warns-some-assets-may-risk-impairment-due-climate-change-filing-2021-11-03/.
③ Chesapeake Climate Action Network v. Export-Import Bank of the United States, 78 F. Supp.3d 208(D.D.C. 2015).

影响。原告诉称,银行在批准贷款担保之前未能考虑此类环境影响,违反了《国家环境政策法》(National Environmental Policy Act)和《行政程序法》(Administrative Procedure Act)。因此,原告诉称银行贷款担保的授权违反了《国家环境政策法》,以及命令银行在向 Xcoal 提供任何额外融资之前撤销担保并遵守《国家环境政策法》的禁令。银行及其董事长(统称为"被告")辩称,首先原告缺乏主张其索赔的资格(缺乏诉讼资格);其次,银行没有被要求考虑贷款担保对环境的潜在影响。法院判决认定原告没有资格,并作出有利于被告的简易判决。

2. 争议焦点

(1) 原告诉讼资格

通常情况下,如果一方在提交申诉时表明:该方遭受了事实上的伤害,且该伤害与被告的受质疑行为有相当的可追溯性,以及该伤害可能,而不仅仅是推测,将通过有利的裁决得到补偿。

原告认为,自己因煤炭开采和运输产生的与出口有关的污染而受到伤害,银行的贷款担保使 Xcoal 出口更多煤炭,取消银行在剩余贷款期限内的融资将减少 Xcoal 可以出口的额外煤炭,直到银行按照《国家环境政策法》进行环境影响评估。因此,原告关于可补救性的主张取决于这样一个命题:如果法院命令银行撤销其担保并遵守《国家环境政策法》:①受监管的银行将反过来撤销、减少或以其他方式修改其对 Xcoal 的贷款;②Xcoal 将通过减少其出口的煤炭数量来应对这一可用信贷的变化;③Xcoal 出口的减少将减少对原告成员的煤炭污染损害。然而,通过对行政记录和各方声明的审查表明,原告未能证明银行授权贷款担保决定的任何改变都可能或将影响 Xcoal 出口的煤炭数量。

也就是说,原告未能证明法院的有利裁决有可能导致 Xcoal 减少其出口量(必须是可能的,而不仅仅是推测的,损害将通过法院的有利判决得到补偿);被告提出了具体事实,证明自 2011 年 12 月以来,欧洲银行危机已经大大缓解,Xcoal 拥有 5.35 亿美元的信贷,即使银行取消了贷款担保,Xcoal 也能利用现有信贷额度支持其现有业务量。原告没有提出任何证据对这些事实表示怀疑。

因此,法院的结论是,原告未能证明法院的有利裁决可以纠正他们的伤害。因此,原告因未能确立诉讼资格的一个基本要素而不具备诉讼资格。

(2) 银行有无义务考虑贷款担保对环境的潜在影响

原告诉称,由于银行贷款担保使 Xcoal 公司能够销售约 10 亿美元的煤炭出口,并通过铁路将这些煤炭运输到港口设施,在港口储存这些煤炭,然后通过船舶将这些煤炭运输到中国、日本、韩国和其他地方。这些活动中的每一项都会对人类健康和环境造成重大不利影响。特别是,煤炭开采和运输所排放的煤尘和柴油废气导致采矿社区、铁路沿线和出口码头周围居民的心肺健康受到影响;煤炭开采还污染了周围环境,伤害了当地野生动物种群,并产生了大量污染废水;银行在批准 Xcoal 贷款担保之前,没有准备环境影响报告或环境分析,因此没有遵守《国家环境政策法》。

被告辩称,美国进出口银行于 1954 年作为一个独立的联邦机构成立,其目的是促进货物和服务的出口,并在此过程中促进美国工人的就业,通过提供贷款、担保、保险和信贷来支持出口。自 1982 年以来,国会特别指示该银行建立一个方案,为符合条件的金融机构贷款提供担保(该条件为:私人信贷市场不能提供足够的资金,使本来有信用的出口贸易公司或出口商完成出口交易;且这种担保将促进扩大出口,否则就不会发生)。根据这些指示,银行建立了营运资金担保计划,允许银行代表出口商、借款人与贷款人签订主担保协议。银行已经颁布了一些条例来履行其在《国家环境政策法》下的义务。尽管从历史上看,银行几乎所有融资都是为了帮助美国的出口,但这不涉及对美国境内环境质量的影响。更具体地说,银行决定以保险或担保形式的进出口银行融资申请通常不需要环境评估,并被明确排除在《国家环境政策法》的环境影响评价要求之外,除非存在特殊情况,表明某些其他级别的环境审查可能是合适的。

法院承认,原告担心该银行将继续为世界各地的主要化石燃料和采矿项目提供资金,如果这样做,将要求太平洋环境组织将额外的资源用于促进对环境负责的融资工作,包括通过监测美国进出口银行的融资政策和做法。法院称,虽然这些对银行未来潜在行动的担忧可能是真实的,但已超出了本案的范围,而它只涉及银行在 2012 年 5 月代表 Xcoal 授权的一笔贷款担保。

3. 审判及判决

法庭面前是当事方要求即决判决的交叉动议,以及承认和排除原告和被告双方提供的额外记录证据的竞争动议。在考虑了双方的动议、他们支持和反对的备忘录以及行政记录之后,法院特此允许引入双方提供的额外记录声明,其目的仅限于评估资格,不包括双方的那些不可接受的声明,认定原告没有资格,并作出有利于被告的简易判决。

第二节　信息披露合规

随着气候相关信息披露在世界范围内的迅速发展,越来越多的政府逐渐开始完善它们对气候相关信息披露监管的标准,其中最重要的是 ESG 信息披露。ESG 披露是指企业在其商业活动中积极考虑环境(Environment)、社会(Social)和治理(Governance)等 ESG 因素,并将这些信息公开向投资者、消费者和其他利益相关者披露的过程。与此同时,ESG 信息的披露也成为各国企业需重点关注的方面,因为其不仅可以起到向外界传递企业管理方面的积极信息,也可以在 ESG 信息利用不当时向外界传递错误的或对自身不利的信息,引来诉讼赔偿或者市值下跌的风险。因此,ESG 信息披露应是各国碳合规监管需重点关注的方面。

一、美国 ESG 信息披露的历史沿革

美国证券交易委员会(SEC)在通过财务报告披露环境和气候相关风险方面有着悠久历史,其在 1971 年首次开始要求上市公司披露环境相关风险。

(一) 1971 年发布第 33-5170 号文件

美国证券交易委员会于 1971 年通过第 33-5170 版(1971 年 7 月 19 日)首次规定了这一主题,建议注册人考虑在其提交给美国证券交易委员会的文件中,根据信息的重要性披露遵守环境法的财务影响。

(二) 1973 年发布第 33-5386 号文件

美国证券交易委员会于 1973 年要求披露遵守环境法可能对收入、费用和公司在市场中的竞争地位产生的财务影响。

(三) 1982 年发布第 33-6383 号文件

美国证券交易委员会于 1982 年发布了第 33-6383 号公告,要求披露"与诉讼和其他业务成本相关的信息,这些信息因遵守联邦、州和地方法规而产生的与环境保护有关信息"。

(四) 2010 年发布第 33-9106 和 34-61469 号文件

美国证券交易委员会于 2010 年发布了 33-9106 号文件《关于气候变化相关披露的委员会指南》,为上市公司提供了有关披露要求的指南。尽管有当前的提议,但目前所有注册人都必须遵循第 33-9106 版中的指导。美国证券交易委员会是第一个承认公开交易的公司面临来自气候变化的"重大"风险(包括监管、物理和间接风险)的证券监管机构,并期望他们报告这些风险。同时,美国证券交易委员会要求上市公司披露某些气候风险相关信息。

(五) 拟议 2023 年发布第 33-11042 和 34-94478 号文件

美国证券交易委员会正在寻求通过使披露具有"一致性、可比性和可靠性"来更新其 2010 年指南,并指出企业和经济面临的气候相关风险已经增加,投资者对气候相关风险信息的需求也在增加,美国证券交易委员会在根据《联邦证券法》设计和执行披露制度时考虑投资者的要求是"适当的"。

此外,2021 年金融稳定监督委员会发布《气候相关金融风险报告》,该报告认为现有气候相关风险披露不足以保护投资者,公司通常在规定的美国证券交易委员会文件之外提供与气候相关的报告。金融稳定监督委员会强调需要更新气候相关指南,以履行其法定权力和责任,颁布"对公共利益或保护投资者而言是必要或适当的"披露要求。

二、美国两项重要的 ESG 信息披露拟议法案和规则

应对气候变化已成为美国政策制定者关注的焦点,拜登政府已将应对气候变化作为国内政策的首要任务。作为实施该政策的一部分,拜登于 2021 年 5 月 20 日签署了一项行政令,指示联邦金融监管机构采取广泛行动来评估和应对与气候相关的金融风险,包括加强对气候相关金融风险的披露。① 同时,加利福尼亚州还通过推进《加州气候企业责任法案》(California Climate Corporate Accountability Act),② 向联邦政府施加压力,要求其采用气候信息披露要求,这

---

① The White House, "Executive Order on Climate-Related Financial Risk" (May 20, 2021), https://www.whitehouse.gov/briefing-room/presidential-actions/2021/05/20/executive-order-on-climate-related-financial-risk/.
② Ines Gendre, "What is the Climate Corporate Accountability Act(Senate Bill 260)?" Greenly(Sept. 29, 2022), https://greenly.earth/en-us/blog/company-guide/what-is-the-climate-corporate-accountability-act-senate-bill-260.

将对加州公司和在加州开展业务的所有公司施加披露义务。

(一)《公司治理改进和投资者保护法案》(目前仅在众议院通过)

该法案最初作为 ESG 披露简化法案于 2021 年 2 月 2 日在众议院提出，并于 2021 年 6 月 8 日由众议院金融服务委员会报告。该法案在众议院通过之前进行了修改，包括几个其他与 ESG 相关的法案和规定，并重新命名为《公司治理改进和投资者保护法》(Corporate Governance Improvement and Investor Protection Act)。2021 年 6 月 16 日，美国众议院以 215 比 214 票的微弱优势通过了《公司治理改进和投资者保护法案》，该法案要求美国证券交易委员会颁布有关气候和其他 ESG 问题的公司披露规则。该法案旨在通过修订《1934 年证券交易法》(Securities Exchange Act of 1934)规范公司的信息披露，要求上市公司对 ESG 问题进行潜在的重大披露，并授权美国证券交易委员会界定这种披露的参数，且美国证券交易委员会将建立一个永久性的咨询委员会，为金融可持续性提供建议，为 ESG 指标提供正式指导，并要求上市公司披露这些指标如何影响其商业战略。该法案还设立了可持续金融咨询委员会，除其他职责外，该委员会还必须向证券交易委员会推荐政策，以促进资金流向环境可持续投资。美国证券交易委员会还必须报告小企业在与 ESG 绩效指标相关的披露要求方面面临的合规问题。尽管众议院已通过该法案，但该法案在参议院获得通过的可能性较低。[1]该法案主要包括以下法案和规定。

1.《ESG 信息披露简化法》

该法将要求证券交易委员会采纳定义 ESG 指标的规则，并要求发行人在某些文件中披露 ESG 指标。每家上市公司还需要披露其对 ESG 指标与其长期业务战略之间联系的看法，以及对公司用于做出此决定流程的描述。该法将使 ESG 指标成为事实，并根据《1933 年证券法》和《1934 年证券交易法》进行重大披露。证券交易委员会有权分阶段对小型发行人进行 ESG 披露。该法将设立一个可持续金融咨询委员会，负责建议政策变化以促进可持续投资，并就可持续金融向证券交易委员会提供一般性建议。

---

[1] H.R.1187-Corporate Governance Improvement and Investor Protection Act，117th Congress(2021-2022)，Congress Government(Feb. 18, 2021)，https://www.congress.gov/bill/117th-congress/house-bill/1187.

2.《股东政治透明度法》

该法将指示美国证券交易委员会通过规则,要求上市公司每季度报告任何政治活动支出的金额和日期、此类活动的描述及任何政治候选人的姓名(以及他们的政治派别和政治立场、寻求的职位等)以及任何收到付款(包括会费)的组织。证券交易委员会还需通过规则,要求上市公司在其提交给股东的年度报告中包含上一年超过 10 000 美元的每项政治活动支出的摘要,以及公司在即将到来的财政年度打算进行的任何政治支出的描述。

3.《加强薪酬责任法》

该法将要求上市公司根据《1934 年证券交易法》提交年度报告,在此类报告中披露公司高管薪酬年度增长与公司所有员工薪酬年度增长的比较指标。

4.《气候风险披露法》

该法将要求根据《1934 年证券交易法》提交年度报告的上市公司在此类报告中披露气候变化给公司带来的物理和转型风险、公司用于识别、评估和管理此类风险的管理战略和治理流程,及公司为减轻这些风险而采取的行动的描述。该法将要求公司披露:(1)直接和间接温室气体排放相关的内容;(2)其拥有或管理的化石燃料相关资产的总额;(3)如果气候变化以目前的速度持续下去,或者如果决策者成功限制温室气体排放以实现 1.5 摄氏度的目标,其估值将受到怎样的影响;(4)归因于公司直接和间接温室气体排放的总成本。证券交易委员会将被授权针对不同行业调整这些披露要求,并对从事化石燃料商业开发的公司施加额外披露要求。此外,证券交易委员会将有权要求披露其认为必要的任何其他信息或气候相关指标,以维护公众利益,或旨在告知投资者气候变化风险。

5.《披露避税天堂和离岸外包法》

该法将强制要求年收入超过美国证券交易委员会根据国别报告要求设定门槛的跨国企业集团成员的任何发行人披露特定的税务信息。该披露旨在揭示全球公司对避税天堂司法管辖区的使用,包括:(1)组成实体的税收管辖区;(2)税号;(3)与其他组成实体的交易产生(和未产生)的收入;(4)每个税收管辖区的收入前损益;(5)以现金方式支付给所有税收管辖区的所得税总额。

6. 小型企业和 ESG 披露的研究和报告

该法要求证券交易委员会与小企业资本形成投资者倡导办公室,研究小企业遵守 ESG 披露义务的要求和建议。该报告应在该法案颁布后 1 年内提交。

(二)《加强和规范对投资者的与气候有关的信息披露》(SEC 拟议规则)

气候变化越来越被认为是企业面临的重大风险。对此,美国证券交易委员会于 2022 年 3 月提出了《加强和规范对投资者的与气候有关的信息披露》(The Enhancement and Standardization of Climate-Related Disclosures for Investors),并将于 2023 年 10 月进行投票。该提案拟对《1940 年投资顾问法》(Investment Advisers Act of 1940)和《1940 年投资公司法》(Investment Company Act of 1940)的规则进行修改,以提供有关 ESG 投资实践的更多信息,促进向客户和股东更好地披露 ESG 问题,为 ESG 咨询服务和投资公司创建一个"一致、可比且对决策有用"的监管框架,以告知和保护投资者,同时促进资产管理行业的进一步创新。根据拟议规则,注册人将被要求在其注册报表和年度报告(如 10-K 表)中提供关于温室气体排放的披露(对范围 1 和范围 2 的披露进行证明)、某些财务报表的披露,以及质量和治理的披露。如果最终确定,该规则将成为美国公司首批强制性 ESG 报告要求之一,即要求在注册声明和定期报告中披露与气候相关的风险信息。

1. 该拟议规则的主要内容

在提案中,美国证券交易委员会指出,要求注册者提供的某些方面的披露与一些公司根据现有的披露框架和标准提供的披露相似,例如金融稳定委员会与气候有关的金融披露工作组(TCFD)和温室气体议定书(GHG Protocol)。

根据美国证券交易委员会的提议,上市公司将被要求披露其董事会和管理层对气候相关风险的监督和治理;任何气候相关风险如何对业务和合并财务报表产生重大影响;识别、评估和管理气候相关风险的流程,以及如何将这些流程整合到公司整体风险管理中;公司是否采用了应对气候相关风险的过渡计划,以及如何衡量其运营的任何物理或过渡风险;恶劣天气事件和相关自然条件的影响;有关任何公开设定的气候相关指标或目标的信息。[1]

拟议规则将要求上市公司披露有关"可能对其业务或合并财务报表产生重大影响"的气候相关风险的信息,包括评估这些已披露风险所需的量化信息。公司还可以像披露风险一样披露与气候相关的机会。此外,拟议规则还要求在公司经审计的财务报表中包含具体的"与气候相关的财务报表指标和相关披露"。该信息将包括"对现有财务报表项目的分类气候相关影响"。

---

[1] The SEC Unveils Environmental Disclosure Requirements,Deloitte(Mar. 21,2022),https://www2.deloitte.com/us/en/pages/audit/articles/sec-climate-disclosure-guidance.html.

该提案还要求披露某些温室气体排放量。根据温室气体协议的定义,这些排放分为三类:范围1排放是公司拥有或控制的来源产生的直接温室气体排放,例如制造活动和车辆的排放;范围2排放是公司在其运营中购买和消耗的能源生产过程中产生的间接温室气体排放;范围3排放是公司不拥有或控制的资产的产品供应链的排放,公司在其供应链中间接影响公司运营的上、下游,例如购买的商品和服务、废物产生、商务旅行、下游所售产品的运输、配送和使用,以及所售产品的报废处理。仅当被视为"材料"时才必须披露范围3排放量。根据拟议规则,上市公司将被要求披露范围1和范围2的排放量,包括绝对和强度方面的分类和汇总。如果公司设定了范围3排放目标,则需要披露范围3排放量。

美国证券交易委员会指出,制定拟议规则有两个必要的先决条件:一是出现广泛接受的气候相关报告框架,二是标准化的温室气体排放核算框架。这些框架中的概念和定义现在已成为全球许多企业使用的标准,为该拟议规则的监管铺平了道路。拟议的披露框架基于气候相关财务披露工作组(TCFD)的建议,其中包括与气候相关财务风险的评估、管理和披露相关的11个主题。TCFD于2017年发布,由一个行业主导的工作组开发,该工作组负责"促进更明智的投资、信贷和保险承保决策"。截至2021年,超过2 600家市值25万亿美元的组织和1 069家管理资产为194万亿美元的金融机构表示支持TCFD。TCFD的建议已纳入其他自愿性框架,包括CDP(前身为碳披露项目)、全球报告倡议组织(GRI)、气候披露标准委员会(CDSB)和可持续发展会计准则委员会(SASB)。

2. 该拟议规则的特点及相关评论

(1) 美国证券交易委员会要求披露对投资者重要的气候信息的法定权力已确立,应继续受到司法机构的尊重。[①]

(2) 许多公司不仅报告了其直接负责的排放,包括直接排放(范围1)或购买的电力或热量(范围2),而且还报告了其供应链和产品的排放(范围3),通常是公司对全球变暖的最大贡献。[②] 范围3的碳排放披露授权将防止产生碳

---

① Leo E. Strine, *The Enhancement and Standardization of Climate-Related Disclosures for Investors*, Harvard Law School Forum on Corporate Governance(June 28, 2022), https://corpgov.law.harvard.edu/2022/06/28/the-enhancement-and-standardization-of-climate-related-disclosures-for-investors/.

② 根据CDP(运营全球最大企业排放数据数据库的非营利组织)的数据,2021年约有1 020家美国公司自愿披露了其范围3排放量。计算范围3可能是一项挑战,因为数据是不同的,并且可以通过多种方式对其进行衡量。例如,2019年埃克森美孚公司的范围3排放相当于7.3亿吨二氧化碳,与加拿大的排放量大致相同。

泄漏。

（3）关注抵消。①美国证券交易委员会的提议将要求披露公司购买碳补偿以中和部分排放的方式和频率。近年来出现了对抵消的巨大需求，并提高了在应对气候变化方面的实际效用。

（4）可能被诉讼。西弗吉尼亚州总检察长称，如果推行这样的规则，该州将以第一修正案为由将美国证券交易委员会告上法庭。因为美国证券交易委员会的建议已经"远远超出了其权限和专长"，仅这一点就有理由放弃证券交易委员会选择的路线。

3. 该拟议规则对上市公司的可能影响

虽然该法规尚未最终确定，但可能会要求许多公司在不久的将来开始合规，因此上市公司和私营公司都应谨慎考虑该拟议规则的影响。上市公司可能需要考虑如何使用披露信息。气候信息披露存在一定程度的不确定性，尤其是在预测气候影响方面。范围3排放量计算需要对人类行为和估计进行许多假设才能得出最终数值。对于特定产品，同一供应链中的不同公司也可能重复计算其排放量。

4. 该拟议规则与ISSB有关ESG信息披露标准的关系及影响

随着国际可持续发展标准委员会（ISSB）和欧洲财务报告咨询小组（EFRAG）就新提议的国际标准进行磋商，2022年成为全球气候相关披露标准发展的一个决定性里程碑。②为了促进全球层面的标准化倡议，国际财务报告准则（IFRS）基金会在格拉斯哥举行的2021年联合国第二十六届缔约方大会上宣布成立了新的国际可持续性标准委员会（ISSB），这些标准也在很大程度上受到TCFD建议的启发。2022年3月31日ISSB提出了两项标准：(1)IFRS S1，"可持续发展相关信息披露的一般要求"；③(2)IFRS S2，"与气候

---

① Eric Roston & Saijel Kishan, "Five Key Takeaways from SEC's Proposal for Climate Disclosures", Bloomberg (Apr. 8, 2022), https://news.bloomberglaw.com/bloomberg-law-analysis/five-key-takeaways-from-secs-proposal-for-climate-disclosures.

② Myriam Azzouz & Antonin Brisson-Félix, "Navigating the sea of proposed climate-related disclosures: A deep dive into the SEC's, ISSB's and EFRAG's proposals", Natixis Corporate & Investment Banking (Jun. 3, 2022), https://gsh.cib.natixis.com/our-center-of-expertise/articles/navigating-the-sea-of-proposed-climate-related-disclosures-a-deep-dive-into-the-sec-s-issb-s-and-efrag-s-proposals.

③ IFRS, "IFRS S1 General Requirements for Disclosure of Sustainability-related Financial Information", Exposure Draft (Mar. 2022), https://www.ifrs.org/content/dam/ifrs/project/climate-related-disclosures/issb-exposure-draft-2022-2-climate-related-disclosures.pdf.

相关的披露"。①ISSB 发布该两项标准的时间与美国证券交易委员会发布相关拟议标准的时间几乎同步。

美国证券交易委员会的重点首先是保护美国上市公司的投资者,它被授权颁布和执行规则以实施《证券法》。由于其重点是保护投资者,其规则的框架是确保投资者拥有做出知情投资决定所需的信息。因此,美国证券交易委员会提出的气候规则重点关注气候变化对报告公司及其财务状况的影响,其管辖权仅限于公开报告的公司,并要求在10-K中披露与财务影响的重大联系。与美国证券交易委员会的披露标准将具有一定强制性相比,ISSB 是一个没有任何权力进行强制披露的机构,但是作为一个标准制定者,其作用是制定可持续发展标准,供各司法管辖区和监管机构采用或在其规则制定中使用。

美国证券交易委员会与ISSB的气候披露拟议规则也存在诸多相同之处。一是二者都在很大程度上借鉴了与气候有关的财务披露特别工作组(TCFD)所推出的披露框架,只是 ISSB 对 TCFD 的某些方面进行了拓展和整合;二是与美国证券交易委员会的拟议规则相同,ISSB 规则首先要求解释报告实体所采用的可持续性治理和风险管理战略,以及所使用的衡量标准和目标,其风险被分为"急性"和"慢性"两类;三是与美国证券交易委员会规则一样,ISSB 也提及"机会"以表明报告实体在其 ESG 可持续性计划中可能使用的可再生能源、"抵消"和其他补救行动。ISSB 规则还跟踪了美国证券交易委员会关于报告范围1、范围2和范围3来源排放的规则。ISSB 规则下的标准来自可持续发展会计准则委员会(SASB)制定的68套基于行业的披露要求。

总之,美国证券交易委员会和 ISSB 会朝着统一披露 ESG 相关信息的方向发展。②在制定与气候有关的风险和机会披露框架方面,二者的立场越来越一致。这种一致性对于发展全球报告要求的一致性非常重要,也可能影响到气候和 ESG 相关数据的整体质量,最终带来更好的结果。

---

① IFRS, "IFRS S2 Climate-related Disclosures", Exposure Draft (Mar. 2022), https://www.ifrs.org/content/dam/ifrs/project/climate-related-disclosures/issb-exposure-draft-2022-2-climate-related-disclosures.pdf.
② Eric Rothenberg & John Rousakis, "SEC and International Sustainability Standards Board Head Toward Uniform Disclosure of ESG-Related Information", O'Melveny (14, 2022), https://www.omm.com/resources/alerts-and-publications/alerts/sec-and-international-sustainability-standards-board-head-toward-uniform-esg-disclosure/.

(三) 加州《气候企业责任法》

加利福尼亚州于 2023 年 1 月 30 日宣布了两项新的企业气候报告法,即《气候企业数据责任法案》(SB 253)和《气候相关金融风险披露法案》(SB 261),这些法律是加州参议院推出的更广泛的州气候责任一揽子计划的一部分,旨在改善在加州开展业务的大公司的企业气候责任和环境影响披露。两项法案在披露要求、覆盖实体、标准依据、执行机构和报告时间表上具有不同(见表 2-2)。

表 2-2 加州企业气候报告要求 SB 253 和 SB 261 之间的比较

	气候企业数据责任法(SB 253)	气候相关金融风险披露法(SB 261)
披露要求	要求每年披露上一日历年范围 1、范围 2 和范围 3 的企业排放量	要求每年进行企业气候相关风险披露
覆盖实体	在加州开展业务的收入超过 10 亿美元的上市公司和私营公司	在加州开展业务的收入超过 5 亿美元的上市公司和私营公司(不包括保险公司)
标准依据	温室气体协议	TCFD
执行机构	加州空气资源委员会和加利福尼亚州排放登记处	加州空气资源委员会和气候咨询小组
报告时间表	2026 年:范围 1 和范围 2 的第一份报告到期(日期待定);范围 3 将于 180 天后到期	2024 年 12 月 31 日:首次披露到期

资料来源:California Climate Disclosure Bills(SB 253 and SB 261) Overview, Timeline & Summary Guide, Brightest(Jun.15, 2023), https://www.brightest.io/california-sb-253-sb-261-climate-corporate-disclosure-act。

SB 253 将适用于所有具备以下条件的公司:年收入超过 10 亿美元且在加州经营或开展业务,并要求他们:(1)提高企业碳和温室气体排放的透明度;(2)标准化公司有关温室气体排放的披露;(3)向加州空气资源委员会(CARB)和加州排放登记处提交年度排放报告,部分报告将于 2026 年开始提交;(4)完整的独立第三方排放验证。

SB 261 适用于具有以下特征的公司:年收入超过 5 亿美元且在加州经营或开展业务,并要求他们:(1)提高企业在气候风险和风险管理方面的透明度;(2)标准化公司围绕气候风险的披露和沟通;(3)向加州空气资源委员会(CARB)和加州统计局气候风险咨询小组提交年度气候风险报告,其中部分报告从 2024 财年末开始。

第三节　碳交易市场合规

碳交易,也称碳排放权交易,是以国际公约和法律为依据,以市场机制为手段,以温室气体排放权为交易对象的制度安排。碳交易市场主要有两类,一类是履约碳市场,也称总量控制与交易系统(Cap-and-Trade),是碳交易的主要方式;另一类是自愿碳市场(也称碳抵消),是基于项目的基线信用型交易,其信用的产生主要依托于碳排放交易双方签署的合同。就履约碳市场而言,美国仍未建立国家层面统一的碳交易机制,但是地方政府比联邦政府有更完整的行动计划,美国已经有一些比较完善的州级碳交易体系,例如,加州总量控制与交易系统、区域温室气体倡议、纽约州新的碳定价机制,以及其他州级主要碳交易计划。就自愿碳市场而言,美国市场需求相对强劲,不仅包括传统碳抵消市场及交易平台,还包括以碳代币为主的数字碳抵消市场及其交易平台。

一、履约碳市场

虽然长期以来的两党之争导致美国在联邦层面的气候治理相对滞后,但是州层面的碳交易等气候政策却相对活跃和领先,以促进和补充国家政策的缺位与不足。美国总量控制和交易政策最重要的应用包括逐步减少含铅汽油、二氧化硫配额交易系统、氧化氮交易和美国区域排污权交易市场计划。此外,加州碳交易系统和区域温室气体倡议,是美国较为重要的两个碳交易系统(见表2-3)。前者是美国第一个限制电力行业CO_2排放的强制性总量控制和交易系统,后者是北美第一个多部门总量控制和交易系统。此外,其他各州也分别实施了碳交易相关政策。

(一)加利福尼亚州总量控制与交易系统

加州碳交易系统是世界上最大的多部门排放交易系统之一。自2012年该计划实施以来,经历了许多监管和立法的变化,也扩大和改变了该计划的实施范围。这些变化主要是为了应对商业、环境正义和社区利益相关者的游说。该计划的授权立法是该州于2006年通过的《全球变暖解决方案法》(AB 32 Global Warming Solutions Act of 2006)。该计划是实现加州减排目标的核心,即到2020年将温室气体排放量减少到1990年的水平(已在2016年实

表 2-3 美国主要的总量控制和交易（Cap-and-Trade）机制

主要机制	地理范围	覆盖范围和部门	时间段	配额分配方法	成本控制机制	环境和经济绩效
含铅汽油逐步减少	美国	来自炼油厂的汽油	1982—1987年	免费	银行业务①	分阶段完成且快于预期，成本节省20%或2.5亿美元/年
SO₂配额交易	美国	电力行业 SO₂排放	1995—2010年	免费	银行业务	SO₂排放减少一半，每年节省10亿美元，但因司法行动而关闭
区域清洁空气激励市场	加州南海岸空气质量管理区	电力、工业行业 NOₓ 和 SO₂ 排放	1993年至今	免费	银行业务	排放量低于平行规定，未量化的成本节约；电力危机致配额价格飙升和市场暂停
美国东部 NOₓ 贸易	美国12—21个州	来自电力和工业来源的 NOₓ	1999—2008年	免费	银行业务	第一年价格大幅波动；NOₓ 排放量从1990年190万吨下降到2006年50万吨；节省成本40%~47%
区域温室气体倡议	美国东北9个州	电力行业 CO₂ 排放	2009年至今	接近完全拍卖	银行业务、成本控制准备金、拍卖价格保留	上限几乎不具约束力，为参与主体创造超过10亿美元收入
加州总量控制和交易	美国加州	电力、工业和燃料 CO₂ 排放	2013—2020年；2021—2030年	从免费到拍卖过渡	银行业务、配额价格遏制储备、拍卖预留	在没有基于产出更新分配的情况下，降低竞争力效应；与魁北克充分交易系统相关联

资料来源：Stavins R. N., "The future of US carbon-pricing policy", *Environmental and energy policy and the economy*, 2020, (1), pp.8-64。

---

① 几乎所有的总量控制和交易（Cap-and-Trade）机制都规定了配额的银行业务。银行业务允许公司持有"备用"配额并在以后合规期使用，以使公司能执行长期合规战略，从而在减排早期实现更大减排量。由于在短期内积极削减开支的公司会看到长期合规义务得到减轻，进而将有助于降低总体成本并缓和价格波动。

现),到2030年比1990年的排放水平减少40%,到2050年比1990年的排放水平减少80%,到2045年实现100%无碳电力并实现碳中和。①

该计划对所涵盖的排放有一个下降的年度上限,大约涵盖了该州80%的温室气体排放。其在每个履约期都有所扩大,以包括更多的温室气体排放源,并下调上限,实施各种价格控制,并改变了抵消认证做法。第一个试点履约期开始于2013年,涵盖了该州大型工业设施、大型固定排放源、二氧化碳供应商、州内发电站,特别是进口电力总体排放量的36%。这一早期决定涵盖了当时占该州电力排放45%的进口电力,是迄今为止跨境碳调整机制的第一个也是唯一的实例。随后的履约期扩大了所涵盖的经济部门的范围,包括天然气供应商和燃料及石油供应商,目前大约涵盖500个实体。由于对竞争力的关注和来自行业间团体的压力,尽管有非政府环保组织的反对,政策制定者采用了一种混合的配额分配方法,对排放密集和贸易暴露型(EITE)企业设施免费提供配额。许可证在调整的基础上免费分配给EITE工业设施。在随后的每个履约期,免费工业配额分配总额逐渐下降。配电公司和天然气供应商获得了剩余的配额,获得的免费配额必须代表纳税人进行分配并用于减排活动。该计划已产生了158亿美元的收益,这些收益已被分配给许多州的环境、交通和空气质量改善项目。

(二) 区域温室气体倡议

区域温室气体倡议(Regional Greenhouse Gas Initiative,RGGI)是美国第一个管制二氧化碳排放的上限和交易政策,涵盖美国东北地区11个州(康涅狄格州、特拉华州、缅因州、马里兰州、马萨诸塞州、新罕布什尔州、纽约州、新泽西州、罗得岛州、佛蒙特州和弗吉尼亚州)的电力部门二氧化碳排放。RGGI设定的目标是在2014年之前将电力部门二氧化碳排放量稳定在2009年的水平(基于2005年的建模假设),并在2019年之前将排放量减少10%(每年为2.5%)。2006年,来自RGGI各州的环境机构官员达成了一项协议,以确保每个州至少获得其分配的25%的排放配额。排放配额通过每季度的拍卖进行分配,拍卖采用密封投标和统一价格的形式。为了避免投标人串通并确保创收,RGGI在2008年设定了1.86美元的底价,在2019年增加到2.26美元。

---

① California Cap and Trade,"Center for Climate and Energy Solutions"(Last visited Jul.10,2023),https://www.c2es.org/content/california-cap-and-trade/.

RGGI 允许配额持有者将其储存起来供将来使用，并且不允许任何一方在一次拍卖中购买超过 25% 的排放配额，以避免潜在的市场操纵行为。从 2008 年到 2019 年，RGGI 各州通过 44 轮拍卖出售了大约 80% 的排放配额，产生了超过 32 亿美元的收入，并取消了未售出的配额。在美国电力部门利益集团内部，引入了配额拍卖。虽然发电公司会因拍卖承担巨大成本，并推动配额分配的"祖父化"，但重组后的投资者拥有的公用事业（如国家电网）支持出售配额，出售的收益通过电费退款或其他方式惠及消费者。RGGI 政策的制定者决定将补贴收入用于提高能源效率，减轻对纳税人的影响，并促进可再生技术发展。

2021 年 5 月，在宾夕法尼亚州建立排放交易计划的地方法规，涵盖了电力部门二氧化碳排放，并加入了 RGGI，同时发布了排放交易计划效果的最新模型结果。允许该州从 2022 年开始参与 RGGI，除非有诉讼或州立法机构采取反对行动。宾夕法尼亚州在 2022 年 RGGI 上限中的排放份额约为 45%。排放控制储备在 2021 年开始运作。排放控制储备是一个自动调整机制，当碳价低于预期时，将下调上限。RGGI 各州在 2021 年夏天启动了第三次审查计划，以分析该计划的成功和影响、2030 年后对上限的潜在额外削减及其他要素，该审查将在 2023 年结束。

（三）纽约州拟采用新的碳定价机制

纽约州一直在采取颇有雄心的努力来应对气候治理和碳合规。该州的目标是到 2030 年实现 40% 的减排任务，到 2050 年实现在 1990 年的基础上至少减排 85% 的目标。为推进上述目标加速实现，2023 年 1 月 10 日，纽约州州长公布了一项全美首创的碳信用额度计划——上限和投资（Cap-and-Invest）计划，在整个经济发展中为污染定价，以抛弃化石燃料并减少温室气体排放。该计划将使纽约州能够在清洁能源转型方面进行更多关键投资，还将在能源价格上涨的情况下支持弱势和处境不利的社区。该计划如果被采纳，将成为美国最全面的气候计划之一。

上限与投资计划将要求企业购买配额，也称为碳信用额。信用额的数量上限，正在根据该州的气候目标而逐步减少。同时，政府将把从上限获得的收入投资于各种碳排放削减工作，主要包括安装电动汽车充电器、用电力设备取代化石燃料设备、建筑物风化、使能源或电力负担得起等措施。

该计划的设计将优先考虑可负担性、气候领导力、创造就业机会、优先考虑处境不利的社区，以及资助可持续未来5项核心原则。①这项创新计划将从类似计划的经验中得到启发，以带来显著减排。该州的电力系统已经是区域温室气体倡议（RGGI）的一部分。自2005年成立以来，RGGI已经帮助电厂减少了50%以上的排放，还筹集了约60亿美元，以支持参与州的清洁能源解决方案。②

（四）其他州级主要碳交易计划

美国地方层面其他州级碳交易机制主要有马萨诸塞州、俄勒冈州，以及华盛顿州等。一是马萨诸塞州碳排放交易计划。2020年，通过免费分配的ETS配额份额为50%。该系统在2021年改为完全拍卖。2021年3月，马萨诸塞州通过了一项新的气候法，制定了具有约束力的减排目标，即，到2030年比1990年排放水平减少50%，到2040年比1990年排放水平减少75%，以及到2050年实现碳中和。法规要求在2021年进行第一次计划审查，此后每10年审查一次。为了解决潜在的流动性问题，该计划审查考虑了对配额银行的限制、拍卖未来配额的规定，以及调整拍卖投标限额等行动。二是俄勒冈州碳排放交易计划。2021年12月，环境质量委员会通过了气候保护计划规则，并于2022年1月开始正式实施。气候保护计划对液体燃料、丙烷以及天然气公用事业供应商（也被称为地方分配公司）的温室气体排放进行了下降限制。三是华盛顿州碳排放交易计划。2021年5月，该州州长杰伊·英斯利（Jay Inslee）签署了《气候承诺法》（Climate Commitment Act），将全经济范围的上限和投资计划纳入法律，并于2023年1月开始正式实施。③

二、自愿碳市场或碳抵消

碳抵消（carbon offset），代表从大气中去除一吨二氧化碳的信用额度。这

---

① New York State Energy Research and Development Authority, "Governor Hochul Unveils Cap-and-Invest Program to Reduce Greenhouse Gas Emissions and Combat Climate Change", New York State（January 10, 2023）, https://www.nyserda.ny.gov/About/Newsroom/2023-Announcements/2023-1-10-Governor-Hochul-Unveils-Cap-and-Invest-Program.

② Jennifer L., "New York to Cap-and-Invest $1B Carbon Credits from Big Polluters", Carbon Credits（January 12, 2023）, https://carboncredits.com/new-york-cap-and-invest-carbon-credit-approach/.

③ The World Bank. State and Trends of Carbon Pricing 2022, Washington, DC: World Bank, 2022, p.63.

些抵消可通过植树或碳捕获等活动获得，并合法抵消污染实体排放的碳量。一旦获得，碳抵消可以出售给京都议定书授权的其他主体。碳抵消在总量控制与交易计划中尤为重要，在总量控制与交易计划中，法规限制了给定时间段内的最大碳排放量，并且希望碳排放高于上限的实体必须购买其他人未使用的碳排放信用额度。从理论上讲，碳抵消与总量控制与交易计划相结合有助于减少大气中的温室气体量。尽管购买碳抵消的市场强劲，但该领域几乎没有受到监管。监管不足在一定上导致人们对碳抵消的预期气候效益持否定态度。美国商品期货交易委员会在2022年开始就"是否应根据现行《证券法》(Securities Law)对碳抵消进行监管"展开调查。①

(一) 传统碳抵消市场及交易平台

自愿碳市场的开发是为了对减少温室气体排放的行动进行评级，主要是由私营公司以减少公司碳足迹，展示企业社会责任和加强公共关系而开展。传统上，批准碳抵消方法、认证温室气体减排项目和在全球登记碳抵消的主要自愿组织包括：Verra（前身为 Verified Carbon Standard，VCS）、美国碳登记处（ACR）、气候行动储备（CAR）、黄金标准和 Plan Vivo。此外，ACR、CAR 和 Verra 被加州空气资源委员会批准为加州总量控制与交易计划的抵消项目登记处。自愿碳市场的抵消需求是可变的、不确定的，并取决于买方的看法。目前美国主要有三个碳抵消市场体系（俄勒冈州、加利福尼亚州和 RGGI）。加州也为沿海湿地恢复开发了碳抵消方法，密西西比河三角洲因开发了四种沿海湿地恢复方法中的两种而闻名。传统的碳抵消机制主要运用在美国的森林碳抵消和蓝碳抵消。

1. 森林碳抵消

从1990年到2010年，美国森林碳汇增加了33%。毁林占人类活动碳排放17%。为防止毁林，减少毁林和森林退化的排放（REED+）正在林业方法学下进行交易。因此，基于森林的碳封存是一个公认的具有成本效益的机制，可以抵消人为碳排放，缓解全球气候变化，并为森林土地所有者提供货币激励。重新造林的农业用地可以增加碳封存。然而，只有当土地的生

---

① Commodity Futures Trading Commission, "CFTC Announces Voluntary Carbon Markets Convening", CFTC Gov. (Jun. 2, 2022), https://www.cftc.gov/PressRoom/Events/opaeventcftccarbonmarketconvene060222.

产力有限,或者他们受到社会回报而不是经济回报的激励时,农民才会对森林保护感兴趣。除了林业部门,从森林和废物的副产品中产生碳补偿的方法(如生物碳)已经得到批准。生物量(森林或通过废物转移)中的固碳可转化为生物碳,以防止分解并储存数百至数千年的碳。在土壤中应用生物碳可减少氮排放,也可以减少耕作中对化学肥料的需求。同样,农民可采用碳耕作技术,包括免耕、减少甲烷饲料补充剂或植物秸秆保留等,以增加土壤中的固碳含量。

2021年通过了《保护全球森林的计划:关键的碳汇》(Plan to Conserve Global Forests: Critical Carbon Sinks)行政计划,该计划阐述了美国保护重要的全球陆地碳汇的方法,部署了一系列外交、政策和金融机制,并设定了一个到2030年恢复的目标。该行政计划概述了实现减排目标的初步方法:(1)激励森林和生态系统保护以及森林景观恢复;(2)促进私营部门的投资、融资和行动,以保护关键的碳汇;(3)建立长期能力并加强问责制及相关数据和监测系统;(4)提高气候和保护行动的雄心。该计划主要关注亚马逊、刚果和东南亚的森林系统。根据国会拨款,到2030年,美国打算投入高达90亿美元国际气候资金来支持这些目标实现。

2. 蓝碳抵消

盐沼、红树林和海草草甸是主要的沿海湿地和水生生境,提供各种生态系统服务,包括固定和储存蓝碳。在美国160万公顷的盐碱地和咸水沼泽中,有近13 450公顷的面积已遭受损失。在1998年至2004年之间,大部分转化为路易斯安那州沿海的开放水域。从1932年到2016年,沿海湿地总面积约25%(4 833 km^2)转化为开放水域。这些沿海湿地的丧失对碳循环有两个主要影响,一是失去的湿地面积不能再用于每年吸收土壤中的碳固存率,二是被侵蚀的湿地系统可能会失去在过去100至1 000年中预先保存的湿地土壤碳存量。这种土壤中的碳可通过物理手段释放出来并重新矿化,以二氧化碳的形式排放到大气中。

从2012年开始,美国已经做出了一些努力,将湿地恢复引入碳市场,提出了路易斯安那州沿海湿地碳累积的货币年价值以及四种湿地碳补偿方法学:(1)密西西比三角洲退化的三角洲湿地的恢复方法学;(2)沿海湿地的创建方法;(3)潮汐湿地和海草恢复方法学;(4)加州三角洲和沿海湿地的恢复方法学。以上方法对空间覆盖和恢复活动规定了不同适用性规则,已被不同市场开发和认证。

美国海岸线湿地恢复和保护是一个始终存在的需求,以确保数千万人的生计和基础设施以及与海岸带有关的重要经济基础。在沿海湿地的许多有价值的生态系统服务中,湿地碳封存和温室气体减排潜力的重要性正在增加。为了将蓝碳抵消引入碳市场,目前已作出了一些努力,包括开发湿地碳抵消方法学。蓝碳系统有可能在不断增长的自愿性和合规性碳市场中产生抵消而获益。简化现有方法学,开发新的特定地点和特定修复项目的方法学,有助于促进沿海修复和保护活动中的碳补偿部分。这不仅可以促进湿地的经济价值,还可以产生次级金融资本以支持恢复项目,进而有助于减少二氧化碳排放、实现碳中和目标。[①]

(二) 数字碳抵消市场及交易平台

除传统碳抵消市场之外,许多碳信用的买卖双方正在通过数字碳交易所进行交易,许多人甚至喜欢使用区块链技术实现的碳代币进行交易。碳代币,即碳信用额度的代币化。碳信用也可以作为代币在数字交易所进行交易,就像其在传统交易平台上的交易一样。一个项目的碳信用可以被代币化,与每个碳信用额度一样,一个代币也代表一吨的碳信用。碳信用的代币化有助于市场的透明度和流动性。区块链技术可以创建安全、标准化和实时的碳信用交换,因为代币存储了与碳信用有关的所有信息,包括第三方认证细节、审计、交易记录和项目监测。

在同一区块链上铸造的碳代币将遵循相同的标准,以更好地融入分散式金融(DeFi)市场。DeFi市场,如去中心化交易所(DEX),通过使用区块链上的智能合约,提供不依赖中介的金融工具。本质上讲,加密代币是一组被编码为智能合约的信息和规则,该合约也是一个程序,在满足某些标准后执行,并保存在区块链上。在占有合同后,由于区块链网络的性质,更易于第三方机构的验证。核查对于确认合同中碳信用的所有权至关重要,协议的自动执行摆脱了任何中间人,也消除了传统交易的耗时过程。同时,代币化促进了数字碳交易所的交易透明度,这对自愿碳市场的发展至关重要。

总部位于美国的 Xpansiv 公司已托管了全球约 90% 的自愿碳信用交易,

---

① Sapkota, Yadav & John R. White, "Carbon Offset Market Methodologies Applicable for Coastal Wetland Restoration and Conservation in the United States: A Review." *Science of The Total Environment*, Vol.701: 134497(2020).

是目前市场的主导者。Xpansiv 的抵消合约是为了提供高质量的碳信用,并与其合作伙伴芝加哥商业交易所,推出了三个抵消合约:(1)全球排放抵消;(2)基于自然的全球排放抵消;(3)全球排放核心抵消。2021 年,Xpansiv 交易所平台上的碳抵消交易总量超过 1.215 亿吨二氧化碳当量,比 2020 年增长了 288%,占总市场份额的 35% 左右。以上抵消合约中透明的订单簿使这些参与者能够看到实时定价,还可以获得单个碳补偿项目的全面市场现状,并且还可以与美国碳登记处(ACR)、气候行动储备(CAR)、黄金标准等领先的注册处整合在一起。[1]

同时,Xpansiv 为碳、可再生能源和数字能源商品提供市场基础设施和数据平台。这些智能商品为市场带来了透明度和流动性,使参与者能够对能源、碳和水进行估值,以应对气候变化相关风险和挑战。2022 年 11 月 1 日,环境商品的首要市场基础设施平台 Xpansiv 推出新的基准碳抵消合同(Sustainable Development Global Emissions Offset™),是一种新的碳交易方式。[2] 全球环境相关的现货和期货市场使市场参与者能够购买高质量的碳抵消,而不必评估大量不同的抵消项目。这些碳抵消合约共同提供了流动性、透明的价格发现、风险转移机制,以及全球碳市场的可靠性。

第四节 投资与金融合规

为了在 2050 年实现碳中和,美国须对低碳基础设施进行大量投资,以更快地部署可再生清洁能源解决方案、投资先进的电力传输和分配系统、促使运输部门去碳化、与重工业合作等,并逐步淘汰化石燃料。[3] 投资净零碳排放的未来不仅可以节省资金,而且通过改造和重新引导资源用于整个经济的去碳化,可释放出一波创新、创造就业和经济增长的浪潮。

---

[1] Jennifer L., "The Top 4 Carbon Exchanges for 2023(Updated)", Carbon Credits(May 19, 2022), https://carboncredits.com/the-top-4-carbon-exchanges-for-2023/.

[2] Charlie Morrow & Taylor Fenske, "Xpansiv Market CBL Launches Sustainable Development Global Emissions Offset Contract", Business Wire(Nov. 1, 2022), https://www.businesswire.com/news/home/20221101005777/en/Xpansiv-Market-CBL-Launches-Sustainable-Development-Global-Emissions-Offset-Contract.

[3] Jenkins, Jesse D., Max Luke & Samuel Thernstrom, "Getting to Zero Carbon Emissions in the Electric Power Sector", *Joule* Vol.2:12, pp.2498-2510(2018).

一、调整公共财政支出

美国为其减缓和适应目标提供资金的方法之一，是将气候变化纳入目前的公共财政支出。国家收入、支出和债务负担为公共财务支出提供相关资金流，这些资金在政府、各种准政府实体，以及国有企业和国家开发银行等部门机构之间流动。公共财政支出的方式主要包括公共投资和支出激励、可持续采购标准以及化石燃料补贴改革。

（一）公共投资和支出激励

公共投资和支出激励的一个重要资金来源是政府对符合国家气候目标的举措进行直接投资。政府可以提供重要的公共投资，以支持增加清洁能源和努力使国家更具气候适应性。投资于零碳排放的未来以预防气候变化，以及为建立复原力做准备是两项非常重要的投资战略。预防对于避免气候变化的最坏影响至关重要，而准备工作比应对、恢复和重建更具有成本效益。对数以千计的，由政府资助的，旨在减少洪水、飓风和地震破坏风险的项目审查表明，每投资一美元用于减轻自然灾害，则能节省六美元的灾难成本。[1]而当公共或私人部门每投资 1 美元用于采用更多的气候适应性法规时，则可节省 11 美元的灾害成本。[2]

2022 年 8 月，美国签署《通胀削减法》，该法规定将有 3 690 亿美元通过政策激励和投资推动气候变化减缓和应对以及清洁能源发展，旨在从政府层面拨款应对气候变化，以进行经济脱碳。该法对清洁能源技术进行了重大投资，预计将减少 10 亿吨的温室气体排放。包括公用事业规模和分布式太阳能、风能和其他可再生资源，现有的零排放核电站，电力和工业部门的碳捕获设施，轻型、中型和重型清洁车辆，以及热泵和其他家庭和企业的节能升级；还为新兴清洁技术提供税收抵免。

---

[1] Federal Insurance and Mitigation Administration，"Natural Hazard Mitigation Saves Interim Report"，FEMA（Jun.2018），https://www.fema.gov/sites/default/files/2020-07/fema_mitsaves-factsheet_2018.pdf.

[2] Multi-Hazard Mitigation Council，"Natural Hazard Mitigation Saves: 2019 Report"，National Institute of Building Sciences(Dec.2019)，https://www.nibs.org/files/pdfs/NIBS_MMC_Mitigation-Saves_2019.pdf.

2021年11月颁布《基础设施法》,该法为电网和输电投资提供270亿美元,为电动汽车和替代燃料基础设施部署创建了一个75亿美元的赠款计划,并为直接空气捕获和清洁氢气中心分别提供35亿美元和80亿美元,特别是涉及电动汽车的充电基础设施,并鼓励尝试使用氢气、丙烷和天然气,剩余部分用于减少港口设施的卡车废气排放,及缓解拥堵。① 即,《通胀削减法》在《基础设施法》基础之上又有额外的投资,两部法案中的公共投资计划共同推进。

(二)可持续的采购标准

2021年4月,美国发起"绿色政府倡议"(Greening Government Initiative, GGI),以加快建立绿色政府和公共部门的气候适应能力,该倡议的范围仅限于国家政府运作,包括增加政府对可再生能源的使用、将国家政府建筑和车队转变为净零排放、增强政府建筑的弹性、制定政府可持续采购政策以及确定基于自然的解决方案等。

美国总统拜登发布第14008号行政命令,② 呼吁联邦政府调整其财产和采购管理,以支持强有力的气候行动。该行政令旨在通过振兴可持续发展工作,将联邦车队过渡到零排放车辆,并使用100%无碳污染的电力为联邦运作提供动力,从而创造就业机会并促进清洁能源产业发展。联邦政府将以身作则,助力2035年实现100%清洁能源经济,并到2050年实现碳中和。此外,拜登还颁布促进美国清洁能源产业和就业的第14057号行政命令,③ 规定到2050年实现联邦采购净零排放目标,其关键行动包括:(1)要求主要的联邦供应商公开披露排放量并设定减排目标;(2)发起购买低碳材料的清洁计划;(3)改变联邦采购规则以尽量减少气候变化风险,包括在采购决策中考虑温室气体的社

---

① William Thomas & Andrea Peterson, "New Infrastructure Law to Provide Billions to Energy Technology Projects", American Institute of Physics(Nov. 9, 2021), https://ww2.aip.org/fyi/2021/new-infrastructure-law-provide-billions-energy-technology-projects.
② The White House, "Executive Order on Tackling the Climate Crisis at Home and Abroad"(Jan.27, 2021), https://www.whitehouse.gov/briefing-room/presidential-actions/2021/01/27/executive-order-on-tackling-the-climate-crisis-at-home-and-abroad/.
③ The White House, "Executive Order on Catalyzing Clean Energy Industries and Jobs Through Federal Sustainability"(Dec. 8, 2021), https://www.whitehouse.gov/briefing-room/presidential-actions/2021/12/08/executive-order-on-catalyzing-clean-energy-industries-and-jobs-through-federal-sustainability/.

会成本；(4)最大限度地采购可持续产品和服务；(5)建立联邦净零排放采购领导小组；(6)增加联邦供应链可持续性。这些供应链计划包括主要承包商温室气体排放披露以及基于科学的目标、针对低碳材料的"清洁购买"计划及可持续产品政策。以上计划将提高美国工业竞争力，并提供未来的低碳和可持续产品，同时创造高薪工会工作。

(三) 化石燃料补贴改革

美国每年对化石燃料行业直接补贴约为 205 亿美元，其中包括 147 亿美元的联邦补贴和 58 亿美元的州补贴。如果考虑到健康、环境和气候等外部因素，估计美国每年对化石燃料的补贴将达到 6 490 亿美元。取消化石燃料补贴将在减轻纳税人压力的同时，减少温室气体排放。[1]该项改革方案主要包括以下内容。

一是有关税收支出。除规定可持续采购标准外，该行政令要求在 2022 财年及之后的预算申请中取消化石燃料补贴。拜登政府的 2022 财年预算旨在通过废除 13 项化石燃料税收优惠来实现这一目标，这将使联邦收入在未来 10 年增加约 350 亿美元。通过改革外国化石燃料收入的税收，同期将额外筹集 860 亿美元。

二是有关租赁和特许权使用费率。化石燃料行业还通过廉价租赁和从公共土地提取化石燃料的低特许权使用费得到补贴。联邦土地低于市场价格的租赁费起价为每英亩 2 美元（该数字自 1987 年以来一直未改变），并且自 1920 年以来在岸特许权使用费率一直保持在 12.5%。该行政令指示内政部长，"在完成对联邦石油和天然气许可和租赁的全面审查和重新考虑之前，暂停公共土地或近海水域的新石油和天然气租赁"。该行政令还要求考虑调整煤炭、石油和天然气的特许权使用费，以考虑气候成本。

三是有关化石燃料研究与开发。能源部历来通过研发补贴化石燃料。1978 年至 2018 年间，美国能源部 24% 的研发预算用于化石能源。然而，该行政令呼吁美国能源部等政府机构"采取措施确保……联邦资金不直接补贴化石燃料"。2022 财年美国能源部申请提议通过重新确定或取消对化石燃料研

---

[1] Savannah Bertrand, "Fact Sheet | Proposals to Reduce Fossil Fuel Subsidies (2021), Environmental and Energy Study Institute"(Jul. 23, 2021), https://www.eesi.org/papers/view/fact-sheet-proposals-to-reduce-fossil-fuel-subsidies-2021.

发的直接补贴,包括重新命名化石能源和碳管理办公室、创新技术贷款担保计划,以及制定先进技术车辆制造贷款计划等。

四是有关化石燃料项目的国际融资。2015年至2020年间,美国国际开发金融公司的前身海外私人投资公司和美国进出口银行为海外化石燃料项目提供了超过130亿美元的资金。该行政令要求美国国际开发金融公司和美国进出口银行"确定美国可以结束对碳密集型化石燃料能源的国际融资,同时推进可持续发展和绿色复苏"。2021年4月,美国国际开发金融公司承诺到2040年在其投资组合中实现净零排放。

二、转移和调动私人财务

私营部门需要在气候行动融资方面发挥重要作用。近年来,虽然在能源部门投资的推动下,气候活动中的私人融资已经加速,但其潜力仍未完全释放。例如,国际能源署相关研究指出,清洁能源投资将主要由私营部门提供,这可能占总投资的70%。除碳交易机制外(前文已述),还有税收抵免、强制性气候风险披露以及气候能效标准等。

(一) 税收抵免

税收抵免(Tax Credits),指纳税人可以直接从所欠税款中扣除的金额。这与税收减免不同,税收减免会降低个人的应纳税所得额。税收抵免的价值取决于抵免的性质。某些类型的税收抵免授予特定地点、类别或行业的个人或企业。税收抵免旨在激励私营部门通过降低成本来开展与气候相关的项目。税收抵免机制可以通过吸引新类型的投资者进入政府认为的与气候相关的行业以增加绿色投资。

美国2022年《通胀削减法》主要采用税收减免的方式,减少美国温室气体排放和增强对气候变化的适应能力。据官方估计,在10年的预算窗口中,绿色税收抵免将增加2 700亿美元,同时支出增加约1 170亿美元,化石燃料费用增加200亿美元。据美国参议院估计,该立法将使美国温室气体排放量减少到2005年排放水平的40%,大约是已经实现的减排量的两倍。其中增幅最大的是可再生能源投资税收抵免(650亿美元)和生产税收抵免(620亿美元),二者共同构成了美国能源转型政策的核心。该法案还为可再生能源设备制造(370亿美元)、商业和住宅建筑(370亿美元)、核电(300亿美元)、替代燃料

(218亿美元)和电动汽车(142亿美元)设立或扩大绿色税收抵免。①

美国45Q条款(碳封存法规),也主要规定了税收抵免项目。该项目是针对碳捕获与封存的联邦企业所得税优惠政策。根据该项目,按照捕获与封存二氧化碳等温室气体的数量计算抵免额,允许联邦所得税、企业所得税纳税人,从企业所得税应纳税额中进行抵免。即,直接扣掉应缴的税款,而不是从税基里扣。据国际能源署估算,到2030年45Q条款下抵免项目将有助于美国在电力部门实现三分之二碳排放的捕获和封存,从而有助于将全球升温控制在2摄氏度以内,45Q碳封存税收抵免项目是一项利用税收抵免手段和经济激励措施,促进减排的重要尝试。

(二) 强制性气候风险披露

近年来,气候风险披露已得到普遍关注,并出现了诸多不同披露机制和标准来指导公司和机构。自愿性倡议,如可持续发展审计准则委员会(SASB)或气候相关财务披露工作组(TCFD),为公司报告气候和可持续能力相关的风险提供了指导。此外,由于受到TCFD气候风险披露基线标准的启发,国家和地方的强制性法律法规正在出现,这些国家法规通常确保某些部门最低水平的信息披露透明度。披露标准通常要求公司和金融机构报告气候变化的物理影响和向低碳、有韧性的经济过渡所带来的风险。正如TCFD所述,物理风险与洪水和干旱以及海平面上升等事件有关,而转型风险是指由于技术和政策的变化对商业模式的影响。

正如前文所述,美国证券交易委员会于2022年提出一项法案,《加强和规范对投资者的与气候有关的信息披露》。如果该法案通过,将要求公司披露有关气候相关风险的监督和治理信息,以及披露温室气体排放指标。美国证券交易委员会指出,该法案将为投资者的投资决策提供一致的、可信赖的和有用的信息,并为发行人提供一致和明确的报告义务。

(三) 气候能源效率标准

效率标准,作为一种工具以限制和指导公司投资,并鼓励开发和采用低碳技

---

① Thornton Matheson,"Tax Credits in US Climate Deal Bring Paris Accords Goals Closer,Bloomberg Tax"(Aug.17, 2022), https://news.bloombergtax.com/tax-insights-and-commentary/tax-credits-in-us-climate-deal-bring-paris-accords-goals-closer.

术。效率标准传统上集中在工业、建筑和运输等能源部门的主要类别。颁布这些部门的效率标准可在引导投资和减少排放方面发挥关键作用。通过法律框架建立的效率标准可以对减少温室气体排放产生影响。在2021—2022年，美国环境保护局和国家公路交通安全管理局通过了到2026年的轻型汽车标准。环境保护局估计，到2050年，这些标准将避免超过30亿吨的温室气体排放。[1]

1978年的《国家能源保护和政策法》（National Energy Conservation Policy Act）授予美国能源部为13种家用电器制定能源效率标准的权力。后续法律扩大了受标准约束的电器范围和能源效率目标的严格程度。[2]2013年，与1980年销售的电器相比，燃气炉能耗减少18％，中央空调能耗减少50％，冰箱能耗减少65％，洗衣机能耗减少75％。除制定能源效率标准外，能源部还制定了气象援助计划，旨在为低收入受赠者提供资金，以提高其家庭能源效率。[3]

可再生能源组合标准，旨在激励和迫使电力公司从可再生或零碳发电资源中采购一定比例电力并卖给消费者。自2000年以来，美国近一半的可再生能源部署归功于各州的可再生能源政策。[4]截至2022年11月，36个州和哥伦比亚特区已经建立了一个可再生能源组合标准，其中12个州和哥伦比亚特区要求在2050年或之前实现100％的清洁电力。[5]

第五节 法律责任

《清洁空气法》作为一部综合性联邦法律，赋予美国环保署监管空气污染

---

[1] U.S. Environmental Protection Agency, "Final Rule to Revise Existing National GHG Emissions Standards for Passenger Cars and Light Trucks Through Model Year 2026", EPA(Jan.4, 2023), https://www.epa.gov/regulations-emissions-vehicles-and-engines/final-rule-revise-existing-national-ghg-emissions.

[2] Doris Elizabeth, Jaquelin Cochran & Martin Vorum, "Energy efficiency policy in the United States: overview of trends at different levels of government", National Renewable Energy Laboratory(December 2009), https://www.nrel.gov/docs/fy10osti/46532.pdf.

[3] Wang, Alex, David Pettit & Siyi Shen, "Coordinated Governance of Air and Climate Pollutants: Lessons from the California Experience", Energy Foundation (Nov. 3, 2020), https://www.efchina.org/Reports-en/report-cemp-20201103-4-en.

[4] Barbose, Galen L., *US renewables portfolio standards 2021 status update: Early release*, Lawrence Berkeley National Lab., Berkeley, CA(2021).

[5] U.S. Energy Information Administration, "Renewable energy explained: Portfolio standards", EIA(Last visited Jul.10, 2023), https://www.eia.gov/energyexplained/renewable-sources/portfolio-standards.php.

物的行政职权。治理空气污染的联邦立法可追溯到 1955 年，但目前的《清洁空气法》主要来自 1970 年、1977 年和 1990 年颁布的两党修正案。在过去的几十年里，该法在大幅减少美国空气污染方面发挥了重要作用。同时，也在碳减排及应对气候变化方面起到重要作用，为碳减排行政和刑事法律责任承担奠定了基础。

一、与碳减排有关的行政法律责任

2022 年《通胀削减法》巩固了 2007 年最高法院的一项裁决，[1]该裁决认为最初 1970 年《清洁空气法》涵盖了对二氧化碳的监管和治理，并通过新的资金机制（包括赠款和奖励等），帮助行业、州和地方支付更全面的污染削减，并重振了环保局的监管职权。

（一）立法确认环保局的碳减排行政职权

虽然《清洁空气法》没有明确指示环保局监管二氧化碳排放，但是根据该法第 202 条之规定，环保局局长需要为"任何空气污染物的排放……根据他的判断，这些污染物会导致或促成可能合理地预期危害公众健康或福利的空气污染"制定标准。[2]早期的法律语言显示了立法者的愿景，使环保局有能力应对 1970 年后不可避免地出现的健康威胁和环境问题。因此，由于二氧化碳和其他温室气体排放加剧了气候变化引起的公共健康和福利危机，该机构既有权力也有责任对其进行监管。同时，美国最高法院在 2007 年马萨诸塞州诉环保局、美国电力公司诉康涅狄格州（2011 年），以及公用事业空气监管集团诉环保局（2014 年）的里程碑式裁决中，也确认了环保局有义务监管碳排放，包括汽车和发电厂的排放。但是，在 2022 年 6 月的西弗吉尼亚州诉环保局一案中，最高院认为国会在《清洁空气法》第 111(d)条中没有授权环保局根据该机构在《清洁电力计划》中采取的发电量转移方法来设计二氧化碳排放上限。该裁决限制了环保局在《清洁空气法》一个章节中监管温室气体的行政职权。[3]

在此背景下，国会通过《通胀削减法》，正式将化石燃料产生的二氧化碳排

---

[1] Massachusetts v. EPA, 549 U.S. 497(2007).
[2] CAA § 202(a)(1); 42 U.S.C.
[3] West Virginia v. Environmental Protection Agency(EPA), 142 S. Ct. 2587(2022).

放确定为《清洁空气法》文本中的一种"空气污染物"。这在法律上肯定了法院在马萨诸塞州诉环保局一案中的裁决,[1]并影响法院解释《清洁空气法》的核心权力。同时,《通胀削减法》提供的资金将允许环保局通过降低成本和展示污染控制技术的可行性,提高其《清洁空气法》规则制定的雄心。最后,《通胀削减法》的法律语言确认了《清洁空气法》在三个重要领域对温室气体的适用性,包括加利福尼亚州有能力监管车辆的温室气体排放、环保局有权力监管石油和天然气设施的甲烷排放,以及环保局有权力监管发电厂的温室气体排放。[2]

(二) 有关车辆和发动机排放的行政处罚及行政和解

《清洁空气法》要求环保局为不同类别和规模的车辆及其发动机制定排放标准。新的和进口的车辆和发动机必须有环保局颁发的证书,以证明这些车辆或发动机符合适用的排放标准。该法及其实施条例还包括对记录保存、测试、检查、标签、排放控制缺陷的报告以及车辆和发动机排放相关部件的保证等要求。环保局会在行政执法行动中对违反《清洁空气法》规定的车辆及其发动机要求的行为进行行政处罚,并制定了严格的实施办法以确保如下目标实现[3]:(1)根据《清洁空气法》以公平和一致的方式评估行政处罚;(2)处罚与违法行为的严重性相适应;(3)处罚足以阻止个别违法者和整个被监管社区的违法行为;(4)消除不遵守规定的经济动机;(5)迅速实现和保持合规。

《清洁空气法》第204和205(b)节,即《美国法典》第42篇第7523、7524(b)节,允许环保局与美国司法部一起在联邦地区法院提起民事诉讼,以获得对违反第二章的行政处罚和禁令救济。该法第205(c)条,42 U.S.C.§7524(c)条授权环保局以行政方式对违反第二章的行为进行行政处罚,而不是启动诉讼。行政处罚不得超过经通货膨胀调整后的上限。除非环保局和司法部共同决定,涉及更大处罚的事项适合于行政处罚评估。

此外,只要和解协议符合该法的规定和目标,并且不损害威慑力,环保局的政策就倾向于和解。环保局对该法第二章的行政执法可能采取行政和解协

---

[1] Massachusetts v. EPA, 549 U.S. 497(2007).
[2] Dotson Greg & Dustin Maghamfar, "The Clean Air Act Amendments of 2022: Clean Air, Climate Change, and the Inflation Reduction Act", *Environmental Law Reporter*, Vol.53, p.10017(2023).
[3] United States Environmental Protection Agency, "Clean Air Act Title II Vehicle & Engine Civil Penalty Policy", EPA(Jan.18, 2021), https://www.epa.gov/enforcement/clean-air-act-title-ii-vehicle-engine-civil-penalty-policy.

议,如同意协议和最终命令或快速和解协议。在这些协议中,违规者通常同意支付罚款并采取具体的补救措施。如果违法者遵守协议条款,环保局同意将该案件视为已解决,并放弃进一步的执法。行政和解协议还规定,如果违法者不遵守协议的条款,环保局保留根据违法行为寻求额外执法或执行协议条款的权利。

例如,2021年1月14日,环保局宣布与丰田公司达成和解,原因是丰田涉嫌未能履行《清洁空气法》规定的义务,即,未向环保局报告监测车辆是否存在潜在排放控制缺陷,以及未能提交描述召回物质和进展的报告。丰田的以上行为剥夺了环保局有关排放缺陷和召回的及时信息,并避免了法规规定的对排放缺陷的早期监督。作为监督主体,环保局可以调查缺陷、要求制造商进行自愿召回或下令强制召回。丰田的行为可能导致延迟召回或避免召回,从而延长了存在排放缺陷且未经维修车辆在路上行驶的时间。根据和解条款,丰田公司将采取措施确保合规并支付1.8亿美元的民事罚款。①

二、与碳减排有关的刑事法律责任

《清洁空气法》对特定违法行为规定了轻罪制裁,但该环境刑事责任条款很少被适用。1990年《清洁空气法修正案》规定:所有故意违反该法任何要求的行为都属于重罪,包括违反纪录保持和报告要求。《清洁空气法》还对某些过失违反该法的行为规定了刑事处罚。

(一)严厉打击环境信息造假或虚假陈述行为

美国联邦环境法律规定:只要"明知"或"故意"违法,无论违法情形如何,都可追究刑事责任。鉴于企业环境信息申报对于政府监管和公众监督的重要性,为确保企业主动、真实、完整地申报或披露环境信息,美国环境法律对企业故意不实申报环境信息的违法行为规定了严厉的处罚措施,故意不实申报环境信息被视为刑事违法行为,违法者将被处以高额罚金并可能被处以监禁。实践中这些环境信息造假行为也属于环境刑事执法部门的重点打击对象。

---

① 严厚福:《美国环境刑事责任制度及其对中国的启示》,《南京工业大学学报(社会科学版)》2017年第3期。

《美国法典》第十八编"犯罪与刑事诉讼程序"第一部分"犯罪"第四十七章"欺诈和虚假陈述"第一千零一条"陈述或记录总则"对一般性的虚假陈述规定了刑事责任。①在具体的环境法律中,也对企业故意虚假陈述环境信息的违法行为规定了严厉的处罚措施。

此外,在美国,当企业有义务向政府提交信息或者报告时,这些文件需要由企业负责任的官员或其正当授权的代表签字并认证。在追究企业虚假陈述的刑事责任过程中,政府必须证明:(1)企业做出了一个错误的陈述;(2)陈述是重要的;(3)企业表现出有误导的意图;(4)相关事件在一个特定的政府部门职权范围内。②政府必须证明一个企业"有'故意地'做出伪造或欺骗性陈述的明确意图,'或者至少是不计后果地不考虑真相或者有避免了解真相的意图'"。③错误的陈述必须是重要的,才能够支持定罪。如果一个陈述能够影响一个政府部门的决定,就是"重要的"。④但政府是否实际依赖于这个陈述做出决策则不是必须的。即使该政府部门忽略了或者从未看到这个陈述,或者政府部门管理人员知道这个陈述是错误的,一个错误的陈述也是重要的。⑤而且,政府没有必要证明一个错误陈述造成了任何损失和风险。⑥

(二) 逐渐引入有关 ESG 欺诈的刑事处罚

目前,联邦检察官根据《美国法典》第 18 卷第 1348 条提出的案件越来越多,该条是以银行欺诈法规为蓝本,但对证券和商品欺诈进行处罚。其重要性在于,上诉法院认为其适用于没有证据表明,该企业有义务披露的直接虚假陈述或重大遗漏的证券和商品欺诈。正如该法规的立法历史所记录的那样,通过该法规是为了"在公开交易的公司背景下提供所需的执法灵活性,以保护股东和潜在股东免受未来有创造力的罪犯可能设计的所有类型的计划和欺诈",⑦这给检察官更大的灵活性,可以将欺诈作为与投资者关系中的一个基本

---

① 18 U.S.C. § 1001-Statements or entries generally.
② U.S. v. McCarrick, 294 F.3d 1286(11th Cir. 2002).
③ U.S. v. Puente, 982 F.2d 156(5th Cir. 1993).
④ U.S. v. Whitaker, 848 F.2d 914, 916(8th Cir. 1988).
⑤ U.S. v. Diaz, 690 F.2d 1352, 1358(11th Cir. 1982).
⑥ 严厚福:《美国环境刑事责任制度及其对中国的启示》,《南京工业大学学报(社会科学版)》2017 年第 3 期。
⑦ Moser, Sandra & Justin Weitz, "18 USC Sec. 1348-A Workhorse Statute for Prosecutors", *Department of Justice Journal of Federal Law and Practice*, Vol.66, p.111(2018).

概念进行刑事指控。

例如,德意志银行由于没有通知检察官其未履行 ESG 披露,而被司法部通知,该银行可能违反了刑事和解协议。2022 年 3 月,德意志银行承认其违反了刑事和解协议,该公司同意在此基础上延长其外部合规监督员的任期。①针对美国的事态发展,德国当局突击检查了德意志银行的办公室,以寻找证据支持其"洗绿"的指控。②美国证券交易委员会已经试图围绕 ESG,特别是气候变化的披露引入标准。虽然该 ESG 方法,非常符合美国和欧洲对商业监管的整体形式,但却只是试图让公司更好地阐明其基金的披露,而不是真正定义什么是 ESG 投资、什么不属于 ESG 投资的范围。在此方面,《欧盟 2019/2088 披露条例》提供了更好的借鉴范本,该条例对"可持续投资"进行了详细界定。③美国通过监督公司言论,而不是以他们的行为来执行 ESG 标准,这不仅会阻碍美国企业在减缓气候变化方面的投资,也会影响美国的经济发展。④

上述案例表明,有关企业对投资者 ESG 声明的形式欺诈起诉,在美国有了一定进展。此外,随着 ESG 规范的不断健全,企业应该注意其在 ESG 披露方面的言行,因为围绕企业对 ESG 责任的国际发展一直在加速。尽管美国不可能像欧洲和其他国家一样,将保护气候变化作为一项基本权利来执行,但围绕气候变化的社会规范正在发生变化,而 ESG 披露可能对投资者提出更高要求。同时,政治和经济压力的增加可能会将检察官的起诉权限从民事诉讼推向潜在的刑事诉讼,而司法部关于德意志银行的公告可能表明,美国法院可能很快就会出现针对公司在 ESG 方面错误陈述的直接刑事欺诈案件。⑤

---

① Patricia Kowsmann & Dave Michaels, "Deutsche Bank Violates DOJ Settlement, Agrees to Extend Outside Monitor", *The Wall Street Journal* (Mar. 11, 2022), https://www.wsj.com/articles/deutsche-bank-violates-doj-settlement-agrees-to-extendoutside-monitor-11647016959.

② Owen Walker & Joe Miller, "German Police Raid DWS and Deutsche Bank Over Greenwashing Allegations", *Financial Times* (May 31, 2022), https://www.ft.com/content/ff27167d-5339-47b8-a261-6f25e1534942.

③ Disclosure Regulation EU 2019/2088, Art.2.17.

④ Nelson Josephine Sandler, "Corporate Criminal ESG" (Oct.6, 2022), https://ssrn.com/abstract=4240029 or http://dx.doi.org/10.2139/ssrn.4240029.

⑤ Nelson Josephine Sandler, "The Future of Corporate Criminal Liability: Watching the ESG Space" (Jan. 15, 2022), https://ssrn.com/abstract = 4057736 or http://dx.doi.org/10.2139/ssrn.4057736.

参考文献

[1] Alice C. Hill & Madeline Babin, "What the 2022 Midterm Elections Mean for U.S. Climate Policy", Council on Foreign Relations(Nov. 22, 2022), https://www.cfr.org/blog/what-2022-midterm-elections-mean-us-climate-policy.

[2] America's Pledge, "America's Pledge Phase 1 Report: States, Cities, and Businesses in the United States Are Stepping Up on Climate Action", Bloomberg Philanthropies(Nov. 2017), https://assets.bbhub.io/dotorg/sites/28/2017/11/AmericasPledgePhaseOneReportWeb.pdf.

[3] Barbose, Galen L., US renewables portfolio standards 2021 status update: Early release, Lawrence Berkeley National Lab, Berkeley, CA(2021).

[4] California Cap and Trade, "Center for Climate and Energy Solutions"(Last visited Jul.10, 2023), https://www.c2es.org/content/california-cap-and-trade/.

[5] Charlie Morrow & Taylor Fenske, "Xpansiv Market CBL Launches Sustainable Development Global Emissions Offset Contract", *Business Wire*(Nov.1, 2022), https://www.businesswire.com/news/home/20221101005777/en/Xpansiv-Market-CBL-Launches-Sustainable-Development-Global-Emissions-Offset-Contract.

[6] Cinnamon P. Carlarne, "U.S. Climate Change Law: A Decade of Flux and an Uncertain Future", 69 AM. U.L. REV. 387(2019).

[7] Commodity Futures Trading Commission, "CFTC Announces Voluntary Carbon Markets Convening", CFTC Gov. (Jun. 2, 2022), https://www.cftc.gov/PressRoom/Events/opaeventcftccarbonmarketconvene060222.

[8] Dan Farber, "IRA's Impact", Berkeley law(Aug.15, 2022), https://legal-planet.org/2022/08/15/iras-impact/.

[9] Doris Elizabeth, Jaquelin Cochran & Martin Vorum, "Energy efficiency policy in the United States: overview of trends at different levels of government", *National Renewable Energy Laboratory*(December 2009), https://www.nrel.gov/docs/fy10osti/46532.pdf.

[10] Dotson Greg & Dustin Maghamfar, "The Clean Air Act Amendments of 2022: Clean Air, Climate Change, and the Inflation Reduction Act", *Environmental Law Reporter*, Vol.53, p.10017(2023).

[11] Eric Roston & Saijel Kishan, "Five Key Takeaways from SEC's Proposal for Climate Disclosures", *Bloomberg* (Apr. 8, 2022), https://news.bloomberglaw.com/bloomberg-law-analysis/five-key-takeaways-from-secs-proposal-for-climate-disclosures.

[12] Eric Rothenberg & John Rousakis, "SEC and International Sustainability Standards Board Head Toward Uniform Disclosure of ESG-Related Information", *O'Melveny* (14, 2022), https://www.omm.com/resources/alerts-and-publications/alerts/sec-and-international-sustainability-standards-board-head-toward-uniform-esg-disclosure/.

[13] Federal Insurance and Mitigation Administration, Natural Hazard Mitigation Saves Interim Report, FEMA (Jun. 2018), https://www.fema.gov/sites/default/files/2020-07/

fema_mitsaves-factsheet_2018.pdf.

[14] Ines Gendre, "What is the Climate Corporate Accountability Act(Senate Bill 260)?" *Greenly*(Sept.29, 2022), https://greenly.earth/en-us/blog/company-guide/what-is-the-climate-corporate-accountability-act-senate-bill-260.

[15] Jenkins, Jesse D., Max Luke & Samuel Thernstrom, "Getting to Zero Carbon Emissions in the Electric Power Sector", *Joule* Vol.2:12, pp.2498-2510(2018).

[16] Jennifer L., "New York to Cap-and-Invest $1B Carbon Credits from Big Polluters", *Carbon Credits*(January 12, 2023), https://carboncredits.com/new-york-cap-and-invest-carbon-credit-approach/.

[17] Jennifer L., "The Top 4 Carbon Exchanges for 2023(Updated)", *Carbon Credits* (May 19, 2022), https://carboncredits.com/the-top-4-carbon-exchanges-for-2023/.

[18] Kristin Igusky & Kevin Kennedy, "By the Numbers: America's Pledge Shows How US is Taking Climate Action Without Trump", *World Resources Institute*(Nov.11, 2017), https://www.wri.org/insights/numbers-americas-pledge-shows-how-us-taking-climate-action-without-trump.

[19] Leo E. Strine, "The Enhancement and Standardization of Climate-Related Disclosures for Investors", *Harvard Law School Forum on Corporate Governance*(June 28, 2022), https://corpgov.law.harvard.edu/2022/06/28/the-enhancement-and-standardization-of-climate-related-disclosures-for-investors/.

[20] Mem of Decision Commonwealth of Massachusetts v. ExxonMobil Corp., No.19-12430-WGY(D. Mass., May 28, 2020).

[21] Michael Grunwald & Juliet Eilperin, "Energy Bill Raises Fears About Pollution, Fraud Critics Point to Perks for Industry", *The Washington Post*(Jul.30, 2005), https://www.washingtonpost.com/archive/politics/2005/07/30/energy-bill-raises-fears-about-pollution-fraud/ea8ddb6f-d75e-4c6c-80a1-8aefe6d64b55/.

[22] Moser, Sandra & Justin Weitz, "18 USC Sec. 1348-A Workhorse Statute for Prosecutors", *Department of Justice Journal of Federal Law and Practice*, Vol:66, p.111 (2018).

[23] Multi-Hazard Mitigation Council, Natural Hazard Mitigation Saves: 2019 Report, National Institute of Building Sciences(Dec.2019), https://www.nibs.org/files/pdfs/NIBS_MMC_MitigationSaves_2019.pdf.

[24] Myriam Azzouz & Antonin Brisson-Félix, Navigating the sea of proposed climate-related disclosures: A deep dive into the SEC's, ISSB's and EFRAG's proposals, Natixis Corporate & Investment Banking(Jun.3, 2022), https://gsh.cib.natixis.com/our-center-of-expertise/articles/navigating-the-sea-of-proposed-climate-related-disclosures-a-deep-dive-into-the-sec-s-issb-s-and-efrag-s-proposals.

[25] Nelson J. S., "The Future of Corporate Criminal Liability: Watching the ESG Space", in *Edward Elgar Research Handbook on Corporate Liability*, Edward Elgar Pub-

lishing(2022).

[26] Nelson Josephine Sandler, Corporate Criminal ESG(Oct.6, 2022), https://ssrn.com/abstract=4240029 or http://dx.doi.org/10.2139/ssrn.4240029.

[27] Nelson Josephine Sandler, "The Future of Corporate Criminal Liability: Watching the ESG Space"(Jan.15, 2022), https://ssrn.com/abstract=4057736 or http://dx.doi.org/10.2139/ssrn.4057736.

[28] New York State Energy Research and Development Authority, Governor Hochul Unveils Cap-and-Invest Program to Reduce Greenhouse Gas Emissions and Combat Climate Change, New York State(January 10, 2023), https://www.nyserda.ny.gov/About/Newsroom/2023-Announcements/2023-1-10-Governor-Hochul-Unveils-Cap-and-Invest-Program.

[29] Owen Walker & Joe Miller, "German Police Raid DWS and Deutsche Bank Over Greenwashing Allegations", *Financial Times* (May 31, 2022), https://www.ft.com/content/ff27167d-5339-47b8-a261-6f25e1534942.

[30] Patricia Kowsmann & Dave Michaels, "Deutsche Bank Violates DOJ Settlement, Agrees to Extend Outside Monitor", *The Wall Street Journal* (Mar.11, 2022), https://www.wsj.com/articles/deutsche-bank-violates-doj-settlement-agrees-to-extendoutside-monitor-11647016959.

[31] Robert Walton, "Hawaii First State to Enact 100% Carbon Neutral Goal", *Utility Dive*(Jun.5, 2018), https://www.utilitydive.com/news/hawaii-aims-for-carbon-neutrality-by-2045/525028/.

[32] Sabrina Valle, "Exxon Warns Some Assets May Be at Risk for Impairment Due to Climate Change", *Reuters* (Nov. 3, 2021), https://www.reuters.com/business/energy/exxon-warns-some-assets-may-risk-impairment-due-climate-change-filing-2021-11-03/.

[33] Sapkota, Yadav, & John R. White, "Carbon Offset Market Methodologies Applicable for Coastal Wetland Restoration and Conservation in the United States: A Review", *Science of The Total Environment*, Vol.701:134497(2020).

[34] "The SEC Unveils Environmental Disclosure Requirements", *Deloitte* (Mar. 21, 2022), https://www2.deloitte.com/us/en/pages/audit/articles/sec-climate-disclosure-guidance.html.

[35] The White House, Executive Order on Catalyzing Clean Energy Industries and Jobs Through Federal Sustainability(Dec.08, 2021), https://www.whitehouse.gov/briefing-room/presidential-actions/2021/12/08/executive-order-on-catalyzing-clean-energy-industries-and-jobs-through-federal-sustainability/.

[36] The White House, Executive Order on Tackling the Climate Crisis at Home and Abroad(Jan. 27, 2021), https://www.whitehouse.gov/briefing-room/presidential-actions/2021/01/27/executive-order-on-tackling-the-climate-crisis-at-home-and-abroad/.

[37] The White House, Executive Order on Climate-Related Financial Risk(May 20, 2021), https://www.whitehouse.gov/briefing-room/presidential-actions/2021/05/20/exec-

utive-order-on-climate-related-financial-risk/.

[38] The World Bank, State and Trends of Carbon Pricing 2022, Washington, DC: World Bank, 2022, p.63.

[39] Thornton Matheson, "Tax Credits in US Climate Deal Bring Paris Accords Goals Closer", *Bloomberg Tax* (Aug. 17, 2022), https://news.bloombergtax.com/tax-insights-and-commentary/tax-credits-in-us-climate-deal-bring-paris-accords-goals-closer.

[40] U.S. Environmental Protection Agency, Final Rule to Revise Existing National GHG Emissions Standards for Passenger Cars and Light Trucks Through Model Year 2026, EPA(Jan.4, 2023), https://www.epa.gov/regulations-emissions-vehicles-and-engines/final-rule-revise-existing-national-ghg-emissions.

[41] United States Environmental Protection Agency, Clean Air Act Title II Vehicle & Engine Civil Penalty Policy, EPA(Jan.18, 2021), https://www.epa.gov/enforcement/clean-air-act-title-ii-vehicle-engine-civil-penalty-policy.

[42] Wang, Alex, David Pettit & Siyi Shen, "Coordinated Governance of Air and Climate Pollutants: Lessons from the California Experience", *Energy Foundation* (Nov. 3, 2020), https://www.efchina.org/Reports-en/report-cemp-20201103-4-en.

[43] William Thomas & Andrea Peterson, "New Infrastructure Law to Provide Billions to Energy Technology Projects", *American Institute of Physics* (Nov. 9, 2021), https://ww2.aip.org/fyi/2021/new-infrastructure-law-provide-billions-energy-technology-projects.

执笔:李海棠(上海社会科学院生态与可持续发展研究所)

第三章 欧盟碳中和合规研究

长久以来,欧盟一直积极推动全球应对气候变化,在该问题上走在全球前列,早在1990年就已经实现了碳达峰,并提出在2030年将欧盟温室气体排放量降低到1990年水平的55%,到2050年实现碳中和的目标。为实现这一目标,欧盟构建了较为完善的碳中和战略框架、ESG信息披露合规、碳排放交易市场和金融合规政策体系。

第一节 政策演变与司法判例

早在20世纪70年代,欧盟就开始积极推动全球气候治理,在规范倡议、制度设计、议程设置、目标设定等方面都发挥了领导作用。但是,随着欧盟债务危机、激进的气候政策以及全球气候领导力逐渐分化的影响,欧盟在全球的气候领导地位受到动摇。《欧洲绿色协议》(European Green Deal)、[1]《欧洲气候法》(European Climate Law)、[2]"Fit for 55"等一系列政策的出台,[3]为欧盟达成气候中和、开展国际合作、重拾气候治理领导力指引了道路。

一、政策演变

(一)全球环境治理的领导者时期(2008年以前)

第一,欧盟积极推动全球气候治理,强化全球领导力。1972年10月,欧洲

---

[1] EUROPEAN COMMISSION, "European Green Deal" (December 11, 2019), https://eur-lex.europa.eu/resource.html?uri=cellar:b828d165-1c22-11ea-8c1f-01aa75ed71a1.0002.02/DOC_1&format=PDF.

[2] EUR LEX, "European Climate Law", EUROPEAN PARLIAMENT AND COUNCIL OF THE EUROPEAN UNION (June 30, 2021), https://eur-lex.europa.eu/legal-content/EN/TXT/?uri=CELEX:32021R1119.

[3] 欧盟理事会网站,https://www.consilium.europa.eu/en/policies/green-deal/fit-for-55-the-eu-plan-for-a-green-transition/(2023年7月8日)。

经济共同体(EEC)国家元首和政府首脑巴黎峰会通常被认为是欧盟环境政策的开端。欧盟成立以前,欧洲经济共同体及其成员国就参与并积极推动成立联合国政府间气候变化专门委员会(IPCC),开展《联合国气候变化框架公约》谈判。欧盟诞生后,特别是在1992年联合国环境与发展大会的后续行动中,逐渐取代了美国成为全球多边环境合作的领导者。在气候变化领域,"温室效应""温室气体""低碳经济"等重要概念都由欧洲科学家最早提出,这使欧盟掌握了在全球环境治理谈判中的话语权。此外,欧盟为《京都议定书》的通过与施行发挥了重要作用,致力于说服立场摇摆的国家加入《京都议定书》。

第二,完善的碳排放交易体系。早在2005年,欧盟就设立了碳排放交易体系(EU-ETS)。这一体系是欧盟应对气候变化政策的基石,也是欧盟有效减少温室气体排放的关键工具之一。欧盟建立了世界上最早的碳交易市场,并且目前仍然是全球最大的碳市场。欧盟碳排放交易体系已经经历了第一交易期、第二交易期和第三交易期,目前正处于第四交易期(2021—2030年)。欧盟在第四交易期实施了更加严格的碳排放控制措施,要求每年配额总量减少2.2%,且不能再使用清洁发展机制(CDM)项下的减排信用进行碳抵消。此外,欧盟也在积极推广其碳排放交易制度的经验和教训,推动其他国家建立国内碳交易市场,并推动与之进行连接。目前,全球排放交易市场的数量正在不断增加,加拿大、中国、日本、新西兰、韩国、瑞士和美国等国家或跨地区市场已经开始运行或正在开发各自的碳排放交易系统。

第三,援助发展中国家进行环境治理。欧盟不仅是环境治理的倡导者,同时也是全球环境治理发展的主要援助者。1973年,欧盟制定了《第一个环境行动计划》(Environmental Action Programme),其中第7条和第8条明确要求欧盟及其成员国在其环境政策中考虑发展中国家的利益,积极参与全球环境治理。在《第三个环境行动计划(1982—1986)》中,欧盟则提出了要将环境与包括发展援助政策在内的其他政策领域相融合的初步设想。

(二) 全球环境治理领导力的式微时期(2008—2018年)

自2008年全球金融危机爆发以来,欧盟陷入债务危机的局面,全球气候影响力随之衰退。2008年11月19日,欧洲议会和欧盟理事会发布了《将航空活动纳入欧洲共同体内部温室气体排放配额交易计划指令》(Directive 2008/101/EC),[1]明

---

[1] EUR LEX, 2008/101/EC, EUROPEAN PARLIAMENT AND COUNCIL OF THE EUROPEAN UNION(November 19, 2008), https://eur-lex.europa.eu/legal-content/EN/TXT/?uri=CELEX:32008L0101.

确规定自2012年1月1日起,除了某些非商业飞行外,在欧盟机场起落的飞机都要向欧盟交纳二氧化碳排放税。包括欧盟的航空公司在内,全球有4 000多家经营欧洲航线的航空公司被纳入碳排放交易体系。欧盟声称采取此项措施是为了应对全球气候变暖,但遭遇了全球20多个国家的共同抵制。欧盟也因此被贴上了"气候单边主义"的标签。

2014年11月1日,让-克洛德·容克(Jean-Claude Juncker)上任欧盟委员会主席,提出建设"具有气候变化前瞻性的能源联盟"这一设想,在战略导向上开始向以能源安全切入低碳发展的路径转变。容克时期,2014年11月提出了高达3 150亿欧元的投资计划,即"容克计划",旨在促进基础设施、新能源、信息技术等领域的投资。具体而言,容克计划包括三大方面:一是在不增加公共债务的情况下增加投资;二是支持关键领域的项目和投资,包括基础设施、数字和能源等;三是消除行业以及金融和非金融投资壁垒。

(三) 重塑全球气候治理领导力时期(2019年至今)

尽管受到经济危机、难民危机、英国脱欧等多重因素的影响,欧盟试图开始在全球治理体系重塑领导者地位。2019年7月16日,德国国防部长冯德莱恩(Ursula von der Leyen)当选新一任欧盟委员会主席。冯德莱恩将应对气候变化作为2019—2024任期内首要优先事项,她指出新一届欧委会的施政重点为应对气候变化,具体包括:第一,将之前欧盟到2030年减排40%的中期目标提高到减排50%,甚至55%,并且欧盟还将通过领导国际谈判说服其他合作伙伴提升减排水平;第二,出台"欧洲绿色协议",包括通过"欧洲气候法",以促进欧盟2050年实现碳中和的目标;第三,设立"可持续欧洲投资计划",将已有的欧洲投资银行的部分业务发展为气候银行,以此在下一个10年撬动1万亿欧元的投资,从而解决仅靠公共部门资金无法满足气候资金需求的问题;第四,引入边境碳调整机制以提高排放成本,防止碳泄漏。

2021年12月17日,欧盟委员会主席冯德莱恩、欧洲议会议长萨索利(Sassoli)、轮值主席国德国总理默克尔(Merkel)当天签署了关于2021年立法优先事项的联合宣言,以助推欧盟尽快从新冠危机中复苏,同时抓住气候变化和数字转型机遇。该联合宣言重点围绕以下六个方面:实施《欧洲绿色协议》、塑造"欧洲数字十年"、打造为人民服务的经济、推动欧洲成为在世界上更强大、促进自由和安全的欧洲、保护和加强民主与欧洲价值观等。①

第一，推动气候政策的制定。2019年，欧盟委员会发布了《欧洲绿色协议》，提出了欧洲迈向碳中和的七大转型路径，这一绿色新政是欧盟重塑全球气候治理领导地位的宣言。2020年12月，欧盟提交给联合国气候变化大会(COP26)更新版的国家自主贡献目标(NDC)，提出以1990年为基准年，到2030年温室气体排放量拟减少至少55%，2050年实现碳中和目标，成为全球第一片碳中和大陆。2021年6月，欧盟理事会通过了《欧洲气候法》，从法律层面确保欧洲到2050年实现气候中和，为欧盟所有政策设定了目标和指南。2022年11月8日，欧盟理事会和欧洲议会就修订《努力分担条例》(Effort Sharing Regulation, ESR)达成了协议，②为成员国制定更强有力的减排目标提供了法律保障。ESR主要对欧盟碳排放交易体系(EU-ETS)管控范围外的温室气体排放进行监管。ESR作为欧盟在2022年底的沙姆沙伊赫缔约方大会COP 27上达成的三项协议之一，再一次彰显了欧盟在气候治理上领先全球的雄心。

第二，加大气候援助力度。2017年，欧盟委员会向发展中国家提供了28亿欧元的气候资金，并正在接近实现"从2014—2020年共为发展中国家提供140亿欧元气候资金"的总目标。同时，欧洲投资银行在2017年向发展中国家提供了26亿欧元的气候资金，主要用于提高能效、资助非洲等地区的可再生能源项目。欧盟还利用创新性金融工具，在欧盟对外投资计划中支持与发展相关气候项目，对象主要以非洲和欧盟周边国家为主，主要途径包括欧洲可持续发展基金、技术援助，以及通过与受援国政府和商业部门对话改善商业环境并提升管理水平。欧盟希望2020年前，通过欧盟委员会的41亿欧元气候资金在这些国家撬动总共440亿欧元的投资。为了实现《欧洲绿色协议》的目标，欧盟提出了"可持续欧洲投资计划"，未来欧盟长期预算中至少25%拟专门用于气候行动。欧洲投资银行也启动了相应的新气候战略和能源贷款政策，到2025年将把与气候和可持续发展相关的投融资比例提升至50%。

第三，完善碳边境调节机制。为应对高碳排放产业从发达国家转向发展中国家而产生碳泄漏，国际市场竞争力下降的难题，欧盟在2020年3月正式启动了碳边境调节机制(Carbon Border Adjustment Mechanism, CBAM)的

---

① 欧盟委员会网站，https://ec.europa.eu/commission/commissioners/2019-2024/president_en(2023年7月14日)。

② 欧盟理事会网站，https://www.consilium.europa.eu/en/press/press-releases/2022/11/08/fit-for-55-eu-strengthens-emission-reduction-targets-for-member-states/(2023年7月14日)。

磋商咨询程序,发布了初期影响评估报告,报告中明确了 CBAM 设计需要考虑的要素以及 CBAM 影响评估的框架。2021 年 3 月,欧洲议会通过了设立 CBAM 的原则性决议,尽管决议没有强制性的法律效力,但被视为 CBAM 迈入立法程序的重要一步。2021 年 7 月,欧盟委员会投票通过了旨在落实《欧洲绿色新政》减排目标的"Fit for 55"一揽子行动计划,其中碳边境调节机制与碳市场改革作为减缓气候变化的重要政策手段备受瞩目,CBAM 立法程序正式启动。2022 年 6 月 22 日,欧洲议会表决通过了 CBAM 法案的修正案。2022 年 12 月 13 日,欧盟理事会及欧洲议会就碳边境调节机制达成有条件的临时协议。① 根据临时协议,CBAM 涵盖产业范围将包括钢铁、水泥、化肥、铝、电力和氢气、间接排放(即在生产过程中使用外购电力产生的碳排放)及少量下游产品。2023 年 4 月 18 日,欧洲议会投票通过了碳边境调节机制(CBAM)法案。② 2023 年 4 月 25 日,欧盟理事会投票通过了碳边境调节机制(CBAM)法案,标志着 CBAM 正式走完了整个立法程序。2023 年 5 月 16 日,碳边境调节机制(CBAM)法案在《欧盟官方公报》上公布,正式成为欧盟法律,并于 5 月 17 日生效。2023 年 10 月,CBAM 正式实施。

作为全球气候治理的先行者,欧盟以其先进的理念、技术、政策发挥了领导者地位。未来,欧盟将进一步加强多边主义、扩大政治对话、开展气候能源外交,并且有效实施《巴黎协定》;欧盟将继续加大国际气候融资动员力度并引导其他国家一起促进全球气候治理朝着更加开放、绿色、高效发展。

二、司法判例

(一) 克莱恩斯欧洲环保协会诉欧洲投资银行(ClientEarth v. European Investment Bank)③

1. 基本案情

2018 年 4 月 12 日,欧洲投资银行(EIB)同意提供 6 000 万欧元贷款给西

---

① 欧盟理事会网站,https://www.consilium.europa.eu/en/press/press-releases/2022/12/13/eu-climate-action-provisional-agreement-reached-on-carbon-border-adjustment-mechanism-cbam/(2023 年 7 月 14 日)。

② 欧洲议会网站,https://www.europarl.europa.eu/doceo/document/TA-9-2023-0098_EN.pdf(2023 年 7 月 8 日)。

③ Sabin Center for Climate Change Law,https://www.climate-laws.org/geographies/european-union/litigation_cases/clientearth-v-european-investment-bank(2023 年 7 月 14 日)。

班牙北部加利西亚建设一座 50 兆瓦的生物质发电厂(Curtis 项目)。2018 年 8 月 9 日,非政府组织克莱恩斯欧洲环保协会(以下简称"克莱恩斯")向欧洲投资银行提交了对该决定进行内部审查的请求。克莱恩斯质疑建设生物质发电厂项目是否有助于实现可再生能源目标,克莱恩斯认为欧洲投资银行高估了建设生物质发电厂所带来的环境效益,并且低估了伐木和引发森林火灾的风险。2018 年 10 月 30 日,欧洲投资银行以不予受理为由驳回了克莱恩斯的内部审查请求,理由是其投资生物质发电厂的决定不属于"行政行为",也并非依据《奥胡斯公约》做出的决定,①因此不受内部审查的管控。

2019 年 1 月 8 日,克莱恩斯向欧洲法院(Cour de justice de、Union européenne)对欧洲投资银行提起诉讼,指控银行不当拒绝了克莱恩斯要求银行对生物质发电厂融资的决定进行内部审查的请求。克莱恩斯诉称,欧洲投资银行拒绝其内部审查请求,错误地使用了《奥胡斯公约》中关于获取欧洲公民获取信息、公众参与决策和在环境问题上诉诸司法的法律规定。

2. 争议焦点

(1) 欧洲投资银行的融资决定是否依据"环境法"通过

克莱恩斯诉称,根据判例法②以及《奥胡斯公约》第 2(1)(f)条的规定,③"环境法"的概念具有广泛的含义,并不严格局限于环境保护问题。"环境法"涵盖了欧盟法中一切有助于实现欧盟环境政策目标的法律规定,无论其法律依据或性质如何。克莱恩斯声称,在对有争议的决议请求进行内部审查时,欧洲投资银行并没有遵守环境法的规定。

欧洲投资银行认为,首先,银行的融资决定是根据《欧洲投资银行章程》第

---

① 1998 年 6 月 25 日,联合国欧洲经济委员会在第四次部长级会议上通过了《奥胡斯环境信息获取公约》,简称《奥胡斯公约》(Aarhus Convention:1998),公约于 2001 年 10 月 31 日生效。《奥胡斯公约》是环境信息公开制度发展的里程碑。公约旨在为了解决环境污染与破坏问题,保护人类的环境健康权。公约将民众获得环保相关信息、参与行政决定过程与司法等措施制度化。同时,联合国欧洲经济委员会进一步建立申诉制度,成立"奥胡斯公约遵守委员会",为各国民众和 NGO 团体对未履行奥胡斯公约的政府机构提供异议的平台。此外,欧盟根据《奥胡斯公约》发布"情报开放指令",于 2003 年 2 月 14 日生效。该指令强调,各国政府应强化一般民众获取环保相关信息的权利,并要求各成员国政府必须于 2005 年 2 月 14 日之前,根据该指令的内容完成国内相关立法工作,并且各国政府有义务在四年之后向欧盟报告该国实施该指令的工作进度与现状。

② 1998 年 7 月 14 日判决,Safety Hi-Tech, C-284/95, EU:C:1998:352,第 22 段;另见 2019 年 12 月 19 日判决,Nederlands Uitgeversverbond and Groep Algemene Uitgevers, C-263/18, EU:C:2019:1111,第 31 段和 32 段。

③ 《奥胡斯公约》第 2(1)(f)条规定,"环境法"指欧盟立法,无论其法律依据如何,都有助于实现欧盟的目标 TFEU 中规定的环境政策。

19条第3款通过的，①在其中并未包含环境的相关规定。其次，从《奥胡斯公约》第2(1)(f)条可知，该公约中"环境法"概念的适用范围为"有助于执行欧盟环境政策的欧盟二级立法"，欧洲投资银行的融资决定是在欧盟一级立法的基础上通过的，②并且《奥胡斯公约》第18条和第19(3)条中规定的环境法仅针对成员国，③不适用于欧洲投资银行。

法院认为，"环境法"在《奥胡斯公约》第2(1)(f)条中被定义为"欧盟立法"，无论其法律依据如何，都有助于实现《欧洲联盟运行条约》(TFEU)第191(1)规定的欧盟环境政策目标的实现。④根据《奥胡斯公约》第2(1)(f)条规定，并参考TFEU中列出的环境目标，欧盟立法机构对"环境法"概念的界定并不限于自然环境保护，"环境法"概念应作扩大解释。此外，还可以通过TFEU第192(2)条印证，该条规定"环境法"还适用于财政、城乡规划、水资源、土地使用的量化管理等领域。综上，法院认为《奥胡斯公约》所规定的"环境法"的概念应扩大解释，欧洲投资银行的融资决定适用于《奥胡斯公约》第2(1)(g)条规定的"根据环境法"(adopted under environmental law)范围内通过。

(2) 欧洲投资银行的融资决定是否具有"法律约束力和外部影响"

克莱恩斯诉称，欧洲投资银行违反说明理由义务(comply with its obligation to state reasons)。欧洲投资银行作出具有争议的行为时未能履行其义务进行融资决定说明，并拒绝内部审查。克莱恩斯认为，欧洲投资银行的融资行为构成"法律行为"，根据《奥胡斯公约》第2(1)(g)条的含义具有法律约束力和外部影响力。⑤银行有义务根据TFEU第296条陈述理由，⑥并且根据《欧盟基本权利宪

---

① 《欧洲投资银行章程》第19条第3款，董事会将对管理委员会提交给它的融资业务作出裁决。根据该章程第11条第3款，管理委员会具有筹备和执行职能在筹集贷款和提供资金方面的作用，特别是以贷款和担保的形式。
② 欧盟一级立法(primary legislation)，即欧盟条约本身，规定了一系列行政法基本原则和程序性权利；欧盟二级立法(secondary legislation)，即欧盟机构依照条约的法律条文而通过的立法文件的总合。
③ 《奥胡斯公约》第18条和第19(3)条，任何联合国会员国经缔约方会议核准才得加入本公约。
④ 《欧洲联盟运行条约》第191(1)条规定的环境政策目标：维护、保护和改善环境质量，保护人类健康，审慎合理利用自然资源，促进国际层面的措施以应对区域或世界环境问题。
⑤ 《奥胡斯公约》第2(1)(g)条，将"行政行为"定义为欧盟机构或机构根据环境法采取的任何单独范围内的措施，并具有法律约束力和外部影响。
⑥ 根据判例法和TFEU第296条的规定，理由陈述必须适合于争议的措施，必须以清楚、明确的方式披露调查机构采取措施所依据的推论，使得当事方能够查明采取措施的理由，并能够使得法院依此而实施司法复议。理由陈述必须符合如下的要求：(1)取决于每一个案子的具体情势；(2)争议措施的内容；(3)出具理由的性质；(4)措施一方的利益，或受到该措施直接具体影响的任何其他一方。

章》第41(2)(c)条,①克莱恩斯对此享有知情权。欧洲投资银行认为融资决定不属于内部审查的范围,不符合《奥胡斯公约》第2(1)(g)条和第10(1)条规定的"行政行为",②并称该融资决定没有产生法律约束力和外部影响力。

法院认为,判断融资决定是否属于 TFEU 第263条规定的"旨在对第三方产生法律效力",③应着重判断融资决定的实质而非形式内容,并分析融资决定是否产生约束的法律效果。本案中,Curtis 项目通过的实质原因是基于符合欧洲投资银行发放贷款的环境目标,Curtis 项目支持欧洲和西班牙的可再生能源生产,符合可持续性标准和欧盟二级立法中旨在打击非法采伐的规定,并且该项目将推动西班牙和欧洲的碳减排行动。因此,法院综合判断认为,欧洲投资银行的融资决定具有"法律约束力和外部影响"。

3. 法院结论

2021年1月27日,欧洲法院(一审法院)作出裁决,要求欧洲投资银行必须接受克莱恩斯的内部审查请求。法院认为,欧洲投资银行的融资决定是"根据环境法"做出的,无论欧洲投资银行的融资决定是否根据"环境法"成立,都应接受内部审查。法院认定,尽管融资的条款和条件尚未确定,但欧洲投资银行建立生物质发电厂的决定仍属于"行政行为",因为该决定使融资合法化,并对第三方产生了明确的法律约束力。

2021年4月2日,欧洲投资银行向欧洲法院提出上诉,提出三点上诉理由:第一,欧洲法院在一审中误解了《奥胡斯公约》中"行政行为"的概念。第二,欧洲投资银行批准贷款的决定不具有"法律约束力和外部效力"。第三,欧洲法院错误地将欧洲投资银行的决定定性为"根据环境法通过"(adopted under environmental law)。目前,法院正在审理该案件。

(二) 捷克诉波兰案(Czech Republic v. Poland)

1. 基本案情

本案涉及波兰褐煤矿的运营。波兰能源集团(PGE)拥有一座 1984 MW

---

① 《欧盟基本权利宪章》第41(2)(c)条:行政机关就行政决定应附理由之义务。
② 《奥胡斯公约》的序言第10(1)指出,"鉴于环境法不断发展,环境法的定义应参考[FEU]条约中规定的[EU]环境政策目标"。
③ 《欧洲联盟运行条约》第263条,欧盟法院应审查立法法案、理事会法案、委员会法案和欧洲中央银行法案的合法性,建议和意见除外,以及欧洲议会和欧洲理事会法案的合法性旨在对第三方产生法律效力。它还应审查旨在对第三方产生法律效力的联盟机构、办公室或机构的行为的合法性。

图罗(Turów)褐煤矿发电厂。自18世纪初以来,该地区就开始开采煤炭,最初是在地下开采,从1904年开始作为露天矿开采。该电厂每年排放近1 000万吨二氧化碳,为大约300万波兰家庭提供电力,约占该国发电量的7%。多年来图罗发电厂一直被欧盟列入对气候产生负面影响最大的电厂名单。该矿厂位于波兰西南部的下西里西亚省,毗邻德国和捷克共和国(简称捷克),因而辐射影响到德国和捷克的环境。

1994年,该矿厂获得了开采褐煤的特许权,该特许权最初只允许国家控股的能源公司PGE将工厂运营至2020年4月,但波兰政府延长了六年特许权,还允许上述生产区域的宽度扩大到30公里和深度330米。这一扩大范围将使波兰的生产基地触及捷克边境。根据波兰立法,可以在不进行环境影响评估的情况下进行延期,并且在大多数情况下授予特许权的程序是不公开的。

2020年9月30日,捷克根据《欧洲联盟运行条约》(TFEU)第259条将波兰诉至欧洲法院,诉称波兰延长特许权是非法的,因为没有按照《欧盟环境影响评估指令(EIA指令)》(Directive 2011/92/EU)的要求进行环境影响评估,并且开采矿厂威胁到本国利贝雷茨地区居民的饮用水安全。

2. 争议焦点

(1) 波兰露天矿对捷克共和国环境产生的跨界影响

捷克诉称,由于矿山的排水系统,采矿活动已经导致地下水以每分钟3.1立方米的速度从捷克领土不间断地流入波兰领土,捷克的地下水位骤降;地下水位的降低直接影响到了捷克受影响地区的饮用水供应,严重影响了捷克共和国Uhelná泉水的取用;图罗矿持续进行的褐煤开采活动可能导致靠近矿区的地面下沉至少5至10毫米,从而影响和损害建筑物的结构。波兰辩称,该国正在建造防滤网,图罗露天矿的排水系统对捷克境内地下水水位的影响是暂时的和可逆的,这项工作到2023年2月能够竣工。法官认为,图罗矿的采矿活动的确造成了捷克地下水位下降,但捷克并不能证明其是地下水位下降的决定性原因。因此,该论点不能成立。

(2) 波兰在不进行环境影响评估的情况下挖掘褐煤是否违反EIA指令

捷克认为,波兰依据本国制定的《环境信息法》第72(2)[2(k)]条,在不进行环境影响评估的情况下挖掘褐煤以及准予采矿许可证延期六年的行为违反了《EIA指令》第4(1)和(2)条项目环境影响评估的规定。此外,捷克认为这种缺乏评估的行为将导致邻国受到项目影响却无法得知相关环境信息。

波兰共和国辩称,根据波兰国内法律,EIA指令第1条第2款(c)中的"授权"适用于多个阶段的程序。当通过与环境条件相关的决定后,该决定将对机构通过后续投资的决定具有约束力,还将直接约束运营商,决定的通过等同于已经授权。因此,与捷克认为采矿许可证延期六年需要进行环境影响评价不同,波兰认为延期矿场运行的决定不需经过授权。

法官认为,首先有必要确定 EIA 指令是否规定成员国有义务进行环境影响评估。根据 EIA 指令第 1 条第 2 款(a)的规定,"项目"必须在获得授权之前进行环境影响评估。EIA 指令第 2(1)条规定,成员国应采取一切必要措施,确保在获得同意之前必须满足开发许可和环境影响的要求。成员国应对可能会给环境产生重大影响的项目进行评估,评估其性质、规模或位置等。实际上,EIA 并不局限于适用在必须进行环境影响评估的项目,与项目有关的某些决定也同样需要进行环境影响评估。

3.法院结论

2021 年 2 月,捷克共和国向欧洲法院提出临时措施要求,要求立即停止运营褐煤矿。2021 年 5 月 21 日,欧洲法院副院长批准了临时措施。但是波兰并没有遵守该命令。2021 年 9 月 20 日,欧洲法院命令波兰从通知之日起每日向欧盟委员会支付 50 万欧元的罚款,直至波兰遵守该命令。2022 年 2 月 4 日,捷克共和国通知欧洲法院,由于与波兰就争端达成和解,它放弃了所有索赔。因此,法院于同日下令将此案从登记簿中删除。

(三) 印度尼西亚欧盟棕榈油磋商案(EU—Certain measures concerning palm oil and oil palm crop-based biofuels)[①]

1.基本案情

棕榈油是印度尼西亚外汇收入最高的商品之一,2020 年印度尼西亚和马来西亚的棕榈油产量分别占全球的 59% 和 26%。2018 年 6 月,欧洲议会制定了 32% 的可再生能源目标。2019 年 3 月,欧盟新修订的《可再生能源指令》(RED II)认定,有着毁林风险的棕榈油基生物柴油违背了欧盟环保政策的初衷,因此将棕榈油列为土地间接利用变化(ILUC)高风险生物燃料原料,需要在 2030 年前逐步淘汰使用。

印度尼西亚作为全球最大的棕榈油生产国,认为欧盟的行为是对豆油和

---

① 世界贸易组织网站,https://www.wto.org/english/tratop_e/dispu_e/cases_e/ds593_e.htm(2023 年 7 月 14 日)。

葵花籽油等本地生产植物油的保护主义举措,称 RED Ⅱ 指令对棕榈油具有歧视性和不公平。2019 年 12 月向世贸组织提起申诉。并于 12 月 9 日正式向欧盟提交了磋商请求,这是全球第一例棕榈油贸易争端案件。

2. 争议焦点

(1) 欧盟政策中针对"间接土地用途变化"高风险生物燃料的规定

欧盟 RED Ⅱ 指令规定,到 2030 年各成员能源消耗中可再生能源比例不低于 30%。从 2021 年 1 月 1 日起,每个成员国的可再生能源份额占最终能源消费总量不得低于 RED Ⅱ 附件的规定。[①]针对各种生物燃料导致"间接土地用途变化"的风险水平,欧盟规定:一是各成员国在核算可再生能源消耗水平时,不可计入具有高风险的生物燃料。二是高风险生物燃料用量不可超过 2019 年水平。三是要求各成员国于 2030 年 12 月将高风险生物燃料进口量降为零。由此也导致高风险生物燃料不能享受欧盟成员国的支持政策。根据欧盟政策"间接土地用途变化"风险鉴定与认证标准,欧盟内部生产的食用作物基(例如油菜籽、大豆)生物燃料均属于低风险生物燃料,只有棕榈油及棕榈油基生物燃料属于高风险生物燃料。

印度尼西亚认为,欧盟制定 RED Ⅱ 指令中"间接土地用途变化"风险的鉴定与认证标准是从整体全球视角出发,未能考虑具体国家的情况,特别是发展中国家的资源和环境特点,不具备充分的科学依据,对印度尼西亚棕榈油进口造成阻碍。该指令违背了《1994 年关贸总协定》(GATT 1994)和《技术性贸易壁垒协定》(TBT)相关规则,对来自第三国的生物燃料造成歧视;干扰扭曲了欧盟市场的生物燃料竞争环境,对棕榈油基生物燃料贸易造成限制,侵害了棕榈油生产国利益。欧盟认为,这些措施并未违反其世贸组织义务。RED Ⅱ 指令旨在实现欧盟减缓气候变化、环境保护、保护生物多样性以及确保能源安全和可持续性的合法政策目标。

(2) 欧盟成员国法国政策对印度尼西亚棕榈油基生物燃料构成歧视

在欧盟成员国政策层面上,马来西亚挑战的主要是法国。法国在其可再生能源支持政策中规定,汽油和柴油中只有混合非棕榈油基生物燃料才能享受优惠税收政策。印度尼西亚认为法国利用税收待遇对本地产生物燃料产品实加保护,对棕榈油基生物燃料构成歧视,违反了《1994 年关贸总协定》的规定。同时这种税收政策对棕榈油基生物燃料造成了间接征税,具有进口替代

---

① RED Ⅱ 第 3(4) 条。

作用,属于《反补贴协定》规定的可诉补贴。

3. 法院结论

2020年3月18日,印度尼西亚请求成立专家组。在2020年6月29日的会议上,世贸组织争端解决机构(DSB)延长了专家组的设立。至2022年,已有阿根廷、澳大利亚、巴西、加拿大、中国、哥伦比亚、哥斯达黎加、厄瓜多尔等20多个国家申请加入磋商。截至目前,案件尚在磋商中。

第二节 信息披露合规

自联合国全球契约组织提出ESG概念以来,人们越发关注企业在环境(environment)、社会(social)和公司治理(governance)方面的表现。2014年10月,欧盟发布《非财务报告指令》(NFRD),首次将ESG纳入政策法规;2021年3月,欧盟开始实施《可持续金融信息披露条例》(SFDR),旨在以标准化的方式提高金融市场可持续性的透明度,打击"漂绿"行为;2022年11月28日,欧洲理事会通过了《企业可持续发展报告指令》(CSRD),扩大了NFRD所涵盖公司的范围。至此,欧盟为其进一步引领全球ESG监管,奠定了坚实的法律和技术基础,更象征着欧盟和全球ESG信息披露迈入一个新的时代。

一、《可持续金融信息披露条例》(SFDR)的起源

2015年12月,195个国家签署了《巴黎协定》以应对气候变化。欧盟委员会称:"可持续发展和向低碳、资源效率更高的循环经济过渡是确保欧盟经济长期竞争力的关键。"2015年,联合国大会第七十届会议上通过了《2030年可持续发展议程》(The 2030 Agenda for Sustainable Development),提出了17项可持续发展目标(SDG),呼吁所有国家行动起来,在促进经济繁荣的同时保护地球(见表3-1)。2018年3月8日,欧盟委员会基于SDG的各个目标制定了一项《可持续金融行动计划》(SFAP),[①]将金融与欧洲、全球经济的具体需求联系起来。SFAP计划提出了一项行动清单,以制定欧盟的可持续金融战略,其目的为:第一,将资本流动转向可持续投资,以实现可持续和包容性增

---

① 欧盟 EUR LEX 网站,https://eur-lex.europa.eu/legal-content/EN/TXT/?uri=CELEX:52018-DC0097(2023年7月14日)。

长;第二,管理因气候变化、资源枯竭、环境恶化和社会问题而产生的金融风险;第三,增进金融和经济活动的透明度和长期性。2018年,欧盟委员会成立了可持续金融技术专家组(TEG),[1]以协助制定《可持续金融信息披露指令(SFDR)》(Directive 2019/2088/EU)、[2]《欧盟基准指数监管指令(BMR)》(Directive 2016/1011/EU)[3]和《欧盟分类法(EU Taxonomy)》(Regulation 2020/852/EU)。[4]

表3-1 《2030年可持续发展议程》提出的17个可持续发展目标(SDG)

目标1	在全世界消除一切形式的贫困。
目标2	消除饥饿,实现粮食安全,改善营养状况和促进可持续农业。
目标3	确保健康的生活方式,促进各年龄段人群的福祉。
目标4	确保包容和公平的优质教育,让全民终身享有学习机会。
目标5	实现性别平等,增强所有妇女和女童的权利。
目标6	为所有人提供水和环境卫生并对其进行可持续管理。
目标7	确保人人获得负担得起的、可靠和可持续的现代能源。
目标8	促进持久、包容和可持续的经济增长,促进充分的生产性就业和人人都能获得体面工作。
目标9	建造具备抵御灾害能力的基础设施,促进具有包容性的可持续工业化,推动创新。
目标10	减少国家内部和国家之间的不平等。
目标11	建设包容、安全、有抵御灾害能力和可持续的城市和人类居住区。
目标12	采用可持续的消费和生产模式。
目标13	采取紧急行动应对气候变化及其影响。

---

[1] 2018年7月,可持续金融技术专家组(TEG)开始工作。35名成员来自民间社会、学术界、商业和金融部门,以及欧盟和国际公共机构的其他成员和观察员。专家组通过正式全体会议和小组会议为每个工作流开展工作。为了使其能够在未来的可持续金融平台建立之前完成其技术工作并保留专业知识,TEG的任务期限已延长至2020年9月30日。
[2] 欧盟 EUR LEX 网站, https://eur-lex.europa.eu/legal-content/EN/TXT/?uri=celex:32019R2088 (2023年7月14日)。
[3] 欧盟"EUR LEX"网站, https://eur-lex.europa.eu/legal-content/EN/TXT/?uri=celex:32019R2089 (2023年7月14日)。
[4] 欧盟"EUR LEX"网站, https://eur-lex.europa.eu/legal-content/EN/TXT/?uri=celex:32020R0852 (2023年7月1日)。

续表

目标14	保护和可持续利用海洋和海洋资源以促进可持续发展。
目标15	保护、恢复和促进可持续利用陆地生态系统,可持续管理森林,防治荒漠化,制止和扭转土地退化,遏制生物多样性的丧失。
目标16	创建和平、包容的社会以促进可持续发展,让所有人都能诉诸司法,在各级建立有效、负责和包容的机构。
目标17	加强执行手段,重振可持续发展全球伙伴关系。

2021年3月10日,《可持续金融信息披露指令》(SFDR)正式生效,对包括投资公司、基金公司、保险公司等主要金融市场参与者提出ESG相关信息强制披露义务,从而提高绿色投资产品的透明度,防止漂绿的发生。该条例规定了对投资中的可持续性和ESG因素进行分类和报告的规则。作为欧盟融资可持续增长行动计划的一部分,SFDR的建立具有以下目标:第一,鼓励对具有社会或环境目标的项目进行投资;第二,建立标准化的可持续性特征的报告,增强金融产品之间的可比性;第三,提高金融产品在可持续性方面的透明度;第四,防止漂绿,将金融产品呈现为比实际更环保的行为。2021年2月,欧洲监管当局(ESA)公布了根据SFDR制定的《监管技术性标准(草案)》(RTS),该文件主要对不利因素信息披露、产品合同前信息披露、产品网页信息披露和产品定期信息披露做出要求。欧盟委员会在2022年4月通过了最终版本的监管技术标准(RTS)。

(一)《可持续金融信息披露指令》(SFDR)的产品分类

SFDR将产品分为三类:第一,"SFDR Article 8"(浅绿产品),即推动环境或社会因素的产品;第二,"SFDR Article 9"(深绿产品),即以可持续投资为目标的产品;第三,"SFDR Article 6"(普通产品),即不以任何ESG因素为主要投资目标的普通产品。所有类型产品均需要在招募说明书、年报季报、网站等平台披露(见表3-2)。

(二)《可持续金融信息披露指令》(SFDR)的适用主体及披露内容

SFDR的适用主体范围广泛,所有欧盟金融市场的参与者(即产品提供方)和财务顾问(即就产品提供服务和建议方),需要对业务过程中可持续风险政策、负面影响、薪酬政策做出相应披露。公司层面的信息披露以网站为主,

表 3-2　SFDR 对产品层面合同前信息披露要求

	浅绿产品 SFDR Article 8	深绿产品 SFDR Article 9	普通产品 SFDR Article 6
整合可持续发展风险①	1. 将可持续发展风险纳入投资决策、投资建议、保险建议的方式； 2. 评估可持续发展风险对财务回报的潜在影响； 3. 如果认为本产品与可持续发展风险无关，需解释原因。		
主要不利影响②	1. 当金融市场参与者考虑这一问题：考虑可持续性因素对本产品的主要不利影响； 2. 当金融市场参与者不考虑这一问题：作出不考虑可持续性因素的声明并解释原因。		
其他可持续发展信息披露	无	1. 如何满足特征； 2. 指数与特征一致。	1. 如何达到目标； 2. 指数与目标一致。

在产品宣传文件和定期披露文件的特定章节也有涉及（见表 3-3）。

表 3-3　SFDR 对公司层面信息披露要求

信息披露要求	金融市场参与者	财务顾问
可持续风险政策	要求披露在投资决策过程中整合可持续风险政策的信息。	要求披露在提供投资建议或保险建议时整合可持续风险政策的信息。
可持续发展不利影响	1. 在投资决策中考虑可持续因素的主要不利影响； 2. 尽职调查政策声明； 3. 大型机构或大型集团强制披露； 4. 所有机构不遵守就解释原则。	1. 在投资建议或保险建议中考虑可持续因素的主要不利影响； 2. 不遵守就解释原则。
薪酬政策	关于薪酬政策如何与可持续发展风险整合相一致的信息。	

（三）《可持续金融信息披露指令》(SFDR)的实施时间线

SFDR 第一阶段执行的时间线。在第一阶段，所有披露主要遵循 2021 年 3 月 10 日起生效的 SFDR 以及 2022 年 1 月 1 日起生效的《欧盟分类法》。所有符合 SFDR Article 4 的大型金融市场参与者需要于 2021 年 6 月 30 日之

---

① 可持续性风险，指可能对投资价值造成实际或潜在重大负面影响的环境、社会或治理事件或条件，例如气候变化。

② 主要不利影响，指投资决策或建议可能对可持续性因素产生的任何负面影响。例如投资一家公司，其业务运营会显著增加二氧化碳排放，或者水、废物或土地管理实践不佳。

前,遵循"不披露即解释"的原则,根据要求披露其主要不利影响(PAI)声明,包括:第一,关于不利影响的识别和优先排序的信息;第二,参与政策摘要;第三,提及资产管理人遵守负责任的商业守则和其他国际公认的标准的情况。

SFDR第二阶段执行的时间线。SFDR第二阶段的实施被推迟到了2023年1月1日,这也为所有披露机构提供了充足的时间来收集相关信息并根据新法规调整他们的做法。这个阶段将全面实施披露,金融市场参与者应在2023年6月30日之前披露其第一份涵盖2022年全年、在公司层面的主要不利影响声明。

金融产品的定期披露的时间线。该披露主要针对的是符合SFDR Article 8 和 Article 9 的金融产品。在 SFDR RTS 正式实施之前的这段过渡期内,SFDR Article 11(2)规定下的产品定期披露可以同时参考2021年2月、10月提交的 SFDR RTS 草案。此外,SFDR Article 8 和 Article 9 产品应当根据《欧盟分类法》Article 5 和 Article 6 的要求,率先披露其符合《欧盟分类法》Article 9 条所规定的前两个环境目标。正式进入 SFDR 第二阶段披露后,定期报告则应遵守 SFDR 及 SFDR RTS 并涵盖产品所涉及的所有环境目标的信息(见图3-1)。

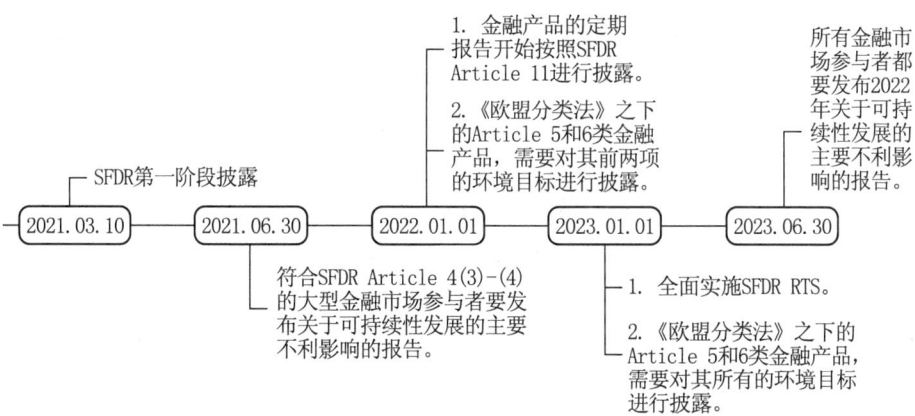

图 3-1　SFDR 时间轴

《可持续金融信息披露指令》(SFDR)展现了欧盟内部可持续和 ESG 投资发展的积极步骤。随着投资者对可持续和 ESG 投资兴趣的持续增长,该指令为投资者提供了关于 ESG 和可持续投资的明确比较和建议,使资产管理公司和顾问能够帮助资金流向支持可持续经济的投资产品。

二、NFRD 到 CSRD 的转变

2022 年 11 月 28 日,欧盟理事会(Council of the EU)正式通过《企业可持续发展报告指令》(Corporate Sustainability Reporting Directive,CSRD),成为欧盟 ESG 信息披露的核心法律,正式取代欧盟于 2014 年 10 月发布的《非财务报告指令》(Non-Financial Reporting Directive,NFRD)。2023 年 1 月 5 日,《企业可持续发展报告指令》正式生效。

(一)《非财务报告指令》(NFRD)的源起

《非财务报告指令》(NFRD)的出台与联合国倡议密切相关。2012 年 6 月,联合国可持续发展大会在巴西里约热内卢召开,并发表了《我们共同的未来》(The Future We Want)的大会宣言(简称"里约宣言"),与会的各国代表和国际组织在里约宣言中重申了对可持续发展的承诺,以确保当代人和后代人能够拥有在经济上、社会上和环境上可持续发展的未来。

为了落实里约宣言的要求,欧盟委员会发布了《欧盟 2011—2014 年企业社会责任新战略》,①以推动成员国相关主体履行其在可持续发展方面的企业社会责任(CSR)。该战略阐述了企业如何采取措施履行社会责任,总共涵盖八个活动领域,包括提高企业社会责任的知名度和传播、改进自我和共同监管流程以及改进公司对社会和环境信息的披露等。

2014 年 11 月,欧盟委员会通过了《非财务报告指令》(NFRD),该指令仅适用于员工超过 500 人的大型公共利益主体(Public-Interest Entity),覆盖了欧盟约 11 700 家企业。包括上市公司、银行、保险公司和各成员国认定的涉及公共利益的其他企业。NFRD 要求符合要求的大型公共利益主体从 2018 年起,按照政策要求的五大非财务事项,每年编报涵盖上一财年的非财务报告。②

《非财务报告指令》颁布以来,联合国在 2015 年通过了《2030 年可持续发展议程》,提出了 17 个可持续发展目标(SDGs),2016 年 195 个国家在巴黎气候变化大会上签署了《巴黎协定》,国际环境的变化要求欧盟采取切实举措推

---

① 欧盟"EUR LEX"网站,https://eur-lex.europa.eu/LexUriServ/LexUriServ.do?uri=COM:2011:0681:FIN:EN:PDF(2023 年 7 月 14 日)。

② 欧盟委员会网站,https://finance.ec.europa.eu/capital-markets-union-and-financial-markets/company-reporting-and-auditing/company-reporting/corporate-sustainability-reporting_en(2023 年 7 月 14 日)。

动司法管辖区内的企业在ESG方面履行更多的责任。此后,日益复杂的ESG标准体系以及国际组织在推动全球ESG标准统一方面取得的突破性进展,[①]使欧盟有条件制定更高标准的可持续发展报告准则。

(二)《公司可持续发展报告指令》(CSRD)的变革

2021年4月21日,欧盟委员会通过了《公司可持续发展报告指令》(CSRD)(征求意见稿),拟修正或将取代现行的《非财务报告指令》(NFRD)。CSRD(征求意见稿)提出了统一采用《欧盟可持续发展报告标准》(ESRS)的设想。同年,欧盟委员会委托欧洲财务报告咨询小组(EFRAG)负责ESRS的开发和担当披露标准的技术顾问。ESRS的开发工作与CSRD(征求意见稿)的推进工作同步进行。2023年1月5日,《公司可持续发展报告指令》正式生效。这项新指令更新并加强了有关公司必须报告的社会和环境信息的规则。该指令要求更多的大公司以及上市的中小企业(总共约50 000家公司)须按要求提供可持续发展报告。至此,欧盟将开启独立自主制定可持续发展报告准则的新篇章。CSRD将成为促进欧盟经济社会可持续发展的重要制度创新,成为全球首个运用统一标准对ESG报告进行规范的发达经济体。

1.《公司可持续发展报告指令》(CSRD)的适用范围

与NFRD相比,CSRD将要求报告的主体进一步扩大。欧盟法律要求所有大公司和所有上市公司(上市微型企业除外)披露其因社会和环境问题而产生的风险和机遇,并按《欧洲可持续发展报告标准》(ESRS)提交年度报告,说明可持续发展如何影响其业务,以及公司对人类和环境的影响。据欧盟统计,约50 000家欧盟公司和相关外国子公司被要求进行信息披露,这些公司约占所有公司营业额的75%。CSRD将适用于符合以下任一要求的公司:第一,超过250名员工;第二,净收入超过4 000万欧元;第三,总资产超过2 000万欧元;第四,公开上市的股票,并拥有超过10名员工或2 000万欧元的收入;第五,在欧盟范围内年收入超过1.5亿欧元的国际和非欧盟公司,并且在欧盟至少有一个超过特定门槛的子公司或分支机构。

2.《公司可持续发展报告指令》(CSRD)的生效阶段

CSRD分四个阶段生效。第一,已经在NFRD规制范围内的公司必须在

---

① GRI于2016年发布的四模块准则体系和TCFD在2017年发布的四要素披露框架被欧盟企业广泛采用。

2025年开始使用新的ESRS标准,并提供其2024年财务年度的报告;第二,目前不受NFRD约束的大型公司必须在2026年开始使用ESRS标准,并提交2025年财政年度报告;第三,上市的中小企业(微型企业除外)、小型和非复杂的信贷机构以及自营保险企业必须在2027年前,开始使用ESRS标准并提交2026年财政年度报告;第四,欧盟境内拥有净营业额超过1.5亿欧元的国际公司,如果符合CSRD的其他要求,必须在2029年前开始使用ESRS标准并提交2028年的财政年度报告。

3.《公司可持续发展报告指令》(CSRD)的合规框架

受CSRD约束的公司必须根据《欧盟可持续发展报告标准》(ESRS)进行信息披露,[①]该标准由欧洲财务报告咨询小组(EFRAG)制定。ESRS旨在使企业可持续发展和欧盟内部的环境社会治理(ESG)报告更准确、通用、一致、可比和标准化。EFRAG于2022年4月29日发布了第一份ESRS1标准,[②]同年11月发布了第二份ESRS2标准草案,该标准针对特定行业并将于2023年发布(见表3-4)。

表3-4 《欧洲可持续发展报告标准》(ESRS2)

为遵守ESRS,组织实体需要采取以下年度合规步骤,于2023年开始	
准备并提交ESRS报告	对于大型申报者,公司的第一份ESRS报告将根据公司2024财年的环境绩效于2025年初提交,中小企业和国际公司需要在以后的年份遵守。
跟踪和披露所需信息	1. 与可持续性相关的战略和商业模式; 2. 与可持续性相关的治理和组织; 3. 选择实质性ESG主题、话题、风险和机会的重要性评估流程; 4. 可持续发展和ESG绩效实施措施; 5. 性能指标。
数字数据和标记	公司必须根据ESEF法规和《欧盟可持续发展分类法》以XHTML格式准备财务报表和管理报表,然后根据ESRS法规指定的数字分类系统对报告的可持续性信息进行数字"标记"。
第三方保证	根据ESRS进行报告的组织还需要从审查数据的中立、可信和经验丰富的第三方那里寻求对其披露的可持续性信息的"有限"保证。

[①] "Brightest"网站, https://www.brightest.io/eu-esrs-sustainability-reporting-standards(2023年5月15日)。

[②] ESG网站, https://esg.js.org/criteria/draft-european-sustainability-reporting-standards-2022-apr-29th.pdf(2023年6月5日)。

企业必须基于"双重实质性原则"(Double Materiality),即财务实质性和影响实质性作为可持续发展信息披露的基础。早在 NFRD 时期就引入了"双重实质性原则",该原则有助于企业识别真正重大的可持续议题,以及适用后续的一般要求(ESRS 1 General requirements)和一般披露(ESRS 2 General disclosures)的具体标准(见图 3-2)。"双重实质性原则"主要包括两个方面:一方面,"影响实质性",当一个可持续议题会使企业对人或环境产生实质性影响,无论影响是实际、潜在、积极或是消极的,都认定为是具有实质性的。另一方面,"财务实质性",当一个可持续议题会对企业的现金流、发展、业绩、地位、资金成本或融资渠道产生风险或机遇等重大影响,都认定为是具有实质性的。

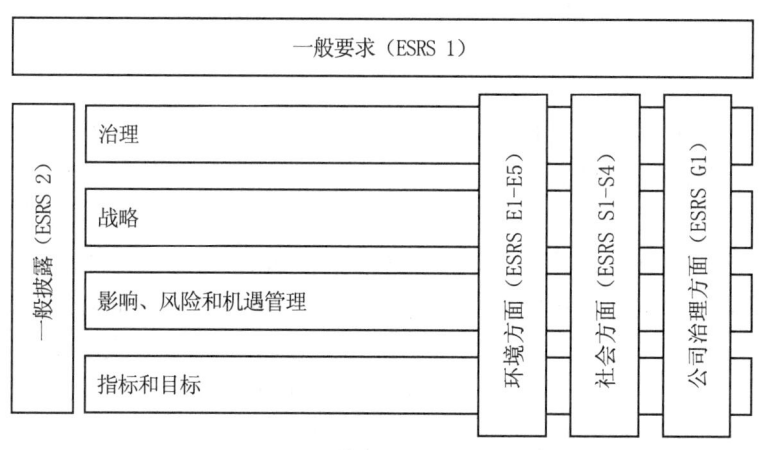

图 3-2　ESRS 1 和 ESRS 2

资料来源:《欧盟 ESG 准则进入审议阶段,全球 ESG 标准"三足鼎立"格局即将形成》,载腾讯网,https://new.qq.com/rain/a/20230106A067BD00(2023 年 1 月 6 日)。

企业应对其可持续发展报告进行第三方审验和鉴证(2026 年起需进行有限保证,2028 年起需进行合理保证)。NFRD 仅要求审计师核实非财务报告的存在性,但没有规定需要核查数据的可靠性及处理数据程序的规范性,这也增加了报告数据质量不佳的风险。对此,CSRD 发布了对可持续发展报告的强制性审计要求,目前,CSRD 要求公司对其可持续性披露报告提供有限保证(Limited Assurance),在 CSRD 实施趋于全面稳定之后,CRSD 要求公司对其报告提供合理保证(Reasonable Assurance)。这一要求,将大大提高 CRSD 报告的可靠度。

4.《公司可持续发展报告指令》(CSRD)的合规要求

受CSRD管辖的公司需要做好以下工作：一则，将该尽职调查纳入企业日常运营流程，包括建立一套行为准则，并详细描述尽职调查的流程。二则，企业需识别自身、子公司，以及形成实在业务关系的企业关于人权以及环境的潜在或实际负面影响。三则，企业应预防以及减少潜在的负面影响，并将实际的负面影响降至最低标准。[1]四则，企业应建立并维持一个投诉机制。企业应当确保为那些实际或者可能遭受负面影响的个人以及组织提供救济渠道，跟进投诉并与相关人员开展对话。五则，企业应该监控尽职调查流程的有效性。应当每12个月或有新的重大风险时，对尽职调查流程的有效性进行评估，并不时加以更新。六则，企业就尽职调查与大众沟通。对于非受制于欧盟财务以及非财务数据披露义务的企业，其应当就遵守CSRD的情况进行年度信息发布。

综上，欧盟除追随TCFD外，新版的全球报告倡议组织（GRI）可持续发展报告标准（2021版本）于2023年正式生效，内容包括GRI通用标准、GRI行业标准和GRI议题标准三部分。所有企业在符合GRI标准编制报告时均采用通用标准，依其实质性议题清单使用议题标准；国际财务报告准则（IFRS）也在2022年发布了新的可持续披露准则意见征求稿。2023年6月26日，国际可持续发展准则理事会（ISSB）正式发布两个国际可持续披露准则：《IFRSS1：可持续相关财务信息披露一般要求》和《IFRSS2：气候相关披露》，以满足投资者对可持续发展报告的需求。其中，IFRSS1准则要求企业识别并披露短期、中期和长期的可持续发展风险和机遇，向投资者提供与决策相关的信息。IFRSS2准则规定具体的气候相关披露，与S1准则一同使用。

ESRS在制定过程中，也确保了与这两个国际可持续报告标准保持一致，纳入了它们的基本要素。比如，ESRS强调报告的"双重实质性"，综合考量了GRI的影响实质性和IFRS的财务实质性。GRI作为ESRS的共同制定者，在整个标准建立过程中与EFRAG合作，并提供了大量技术支持，使GRI标准和ESRS具有互操作性，也增加了GRI标准在欧盟地区的相关性。

---

[1] 需要采取以下措施：(1)制订并执行一个有着清晰合理的时间表以及明确指标的行动方案；(2)寻求与业务合作伙伴之间的合同保证；(3)对于基础设施以及生产流程进行投资；(4)开展对于中小企业定向支持等。对于那些既不终止又不能通过以上措施减少负面影响的合作伙伴，应当限制与其进一步开展合作，并可采取包括暂停，及终止合同在内的法律制裁。

第三节　碳交易市场合规

全球能源市场震荡加剧的大背景下,碳排放权交易成为加速脱碳和降低能源依赖有效的政策抓手。碳交易市场在全球范围内迅猛发展,数量不断增加,覆盖范围加速扩大。截至 2023 年 1 月,全球已建立 28 个碳市场,覆盖 17% 的温室气体排放。[①]在全球走向碳中和的进程中,欧盟一直是引领者。2005 年,欧盟建立全球第一个跨国碳交易体系;2021 年其交易额已达到 7 600 亿欧元,是全球交易最活跃的碳市场。

一、欧盟碳交易市场发展

在迈向碳中和的道路上,欧盟一直都走在世界的最前端。2005 年 1 月 1 日,全球首个跨国且超大规模的欧盟碳排放权交易体系(EU Emissions Trading System, EU ETS)正式建立。欧盟碳排放权交易体系是目前世界上参与国最多、[②]规模最大、最成熟的市场。欧盟碳排放交易系统作为欧洲气候政策的基石,纳入了电力、工业领域等约 11 000 个固定排放设施以及上述国家内的航空公司,覆盖整个欧盟 45% 的温室气体排放。2021 年的全球碳定价收入约为 840 亿美元,欧盟就占了其中的 41%。由于欧洲气候政策一直较为严格,EU ETS 碳价格长期居于所有碳市场配额价格首位,2021 年碳排放配额价格超过 80 欧元/吨,是 2020 年底的两倍多。欧盟碳市场的建设并非一蹴而就,其间经过四个阶段的迭代,逐渐走向成熟和完善。

(一) 第一阶段(2005—2007 年)

该阶段主要为欧盟碳交易市场实验阶段,定位为"在行动中学习",为关键的下一阶段积累经验。该阶段减排总目标是完成《京都议定书》中承诺目标的 45%,覆盖了欧盟 25 个成员国。这一阶段参与交易的行业包括电力和热力生产、钢铁、石油精炼、化工、玻璃陶瓷水泥等建筑材料以及造纸印刷等,交易主

[①] "icap"网站,https://icapcarbonaction.com/en/publications/emissions-trading-worldwide-2023-icap-status-report(2023 年 7 月 14 日)。

[②] 欧盟碳排放权交易市场,在 30 个国家运行(欧盟 27 个成员国以及欧洲经济区内的挪威、冰岛和列支敦士登三国),并与瑞士碳市场连接。

体是上述重点行业中的约 11 000 家排放设施,交易标的仅包括 CO_2 排放配额。

(二) 第二阶段(2008—2012 年)

该阶段主要为欧盟碳交易市场制度体系的重点建设阶段,与《京都议定书》的履约期相对应。这一阶段主要目标是帮助欧盟各成员国实现在《京都议定书》中的减排承诺。在交易标的方面,仍然只包括 CO_2 排放配额。公开数据显示,欧盟在第二阶段的碳排放配额总量约为 82.3 亿吨 CO_2 当量,德国是获得配额总量最多的国家,约占全部配额总量的 21%,英国、意大利、波兰分别占 12%、10%、10%左右。

(三) 第三阶段(2013—2020 年)

该阶段主要开始对欧盟碳交易体系推行改革,制定统一排放上限。一方面,每年对排放上限减少 1.74%,另一方面,逐渐以拍卖的形式取代免费分配的形式。其中,能源行业要求完全进行配额拍卖,工业和热力行业根据基线法免费分配。2013 年,欧盟实现了约 50%的国家计划分配的欧盟排放配额(EUA)通过拍卖形式获得,且这一比例在此之后逐年递增。

(四) 第四阶段(2021—2030 年)

欧盟在原有的 EU-ETS 改革基础上通过了最新且更加严苛要求的修改,并逐渐推动欧盟碳交易市场步入常态。第四阶段已废除碳抵消机制,同时开始执行减少碳配额的市场稳定储备机制,一级市场中碳配额分配方式也从第一阶段的免费分配过渡到 50%以上进行拍卖,并计划于 2027 年实现全部配额的有偿分配(见表 3-5)。

表 3-5 欧盟碳交易市场发展历程

	第一阶段	第二阶段	第三阶段	第四阶段
时 间	2005—2007 年	2008—2012 年	2013—2020 年	2021—2030 年
期初配额总量（MtCO$_2$e）	2 096	2 049	2 084	1 610
配额递减速率			1.74%	2.20%

续表

	第一阶段	第二阶段	第三阶段	第四阶段
配额分配方法①	免费分配祖父法	10%拍卖祖父法标杆法	57%拍卖祖父法标杆法	57%拍卖祖父法标杆法
行业范围	电力、部分工业	新增航空业	扩大工业控排范围	无变化

二、欧盟碳交易市场体系

2016年11月4日正式生效的《巴黎协定》是近200个缔约方达成的具有法律约束力的新气候协议。自《巴黎协定》实施以来，碳定价政策不断主流化，成为各方关注的热点，也成为越来越多国家减少CO_2排放的有效工具。碳定价政策主要通过征收碳税和碳排放权交易两种形式得以执行。

(一) 欧盟碳排放权交易体系

1997年的《京都议定书》首次为37个工业化国家设定了具有法律约束力的减排目标及上限。在此基础上欧盟于2003年10月25日发布了《建立温室气体排放配额交易计划指令》(Directive 2003/87/EC)，并于2005年正式建立了欧盟的碳排放权交易机制。

2021年7月14日，欧盟委员会在"Fit for 55"一揽子立法提案下提出修订EU ETS指令，包括五个方面：第一，与2005年相比，新的排放权交易体系中的碳排放上限将逐年降低，到2030年，排放量预计将减少43%；第二，免费配额的大幅减少将显著提升碳价及各行业企业在欧盟碳交易体系的成本，总量限额的线性折减系数(LRF)将从原来的每年2.2%提升到4.2%，同时一次性减少总量配额1.17亿单位(allowances)；第三，燃料供应商负责监测和汇报他们投放市场的燃料规模，至2026年单独制定新的针对燃料的碳排放交易体系；第四，至2027年，逐步取消航空业的免费碳排放配额，新的体系规定往返欧洲经济区以外国家的欧盟航空公司的碳排放将与国际航空业碳抵换及减量

---

① 配额分配制度主要包括免费分配和拍卖分配，免费分配又根据不同的标准分为"祖父法"和"基准线法"，前者是依据企业历史排放水平进行分配，后者是先确定行业基准，再依据企业的实际产量进行分配。

计划（CORSIA）保持一致；第五，扩大欧盟碳排放交易体系范围，将碳定价覆盖至建筑供暖和道路交通行业，并首度将海运碳排放纳入碳排放交易体系。

2023年4月18日，欧洲议会批准了"Fit for 55"一揽子气候计划中的三项与气候变化挂钩的重要欧盟法律草案，包括改革欧盟碳排放权交易体系、修订碳边境调整机制（CBAM）相关规则以及设立社会气候基金，上述几项法案被认为是欧盟"史上最大碳市场改革"。

（二）碳边境调节机制（CBAM）

碳关税是碳税的一种，是指对进出口商品中隐含的碳排放征收额外关税。2019年12月，欧盟发布《欧洲绿色协议》（European Green Deal），提出"碳关税"制度，旨在防止欧盟企业向减排政策更宽松的国家转移，防止低排放成本的进口产品冲击欧盟市场和产业。2021年7月14日，欧盟委员会提出了"CBAM"立法提案。2022年12月13日，欧洲议会与欧盟理事会就实施碳边境调整机制（CBAM，又称"碳关税"）达成临时协议。[①]根据临时协议，CBAM将于2023年10月起试运行，2026年全面实施。经过近两年的多方谈判后，2023年4月25日，欧盟理事会投票通过了碳边境调节机制，标志着CBAM正式走完所有立法程序，成为欧盟法律。

1. 适用范围

首批纳入的行业包括水泥、钢铁、电力、铝和化肥等6大门类多种产品，包括钢铁、铝、水泥、化肥几乎所有主要环节初级产品、中间产品、下游产品。在此期间，这些行业仅需要履行报告义务，即每年需提交进口产品隐含的碳排放数据，而不需要为此缴纳费用。同时，欧盟碳排放交易体系也逐步削减免费配额计划，且覆盖的行业温室气体排放到2030年应相比2005年减少62％。未来，CBAM的范围可能会扩展到其他行业部门，如有机化学品和聚合物。

2. 过渡期

碳边境调节机制将于2023年10月启动、2026年正式实施，2034年全面运行，2023年10月1日至2025年12月31日为过渡期。在过渡期内，注册进口商应在每个日历季度向进口国的主管当局提交一份报告（"CBAM报告"），

[①] 欧盟理事会网站，https://www.consilium.europa.eu/en/press/press-releases/2022/12/13/eu-climate-action-provisional-agreement-reached-on-carbon-border-adjustment-mechanism-cbam/（2023年7月14日）。

其中包含该季度进口货物的信息。如果货物已进口到多个欧盟成员国,则应在不迟于每季度结束后一个月内,由申报人自主选择向某一成员国主管当局申报。即过渡期间受影响的企业只需要履行报告义务,旨在收集数据。

3. CBAM 证书和碳定价

CBAM 旨在保护欧盟境内的气候行动,避免欧洲企业将生产外包给排放目标较低、减排成本和碳价没有那么高的国家或地区,以造成所谓的"碳泄漏"(carbon leakage)。据协议,到 2025 年,欧盟委员会应评估欧盟生产的打算出口到非欧盟国家的货物的碳泄漏风险,并在必要时提出符合世贸组织的立法提案来应对这一风险。此外,估计将有 4 750 万欧元津贴用于筹集额外资金,以应对与出口相关的碳泄漏风险。

因此,碳关税也被认为是 EU-ETS 的补充机制。由于全球各国碳减排政策各不相同,导致减排成本参差不齐。欧盟的高减排成本会导致企业迁移到气候政策较为宽松的国家,造成"碳泄漏"。欧盟为了避免"碳泄漏"、留住本土企业,为其发放欧盟碳排放交易的免费配额。然而,随着欧盟免费碳配额的逐步取消,进口商公司需购买 CBAM 证书来平衡商品生产国碳价和欧盟碳排放配额价格之间的差额。在进口商应缴的 CBAM 证书中,也将扣除欧盟同类产品企业获得的免费排放额度,以及进口产品在其生产国已实际支付的碳价。CBAM 证书的价格将以欧盟碳排放交易的均价为准,碳关税的本质是拉平进口产品与欧盟产品的碳成本。这将强迫其他国家建立碳市场或者征收碳税,通过碳定价来实现减碳,或者提高碳价,达到和欧盟相同的水平(见图 3-3)。

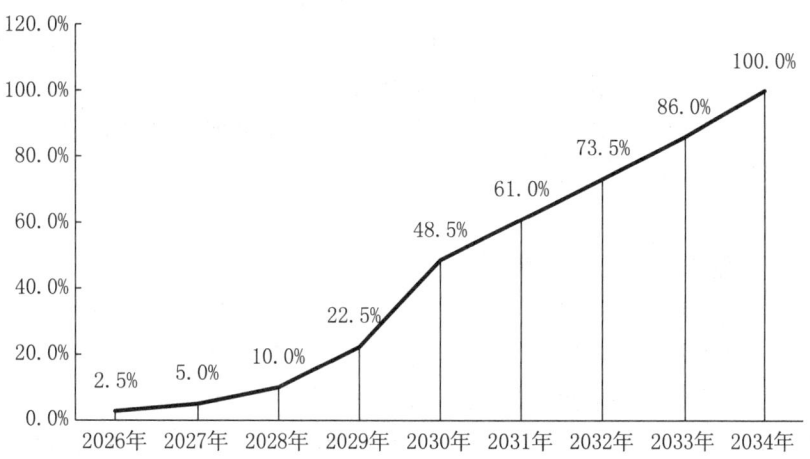

图 3-3　削减欧盟企业的免费排放配额

值得注意的是,欧洲议会表示,到 2027 年,将建立一个单独的新的碳排放交易系统(ETS II),用于道路运输和建筑燃料,还将涵盖制造业等其他行业的燃料。如果能源价格异常高,ETS II 可能会推迟到 2028 年。此外,欧盟将建立一个新的价格稳定机制,以确保如果 ETS II 中的补贴价格超过 45 欧元,将额外发放 2 000 万欧元补贴。

三、欧盟碳交易市场合规

(一) 总量控制与分配机制

2003 年欧盟委员会通过了《建立温室气体排放配额交易计划指令》(Directive 2003/87/EC),建立了 EU-ETS 的核心交易原则总量控制交易原则 (Cap and Trade),统一对符合条件的单个排放设施进行强制性排放配额控制。在第一和第二阶段,各成员国编写了一份国家分配计划(National Allocation Plans, NAPs),在文件中公布为本国分配的拟定配额。欧盟委员会对这些方案进行评估,批准或修订拟分配的配额总数。

2009 年欧盟委员会发布了《完善和扩大共同体温室气体排放配额交易计划指令》(Directive 2009/29/EC),决定从 EU ETS 第三阶段开始对 EU ETS 下受控设施排放配额分配方案进行重大变革,从第三个阶段开始,成员国被要求准备一份国家实施办法(National Implementation Measures, NIMs),由欧盟委员会检查和批准,该制度有利于统一所有成员国的分配方法,从而提高透明度和所有市场参与者的平等性。同时,由欧盟制定总量目标,总配额上限每年以 1.74% 线性减少,2013 年的总量为 2008—2012 年每年发放配额的平均数。第四阶段排放上限继续以每年减少 2.2% 的速度逐年下降。EU-ETS 的分配机制主要包括免费配额与拍卖两种形式,总体呈现免费发放配额逐步减少,拍卖比例逐步上升的趋势。

(二) 配额储存与预留机制

市场稳定储备机制(Market Stability Reserve, MSR)是欧盟为了应对需求侧冲击和配额过剩来稳定碳市场信心的机制。即欧盟每年发布截至上一年底碳市场的累积过剩配额总数,然后将过剩配额总数的 24%(2024 年起)转存入 MSR。同时,当市场配额低于 4 亿吨,或者虽不低于 4 亿吨,但连续六个月以上的配额价格比前两年的平均价格高出三倍,则从储备中取出 1 亿吨配额注入拍卖市场,从而有效应对不可预料的需求侧冲击。

基于第三阶段实行个别行业全部实行拍卖的决定,以延迟拍卖为核心的排放配额预留机制也成为另一重要举措,并提议将2014—2016年的9亿配额推迟到2019—2020年进行拍卖,这种延迟拍卖计划在适度的范围内尽力维系碳排放配额的供需平衡,将短期内的碳价波动控制在合理范围。

(三) 监测报告核查制度

监测报告核查制度(Monitoring Report Verfication,MRV),是国际社会对温室气体排放监测的基本要求,是《联合国气候变化框架公约》下国家温室气体排放清单和《巴黎协定》中国家自主贡献的实施基础。温室气体排放的监测和报告必须稳健、透明、一致和准确,EU-ETS才能有效运作。欧盟形成了一套"指令—规范—标准"的系统性管理模式。2003年颁布的《建立温室气体排放配额交易计划指令》(Directive 2003/87/EC)对温室气体进行全面管理,其中包括监测方法的说明,具体指导CO_2监测质量保证的实施。随着监测技术的不断进步,根据实施过程中遇到的状况,欧盟委员会及时调整、充实、完善条例和法规。2004年欧盟出台了《温室气体排放核算与报告指南》(MRG),并于2007年进行了修订;2012年欧盟出台了《监测及报告条例》(MRR)和《认证及审核条例》(AVR),至此欧盟搭建起了完整的监测、报告、验证(MRV)体系。

1. 年度合规周期

年度监测报告核查制度以及所有相关流程被称为EU-ETS合规周期。EU-ETS涵盖的工业设施和飞机运营商需要有一个经批准的监测计划来监测和报告年度排放量。该计划也是工业设施所需的经营许可证的一部分。每年,运营商必须提交一份排放报告。给定年份的数据必须在次年的3月31日之前由经认可的验证机构进行验证。一旦核实,运营商必须在当年4月30日之前交出同等数量的配额。与年度合规周期相关的规定,载于《监测及报告条例》(MRR)和《认证及审核条例》(AVR)中(见图3-4)。

2. 支持与引导

为提高行政效率和统一各成员国报告方法,针对监控计划、年度排放报告、验证报告和改进报告,欧盟委员会为运营商提供了一系列报告模板,包括固定装置操作员快速指南(quick guide for operators of stationary installations)、飞机运营商快速指南(quick guide for aircraft operators)、主管当局快速指南(quick guide for competent authorities Search for available translations

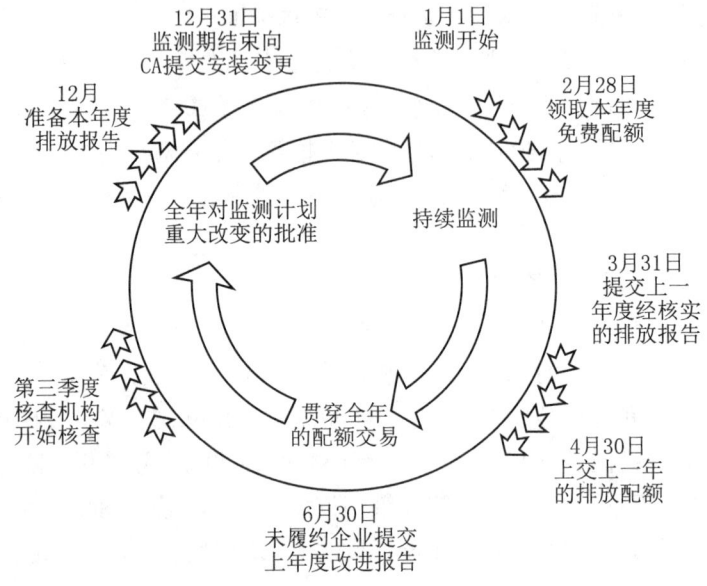

图 3-4　年度合规周期

资料来源:"EU-ETS Handbook"网站,https://climate.ec.europa.eu/eu-action/eu-emissions-trading-system-eu-ets_en(2023年7月12日)。

of the preceding link)、[1]验证者快速指南(quick guide for verifiers)和国家认可机构快速指南等(quick guide for national accreditation bodies Search for available translations of the preceding link)。[2]

(四) 严格履行与处罚机制

第二阶段时,欧盟要求各成员国对在EU-ETS内的企业履约情况实施年度考核,规定履约企业每年须在规定时间内提交上年度第三方机构核实的排放量及等额的排放配额总量,否则视为未完成,未完成的成员国政府将面临处罚。处罚主要包括三个方面:第一,经济处罚。对每吨超额排放量罚款100欧元;第二,公布违法者姓名;第三,要求违约企业在下一年度补足本年度超排额等量的碳排放配额。

---

[1] EUROPEAN COMMISSION, Quick guide for Competent Authorities(March.1, 2022), https://climate.ec.europa.eu/system/files/2022-03/quick_guide_ca_en.pdf.

[2] EUROPEAN COMMISSION, Quick guide for National Accreditation Bodies, (March.21, 2022), https://climate.ec.europa.eu/system/files/2022-05/quick_guide_nabs_en.pdf.

四、欧盟主要的碳市场

作为现阶段全球最大的碳排放交易体系,欧盟碳市场自启动以来,既见证了配额过剩、碳价低迷的曲折阶段,同时,也经历了近年来碳价大幅回涨的强势回归。自鸣锣开市的十八年来,欧盟碳市场有力地促进了低碳技术在欧洲的发展和企业的绿色转型。

(一) 碳交易市场类型

碳市场是应对气候变化的产物,截至目前,全世界有 25 个碳市场正在运行。碳交易市场的类型可以分为强制碳市场(regulation-driven carbon markets)和自愿碳市场(voluntary carbon market)。欧盟碳排放交易体系(EU-ETS)框架下的碳市场是主要的、历史最悠久的、规模最大的强制性碳市场,已成为全球气候政策的参照点。自愿碳市场指基于项目的碳信用市场,部分碳信用市场按一定规则与强制性碳市场连接;参与主体主要为减排企业(卖方)、控排企业(买方);交易产品主要为碳减排量或碳信用,例如清洁发展机制(CDM)、中国核证自愿减排量(CCER)、核证减排标准(VCS)等。自愿碳市场已成为强制碳市场的必要补充,其增长潜力仍将在未来很长一段时间的全球碳交易中体现出来。

(二) 主要的碳交易所

截至 2023 年 2 月,欧盟碳交易体系的交易场所主要是洲际交易所(ICE)和欧洲能源交易所(EEX),两个交易所的功能基本一致。在早期欧洲碳交易场所还包括欧洲气候交易所(ECX)、欧洲环境交易所(BlueNext)和北欧电力交易所(Nordpool)。在欧盟排放交易体系中拍卖的所有配额中,约有 90% 是通过 EEX 交易的,期货则主要通过 ECX 交易。历经多年发展后,欧洲气候交易所、欧洲环境交易所由于各种原因已经不再进行 EUA 等碳配额的交易,最后形成了洲际交易所和欧洲能源交易所并行的格局。

1. 洲际交易所(ICE)

ICE 是欧洲最大的碳排放权交易平台,[①]2010 年 ICE 关闭了 CCX,并把

---

① ICE 网站,https://www.theice.com/futures-europe(2023 年 7 月 14 日)。

ECX的碳交易业务合并至ICE的欧洲期货业务中。其服务范围包括衍生品交易、场外交易、清算服务、数据服务,目前在碳交易方面的产品主要包括一级市场的碳排放配额拍卖,二级市场的碳排放配额(EUA)、航空碳配额(EUAA)期货等相关金融衍生品。此外,ICE还提供北美洲地区的碳交易服务,如加州碳配额、美国区域减排计划碳配额以及碳配额相关的金融衍生品。

2023年1月,ICE发布了《2022年全球影响力债券报告》(ICE Impact Bond Report 2022),[①]对影响力债券的发行、认证做出分析。ICE将影响力债券定义为由发行人声明或者第三方认证的绿色债券、社会债券和可持续发展债券。从全球发行量看,尽管受到央行加息和通货膨胀的影响,全球债券总发行量下降了60%(相比2021年),但影响力债券的发行量仅仅下降了13%(2022年发行量为7 730亿美元),绿色债券的发行量仅仅下降1%(绿色债券发行量占据影响力债券总发行量的63%)。从地域发行量看,欧洲地区2022年累计发行4 050亿美元,仍是全球最大的影响力债券发行地区。

2. 欧洲能源交易所(EEX)

EEX成立于2002年,[②]总部在德国。欧洲能源交易所采用会员制架构,参与交易的必须是会员。会员通过交易所的平台进行交易,并通过交易所拥有的清算机构——欧洲商品清算公司进行清算,然后通过德国和欧盟的注册登记簿进行交付。业务类型包括配额和国际碳信用的现货期货产品,为会员提供清算服务,为会员提供担保和风险承担服务。交易产品包括一级市场配额拍卖(包括航空配额)、二级市场配额、国际碳信用的现货和配额、国际碳信用的衍生品。交易方式是拍卖交易和连续交易,并引入做市商制度。该所的碳交易量占整个交易所业务量的5%左右。

2022年5月24日,EEX表示专项自愿减排碳市场系列产品即将面向全球上市。EEX集团旗下北美Nodal交易所将在2022年6月上市自愿减排产品,并计划于2022年下半年在欧洲的EEX上市自愿减排相关产品。2022年9月22日,EEX Group和IncubEx宣布了一项新的合作协议,该合作增加了欧洲和北美市场的环保产品范围和流动性。同时,EUA期货合约的未平仓合约市场份额已从2017年的5%增加到2022年的22%。Incubex与EEX集团的合作在欧洲成功起步,随后扩展至北美。

[①] Anthony Belcher, Michelle Wong, "Impact Bond Analysis Certification grows amid regulatory scrutiny", ICE(January 2023), https://www.ice.com/insights/impact-bond-report-2022.

[②] EEX网站,https://www.eex.com/en/(2023年7月14日)。

（三）碳价格

欧盟碳市场自 2005 年正式运行以来，虽然早期较低迷，中间也曾经历过几次大的波动，总体碳价的走势向上。欧盟碳市场的四个阶段其碳价的走势特征不一（见图 3-5）。

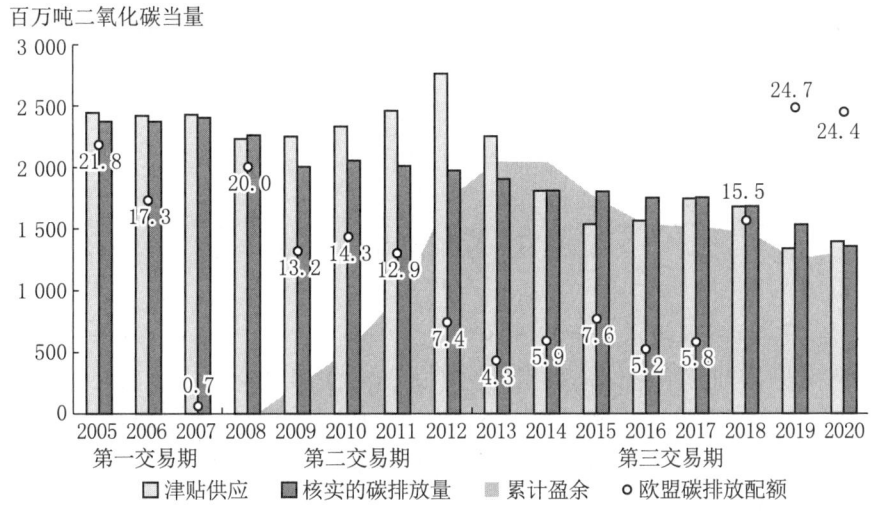

图 3-5　2005—2020 年欧盟排放交易体系的排放量、配额、盈余和价格

资料来源：EEA 网站，https://www.eea.europa.eu/data-and-maps/figures/emissions-allowances-surplus-and-prices（2023 年 7 月 14 日）。

第一阶段（2005—2007 年），碳价下跌。欧盟排放交易体系成立之初，各成员国自行设定排放量配额上限，结果导致配额过剩。EUA 价格不断下跌，在 2007 年几乎降至零。

第二阶段（2008—2012 年），长期低迷。总体上由于受到 2008 年金融危机的影响，以及碳市场机制还不十分成熟，欧洲企业排放量大幅下降和 EUA 供给严重过剩，碳价一直低迷。

第三阶段（2013—2020 年），有所增长。进入第三阶段以来，欧盟进行了 EU ETS 的机制改革。欧盟先是在 2014 年实施了核减机制（Backloading），又在 2019 年正式开始执行市场稳定储备机制（Market Stability Reserve，MSR），提升了市场信心，碳价有所增长，超过 20 欧元/吨。

第四阶段（2021—2030 年），屡创新高。欧盟碳价 2021 年以来一路走高，主要是受欧盟雄心勃勃的 2030 年气候目标的影响，以及"减排 55%"（Fit for

55)气候立法的影响。2022 年以来,碳价总体处于高位,但受俄乌冲突等突发事件影响,一度波动较大。

欧盟碳市场建立之初,配额过剩。后来受金融危机影响,企业排放量变少,一度出现负碳价。进入第三阶段,欧盟进行了碳市场的机制改革,碳价有所回升。近两年来,欧盟碳价的大幅上涨主要是由于欧盟严苛的气候目标。根据 Statista 的统计数据,2022 年 12 月 1 日,欧盟碳排放配额(EUA)价格为 85.22 欧元/吨。2022 年的最高碳价出现在 8 月 19 日,98.01 欧元/吨。[1]未来,受欧盟气候政策以及能源结构调整的影响,预计碳排放成本会持续走高一段时间,因此,碳价将在一定时期内呈现上涨趋势。

第四节　投资与金融合规

2007 年,欧洲投资银行发起了绿色金融运动,2008 年世界银行紧随其后,随后国家和其他地区地方当局纷纷效仿。法国是这一运动的先驱,2017 年发行了第一只绿色主权债券。企业层面,2013 年,欧洲投资银行与法国电力合作,发行了全球第一笔规模宏大的绿色债券。在具体金融政策方面,欧盟采取的是政府主导和中央银行辅助的思路。为此,欧盟委员会 2020 年 6 月发布了《欧盟分类法》,在此框架下,欧盟委员会于 2021 年 7 月 6 日表示,将出台新的《欧洲绿色债券标准》。同时,欧盟委员会提出了一系列气候投资计划,以支持绿色金融的创新发展。整体来看,欧盟是绿色金融发展的先行者与引领者。

一、欧盟气候投资计划

(一) 创新基金(Innovation Fund)

创新基金是世界上最大的创新低碳技术示范资助计划之一。2019 年 2 月 26 日,欧盟委员会宣布设立创新基金(Innovation Fund),将在 2020 年至 2030 年期间提供约 380 亿欧元的支持(按 75 欧元/吨二氧化碳计算),支持能源、建

---

[1] Ian Tiseo, "EU-ETS allowance prices in the European Union 2022 – 2023", Ian Tiseo (Jun. 29, 2023), https://www.statista.com/statistics/1322214/carbon-prices-european-union-emission-trading-scheme/.

筑、运输、工业和农业等部门的清洁技术研发创新。[1]创新基金是根据《建立温室气体排放配额交易计划指令》(Directive2003/87/EC)第10a(8)条设立的,旨在支持所有成员国在低碳技术和流程方面的创新。[2]创新基金是欧盟"地平线欧洲"研发框架计划和"欧洲地区发展基金"的补充,其前身是欧盟委员会于2010年发起的NER 300计划,该计划将欧盟碳排放交易系统新进入者储备(NER)的3亿吨碳排放配额拍卖所得的资金,用于支持创新碳捕集与封存(CCS)和可再生能源技术的示范。欧盟创新基金扩大了NER 300的资助范围,将重点关注CCS、可再生能源技术、储能和能源密集型行业技术领域。创新基金的资金来源主要是2020—2030年期间的欧盟碳排放交易体系(EU ETS)拍卖收入和NER 300计划中的未使用资金。

现阶段欧盟创新基金更多聚焦于支持碳捕获和碳封存技术(CCS)的创新。CCS指的是将大型发电厂所产生的二氧化碳收集起来,并用各种方法储存以避免其排放到大气中的一种技术。由于欧盟能源和碳密集型行业的碳减排效率已经达到了理论上的极限值,而且某些部门和工艺的碳排放不可避免,CCS技术已经成为减少工业排放的最终归宿。基于这一技术路径层面的考虑,欧盟2030年气候和能源政策框架肯定了CCS在碳中和目标实现中的重要作用,并承诺加大创新基金对CCS创新的支持力度(见图3-6)。

(二) 现代化基金(Modernisation Fund)

欧盟现代化基金(Modernisation Fund)是一项专门的资助计划,旨在通过帮助实现能源系统现代化和提高能源效率,支持10个低收入欧盟成员国向气候中和过渡。[3]受益成员国分别是保加利亚、克罗地亚、捷克、爱沙尼亚、匈牙利、拉脱维亚、立陶宛、波兰、罗马尼亚和斯洛伐克等。现代化基金主要投资以下内容:第一,可再生能源的生产和使用;第二,能源效率的提高;第三,能源储备系统的建设;第四,能源网络的现代化,包括区域供暖、管道和电网等;第五,

---

[1] 欧盟委员会网站,https://climate.ec.europa.eu/eu-action/funding-climate-action/innovation-fund_en#:~:text=What%20is%20the%20Innovation%20Fund%3F%20The%20Innovation%20Fund,programmes%20for%20the%20demonstration%20of%20innovative%20low-carbon%20technologies(2023年7月14日)。

[2] 欧盟EUR LEX网站,https://eur-lex.europa.eu/legal-content/EN/TXT/?uri=CELEX%3A32003L0087(2023年7月14日)。

[3] "modernisationfund"网站,https://modernisationfund.eu/(2023年7月14日)。

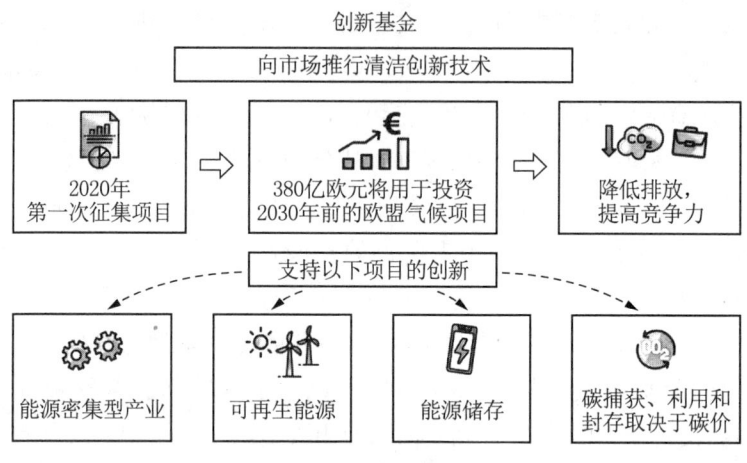

图 3-6 欧盟创新基金

资料来源：欧盟委员会网站，https://climate.ec.europa.eu/eu-action/funding-climate-action/innovation-fund/what-innovation-fund_en(2023 年 7 月 13 日)。

碳依赖地区的公平过渡，涉及劳动力的安置、低碳相关技能的提升、教育以及初创企业的支持等（见图 3-7）。

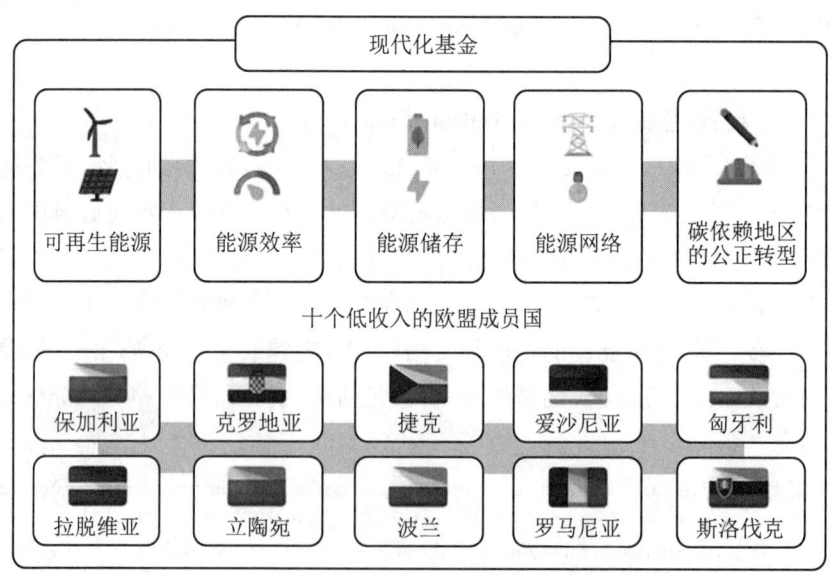

图 3-7 欧盟现代化基金

资料来源：欧盟委员会网站，https://climate.ec.europa.eu/eu-action/funding-climate-action/modernisation-fund_en(2023 年 7 月 15 日)。

现代化基金的资金来源主要包括欧盟碳排放交易体系（EU-ETS）2021—2030 年总配额拍卖中 2% 的收入，还包括少许波兰等受益会员国向现代基金转入的额外补贴。据欧盟预计，2021—2030 年现代化基金的总收入可能达到 480 亿欧元（按 75 欧元/吨二氧化碳计算），其中，约 280 亿欧元来自受益成员国从其资源中转移到现代化基金的配额，约 200 亿欧元来自拍卖欧盟 2021 年至 2030 年 ETS 碳配额总量的 2%。2021—2030 年期间每个受益成员国的配额总额如下（见表 3-6）：

表 3-6　2021—2030 年期间每个受益成员国的配额总额①

成员国	按照 ETS 指令的附件 IIb 共享	ETS 指令第 10(1) 条规定的配额	从 ETS 指令第 10(2)(b) 条转移	从第 10c 条 ETS 指令转移	转移总额第 10(2)(b) 条（团结）和第 10c 条	共　计
保加利亚	5.84%	16 095 825	0	0	0	16 095 825
捷克	15.59%	42 968 135	38 722 276	111 462 281	150 184 557	193 152 692
爱沙尼亚	2.78%	7 662 054	0	0	0	7 662 054
克罗地亚	3.14%	8 654 262	0	5 978 852	5 978 852	14 633 114
拉脱维亚	1.44%	3 968 834	0	0	0	3 968 834
立陶宛	2.57%	7 083 265	0	8 696 818	8 696 818	15 780 083
匈牙利	7.12%	19 623 677	0	0	0	19 623 677
波兰	43.41%	119 643 793	0	0	0	119 643 793
罗马尼亚	11.98%	33 018 490	81 673 875	86 073 704	167 747 579	200 766 069
斯洛伐克	6.13%	16 895 104	1 783 531	33 228 414	35 011 845	51 906 749
共计（约）	100.00%	275 613 439	122 179 383	245 440 068	367 619 451	643 232 890

（三）LIFE 欧盟环境与气候行动的资助计划（LIFE Climate Change Mitigation and Adaptation）②

2021 年 4 月 29 日，欧盟议会和理事会发布了《LIFE 2021—2027 年计

---

① 欧盟委员会网站，https://climate.ec.europa.eu/eu-action/funding-climate-action/modernisation-fund_en#:~:text=The%20table%20below%20shows%20the%20total%20amount%20of,75%20%2F%20tCO2%29%2C%20depending%20on%20the%20carbon%20price（2023 年 7 月 14 日）。

② 欧盟委员会网站，https://climate.ec.europa.eu/eu-action/funding-climate-action/life-climate-change-mitigation-and-adaptation_en（2023 年 7 月 14 日）。

划》，该计划是欧盟环境与气候行动的资助计划，包含四个子项目："自然与生物多样性""循环经济与生活质量""减缓和适应气候变化"和"清洁能源转型"。[①]LIFE"减缓和适应气候变化"子计划管理着约9.05亿欧元，用于开发和实施应对气候挑战的创新方法。LIFE"减缓和适应气候变化"旨在减缓和适应计划支持公共当局、非政府组织和私人行为者，尤其是中小企业，为向可持续、节能、基于可再生能源、气候中和和有弹性的经济转变做出贡献，从而促进可持续发展。该计划包含三个优先领域：第一，减少温室气体排放；第二，增强应对气候变化的能力；第三，提高对减缓气候变化的认识、合作和传播。

LIFE"减缓和适应气候变化"子计划的具体目标是：一则，开发、展示和推广创新技术、方法和方法，以实现欧盟气候行动立法和政策的目标，并为知识库和最佳实践的应用做出贡献；二则，支持欧盟有关气候行动的立法和政策的制定、实施、监测和执行，包括通过改善各级治理；三则，通过复制结果、将相关目标纳入其他政策以及公共和私营部门实践、动员投资和改善融资渠道，促进大规模部署成功的技术和政策相关解决方案，以实施欧盟有关气候行动的立法和政策；四则，气候变化减缓和适应子计划可能涵盖与能源效率和可再生能源相关的活动，只要它们不在清洁能源转型子计划的范围内。

（四）欧盟可持续投资计划（Sustainable Europe Investment Plan）

2019年12月11日，欧盟委员会发布《欧洲绿色协议》，提出了欧盟迈向气候中立的行动路线图，旨在通过向清洁能源和循环经济转型，阻止气候变化，保护生物多样性及减少污染，进而提高资源的利用效率，以期使欧洲在2050年之前实现全球首个"气候中立"。《欧洲绿色协议》还明确了所需的投资和可利用的融资工具。2020年1月14日，欧盟委员会发布"欧洲可持续投资计划"，以支持《欧洲绿色协议》的融资计划。可持续欧洲投资计划是欧洲绿色协议的投资支柱。可持续欧洲投资计划将在以下三个方面实现向气候中性绿色经济的过渡：

首先，欧盟计划在未来十年至少调动1万亿欧元的私人和公共资金来支持欧洲绿色转型。可持续投资计划将通过担保吸引私人资金，并通过公正过

[①] Council of the EU，LIFE programme（March.16，2021），https://www.consilium.europa.eu/en/press/press-releases/2021/03/16/life-programme-council-adopts-its-position-at-first-reading/pdf♯：~：text=Today%20the%20Council%20adopted%20its%20position%20at%20first，reached%20with%20the%20European%20Parliament%20in%20December%202020.

渡机制促进受转型影响最严重地区的公共部门投资,从而帮助实现公正转型;其次,可持续投资计划将为私人投资者和公共部门创建一个有利的框架,确保金融机构和私人投资者拥有正确识别可持续投资的工具,以具有成本效益、公正及社会公平的方式过渡转型。[1]值得注意的是,《欧盟分类法》、"能源效率第一原则"将是发挥其活力的关键所在;最后,该计划将在确定、构建和执行可持续项目方面为公共行政部门和项目发起人提供量身定制服务,并加强对公共当局评估财务需求和规划后续投资的支持,以及对公共和私人项目发起人的直接支持。

二、欧盟金融合规

为了确保欧洲碳市场的安全和完整,欧盟建立了安全高效的交易环境和安全机制,以防止市场滥用和其他不当行为。具体而言,2014年6月12日,欧盟发布了《市场滥用条例》(Market Abuse Regulation,MAR),旨在建立一个关于内幕交易、非法披露内部信息和市场滥用的共同监管框架,以及提出防止市场滥用的措施,以确保欧盟金融市场的完整性,并加强对市场投资者的保护;[2]同日,欧盟发布了《金融工具市场条例》(Regulation on Market in Financial Instruments,MiFIR),旨在加强金融工具内部市场的透明度以及改善其运作建立的监管框架,该框架对金融工具市场交易的透明度提出了统一要求;自2018年1月起,经修订的《金融工具市场指令》(MiFID2)将排放配额归类为金融工具,此前只有排放配额的衍生合约属于金融市场规则的范围。[3]

(一)《欧盟分类法》(EU taxonomy)

《欧盟分类法》(EU taxonomy)(Directive 2020/852/EU)是欧盟推出的一

---

[1] CAN, "Short on climate neutrality" (March, 2020), https://caneurope.org/content/uploads/2020/03/Just-Transition-and-Sustainable-Europe-Investment-Plan-Briefing-CAN-Europe-March-2020.pdf#:~:text=The%20Sustainable%20Europe%20Investment%20Plan%20%28SEIP%29%20is%20the,at%20least%20%20E2%82%AC1%20trillion%20over%20the%20next%20decade.

[2] 欧盟 EUR LEX 网站,https://eur-lex.europa.eu/legal-content/EN/TXT/?uri=CELEX:32014-R0596(2023年7月14日)。

[3] 欧盟 EUR LEX 网站,https://eur-lex.europa.eu/legal-content/EN/TXT/?uri=CELEX%3A-32014R0600(2023年7月14日)。

种分类工具,用以识别让环境得以可持续发展的经济活动。①该项分类法已经于2020年6月正式公布,这也意味着,只有符合欧盟认可的标准引导低碳经济转型的项目,企业才能称其为"绿色项目"。该框架可以帮助投资者评估投资是否符合相关环境标准,是否符合有关气候变化的《巴黎协定》等政策承诺。基金经理和其他金融市场参与者(FMPs)也将必须与该分类法保持一致。从2022年1月1日起,金融市场参与者也要求发布一系列的指标清单,需要声明其基金产品中的公司是否公布自己的碳足迹、温室气体排放和有害废物排放。

1.《欧盟分类法》的主要内容

《欧盟分类法》的应用是可持续金融领域最重要的发展进程之一,将对在欧盟及其他地区开展工作的投资者和发行人产生广泛影响。《欧盟分类法》调整的可持续性经济活动,须满足三个条件:对环境有重大贡献的经济活动、对环境无重大危害的经济活动和最低保障要求。

对环境有实质性贡献的活动(Technical Screening Criteria,TSC)。这类活动具体指对六大环境目标做出实质性贡献,包括减缓气候变化、适应气候变化、水、循环经济、污染预防与治理以及生物多样性等目标。重大贡献经济活动的类型主要根据自身绩效进行评定。同时,需明确扶持性活动的定义是指通过提供其产品或服务能够为其他活动做出实质性贡献,例如,经济活动的生产要素可改善另一主体的环境绩效。

对环境无重大危害的活动(Do No Significant Harm,DNSH)。技术专家小组确保《欧盟分类法》所涉及的经济活动不会对五大环境保护目标的实施造成重大损害,包括适应气候变化、预防并控制污染、保护水资源和海洋资源、循环经济、资源回收利用以及生态系统保护。

最低保障要求(social safeguards)。欧洲议会和欧盟委员会确定了经济活动遵从《欧盟分类法》的最低保障要求,即包含但不仅限于《经合组织跨国企业准则》(OECD Guidelines for Multinational Enterprises)、《联合国工商企业与人权指导原则》(UN Guiding Principles on Business and Human Rights)、国际劳工组织(ILO)的基本权利原则和八项核心公约,以及《国际人权法案》的宣言等(International Bill of Human Rights)。

---

① 欧盟委员会网站,https://finance.ec.europa.eu/sustainable-finance/tools-and-standards/eu-taxonomy-sustainable-activities_en(2023年7月14日)。

2.《欧盟分类法》的适用主体

《欧盟分类法》主要适用于三类主体：第一，欧盟地区合格金融市场参与者。目前主要为基金、保险、投行等参与者；第二，超过500人以上，以及需要提交非财务报告的非金融公司；第三，欧盟各成员国。在标准实施方面，欧盟首先将金融机构纳入该标准框架的披露计划中，意味着金融机构自2021年起的非财务信息报告将采纳该标准框架，非金融公司将在2022年起采纳该标准。

3.《欧盟分类法》六大环境目标

根据分类法规，欧盟委员会必须通过授权行为为每个环境目标定义技术筛选标准，从而得出环境可持续活动的实际清单。《欧盟分类法》具体的环境目标包括：第一，减缓气候变化。第二，适应气候变化。第三，水资源和海洋资源保护。第四，向循环经济过渡。第五，污染预防和控制。第六，保护和恢复生物多样性和生态系统。

此外，2023年6月13日，欧盟委员会发布《可持续金融一揽子政策包裹》（Sustainable Finance Package），以强化欧盟可持续金融框架基础。[1] 内容包括：一是通过修订《欧盟分类法》，扩大了有助于减缓和适应气候变化的经济活动范围，特别是在制造和运输部门；二是引入首个环境分类授权法，为对一个或多个非气候环境目标做出重大贡献的经济活动制定欧盟分类标准，这些目标包括水和海洋资源的可持续利用和保护、向循环经济转型、污染防治、保护和恢复生物多样性和生态系统；三是修订《欧盟分类法披露授权法案》，阐明对新增经济活动的披露义务。

4.《欧盟分类法》的功能

一则，为投资者提供识别工具。该分类法通过定义筛选标准来确定环境可持续活动的清单，既是一个经济活动的分类工具，为公司、资本市场和决策者提供有清晰度的依据以判断哪些经济活动是可持续的，同时它也是一种筛选工具，引导资金流向真正对可持续发展有贡献的经济活动中。分类方案对绿色金融项目的评估提供了清晰明确的披露流程，欧盟全体投资者与发行商均有披露义务，这将对投资者和机构起到指导性作用，为融资机构与被投资项目提供标准化的信息参考途径与流程，改变以往两者之间的双向不透明状态，

---

[1] 欧盟委员会网站，https://finance.ec.europa.eu/publications/sustainable-finance-package-2023_en（2023年7月14日）。

提高投资者识别绿色产业项目的可靠性,提升投资者的信心,有效降低绿色资金的交易和管理成本。

二则,为负责任投资原则提供了一种实用工具。联合国负责任投资原则组织(UNPRI)是全球负责任投资的主要倡导者,致力于创建一个全球可持续的金融体系,帮助投资者做出符合《巴黎协定》所要求的 2030 年和 2050 年目标的长期投资决策,其六大原则与分类法有直接的联系。同时,PRI 也在《欧盟分类法》的发展中发挥了重要作用,帮助制定了分类标准法规和技术筛选标准 TSC 的路线。PRI 还牵头组建了来自欧盟和非欧盟的 PRI 签署方形成的实践小组,进行分类工具使用的案例分享,包括贝莱德(BlackRock)、东方汇理(Amundi)等大型资产管理机构对它们选定的投资产品与《欧盟分类法》的一致性进行了测试。

三则,为企业提供了战略方向和管理措施的基础工具,以此吸引那些寻找符合分类法要求投资项目的投资者的青睐。在战略方面,企业可以根据分类法定义和筛选标准 TSC 进行战略布局,制定企业转型计划,将资金投入可持续和环境友好的项目,从适应气候和减缓气候变化的角度出发,开发可靠的绿色产品和服务,从而吸引更多投资者的青睐;从具体管理上,分类法为企业设置目标绩效提供了基准和参考,企业可以使用分类法 TSC 规定的阈值和绩效去审视和调整企业已有的目标和管理绩效,从而将企业可持续发展战略目标和转型计划融入日常管理中,以更好地满足目标绩效的要求。

(二)《欧盟绿色债券标准》(European Green Bond Standard)

为了应对一直受诟病的"漂绿"(greenwashing)现象,欧盟委员会于 2021 年 7 月 6 日表示,将出台新的《欧洲绿色债券标准》(European Green Bond Standard,简称 EUGBS),以维护绿债市场。新标准将与现有的绿色债券市场标准兼容,但其总体目标更是创建一个"黄金标准",使得其他市场标准能够与之趋同。[①]欧盟委员会表示:"绿色债券有助于为减缓气候变化的投资提供资金,如住房和低碳交通基础设施建设,尽管这一市场近期稳步增长,至今仍缺乏对绿色项目的明确定义,由此给发行者和投资者带来了不确定性,并增加了投资成本。而对于向发行人和投资者保证其投资的绿色程度的外部审查员,

---

① 欧盟委员会网站,https://finance.ec.europa.eu/sustainable-finance/tools-and-standards/european-green-bond-standard_en(2023 年 7 月 14 日)。

也缺乏足够的标准化、透明度和监督。"

《欧洲绿色债券标准》将适用于所有的绿色债券发行人，包括公司、公共机构以及位于欧盟以外的发行人。一方面，发行人将拥有一个强大的工具来证明他们正在资助符合《欧盟分类法》的绿色项目。同时，购买债券的投资者将能够更轻松地评估、比较并相信他们的投资是可持续的，从而降低漂绿带来的风险。此外，《欧洲绿色债券标准》的拟议框架有四项关键内容：第一，与《欧盟分类法》对齐。债券筹集的资金应全部分配给符合《欧盟分类法》的项目；第二，透明度。通过详细的报告要求，完全透明地了解债券收益的分配方式；第三，外部审查。所有欧洲绿色债券必须由外部审查员审查，以确保符合资助项目的法规和分类标准；第四，欧洲证券市场管理局(ESMA)对审查员进行监督。为欧洲绿色债券发行人提供服务的外部审查员必须在 ESMA 注册并受其监督。这将确保他们的服务质量和审查的可靠性，以保护投资者并确保市场诚信。

三、欧盟的银行项目

（一）欧洲投资银行

欧洲投资银行(European Investment Bank，EIB)是欧洲经济共同体成员国根据《建立欧洲经济共同体条约》(即《罗马条约》)建立的合资经营的金融机构，是全球规模最大的多边开发银行之一，也是全球最早开展绿色债券业务的金融机构。作为欧盟的主要融资机构，欧洲投资银行以促进欧盟各项政策目标的实现为使命；作为重要的多边开发银行，该行已累计向 162 个国家的 12 284 个各类项目加以援助和支持，投资总额达 11 820 亿欧元。

自 2007 年发行首只气候意识债券(Climate Awareness Bonds，CAB)开始，截至 2020 年底，欧洲投资银行仍然是全球领先的绿色债券发行人，以 17 种货币筹集了超过 337 亿欧元的绿色债券。[①]气候意识债券的创新收益机制实现了绿色债券投资价值和环境友好型企业价值的捆绑，即该债券的投资者可通过对气候友好型项目提供资金支持，享受环境友好型企业潜在价值增长带

---

① European Parliament，European green bonds(January. 2022)，https://www.europarl.europa.eu/RegData/etudes/BRIE/2022/698870/EPRS_BRI(2022)698870_EN.pdf#:~:text=In%202007%2C%20the%20EIB%20issued%20the%20world%E2%80%99s%20first，taxonomy%20and%20EU%20GBS%2C%20championing%20EU%20standards%20globally.

来的红利，同时可以保障最低 5% 的固定收益，具有较高的风险回报。在债券募集资金支持气候项目的过程中，也可能间接提高环境友好型企业的市场表现，从而增加投资者回报率，继而刺激更多的投资者参与气候意识债券投资，形成循环正向激励。

（二）欧洲复兴开发银行

欧洲复兴开发银行（EBRD）成立于 1991 年，长期致力于绿色投资。从 2006 年到 2021 年，欧洲复兴开发银行的绿色融资总额超过 400 亿欧元。欧洲复兴开发银行的绿色金融业务主要围绕两个战略文件展开。一是"环境和社会政策"（ESP），这项政策符合赤道原则、IFC 和欧盟这三者的环境标准，详述了欧洲复兴开发银行如何在所有活动中实现环境友好和可持续发展，该政策将于 2024 年进行审查。二是"绿色经济转型计划（2021—2025）"（The Green Economy Transition 2021-25），欧洲复兴开发银行将在 2025 年之前将绿色融资增加到其年度业务量的 50% 以上，旨在五年内实现至少 2 500 万吨的年度温室气体净减排。①

为进一步实施其环境政策框架，EBRD 还发行了"环境可持续性债券"，其资金用途为提升能源效率、可再生能源、水管理、废物管理、空气污染预防等。EBRD 的绿色投资组合中已经包含 300 多个项目。截至 2018 年 12 月，该行发行了 73 只债券，总价值为 28 亿欧元，分别以 8 种货币（澳元、巴西雷亚尔、印度尼西亚卢比、印度卢比、新西兰元、俄罗斯卢布，土耳其里拉和美元）计价。截至 2018 年 10 月，未偿还的绿色债券总额为 17.5 亿欧元，占投资组合总量的 44%。

第五节　法律责任

联合国于 1992 年召开环境与发展大会以来，环境安全问题受到国际社会的普遍关注，并将其与恐怖主义、网络安全、毒品犯罪等视为对人类造成巨大负面影响的非传统安全问题。早先成立的欧共体并没有将环境政策列入共同体政策的管辖范围，到 20 世纪 60 年代末，环保政策还一直被认为是成员国国内政策而应由各成员国自主制定并实施。20 世纪 70 年代以来，随着经济的迅

---

① 欧洲银行网站，https://www.ebrd.com/what-we-do/get.html（2023 年 7 月 14 日）。

速发展和环境的不断恶化,环境问题逐渐显露,保护和治理环境逐渐成为成员国政府并最终成为欧共体的一项重要政策内容。作为全球最大、一体化程度最高的区域组织,欧盟在打击全球环境犯罪、环境合规中发挥了其领导力、协调力和动员力。

一、欧盟环境合规保证

近年来,欧盟陆续制定了一系列环境政策文件,包括《工业排放指令》《废物框架指令》《环境空气质量指令》《环境影响评估指令》等(表3-7)。欧盟成员国在法律上有义务适当和全面实施欧盟制定的环境政策和法律。贯彻落实欧盟环境法律每年可为欧盟经济节省约550亿欧元的健康成本和环境直接成本。

表 3-7 欧盟主要环境指令

环境指令	时间
《企业可持续发展报告指令》(Directive 2022/2464/EU)	2022年12月14日
《非财务报告指令》(Directive 2014/95/EU)	2014年10月22日
《环境影响评估指令》(Directive 2011/92/EU)	2011年12月13日
《工业排放指令》(Directive 2010/75/EU)	2010年11月24日
《鸟类指令》(Directive 2009/147/EC)	2009年11月30日
《清洁车辆指令》(Directive 2009/33/EC)	2009年4月23日
《废物框架指令》(Directive 2008/98/EC)	2008年11月19日
《海洋战略框架指令》(Directive 2008/56/EC)	2008年6月17日
《环境空气质量指令》(Directive 2008/50/EC)	2008年5月21日
《环境责任指令》(Directive 2004/35/CE)	2004年4月21日
《建立温室气体排放配额交易计划指令》(Directive 2003/87/EC)	2003年10月13日
《环境噪声指令》(Directive 2002/49/EC)	2002年6月25日
《水框架指令》(Directive 2000/60/EC)	2000年10月23日
《栖息地指令》(Directive 92/43/EEC)	1992年5月21日

2018年欧盟委员会通过了一项行动计划,以加强对欧盟环境规则的遵守和改善治理,并成立了一个委员会专家组,即"环境合规与治理论坛",旨在帮

助指导工作并促进在环境合规保证领域负有责任的专业人士之间的意见交流。该论坛由成员国代表、欧洲合规保证从业者、环境机构(NEPA)、检查机构(IMPEL)、警察(EnviCrimeNet)、检察官(ENPE)和法官(EUFJE)等构成。① 欧盟委员会与成员国和环境执法专业人员携手合作,营造一种遵守欧盟环境规则的智能协作文化。

同时,当欧盟法律没有得到妥善实施时,欧盟委员会可以通过《环境实施审查》(EIR)采取法律行动。EIR 是一种定期报告工具,旨在改进欧盟环境法律法规和政策的执行情况。在此过程中,EIR 有利于探寻成员国主要的实施差距及其根本原因,通过优先行动、技术援助以及与成员国沟通等形式提供解决办法。欧盟成员国的 EIR 国别报告,包含了成员国在执行欧盟环境政策时遇到的挑战和达成的成就。具体而言,EIR 涉及的环境主题领域包括:循环经济与废物管理、生物多样性与自然资本、零污染(即空气质量、工业排放、重大工业事故预防、噪音、水质和水管理)、化学品、气候行动。EIR 以其包容性、参与性和灵活性,极大地补充支持了现有的环境实施工作。②

二、欧盟环境责任

面对前所未有的环境压力,2004 年 4 月 21 日,欧洲议会与欧盟理事会出台了《环境责任指令(ELD)》(Directive 2004/35/EC),并于 2006 年、2009 年和 2013 年先后三次对其进行修订。③ 该指令是欧盟在关于环境损害与预防与救济领域最重要的法律文件,它基于"污染者付费原则"以及"预防原则"建立起欧盟应对环境损害的预防和补救的责任认定框架。《环境责任指令》的总体目标是防止和充分修复受损的自然资源及其服务,使其恢复到未发生损害时的状态。

2006 年修订的《环境责任指令》(Directive 2006/21/EC)针对矿物采选工业固体废物处置环境责任进行了补充规定。2009 年修订的《环境责任指令》

---

① 欧盟委员会网站,https://environment.ec.europa.eu/law-and-governance/compliance-assurance/commission-support_en(2023 年 6 月 10 日)。
② 欧盟委员会网站,https://environment.ec.europa.eu/law-and-governance/environmental-implementation-review_en(2023 年 7 月 14 日)。
③ 欧盟 EUR LEX 网站,https://eur-lex.europa.eu/legal-content/EN/TXT/?uri=CELEX:32004L-0035(2023 年 7 月 14 日)。

(Directive 2009/31/EC)增加了对存储场地运营工业活动的严格环境责任补充规定。《环境责任指令》推荐在评估环境损害和选择适用恢复措施时采用资源等值法(REM),于2006年至2008年开展了在欧盟ELD指令框架下资源等值分析技术在环境损害评估中的应用(REMEDE)研究计划,并于2008年推出了等值分析工具包(Toolkit),包括初始评估、确定和损害量化、确定和量化增益、确定补充和补偿性恢复措施的规模、监测和报告五步。

《环境责任指令》中"环境损害"的定义。"环境损害"一词至关重要,当环境损害发生或存在潜在危险时,运营商和主管当局将产生预防或补救的义务。此外,在跨界损害影响不止一个成员国的情况下,成员国之间也负有合作义务。2021年3月,欧盟委员会通过了《环境损害指导方针》(2021/C 118/01),[①]将"环境损害"的范围严格限定在《野生鸟类保护指令》(Directive 79/409/EEC)和《栖息地指令》(Directive 92/43/EEC)涉及的受保护物种及其《海洋战略框架指令》(Directive 2008/56/EC)、《水框架指令》(Directive 2000/60/EC)中涉及的水生态环境以及对人体健康存在潜在风险的污染土地四大类。

《环境责任指令》中的预防措施。当环境损害尚未出现,但已出现环境损害的紧迫威胁时,经营者应立即采取必要的预防措施。若尽管经营者已采取预防措施,但造成环境损害的紧迫威胁仍未被消除时,成员国应规定经营者尽快向主管部门告知所有相关情况。主管部门在任何时候均可以:第一,要求经营者提供任何对环境构成破坏的紧迫威胁的信息,或此类威胁可疑情况的信息;第二,要求经营者采取必要的预防措施;第三,向经营者请求指导其采取必要的预防措施;第四,自行采取必要的预防措施。

《环境责任指令》中的补救措施。当出现环境损害时,经营者应立即向主管部门告知所有相关情况并采取一切可行的措施立即控制、限制,消除或管理相关污染物及其他破坏因素,以限制或防止进一步出现环境损害及对人类健康的不利影响。主管部门在任何时间均可要求经营者提供关于任何已发生破坏的补充信息。

《环境责任指令》中的修复。指令附件二"环境损害的修复"(remedying of environmental damage)分别规定了基本修复(primary remediation)、补充性

---

① 欧盟 EUR LEX 网站,https://eur-lex.europa.eu/legal-content/EN/TXT/?uri=CELEX%3A-52021XC0407%2801%29&qid=1617956961808(2023年7月14日)。

修复（complementary remediation）和补偿性修复（compensatory remediation）。①基本修复是指将受损的自然资源和（或）受损的服务功能恢复到或回归向基线水平的任何修复措施；补充性修复是指在采取基本修复措施实际上没有产生完全恢复受损的自然资源和（或）服务功能的结果的情况下，为了弥补有关自然资源和（或）服务功能而采取的任何修复措施；补偿性修复是指为了赔偿从损害发生之时到基本修复已经完全达到效果时的期间自然资源和（或）服务功能损失而采取的任何措施。此外，经营者还要负责赔偿评估损害赔偿的费用，以及行政、法律和执行费用，收集资料的费用，监控和监督的费用。《环境责任指令》由欧盟指定的公共机构实施。同时，该指令要求欧盟委员会在2023年4月30日之前以及此后每五年进行一次评估，以评估指令是否符合立法目的并弥补潜在的漏洞。

三、欧盟环境犯罪

环境犯罪日益受到关注，据国际刑警组织和联合国环境规划署称，环境犯罪是继贩毒、贩卖人口和假冒产品之后的世界第四大犯罪活动。废弃物和野生动物的非法贩运、污染犯罪以及有害物质的非法交易，对环境和人类健康造成破坏性影响。欧盟环境犯罪年增长率约5%—7%，每年约造成80亿—2 300亿欧元的损失。《环境犯罪指令》(Directive 2008/99/EC)是欧盟应对环境犯罪的主要法律，该指令于2008年10月24日通过，要求成员国必须在2010年12月之前将该指令转化为国家法律。②

《环境犯罪指令》将72项严重违反环境立法的行为定为刑事犯罪，指令仅规定了环境保护刑法的最低标准，成员国可以采用或引入更严格的保护措施。该指令内容不包括对处罚类型和级别的具体要求，也未规定刑法程序措施。具体而言，指令要求如下：第一，要求成员国对违反指令两个附件中所列相关部门立法的禁令的行为实施刑事制裁；第二，要求成员国确保对煽动、协助和教唆的环境犯罪行为也承担刑事责任；第三，要求自然人和法人都承担法律责任。法人的责任可以是刑事性质的，也可以是非刑事性质的；第四，要求对环

---

① 欧盟EUR LEX网站，https://eur-lex.europa.eu/legal-content/EN/TXT/?uri=CELEX:32004-L0035(2023年7月14日)。
② 欧盟EUR LEX网站，https://eur-lex.europa.eu/legal-content/EN/TXT/?uri=CELEX:32008-L0099(2023年7月14日)。

境犯罪进行有效、适当和劝阻性的刑事处罚来达到刑事制裁目的。

司法与消费者(DG Justice and Consumers)总司在 2019 年和 2020 年对《环境犯罪指令》进行了评估,并于 2020 年 10 月公布了结果。[1]评估发现该指令在实践中的影响微乎其微。环境犯罪案件侦办成功的数量一直处于很低的水平,刑事制裁水平往往过低,不足以起到劝阻作用,而且成员国跨境合作机制衔接不当。各个成员国和各级司法机关(警察、检察院和法院)也存在相当大的执法差距。此外,行政执法、刑事执法和制裁之间缺乏协调机制,制止环境犯罪的效果欠佳。[2]

根据评估结果,欧盟委员会决定修改《环境犯罪指令》,新修订的指令于 2021 年 12 月 15 日通过,涉及六个目标,具体包括:第一,明确环境犯罪中使用的专业术语的含义;第二,增加新的环境犯罪部门;第三,增加新环境犯罪的类型和级别;第四,建立跨境调查和起诉制度;第五,根据所有成员国的共同标准改进统计数据的收集和传播,从而推动环境犯罪的知情决策;第六,提高国家执法的有效性。

2022 年 12 月 9 日,欧盟理事会与欧洲议会就新修订的《环境犯罪指令》进行谈判,扩大和澄清了因危害环境而被禁止的行为范围,定义了 20 项罪行,[3]包括非法木材贸易、非法拆船、从地下水或地表水非法取水、严重违反欧盟化学品法规、与处理氟化温室气体有关的严重违规行为、违反与欧盟有关的外来入侵物种立法、严重规避开发许可和环境影响评价要求造成重大损害的、船舶污染物质的源头排放等。

对于犯下上述任一行为的自然人,新修订的《环境犯罪指令》规定了以下处罚:第一,对于导致任何人死亡的故意犯罪,最高刑期至少为十年;第二,对于至少因严重疏忽而导致任何人死亡的罪行,最高刑期至少为五年;第三,对于立法中包含的其他故意犯罪,最高刑期至少五年或至少三年。针对法人,新

---

[1] 司法与消费者总司是欧盟委员会的部门之一。该机构的作用是确保整个欧盟是一个自由、安全和正义的地区。总司的具体任务和职责由《罗马条约》和 1999 年 5 月 1 日生效的《阿姆斯特丹条约》规定。

[2] 欧盟委员会网站, https://commission.europa.eu/strategy-and-policy/policies/justice-and-fundamental-rights/criminal-justice/environmental-crime_en#:~:text=DG%20Justice%20and%20Consumers%20has%20evaluated%20the%20Directive,sentenced%20has%20remained%20at%20a%20very%20low%20level(2023 年 7 月 14 日)。

[3] 欧盟 EUR LEX 网站, https://eur-lex.europa.eu/legal-content/en/TXT/?uri=CELEX:32022R2554(2023 年 7 月 14 日)。

修订的《环境犯罪指令》规定了以下处罚：第一，对于最严重的违法行为，最高罚款至少为法人全球总营业额的5%，或者4 000万欧元；第二，对于所有其他违法行为，最高罚款至少为法人全球总营业额的3%，或者2 400万欧元。除此之外，新修订的指令还规定了其他措施，包括强制违法者恢复环境或赔偿损害，禁止他们获得公共资金或撤销他们的许可或授权。

新修订的《环境犯罪指令》是《欧洲绿色协议》一揽子倡议的一部分，旨在改进欧盟如何定义与污染、废弃物和威胁生物多样性及其他自然资源有关的刑事犯罪。通过改进成员国处理最严重环境违法行为的方式，助力《欧洲绿色协议》应对气候危机和环境退化污染的总体目标，并进一步完善环境法治。

参考文献

[1] European Commission, The European Economic and Social Committee and the Committee of the Regions(December.11, 2019), https://eur-lex.europa.eu/resource.html?uri=cellar:b828d165-1c22-11ea-8c1f-01aa75ed71a1.0002.02/DOC_1&format=PDF.

[2] Official Journal of the European Union, European Climate Law(July.9, 2021), https://eur-lex.europa.eu/legal-content/EN/TXT/?uri=CELEX%3A32021R1119&qid=1683982188489.

[3] European Commission, The European Green Deal(December.11, 2019), https://eur-lex.europa.eu/resource.html?uri=cellar:b828d165-1c22-11ea-8c1f-01aa75ed71a1.0002.02/DOC_1&format=PDF.

[4] Sabin Center for Climate Change Law, "ClientEarth v. European Investment Bank"(January.8, 2019), http://climatecasechart.com/non-us-case/clientearth-v-european-investment-bank/.

[5] Sabin Center for Climate Change Law, "Czech Republic v. Poland"(Mine de Turów)(September.30, 2020), http://climatecasechart.com/non-us-case/czech-republic-v-poland-mine-de-turow/.

[6] WTO, European Union — Certain measures concerning palm oil and oil palm crop-basedbiofuels(November.12, 2020), https://www.wto.org/english/tratop_e/dispu_e/cases_e/ds593_e.htm.

[7] The European Parliament and the Council, on sustainability-related disclosures in the financial services sector(November.27, 2019), https://eur-lex.europa.eu/legal-content/EN/TXT/?uri=celex:32019R2088.

[8] European Commission, A renewed EU strategy 2011-14 for Corporate Social Responsibility(October.25, 2011), https://eur-lex.europa.eu/LexUriServ/LexUriServ.do?uri=COM:2011:0681:FIN:EN:PDF.

[9] Brightest, "The EU Sustainability Reporting Standards"(January.11, 2023),

https://www.brightest.io/eu-esrs-sustainability-reporting-standards.

[10] Council of the EU, EU climate action: provisional agreement reached on Carbon Border Adjustment Mechanism(CBAM)(December.13, 2022), https://www.consilium.europa.eu/en/press/press-releases/2022/12/13/eu-climate-action-provisional-agreement-reached-on-carbon-border-adjustment-mechanism-cbam/.

[11] European Commission, EU ETS Accreditation and Verification-Quick guide for National Accreditation Bodies (March.21, 2022), https://climate.ec.europa.eu/system/files/2022-05/quick_guide_nabs_en.pdf.

[12] ICE, "Impact Bond Analysis Certification grows amid regulatory scrutiny 2022", https://www.ice.com/insights/impact-bond-report-2022(January, 2023).

[13] Statista, "European Union Emission Trading System(EU-ETS) carbon pricing from January 2022 to April 2023"(April.17, 2023), https://www.statista.com/statistics/1322214/carbon-prices-european-union-emission-trading-scheme/.

执笔：张梁雪子、彭峰（上海社会科学院法学研究所）

第四章 日本碳中和合规研究

2020年10月,日本政府提出2050年实现"碳中和"发展目标,并设置阶段性计划目标,即在2030年将温室气体排放量较2013年减少46%。日本政府之所以能如此有计划、有步骤地制定碳中和目标,跟他们一直以来重视气候变暖问题密切相关。

第一节 政策演变与司法判例

日本是世界经济强国,也是能源进口大国。因此,日本政府在发展经济的同时,还追求世界最高水平的能源消费效率。1979年,日本制定《关于能源使用合理化及其向非化石能源转换法律》(以下简称《节能法》),力求合理有效地利用能源。自20世纪90年代开始,日本政府开始制定一系列行动计划和法律等,积极展开全球气候变暖防止行动。

一、政策演变

以《京都议定书》为界,日本的全球气候变暖对策,大致可以分为如下几个阶段:启动期(1998年以前)、全面确立时期(1998—2006年)、调整推进时期(2007—2017年)、碳中和目标确定时期(2018—2020年)、碳中和目标实现时期(2020年至今)。

(一)启动期(1998年前)

全球变暖,是给人类生存基础带来深刻影响的重大问题。鉴于此,1990年,日本政府公布《全球变暖防止行动计划》(以下简称"行动计划"),旨在让子孙后代能够拥有作为其生存与发展基础的良好地球环境。这是日本政府最早的全球气候变暖对策。自此,日本拉开防止全球变暖活动的序幕。

"行动计划"规定,在推进全球变暖对策之际,应当考虑以下的基本事项:第一,形成环保型社会;第二,经济稳定发展与环境政策共存;第三,进行国际合作。行动计划还提出控制温室效应气体排放目标,设定1991年至2010年为"行动计划"期间,以2000年为中间目标年度。为实现计划目标,应采取如下对策:一是控制二氧化碳排放对策;二是控制甲烷等其他温室气体排放对策;三是推进二氧化碳的吸收源(森林等)对策;四是推进科学调查研究、观测监视;五是加强技术开发及其普及。在推进"行动计划"方面,日本政府要求,各部门、各地方政府采取必要的措施,以使上述对策所规定事项具体化。

(二) 全面确立调整时期(1998—2006年)

1. 修改《节能法》

1997年12月,联合国通过《京都议定书》,发达国家就削减六种温室气体数值目标和目标达成期间达成一致。同月,为切实实施《京东议定书》,综合推进具体且有效的全球气候变暖对策,日本通过内阁会议决定在内阁设置"全球气候变暖对策推进本部"(以下简称为"旧本部")。并且,日本通商产业省[①]与环境厅分别制定、归纳和总结政府整体的策略、协调方针。1998年6月,作为应对《京都议定书》加强节能对策的措施之一,《节能法》修正案(以下简称"1998《节能法》")成立。1998《节能法》的具体对策有两点:一是扩大能源管理工厂范围,采取措施,合理利用能源;二是引进能效领跑者制度(Top Runner),强化汽车、家电等机械燃油效率标准目标值。创设相当于一类指定能源管理工厂(热力3 000 kl或电力1 200万千瓦以上)与二类指定能源管理工厂(热力1 500 kl或电力600万千瓦以上)的区分。一类工厂,有义务提交中长期计划。二类工厂,要设置能源管理师一职(不需要国家资格)并记录能源使用情况。

与此同时,"旧本部"制定《全球气候变暖对策推进大纲》,归纳总结各个政府部门的全球气候变暖对策,并规定要跟进大纲的每年进展情况。

2. 制定并施行《全球气候变暖对策促进法》

1998年10月,以联合国气候变化框架公约第三次会议(COP3)的进展为基础,日本制定《全球气候变暖对策促进法》(以下简称《促进法》)。《促进法》规定日本关于全球变暖对策的基本方针,是世界上首部应对全球气候变暖的

---

① 现在称"经济产业省"。

法律。该法也是日本作为 COP3 议长国,向全世界充分展示自身积极应对全球变暖问题的姿态。①《促进法》规定地球温暖化对策的目标方向,首要是将处于上升趋势的温室气体排放总量尽早转变为下降趋势,以实现减排目标。即在 2008 年至 2012 年的第一个承诺期内将温室气体排放总量控制在比 1990 年的水平低 6%,进而长期持续减少温室气体排放。为此,需要切实推进国内政策,强调奖励类措施,确保所有实体店参与和增强透明度,促进国际合作,并确保措施的有效性。国家、地方政府、企业及国民,都需要采取控制温室气体排放的措施。

3. 全面批准《京都议定书》,修订《促进法》

2001 年 11 月,继联合国气候变化框架公约第七次会议(COP7)《京都议定书》运用规则(马拉喀什协定)达成一致后,"旧本部"公布开始全面准备批准《京都议定书》的决定。2002 年 2 月,"旧本部"决定修订 1998 年制定的《全球气候变暖对策推进大纲》,制定新的大纲,并采取一切可能的措施以保证《京都议定书》国内担保法的成立。同年 5 月,日本国会签署、批准《京都议定书》,作为其国内担保法,提出《全球气候变暖对策促进法》修正案(以下简称"2002《促进法》")。2002《促进法》中最重要的内容是规定《京都议定书》目标实现计划。日本政府将制定实现《京都议定书》目标的相关计划,并于 2004 年和 2007 年对目标实现计划所制定的目标及措施进行研究,根据需要加以变更。目标实现计划的要点包括:第一,以政府最新制定的《全球气候变暖对策推进大纲》为基础,揭示能具体证实实现《京都议定书》承诺的 6% 削减目标计划的全部对策。除温室气体以外,也提出目标与对策及其实施计划,还包括推进工业各种对策。第二,在规定运用京都机制、维护森林资源等吸收源对策的同时,也规定对技术创新的支持。同时也明确 ODA 等将利用于发展中国家森林资源恢复和减排。第三,在各个阶段对计划进行评估和审查,并在计划中明确定量评估和审查方法等概要。第四,该计划由政府、地方政府、企业经营者和公众全力实施。最后,2002《促进法》规定,在内阁设置以内阁总理为本部长的全球气候变暖对策推进本部(以下简称"新本部"),负责实现《京都议定书》目标计划。

为应对 2005 年 2 月生效的《京都议定书》,日本政府再次修改《节能法》(以下简称"2005《节能法》")。2005《节能法》在能源消耗显著增加的运输领域

---

① 真锅贤二:《在〈全球气候变暖对策推进法〉的制定之际》,1998 年 10 月 6 日真锅贤二国务大臣、环境厅长官讲话,https://www.env.go.jp/earth/ondanka/ondanhou.html(2023 年 1 月 30 日)。

引进全球变暖对策的同时,还强化工厂、营业所以及住宅、建筑领域的相关对策。2006年,日本政府修订《全球气候变暖对策促进法》(以下简称"2006《促进法》")。2006《促进法》对温室气体排放超过一定数量的企业引进"温室气体计算、报告、公布制度"。

(三) 调整推进时期(2007—2016年)

1. 发表新提案"凉爽地球50年"

2007年,日本政府发表"凉爽地球50年"新提案。新提案明确到2050年温室气体排放量减半的长期目标,作为全世界的共同目标。同时还对2013年后下个阶段的框架倡导如下三原则:一是所有的主要排出国都参加;二是对应各国情况采取灵活多样的框架;三是环境保护与经济发展相协调。2007年11月,《促进国家及独立法人等针对温室气体等减排合同法律》(以下简称《环境对应合同法》)开始施行。

2. 修订《京都议定书》目标实现计划,加强能源供给结构

2008年4月,《京都议定书》第一承诺期开始。《京都议定书》目标实现计划加入以下修订内容:进一步推进产业界自主行动计划,进一步提高住宅和建筑物的节能性能,加强领跑设备等措施,扩大工厂和商业场所等场所的节能措施,进一步改善汽车燃油效率,根据2006《促进法》制定、公布对经营者的减排指南,追加、强化地方政府实行计划扩大对策、措施。同时,修改《节能法》,从对工厂、营业场所规制改为对经营者规制。2008年7月,在北海道召开的G8会议上,参加国达成以下共识。即联合国气候变化框架公约所有缔约国,都共有在2050年全球温室气体排放量至少减半的愿景,确认通过谈判寻求各国批准,发达国家要制定、实施远大的总量目标。

2009年11月,日本施行《加强能源供给结构法》。该法引进一种新制度:使用太阳能发电系统产生的电力,未在内部消耗的剩余电力由电力公司以约两倍的价格购买。2010年3月,内阁会议通过《全球气候变暖对策基本法案》,依据《能源基本法》改订"基本能源计划",明确到2030年的目标是将包括核电在内的零排放能源比例从34%提高到70%左右。

3. 东日本大震灾后"以不依赖核电的社会为目标"的政策转变

2011年3月11日东日本大震灾后,东京电力公司福岛第一核电站发生事故。当年5月,日本政府要求制定附有夏季、冬季数值目标的电力供给对策,5月16日电力供需紧急指挥部成立。7月,电力供需紧急对策指挥部整理"创新

能源、环境战略制定中期总结",针对今后的能源政策,"应该以不依赖核电的社会为目标,因此将撤回2010年'基本能源计划'"。8月,《电力企业采购再生能源电力特别措施法》成立,引进固定价格采购制度。2012年7月内阁通过"创新能源与环境战略",11月,《全球气候变暖对策基本法案》被废止。2013年5月,修订《全球气候变暖对策促进法》(以下简称"2013《促进法》"),其中规定追加温室气体(三氟化氮)种类,制定全球变暖对策计划等内容。2014年,通过第四次能源基本计划的内阁决定。鉴于严重依赖于外国资源的能源供给结构的脆弱性,推进外国能源政策时,必须鸟瞰从生产和采购到分销和消费的整个能源供应链,明确基本观点并开展中长期工作。能源政策的本质是在安全的前提下,优先稳定能源供应(能源安全),提高经济效益。换言之,就是要尽最大努力实现低成本的能源供应,同时实现环境相容性。2015年7月,根据第四次基本能源计划等战略,结合"综合能源调查会长期能源供需展望小组委员会"的总结,确定"长期能源供需展望"。同时,"新本部"确定日本的中期减排目标是到2030年温室气体削减26%。自2016年4月1日起,日本全面开放电力零售行业准入,允许包括家庭和商店的所有消费者,可以自由选择电力公司和价格菜单。5月,日本发布《全球变暖对策计划》。这是日本唯一的应对全球变暖的综合计划,根据《促进法》而制定,旨在全面系统推进全球变暖对策。其内容除包括到2030年减少26%的温室气体外,还包括到2050年减少80%的温室气体。

(四)碳中和目标确定期(2018—2020年)

2018年4月,内阁决定第五次环境基本规划。"环境基本规划"以《环境基本法》为基础,规定政府环境保护的综合性、长期性措施纲要。在运用SDGs理念(可持续发展理念)的同时,设定六项跨领域的"重点战略",通过环境政策从社会经济制度、生活方式、技术等各个角度进行创新,实现创新与经济社会问题的同时解决,并继续"新增长",从而为将来带来高质量的生活。此外,还新提出"区域循环共生圈"理念,最大限度地发挥各地区的活力。各地区在形成自立分散型社会的同时,根据地区特性进行资源补给,推动相互支援的态势。6月,为提高气候变暖适应措施的实效性,日本公布《气候变暖适应法》。7月,内阁会议决定第五次能源基本计划,其中包括到2030年能源结构目标的切实实现和到2050年能源转型、碳中和挑战。11月,内阁依据《气候变暖适应法》第7条规定,为全面系统推进气候变暖适应相关措施,制定"适应气候变暖计划"。2019年6月,内阁会议决定根据"《巴黎协定》制定长期战略作为增长战略",在本世纪下半叶尽早实现零碳社会,到2050年努力使碳排放减少80%。

2020年,日本全球气候变暖对策进入《巴黎协定》实施阶段。3月,"新本部"通过"日本的NDC(国家自主贡献)"。其中表明,在2015年提出的约定草案(INDC)所显示的当前全球气候变暖措施水平的基础上,开始讨论寻求进一步的削减对策。10月,时任首相菅义伟在施政演说"实现脱碳社会"中宣言,日本的目标是到2050年实现碳中和社会。

(五)碳中和目标实现时期(2020年至今)

1. 修订《全球气候变暖对策促进法》,"碳中和"目标入法

2021年5月,修订《全球气候变暖对策促进法》(以下简称"2021《促进法》"),首次在法律中明确表述到2050年日本实现"碳中和"的宣言,政府目标获得法律支持。①2021《促进法》的三个要点分别为"建立新的基本理念"、"促进地区脱碳化"和"促进企业脱碳化"。这是一次很有意义的修改,以法律形式设定明确的目标,并保证作为全球变暖对策的零碳社会的实现和减少温室气体排放等政策的确定性。②首先,体现《巴黎协定》和"碳中和宣言"的新理念;其次,创建业务促进计划和认证体系,促进地方脱碳化;最后,将企业温室气体排放量信息的电子数字化和开放数据库。

2. 2050年碳中和背景下的绿色成长战略

2020年10月,日本宣言"2050年实现碳中和"目标。但并非是一般的努力就能实现这个目标,必须最大限度加速能源、产业领域的转型,通过大胆的投资进行创新。因此,2021年6月,日本以经济产业省为中心,与相关部门合作制定《2050年碳中和背景下的绿色成长战略》。绿色成长战略,从产业政策和能源政策两方面出发,针对可能增长的14个重要领域制定实行计划,作为国家的最高目标,尽可能展现具体的前景。14个有望增长的领域分别如下:(1)能源相关产业,包括:①海上风力、太阳能、地热;②氢气、燃料氢工产业;③下一代热能产业;④核工业。(2)运输、制造相关产业,包括:①汽车、电池行业;②半导体、信息通信产业;③传播业;④物流、人才、土木基础设施行业;

---

① 「2021年改正温対法の3つのポイントを解説|地球温暖化対策の切り札」,https://enemanex.jp/kaisei-ontaihou/%EF%BC%8C(2023年2月28日)。

② 高村ゆかり「カーボンニュートラルに向かう社会と方政策の変容」,『環境法政策学会誌』第26号(2023年6月)。

⑤食品、农林水产行业；⑥航空；⑦碳回收及材料行业。（3）家庭、办公相关产业，包括：①住宅、建筑、下一代电力管理行业；②资源循环相关产业；③生活方式相关产业。

3.《GX促进法》与《GX脱碳电源法》成立

2023年5月,《促进经济向脱碳成长型经济构造顺利转型的法律》(以下简称《GX促进法》)与《为实现脱碳社会确立电力供给体制的电力事业法》(以下简称《GX脱碳电源法》)先后成立,为碳中和铺平了道路。两法一体,巩固2050年实现碳中和目标的能源政策总体框架,提高再生能源的竞争力。[1]这两项法案中,因为《GX脱碳电源法》将核电站的运行寿命可以延长至60年以上,所以很容易被认为是强调"转变核电政策",但它们还包括很多促进可再生能源的发展等值得关注的措施。

《GX促进法》最大的亮点在于,首次在日本引进正式的碳定价。假设实现碳中和需要在未来10年投资150兆日元,其中20兆日元将通过"碳税"(化石燃料税)来支付。该征税制度将从2028年度开始实施,根据化石燃料进口商等进口化石燃料产生的二氧化碳量征收税金。另一方面,依据《GX脱碳电源法》,修订《电力事业法》和《可再生能源特别措施法》,以最大限度地引进可再生能源,与地区和谐共处。其中的关键之一是引进整备电网的征税制度。从确保电力安定供给的角度看,新设特别重要的送电线路整备计划时需要由经济产业大臣进行批准的制度。根据新制度获得批准并有助于促进可再生能源使用的整备计划,从开工阶段开始将配给电网补贴(可再生能源税)。对于已经获得批准的整备计划相关的输电线路的维护,将有可能从电力广域运营促进组织获得贷款。此外,为了促进额外投资,最大限度地利用现有可再生能源,在与地区共存并顺利处置的前提下,将对与现有部分不同的额外投资部分适用新的购买价格,以鼓励对太阳能发电设施的早期投资(更新和扩建)。

二、司法判例

在全球开始认识到气候变暖危机并采取应对措施之后,各国不断作出涉及气候变暖措施的相关判决,日本也不例外。在此选取两个案例。较早的案例是依据《节能法》要求企业公开气候变暖信息的内容,另一个是神户市民要

---

[1] https://project.nikkeibp.co.jp/ms/atcl/19/news/00001/03409/?ST=msb(2023年7月20日)。

求法院制止神户制钢所建设和运营火力发电厂的案例。

(一) 依据《节能法》要求公开气候变暖信息被驳回的判例

2011年10月15日,关于大型能源消耗工厂(节能法第一种制定管理工厂)的年度燃料和电力消耗量(2003年度)信息公开要求,经济产业省做出不公开处分。对此类案件,东京地方法院等各地法院作出的命令信息公开的判决,被最高法院撤销。日本最高法院认为私营企业公开这些信息有损企业自身利益,会导致企业公开依据《促进法》不需要公开的信息,最终判断不公开是合理的。[①]

关于该判决争论的焦点,在于涉及企业能源消耗信息与企业的商业秘密之间的界限。最高法院在结论上,肯定广泛承认行政机关不公开处分的裁量的大阪高等法院判决,驳回原告提出的信息公开要求。[②]判决的主要内容如下:根据《节能法》(2005年修订前)第11条规定,制造企业向主管部门提交的定期报告中列出的显示各类燃料等及电力消耗量等各种数值的信息属于如下(1)与(2)所示,该信息为《信息公开法》[③]所规定的非公开信息。(1)具有经营者内部管理的信息属性,与制造企业经营活动中的技术或者业务事项密切相关的;(2)综合分析,可以更准确地估算出工厂的能源成本、制造成本、节能技术水平及其随时间的变化等,自有设备和技术的改进计划以及工厂产品的消费者或燃料供应商的价格谈判材料等有利于企业生产的有用信息。因此,日本最高法院驳回环境NGO要求制造企业公开气候变暖相关信息的诉求。

虽然日本最高法院驳回原告的诉求,但这次诉讼也促使信息公开的企业大幅增加。在提起诉讼前,公开信息的企业占总数5 000家公司的85%(4 280家),提起诉讼后因实施追加公开处分,到2011年11月进行信息公开的企业高达94%,只有6%的企业没有公开。[④]

(二) 制止神户火力发电厂建设及运营之诉

2018年,在人口稠密的神户南部地区,已有两座燃煤电厂投入运营,但神

[①] 渡辺昇一「省エネルギー法に関する温暖化情報の開示請求」,『環境管理』2013年8月号。
[②] 2011年10月14日,最高裁判所第二小法廷(集民　第238号57頁)。
[③] 该法全称为『行政機関の保有する情報の公開に関する法律』(1999年)(1999年《行政机关保有信息公开法》)。
[④] 渡辺昇一「省エネルギー法に関する温暖化情報の開示請求」,『環境管理』2013年8月号。

户制钢所计划再增设两座超大型燃煤电厂。如果这两座电厂建成,将排放大量有害大气污染物,有可能损害当地居民的健康,并且它将释放大量二氧化碳,与应对全球变暖的举措背道而驰。因此,以周边居民为中心开始进行两项诉讼。第一项诉讼是针对神户制钢所及其子公司提起的民事诉讼,请求法院禁止神户制钢所、其子公司神钢电力第二公司和关西电力公司合作建设和运营计划中的发电厂。原告提起诉讼的理由如下:涉案燃煤发电厂的建设和运营非法侵犯原告的人格权。首先,侵犯原告在清洁空气下可持续健康平稳生活的权利(健康平稳生活权)。新电厂将长期持续排放 NOx、PM2.5 等大气污染物,增加原告的生命健康风险;其次,侵害原告享受稳定气候的权利(气候稳定权)。神户制钢所子公司计划新设的发电厂,大量排放二氧化碳将超过 30 年。这样肯定会加剧气候变暖,将增加原告的生命、健康、生活基础风险;最后,加害行为长期持续,受害者范围极广。另一项诉讼是针对经济产业大臣提起的行政诉讼。原告的居民认为政府没有通过法定程序和标准制止该计划,在没有进行充分的环境影响评价的情况下批准项目,涉嫌违法。

在该案的行政诉讼中,原告一方主张,长期排放导致地球变暖的二氧化碳的行为属于"人权侵害"。但一审、二审判决都认为,"因全球变暖所导致的健康损害不限于周边居民",这种事情与公共利益有关,而不是原告的个人利益。因此不承认原告的市民团体具有全球变暖诉讼中的原告资格。对此,辩护方认为,根据该判决,在日本即使经营者在环境评估中没有充分考虑大量二氧化碳对环境的影响,任何公民都不能在行政法庭上提出异议。这种通过行政诉讼阻止公民对二氧化碳高排放情况提出异议的司法制度,在世界上也是独一无二的。然而,不能在行政诉讼对严重侵犯人权的行为例如大量排放二氧化碳加速全球气候变暖提出质疑的这种法院判断,可能在今后随着社会的变化而有所改变,但它违反"宪法"保障的"审判权"。①2023 年 3 月 9 日,日本最高法院第一小法庭做出判决,驳回原告的上告,维持大阪高等法院的二审判决。该案是日本追究"环境影响评价"责任诉讼的第一例。在二氧化碳排放削减的过程中,司法判断结果引人注目。②

关于该案年民事诉讼,2023 年 3 月 20 日,神户地方法院做出判决③,驳回原告的诉讼请求,称发电厂"的运营不存在损害原告健康的具体危险"。对于

---

① https://kobeclimatecase.jp/blog/2022/04/26/judgment_statement20220426/(2023 年 3 月 3 日)。
② Kobe-np.co.jp/news/sougou/202303/0016128380.shtml(2023 年 4 月 1 日)。
③ 神戸地方裁判所平成 30 年(ワ)第 1551 号石炭火力発電所建設等差止請求事件(2018)。

市民的担心"并非应成为法律保护对象的严重不安全感"这一判断,原告指出法院"没有理解这不仅仅是单纯'的不确定的不安',而是具体的危险(生命和健康极有可能遭受侵害)"。另一方面,该案辩护律师团队认为虽然判决驳回原告的诉求,但"法院明确承认二氧化碳大量排放会给气候变暖带来不良影响,存在侵害个人人格权的危险性……在居民可以维权方面向前迈出了一小步"。[1]原告对一审判决向大阪高等法院提起上诉。在一审的诉求中,原告要求法院制止神户制钢所停止燃煤发电厂的运营,并且要求发电厂能分阶段减排二氧化碳。在二审的上诉状中,原告变更诉讼请求,要求被告确定更加具体的二氧化碳减排放量,也就是要求在 2030 年 4 月 1 日以后,发电厂不能排放超过现有排放量的二分之一即每年 346 万吨二氧化碳。[2]这个具体减排量的期限,是根据联合国"气候变暖政府间专门委员会"(IPCC)于 2023 年 3 月提交的报告,将 2030 年作为温室气体排放量减半的重要参考年。此外,鉴于该报告提出到 2035 年全球二氧化碳气体排放量减少到 60% 的目标,接下来 10 年左右的减排状况将决定未来。这样可以将升温幅度控制在 1.5 度以内。

在日本加快实现碳中和目标的进程中,该案件判决的走向引发人们的持续关注。

第二节　信息披露合规

在世界范围内各种 ESG 信息披露的标准得以完善、广泛使用 ESG 评级的今天,日本国内的 ESG 投资也急速增长,许多日本公司都在积极地推动 ESG 信息披露。

一、法定披露

在人们越来越普遍地认识到企业向投资者披露 ESG 信息的重要性的同时,信息披露标准的制定及其实务已经飞速发展。2023 年 1 月,日本金融厅宣布修订《关于公司信息披露的内阁府令》[3],要求自 2023 年 3 月期的有价证券

---

[1] https://www3.nhk.or.jp/lnews/kobe/20230320/2020021368.html%E3%80%82(2023 年 4 月 30 日)。
[2] https://news.yahoo.co.jp/articles/cd061ebadf1c7472d10cc82b333e62d66dcee853%EF%BC%8C(2023 年 10 月 14 日)。
[3] 《企业等内容披露的相关内阁府令》(1973 年 1 月 30 日大藏省令第 5 号),修订于 2023 年 1 月 31 日。

报告中披露可持续发展信息。该府令旨在扩大公司根据《金融商品交易法》第24条规定的上市公司年度报告信息披露范围。迄今为止，在日本，ESG信息主要是通过综合报告等"任意披露"来实现的，但这次修订，它被定位于"法定披露"（也称"制度披露"）。法定披露会带来诸多问题，但必须特别注意虚假或误导性陈述等责任（责任风险）。《金融产品交易法》从保护投资者的角度，对证券报告等法定披露中虚假陈述的责任作出了特别规定。需要考虑的重点是如何在控制责任风险的同时提高信息披露水平。

特别是，ESG信息涉及长期的机遇、风险和举措，因此在披露有关未来的信息时需要格外谨慎。由于前瞻性信息是关于披露尚未发生的事情的信息，因此不能保证未来的实际结果将如所披露的那样。披露未来信息时，重要的是保证未来信息前提和假设的合理性、客观性，才能向投资家披露。[1]

二、日本 ESG 信息披露的现状

20世纪90年代前期开始，日本开始发表环境报告。1997年日本环境省公布《环境报告指南》后，公布环境报告的企业数量激增。从此，不仅环境相关的措施开始公开，而且还开始公开社会侧面的相关信息。尤其近年来，随着政府养老金投资基金管理运行独立行政法人（GPIF）于2015年签署联合国责任投资原则（UNPRI），ESG投资额急速增长。此外，2017年GPIF选定国内特有ESG指数，越来越多的日本企业都在积极推动ESG信息披露。同年6月，气候相关财务披露工作组（TCFD）建议公布以来，获得全世界的广泛接受，表明支持的机构高达4 075家。从国别来看，日本表明支持的公司、机构最多，高达1 158家（截至2022年12月22日）。[2]

根据日本交易集团（JPX）日经指数400构成公司为对象的现状调查，以及东证100指数成分股可持续发展报告的年度调查结果，审视日本企业在ESG信息披露方面的现状和挑战。

（一）报告形式

企业以多种报告形式披露ESG信息，包括综合报告、年度报告、可持续发

---

[1] Businessandlaw.jp/articles/a2030209-1/（2023年5月31日）。
[2] 株式会社日本交易所グループ『TCFD提言に沿った情報開示の実態調査』(2022年度),2023年1月。

展报告、企业社会责任报告、ESG 数据手册等。在东证 100 指数成分股中，2019 年约 90% 的公司公布了综合报告，较 2018 年的 76% 大幅增加。另一方面，发布可持续发展报告（包括 CSR 报告和 ESG 数据手册）的公司数量由 2018 年的 67% 增加到 2019 年的 69%。换言之，针对投资者和 ESG 评级，日本企业主要是使用同时披露 ESG 和财务信息的综合报告。从全球 ESG 信息披露的趋势看，世界可持续发展工商理事会（WBCSD）的调查显示，全球仅发布可持续发展报告的企业比例仍然较高，2015 年占 74%，但 2019 年下降至 60%。另一方面，披露包含非财务信息的财务报告或以综合报告的形式披露信息的企业从 2015 年的 26% 上升到 2019 年的 40%。①

与全球企业相比，日本企业同时报告财务信息和 ESG 信息的综合报告比例较高，并且这种情况正在变得越来越普遍。日本交易所集团曾针对 400 家公司进行现状调查，这些公司的市值总额占东京证券交易所所有上市公司市值总额的 76%。在这 400 家公司中，有 79% 的 314 家公司发布综合报告或者年度报告，有 35% 的 141 家公司发布 ESG/CSR/可持续发展报告，另外发布 TCFD 报告的公司有 42 家，占 11%。②

（二）报告标准

日本认识到，投资者在决策中越来越重视非财务信息，许多公司正在积极披露 ESG 信息。许多公司发布参考 GRI 标准的报告，越来越多的公司发布整合财务和非财务信息的综合报告。此外，许多公司的战略和计划不仅涵盖环境领域，还涵盖 ESG 的多个领域，并确定 GRI 标准所倡导的重要性。根据对东证 100 指数公司的调查，约有 80% 的日本公司在创建综合报告和可持续发展报告时以某种方式参考 GRI 标准，利用全球标准。其次，在发布综合报告的受访企业中，26% 的企业以某种方式参考国际综合报告〈IR〉框架。关于上述框架中包含至少一种非金融资本（创新、治理、人力、社会关系和自然）的投入或者产出制作综合报告的公司，占 46%。另外，还有 SASB 标准，旨在为美国上市公司必须向美国证券交易委员会（SEC）提交的财务报表中的可持续发展信息披露制定标准。参考 SASB 标准的公司甚少，仅占总数的 13%。这可能

---

① 田原英俊、森悠介「ESG 情報開示における日本企業の現状と課題」、『PwC's View-Vol.32』（May 2021）、13 頁。
② 株式会社日本交易所グループ『TCFD 提言に沿った情報開示の実態調査』（2022 年度）、2023 年 1 月。

是由于SASB标准刚刚公布,并且其最初是针对美国上市公司的。不过,投资者最近对此表现出很强的兴趣,未来关注度很可能会增加。

(三) ESG信息披露实践的四步骤

2023年1月,日本交易所集团发布《ESG信息披露实践手册》(以下简称"实践手册")。"实践手册"的制作,一方面是考虑今后准备进行ESG信息披露的上市公司,另一方面也可以成为全体上市公司的参考范本。并且,"实践手册"旨在促进各上市公司理解ESG与ESG投资的现状,以找到适合自己公司的形式解决ESG课题,通过与投资者为代表的不同利益相关者的对话,在以提高中长期的企业价值为目标时能提供成为参考的信息。"实践手册"不仅着眼于披露工作和披露项目,还考虑到迄今为止ESG课题与公司价值相结合过程的重要性,将达成ESG信息披露的过程整理成如下四个步骤:第一步,理解ESG课题与ESG投资;第二步,考虑公司战略与ESG课题的关系;第三步,实行监督与执行;第四步,信息披露与沟通。

三、软法的硬法化

关于ESG信息披露,不仅《金融产品交易法》这种具有法律约束力的硬法重要,但理解没有法律约束力的软法也很重要。关于E(环境),气候相关信息披露(TCFD)的建议众所周知,IFRS基金会国际可持续发展标准理事会(ISSB:国际可持续发展标准委员会)正在制定披露标准,预计将成为全球统一的披露框架。关于S(社会)的人力资本,日本国内制定的《人力资本可视化指南》[1]也是重要的软法。关于G(治理),《公司治理准则》(东京证券交易所,2021年6月版)很重要,因为它介于硬法和软法之间。虽然这些软法对于信息的任意披露的制作很重要,但对于基于硬法的法定披露的制作也很重要。第一,修订的《公司内容等披露的相关内阁府令》要求在有价证券报告中新设"可持续发展政策和举措"栏目。关于"治理""风险管理",所有的公司都需要披露;关于"战略""指标与目标",要披露"重要的内容"。由于个别具体应披露什么内容,取决于各公司的"判断",这点可能让实务担当者有所担心,指导原则之一就是上述的"软法"。第二,这次内阁府令的修订不过只是ESG信息法定

---

[1] 非财务信息可视化研究小组发布,2022年8月30日。

披露的"出发点"①。2022年12月,日本金融审议会工作小组发表可持续发展信息披露的路线图。今后,日本将以 ISSB 的披露标准为基础探讨国内的披露标准,并将进一步研究法定披露的举措,因此有必要考虑软法的硬法化举措。

四、存在的挑战

日本企业在所披露的 ESG 信息质量方面仍然存在挑战。大约一半的公司有可持续发展战略和计划,但没有将其与业务战略联系起来。此外,有些公司已经确定了重要性,但与披露的内容不一致,有些公司没有设定重要性的中长期量化目标。虽然获得第三方保证的公司数量正在增加,但获得第三方保证的公司数量仍然处于较低水平。

日本企业为了提高 ESG 信息披露的质量,需要重新审视 ESG 信息披露,例如为什么他们所确定的重要性对他们的业务很重要,以及他们是否设定了目标和 KPI 来管理他们所确定的重要性。ESG 信息披露的价值在于确保公司做出决策时对利益相关者的透明度和问责制,与利益相关者沟通以确认所披露的信息在多大程度上符合他们的期望非常重要。②

第三节 碳交易市场合规

近年来,由于《全球气候变暖框架公约》下碳中和目标的设定,以及投资者、NGO 等各利益相关人的强压,碳信用交易的需求激增。到 2020 年,全球 ESG 投资总额的规模扩大到 3 900 兆日元(时值 35.3 兆美元),各企业的资金筹措也越来越重要。毋庸置疑,这是促使各企业设定碳中和目标及有效利用其手段的碳交易的客观事实。与世界其他发达国家相比,日本的碳交易起步较晚。在比较世界各国碳排放交易制度的优劣之后,2023 年 10 月 11 日,日本在东京证券交易所新设东京碳交易市场。

---

① Businessandlaw.jp/articles/a2030209-1/(2023 年 5 月 31 日)。
② 田原英俊、森悠介「ESG 情報開示における日本企業の現状と課題」,『PwC's View-Vol.32』(May 2021)、16 頁。

一、日本采用碳信用交易的理由

(一) 达成碳中和目标时碳吸收、碳移除系碳信用交易的重要性

日本提出 2050 年实现碳中和目标，那就意味着人为温室气体排放量与人为温室气体移除量要处于吻合状态。如果不吻合，可以考虑在两者之间灵活利用以碳信用为媒介的交易形式。并且，碳吸收、碳移除构造可以作为碳信用额体现出环境价值向他人转移，因而实施减排措施的激励机制得以有效发挥。[1]

(二) 碳信用在碳中和过渡期中的重要性

从实现向碳中和目标稳步过渡的角度看，日本要达成雄心勃勃的削减目标（到 2030 年为 46％等），不仅需要部分企业的努力，而且要通过碳交易对各种实体的减排努力提供激励措施。在向碳中和目标过渡期，充分利用引进再生可能能源与节能设备、CCS、REDD＋所衍生的排放削减系碳信用很重要。[2]

(三) 碳信用价格的公示实现定价功能的重要性

一般情况下，由政府进行的主要碳定价种类有征收碳税、碳限额交易制度、征收能源税（石油煤炭税）等。日本碳税价格极低，很难形成企业加速脱碳的机理机制。并且，碳税也很难像消费税等税种那样明确化，因此碳税制度缺乏引导力。[3]通过碳信用交易，为减排、碳吸收和碳移除定价，能够对应日本国内碳减排、碳吸收、碳移除等每项举措自愿且基于市场的定价发挥作用。在这个市场中，碳信用额的价格以公示的形式进行交易，定价的信号非常重要。[4]虽然碳价格作为企业的自愿措施，不具有法律约束力，但随着国家脱碳化工作的加速，它已经被许多公司所利用。同时，还能通过提供利用碳信用交易的零碳制品、服务，期待家庭培养零碳化意识的效果出现。[5]

---

[1] カーボンニュートラルの実現に向けたカーボン・クレジットの適切な活用のための環境整備に関する検討会『カーボン・クレジット・レポート』(2022 年 6 月)、34 頁。
[2][4] カーボンニュートラルの実現に向けたカーボン・クレジットの適切な活用のための環境整備に関する検討会『カーボン・クレジット・レポート』(2022 年 6 月)、35 頁。
[3] Mitsui.com/solution/contents/solutions/forest/54(2023 年 11 月 15 日)。
[5] 大嶋秀雄「カーボン・クレジットがもたらす効果と課題 〜効率的な脱炭素と家計の脱炭素意識の醸成に向けて〜」、『Research Focus』No.2022-019、2022 年 7 月。

二、东京碳信用交易市场

（一）成立经过

作为日本政府支援民间企业为实现碳中和目标投资和创新政策的一环，日本经济产业省"全球实现碳中和的经济手段等应用方式研究会"，于2021年8月提交中间整理报告，提出应对措施的方向：一是"明确碳信用的地位"，二是建立一个能促使中长期行动变化的碳信用市场。[①]

2022年，东京证券交易市场（以下简称"东证"）受日本经济产业省委托，开始实施"碳信用交易市场的技术实验等业务"即演示测试，并从中获得大量的知识及市场运营经验。2023年2月，日本政府在《实现绿色战略基本方针》中提出作为碳定价制度设计引进"排放量交易制度"，计划从2023年开始试交易，2026年进行正式投入运营。2023年10月11日，东京证券交易所正式开始"碳信用交易市场"，碳信用交易市场与东京证券交易所开设的上市股份等金融商品市场分属不同的市场。

（二）碳信用交易市场的对象

日本的碳信用分为国家层面的制度和民间层面的制度。国家层面的制度包括J-信用和JCM信用[②]。J-信用制度于2013年开始运营，是以节能、再生能源、森林等为对象进行排放削减、吸收量的认证制度其管理者是经济产业省、环境省、农林水产省。民间层面的制度是指，通过国内外的项目获得的碳排放削减量和碳吸收量、碳移除量由民间认证机构进行信用化的制度，即J蓝碳信用制度（J-Blue Cridit）。J蓝信用制度于2020年开始专注于蓝碳认证，是日本国内的自愿信用制度，由日本蓝色经济技术研究协会（JBE）管理。

现阶段，东京证券交易所的交易对象只限于国家认证、发行的J-信用。J-信用流通量较小，只限于日本国内项目，因此限制较多，但也有优势，可以用于《促进法》要求的报告。[③]2023年10月11日正式运营的碳信用交易市场，区分

[①] カーボンニュートラルの実現に向けたカーボン・クレジットの適切な活用のための環境整備に関する検討会『カーボン・クレジット・レポート』(2022年6月)、1頁。
[②] JCM信用是指，根据两国间信用（JCM）制度，将与发展中国家协助实施的海外排放削减量的一部分加以信用化的制度。
[③] https://www.businessinsider.jp/post-276598#cxrecs_s(2023年11月5日)。

节能、再生能源(电力)、再生能源(热能)、再生能源(电力、热能混合)、森林及其他等六类进行买卖交易。

(三) 东京碳交易市场运营的现状

东京碳交易市场开设时参与主体有188家,其中包括电力、能源等私营企业、贸易公司、金融机构和地方政府等,到10月18日,增加至206家。日本经济产业大臣西村康俊在开幕式上表示,"希望市场能够发展成为企业促进绿色战略(GX)投资的重要基础设施"。东京证券交易中心认为,预计未来市场的交易量目标,如果流通量达50万吨那么就可以认为市场发挥作用。①

到10月24日的10个交易日内,东京碳交易市场每天平均交易量约为1000吨,平均交易额(合同金额)约为280万日元,根据这个数据可以推定截至11月13日,约有2400万日元的合同交易额。②自2022年9月22日开始,东证进行了85天(交易日)的演示测试,其间日平均交易量与平均交易额分别为1752吨和386万日元。③因此,可以认为碳交易市场开设以来的交易比演示时低迷。④

三、Carbon EX:私营的碳信用交易市场

(一) Carbon EX 概况

2023年6月,大型证券公司SBI集团⑤与以提供二氧化碳排放量可视化、削减软件著称的科技风投公司Asuene⑥共同设立合资公司Carbon EX。2023

---

① https://www.businessinsider.jp/post-276598#cxrecs_s(2023年11月5日)。
② https://business.nikken.com/atcl/gen/19/00159/122000193(2023年12月29日)。
③ 日本取引グループ株式会社東京証券取引所『カーボン・クレジット市場』の実証結果について」,2023年3月22日。
④ https://project.nikkeibp.co.jp/ESG/atcl/column/00005/111400407/(2023年11月24日)。当然,东证认为,日本企业年间碳排放量确定的时间是每年12月末和3月末,此时的交易会呈增加趋势,所以以市场刚开始没多久的交易额判断市场交易低迷为时过早。http://Businessinsider.jp/post-277152(2023年11月4日)。
⑤ SBI集团通过三大业务实现了巨大的增长:资产管理业务(主要投资于风险投资公司),生物、医疗保健和医疗信息业务(开发和销售药品、保健食品和化妆品)以及新药的研发,重点是在线证券、银行和保险等金融服务业务。目前,该集团的业务已经转变为五大业务:金融服务、投资资产管理、加密资产和下一代业务,并将继续专注于提高利用先进技术的产品和服务并创造新业务,以实现"以金融为核心的超越金融"。详见https://www.sbigroup.co.jp/business/(2023年12月25日)。
⑥ Asuene公司成立于2019年,主要提供二氧化碳排放可视化、削减、报告的云服务"Asuene"和可持续供应链管理的ESG评估云服务"Asuene ESG"。

年10月4日，CarbonEX开始提供碳信用、排放权交易市场服务。这是日本首家私营碳信用交易市场，有超过300家参与主体已经事前注册，其中包括大型金融机构、大型电力、煤气公司、大型制造业等。

(二) Carbon EX的特点

第一，可以处理全球范围广泛的碳信用额。可以出售和购买各种信用额度，包括自愿碳信用额度、J-信用额度和非化石燃料证书；第二，碳信用额度可靠性高。Carbon EX将经过KYC(Know Your Customer)等筛选过程。此外，作为处理高质量自愿碳信用的交易所，Carbon EX将通过与信用评估机构和公司合作以确保信用质量；第三，为碳信用额的创建和购买提供咨询服务。Carbon EX将为日本和海外的自愿碳信用创造者提供支持，并根据客户的目标和需求提供信用类型的解释和建议。

此外，通过Carbon EX交易的碳信用额可以与CO_2排放可视化、减排和报告云服务"Asuene"相关联，以提高客户的便利性，并利用碳信用提供适当的抵消建议和咨询服务。将来将通过将Carbon EX与其他行业的系统联系起来，致力于碳信用的社会实施。

四、日本碳交易市场的展望

2023年至2025年为碳交易市场的第一阶段，属于试运营阶段，公司等可以自愿参与碳信用交易市场的交易。在该阶段，以参加GX的日本企业(占日本二氧化碳排放量的4成以上)为中心，以激活市场交易热度为目的。2026年至2030年为碳交易市场的第二阶段，正式启动碳信用交易市场。是否对企业参加碳信用交易课处义务，是正式启动碳信用交易市场的焦点之一。按照GX基本方针的指示，第二个阶段的重点就是"加强规则(指导监督、遵守义务等)"。现阶段碳信用交易市场的参与不是各主体的义务，而是自愿参加，目标设定也取决于企业的自主性。在第三阶段的2033年，以发电企业为对象将被要求购买排放配额。无论是自主参与，还是义务参与，碳信用交易的价值在于实现脱碳目标投资资金的早期回收和费用对效果的效率都将获得改善。

现在私营碳交易市场Carbon EX已经推出碳排放交易服务，有望实现交易市场之间的竞争。碳信用额的创造和供应也是一个重大挑战。J-信用需要紧急考虑氢气、氨气和二氧化碳捕集与封存(CCS)等新技术的减排和吸收方法,并建立一种机制来确保额外性和透明度。同时,努力增加流动性也很重要。①东京碳信用市场对与航空行业参加的"CORSIA"等国际排放量抵消框架的合作抱有很高的期待。②J-信用已申请加入"CORSIA"。"CORSIA"要求运营国际航班的航空公司通过购买二氧化碳信用额度来抵消其减排义务。日本的减排义务估计为数百万吨,"如果J-信用被确认为'CORSIA'下的合格信用,需求将受到刺激,价格有望上涨"。

第四节 投资与金融合规

2022年1月3日,日本政府将气候变暖问题作为实现新资本主义应克服的最大挑战,同时明确表示,作为重要的增长领域之一将扩大有关脱碳化的清洁能源等投资。③在这种背景下,金融机构被期待的作用是可持续金融的实现和推广。④

一、金融

(一) GX战略下金融方面的主要举措及进展

1. 完善指南与线路图,以使资金顺畅供给

《绿色债券指南》在2021年度内对发行程序与环境改善等进一步审查后进行修订。根据2021年5月公布的"转型金融基本指南",对钢铁、化工等无法简单脱碳的高排放行业制定行业路线图。为促进亚洲等新兴国家的能源转型,将推动亚洲转型金融概念的制定和传播。

2. 振兴绿色债券等公司债券市场

积极开展绿色债券等交易,实现"绿色国际金融中心"。从金融实践的角度看,需要完善便利性强的信息基础。支持建立民间认证框架和培养评估机构,以用于评价绿色债券等资格,检查ESG评级机构的状况(透明度、治理等)。

---

① https://project.nikkeibp.co.jp/ESG/atcl/column/00005/111400407/(2023年11月24日)。
② https://business.nikken.com/atcl/gen/19/00159/122000193(2023年12月29日)。
③ 2022年1月17日,第208回国会における岸田内閣総理大臣施政方針演説、https://www.kantei.go.jp/jp/101_kishida/statement/2022/0117shiseihoshin.html(2023年11月6日)。
④ 黒田東彦「気候変動問題における金融の役割——3つの不可欠な要素」、パリ・ユーロプラス主催「東京・インターナショナル・ファイナンシャル・フォーラム2021」における挨拶の邦訳、2021年11月29日。

3. 加强可持续发展信息披露

2023年1月31日,日本金融厅宣布修订《关于公司信息披露的内阁府令》,要求上市公司在2023年3月期的有价证券报告中披露可持续发展信息,企业可持续发展信息由"任意披露"转为"法定披露"。①

4. 促进金融机构对融资公司支援与官民合作关系

金融厅就气候变暖相关金融机构自身的风险管理制定实施指导意见。尤其是对地方金融机构,通过提供各种信息和分享技术诀窍,促进建立活用地方资源的商业和解决地方问题的范本。

5. 通过各种金融制度提供支援

为转型举措建立与绩效挂钩的利息补贴制度(3年达1兆日元规模的融资)。2021年2月,日本政策投资银行(CBJ)成立绿色投资促进基金。

(二)对金融机构脱碳举措的建议

日本金融厅组织"金融机构脱碳举措研究会",于2023年6月27日归纳发表研究会报告。报告指出,在脱碳过渡过程中,金融机构与企业之间进行持续有效的对话(参与)非常重要。从理解和推动银行战略的观点出发,分别向金融机构和政府提出建议(指南)。

1. 面向金融机构提出的指南②

金融机构对转型的看法(指南一):转型将是中长期的,将对业务产生重大影响,因此有必要了解进展情况,另一方面,减排没有统一的指标,除目前常见的"排放量×投融资量"(金融减排)以外,还应综合采取各种定量和定性指标;温室气体排放数据的完善(指南二):不仅需要对企业的相关数据进行汇总,还需要对业务合作伙伴的数据进行汇总。目前,排放数据的形式和平台尚未标准化,还需要探讨开发一个通用平台;排放路径和排放目标资格(指南三):金融机构的转型战略需要有从全球目标反向计算的排放预期(路径),以及金融机构、企业基于这些数据算出的排放目标(路径);扩大对亚洲国家的投融资/促进转型金融(指南四):亚洲国家有着诸多地理上、经济上的特殊问题,且资金不足。因此,日本通过向亚洲国家投融资进行资助减排,推动亚洲国家置换

---

① 相关内容详见本文第二节。
② 「脱炭素等に向けた金融機関等の取組みに関する検討会報告書」(2023年6月27日)、https://www.fsa.go.jp/singi/decarbonization/siryou/20230627/02.pdf(2023年12月25日访问)。

和尽早废弃高排放设备。创造碳信用额也是帮助亚洲国家转型的一种方式;风险资金的提供(指南五):在GX战略下,金融机构不仅要提供融资,而且吸引投资资金,包括个人投资,都很重要。目前,选择有限,但普及公私合作的混合金融、资本化ESG产品、ESG投资信托和从脱碳角度的影响力投资非常重要。为促进区域的脱碳并实现绿色战略目标,不仅大企业必须努力,而且组成供应链的整个地区也必须努力。

2. 面向政府等提出的建议[①]

上述"金融机构脱碳举措研究会"报告重点介绍金融机构对企业的支援作用,但这种支援的背后,还需要政府等的推动和合作、信息传播。因此,报告还向包括相关地方分支机构和办事处等政府提出建议。

关于二氧化碳排放量数据编制措施(上述指南二):政府要推进利用供应链金融的金融机构的"可视化",力求数据标准化、共通化与建设平台、统一格式,进行全球协作和丰富企业数据;关于促进转型金融和改善环境(上述指南三和四):政府要加强各领域技术路线图的合作(提高国际意识、估算排放量等),扩大亚洲国家的脱碳举措,为金融机构商业公司等建立信息和问题共享论坛,探讨发行高排放设备退役相关的碳信用额;关于提供风险资金的措施(上述指南五):政府要努力促使金融商品多样化,以提供风险资金。

二、促进企业自身进行碳中和投资的税制改革

(一) GX战略税制改革内容

首先,促进碳中和投资的税制。根据《产业竞争力增强法》的计划审批制度,引进以下设(1)和(2)(从修订法律实施之日起3年至2023年会计年度结束),将提高最高10%的税收抵免或者50%的特别折旧。(1)引进具有显著脱碳效果的产品的生产设备;(2)引进兼顾生产过程脱碳和提高附加值的设备。其次,提高损失结转扣除上限的特别规定。在投资额范围内,损失结转的扣除上限从50%提高到最高100%(以新冠疫情造成损失的经营者为对象,提高扣除上限期为5个财政年度)。最后,扩大研发税。即使因新冠疫情导致企业的销售额比疫情前减少2%,但依然积极增加研发经费的企业,研发税的扣除上

[①] 「脱炭素等に向けた金融機関等の取組みに関する検討会報告書」(2023年6月27日)、https://www.fsa.go.jp/singi/decarbonization/siryou/20230627/02.pdf(2023年12月25日访问)。

限从公司税额的 25% 提高到 30%。2023 年日本的税制改革中，延长和扩大研发税制。在使更多的公司能够为私人研发投资提供更均衡的激励措施的同时，为了促进与初创企业的联合研发，除重新审视开放式创新类型初创企业的定义以外，还创设作为创新源泉的博士等高级研究人才的优惠措施等，并将研发税制延长 3 年。

(二) DX 投资促进税制

为加强产业竞争力，日本创设 DX 投资促进税制。在 2021 年的税制改革中，新创设的 DX(Digital Transformation)投资促进税制是针对引进设备和开发技术以实现数字化转型的公司提供的税收优惠制度。在通过构建"互联"数字环境(例如云计算)进行业务转型的情况下，将建立税收抵免(5% 或者 3%)或特殊折旧(30%)的制度。例如，基于人工智能的太阳能发电量预测，以及太阳能发电和蓄电池的自动控制系统，除脱碳之外，还为 DX 做出了贡献，因此，还可能获得 DX 投资促进的税收优惠待遇。2023 年，为促进公司等数字化转型，在对 DX 人力资源的开发和确保进行重审的基础上，该计划将延长 2 年。

(三) 碳中和投资促进税制的扩大与延长

2024 年税制改革的要点之一，就是碳中和投资促进税制度的扩大与延长。为了加快企业对脱碳的投资，实现碳中和，日本政府将重新考虑引进同时具备生产过程脱碳化和提高附加值的设备的要件，提高大胆从事脱碳化的中小企业的税收抵免率，延长适用期限总计 5 年(计划批准:2 年,从批准到设备引进:3 年)。因此，日本政府将进一步支持中小企业实现碳中和的举措。[①]

三、基金、补助金进行碳中和投资支援

(一) 绿色创新基金

为实现 2050 年碳中和目标，2021 年 3 月，日本在 2020 年度第三次补充预算中拨款 2 兆日元到国立研究开发法人新能源·产业技术综合开发机构(NEDO)，成立绿色创新基金(Green Innovation Fund)，支持 GX 战略中重要

---

① 経済産業省経済産業政策局「令和 6 年税制改正について」、2023 年 12 月 22 日。

项目的长期开发。①截至 2023 年 5 月,该基金增加预算,其中 2 兆 7 564 亿日元。②

目前,绿色创新基金支援的项目包括,海上风力发电的低成本化、下一代太阳能电池开发、大规模氢能供应链构建、利用可再生能源等电力进行的电解制氢、炼钢过程中的氢气应用、建立燃料氨供应链、利用二氧化碳的塑料原材料制造技术开发、利用二氧化碳等的燃料制造技术开发、利用二氧化碳的水泥等制造技术开发、二氧化碳等分离回收等及时开发、实现废弃物·资源循环领域的碳中和、下一代蓄电池·下一代马达开发、电动车等节能化的车载计算和仿真技术开发等、智能出行社会构建、下一代数字基础设施的构建、下一代飞机的开发、下一代船舶的开发、食品·农林水产业二氧化碳等削减、吸收技术开发、通过生物制造技术促进以二氧化碳为直接原料等碳循环利用、制造领域热处理的脱碳化等二十个项目。

(二) 绿色投资促进基金

绿色投资促进基金成立于 2021 年 2 月,旨在根据"保护国民生命、生活安心和希望的综合经济措施"(2020 年 12 月 8 日的内阁决定),支持可再生能源项目及其他兼顾环境和环境可持续性的项目。绿色投资促进基金由日本投资银行(DBJ)管理。

绿色投资基金的成立旨在进一步加强对实现绿色社会做出贡献的企业提供资本性资金,在与私营金融机构等协作的基础上,计划对以下的事业等进行广泛的支援:(1)可再生能源业务;(2)利用低燃耗技术的业务;(3)下一代蓄电池业务;(4)为脱碳或显著低碳排放做出贡献的业务;(5)与高排放企业的脱碳或大幅度低碳转型相关的投资;(6)其他有助于碳中和的业务等。

投资"e-Mobility Power Co., Ltd."是该基金的第一个项目。所投资公司正在通过推广安装高性能快速充电器来扩大其充电网络③,以进一步普及电动汽车和其他车辆。DBJ 在可再生能源领域的融资中发挥了领跑者作用,包括参与欧洲海上风电项目的融资,以及利用资本循环模式建立日本第一个风电基金。此外,在低碳技术的开发和推广以及低碳社会经济结构等领域,DBJ 通

---

① 关于该基金详见李清扬:《实现双碳目标的财税政策工具——以日本为例的分析》,《中国社会科学报》2022 年 7 月 14 日。
② 「分野別資金配分方針」(2023 年 5 月 24 日改定)。
③ https://www.dbj.jp/topics/dbj_news/2020/html/20210212_203109.html(2024 年 1 月 5 日访问)。

过参与各种项目的投融资来支持创新,为实现"脱碳社会"做出了贡献。DBJ通过这些举措积累的经验和知识也将用于该基金的管理。

(三) 区域脱碳转型和可再生能源促进补助金

日本为了实现 2050 年碳中和目标,并在 2030 年实现温室气体排放量比 2013 年减少 46% 的目标,可再生能源必须成为主要能源。根据"区域脱碳路线图"(2021 年 6 月 9 日第 3 届全国和地方实现脱碳会议决定)和"全球变暖对策计划"(2021 年 10 月 22 日内阁批准),制定"区域脱碳转型和可再生能源促进"补贴计划,对积极参与脱碳社会建设的地方政府等进行长期持续且全面的支持,作为该支持方案,设置补贴计划。该补贴计划结合修订后的 2021 年《促进法》,至少在 100 个"先进的脱碳地区",对应脱碳的区域特征施行先进的脱碳举措。与此同时,在全国范围内实施作为脱碳基础的重点措施,横向部署每个地区的独创性和独创性举措。[1]

第五节 法律责任

在向脱碳社会迈进速度加快的今天,世界各国有关气候的诉讼不断增加。[2]在日本,神户市民针对神户燃煤发电厂建设与运营提起民事和行政诉讼。虽然该案涉及的民事诉讼一审原告败诉二审进行中,行政诉讼三审原告均败诉,但有一点尤其值得关注:那就是针对气候变暖应明确国家和企业所应负有的法律责任。

一、企业的民事责任

(一) 企业大量排放温室气体的责任

众所周知,气候变暖的最大原因之一是燃煤发电厂排放的二氧化碳。

---

[1] 環境省大臣官房地域脱炭素事業推進調整官室「地域脱炭素移行・再エネ推進交付金について 説明資料」、2021 年 12 月 27 日。

[2] 关于世界各国的气候诉讼,可以分为以下四种类型:第一,以国家为被告,认为气候变暖是对人权的侵犯,没有规定采取充分举措的法律违反宪法;第二,以国家为被告,针对国家进行的个别开发项目,以及国家对私营企业个别项目授予的许可提出异议的诉讼;第三,以企业为被告,以企业对气候变暖的说明存在不实为由,要求企业赔偿损失的诉讼;第四,直接追究企业温室气体排放责任的诉讼。详见久保田修平「新たな潮流——ESG 訴訟の動き」、『環境管理』2021 年 3 月号。

2018年,神户市居民针对神户制钢所提起诉讼,要求法院阻止燃煤发电厂的运营与增设。原告认为,涉案燃煤发电厂的建设和运营非法侵犯原告的人格权。①

关于气候变暖问题,企业应负民事责任的范围不仅限于燃煤发电厂这种大量排放温室气体的情况,在脱碳化过程中极度推崇的再生能源方面,也可能涉及企业的民事责任问题。比如,关于海上风力发电,当地居民担心影响景观、噪音、低频引发的身体危害和山体滑坡等各种问题。此外,一些拥有太阳能发电项目的地方政府也有这样的动向,即要求太阳能发电公司为防洪等措施支付一定的费用。同样的企业民事责任还适用核能利用的情况。当发生核电事故的大规模被害时,除通过事后赔偿进行权利救济以外,采取事前预防的观点尤为重要(从"事后到事前")。并且,除关注财产权等(权利)以外,还需要有着眼于"人"进行灾害救助的观点。②

虽然神户气候诉讼的一审被驳回,但这个诉讼一方面关系到居民的人格权,另一方面也关系到日本的气候变暖对策政策的执行问题,非常值得关注。

(二) 气候变暖相关信息披露的法定义务

应该指出的是,排放更多温室气体的企业(即最终制造和销售排放温室气体产品的公司)需要履行更加严格的说明责任。鉴于减少温室气体需要改变整个社会结构,未来不仅对能源部门,而且其他工业部门也需要履行更加严格的说明责任。2023年1月31日,日本金融厅修订《关于公司信息披露的内阁府令》③,要求自2023年3月期的有价证券报告中披露可持续发展信息。通过这次修订,ESG信息被定位于"法定披露",但必须特别注意虚假或误导性陈述等责任(责任风险)。气候变暖相关信息的披露作为法定义务,若有违反将被追究民事法律责任。

二、国家的行政责任

目前,日本在气候领域的行政诉讼,基本上都是关于原告的市民团体要求

---

① 关于该案诉讼理由详见本文第一节。
② 芳川恒志、豊永晋輔「脱炭素エネルギーの法的検討に向けて」、『コラムエネルギー.環境』、2020年7月3日。
③ 《企业等内容披露的相关内阁府令》(1973年1月30日大藏省令第5号),修订于2023年1月31日。

国家取消对企业建造新规燃煤发电厂的环境影响评价确定通知的内容。除上述神户居民对以国家环境影响评价的确定通知违法[①]为由,对环境省提起行政诉讼以外,神奈川县横须贺市居民也以同样的诉讼理由提起行政诉讼,但最终也是原告败诉。横须贺判决同样不承认原告拥有对于全球变暖提起诉讼的资格(原告资格),并且"很难认定某个新发电厂排放的二氧化碳将显著增加全球变暖造成的灾害等被害规模"。实际上,这类诉讼之所以引人关注,是因为它与日本的全球变暖对策和能源政策直接相关。

在日本 2050 年实现碳中和目标的背景下,可以想象,今后以国家为被告的这类行政诉讼将不断涌现。

三、废弃物不当处理时的刑事责任

作为实现碳中和举措的一环,可以考虑参与生物量发电、废弃物焚烧发电项目。关于生物质是否属于废弃物的判断,应基于行政通知、判例的判断标准研究公布。然而,根据这些标准要确定它是否真的是废弃物并不容易。因此,有必要参考环境省的"令和 3 年度(2021 年)生物质发电材料废弃物适用性判断案例集",认真考虑最新的指导方针、通知、监管趋势和司法判例,并在必要时根据律师和其他专家的意见做出适当的回应。如果生物质资源可能属于"废弃物"类别,将受《废弃物处理及清扫法》(以下简称《废弃物管理法》)的约束。"废弃物"是指"固体或液体形式的垃圾、大件垃圾、煤渣、污泥、粪便、废油、废酸、废碱、动物尸体和其他污秽或者不必要的物质"(《废物管理法》第 2 条第 1 款)。如果生物质资源被判定为工业废弃物,则必须根据内阁令(废物管理法第 12 条第 5 款和第 6 款)规定的标准,将其委托给工业废弃物收集运输公司,处理公司等进行适当的运输和处置。另一方面,如果废物处理公司本身处理工业废物,则不需要根据《废物管理法》(第 14 条第 6 款)获得许可。[②]

在日本,未能按照妥善处理废弃物,在受到行政处罚的同时可能还会被追究刑事责任。违反《废弃物管理法》进行不法倾倒废弃物者,可以处 5 年以下有期徒刑或者 1 000 万日元以下罚金,或者两者并罚(第 25 条第 1 款第 14 项)。如果不法倾倒废弃物者是企业,那么将被处以 3 亿日元以下罚金(第 32

[①] 详见第一章"司法判例"。
[②] 猿倉健司「イオマス発電燃料の廃棄物該当性判断」(令和 3 年度環境省判断事例集を踏まえて)、『Business Lawyers』、http://www.businesslawyers.jp/practices/1461(2023 年 1 月 6 日)。

条第1款第1项)。此外,企业的代表董事和其他董事可能需要对公司因此遭受的损失承担赔偿责任。

事实上,在废弃物的回收品(回填材料)经过伪装成分接受认证后被出售或非法倾倒案件中,已经发生股东代表提起诉讼的案例。一审判决认为三名前高管负有责任,并命令其中一人支付485.84亿日元,这几乎是索赔的全部金额(大阪地方法院于2012年6月29日判决)。该判决还要求该公司及其管理人员承担刑事责任。换言之,废弃物非法倾倒案件采取双罚制。

四、法律责任的新话题：对子孙后代的考虑义务

世界范围内有关气候变暖相关诉讼分为四种类型,其中一种就是气候变暖属于人权侵犯问题。①日本对此并不熟悉。但是,世界其他国家在关于气候变暖诉讼中将气候变暖视为人权问题。因此,就出现一个新的话题:那就是对子孙后代的考虑义务。根据现在的日本宪法很难对此做出解释。日本自民党在日本国宪法修正草案中,提及将规定国家对环境的考虑义务。今后将存在探讨气候变暖问题对子孙后代考虑义务的可能性。②

参考文献

[1] 高村ゆかり「カーボンニュートラルに向かう社会と法政策の変容」、『環境法政策学会誌』第26号(2023年6月)。

[2] 渡辺昇一「省エネルギー法に関する温暖化情報の開示請求」、『環境管理』2013年8月号。

[3] 株式会社日本交易所グループ『TCFD提言に沿った情報開示の実態調査』(2022年度)、2023年1月。

[4] 田原英俊、森悠介「ESG情報開示における日本企業の現状と課題」、『PwC's View』Vol.32、May 2021。

[5] カーボンニュートラルの実現に向けたカーボン・クレジットの適切な活用のための環境整備に関する検討会「カーボン・クレジット・レポート」、2022年6月。

[6] 大嶋秀雄「カーボン・クレジットがもたらす効果と課題 〜効率的な脱炭素と家計の脱炭素意識の醸成に向けて〜」、『Research Focus』No.2022-019、2022年7月。

[7] 日本取引グループ株式会社東京証券取引所「『カーボン・クレジット市場』の実

---

① 久保田修平「新たな潮流——ESG訴訟の動き」、『環境管理』2021年3月号。
② 久保田修平「気候変動と企業の法的責任」、『環境管理』2022年6月号。

証結果について」、2023 年 3 月 22 日。

［8］黒田東彦「気候変動問題における金融の役割——3つの不可欠な要素」、パリ・ユーロプラス主催「東京・インターナショナル・ファイナンシャル・フォーラム2021」における挨拶の邦訳、2021 年 11 月 29 日。

［9］環境省大臣官房地域脱炭素事業推進調整官室「地域脱炭素移行・再エネ推進交付金について（説明資料）」、2021 年 12 月 27 日。

［10］芳川恒志、豊永晋輔「脱炭素エネルギーの法的検討に向けて」、『コラムエネルギー.環境』2020 年 7 月 3 日。

［11］久保田修平「新たな潮流——ESG 訴訟の動き」、『環境管理』2021 年 3 月号。

［12］久保田修平「気候変動と企業の法的責任」、『環境管理』2022 年 6 月号。

［13］猿倉健司「イオマス発電燃料の廃棄物該当性判断」(令和 3 年度環境省判断事例集を踏まえて)、http：//businesslawyers.jp/practices/1461。

［14］李清如:《实现双碳目标的财税政策工具——以日本为例的分析》,《中国社会科学报》2022 年 7 月 14 日。

［15］「2021 年改正温対法の3つのポイントを解説 | 地球温暖化対策の切り札」、https：//enemanex.jp/kaisei-ontaihou/％EF％BC％8C。

［16］https://project.nikkeibp.co.jp/ms/atcl/19/news/00001/03409/?ST=msb.

［17］Kobe-np.co.jp/news/sougou/202303/0016128380.shtml.

［18］https://www3.nhk.or.jp/lnews/kobe/20230320/2020021368.html％E3％80％82.

［19］https://news.yahoo.co.jp/articles/cd061ebadf1c7472d10cc82b333e62d66dcee853％EF％BC％8C.

［20］Businessandlaw.jp/articles/a2030209-1/.

［21］https://www.businessinsider.jp/post-276598＃cxrecs_s.

［22］https://business.nikken.com/atcl/gen/19/00159/122000193.

［23］https://project.nikkeibp.co.jp/ESG/atcl/column/00005/111400407/.

［24］https://www.fsa.go.jp/singi/decarbonization/siryou/20230627/02.pdf.

［25］https://www.dbj.jp/topics/dbj_news/2020/html/20210212_203109.html.

执笔：尹琳（上海社会科学院法学研究所）

安翊青（段和段律师事务所）

第五章 英国碳中和合规研究

英国一直在全球气候变化应对行动中发挥着重要的领导作用。企业是英国气候治理环节中的重要一环。英国为企业的碳中和合规构筑了一个相对健全的体系，以促进企业更好地参与到碳中和过程中，积极履行应尽之责任。本章试图探讨英国碳中和合规制度的体系构造、运作模式与所面临的挑战，以期为全球碳中和目标的实现提供宝贵经验。

第一节 政策演变与司法判例

随着气候变化的愈发严峻，碳中和成为全球范围内的重要议题，各个国家和地区都在积极探索适合本国的减排路径。英国是全世界最早进行低碳实践并将"低碳经济"确定为基本国策的国家，其政策制定和司法实践在全球范围内具有重要的参考价值。

一、政策演变

（一）英国碳中和法律政策初创期（2000年至2007年）

在碳中和法律与政策的制定方面，英国一直扮演着先驱者的角色，而这种角色地位的形成，始于英国前首相布莱尔。

布莱尔在其第一个任期（1997年至2000年）就围绕英国能源市场的零售和批发领域进行了市场化改革。比如《2000年公用事业法》（The Utilities Act 2000）就强调政府有义务通过能源法律政策，促进能源市场的充分竞争。不过遗憾的是，英国的能源市场化改革就此裹足不前。1999年，英国政府将原先分别负责能源市场化的天然气供应局和电力监管局合并为一个能源市场化机构，即天然气与电力市场监管办公室（the Office of Gas and Electricity Markets，OFGEM)。这一举动直接将其他类型的能源排除在市场化范围之外。

布莱尔在其第二个任期(2001年至2005年)内开始转向由政府主导的低碳发展路径上。一方面,英国通过了《2002年可再生能源义务法令》(The Renewables Obligation Order 2002),将使用可再生能源的义务纳入能源生产当中；[1]另一方面,英国政府颁布了《我们能源的未来——创建低碳经济》,成为世界上最早提出"低碳经济"(Low Carbon Economy，LCE)并将其定为基本国策的国家。

(二) 英国碳中和法律政策发展期(2007年至2010年)

2007年,布朗接替布莱尔成为英国首相。由于布朗同样出自工党,所以布朗政府很大程度上延续了布莱尔政府的碳中和法律政策。

在布朗执政期间,英国的能源法律政策以《2008年气候变化法》(Climate Change Act 2008)和《2008年能源法》(Energy Act 2008)为支柱。前者将英国到2050年减少80%的碳排放目标(以1990年为基准)用法律的形式固定下来,应对气候变化遂成为所有能源法律政策中最优先考虑之目标。后者则以贯彻2007年能源白皮书为主,相应规定了离岸天然气设施的建设、可再生能源义务制度的修改和能源设施的退役等相关内容。相比于《2008年气候变化法》,《2008年能源法》更多是补充而非建设性的制度安排。因此,为了从规范意义上更好地保障《2008年气候变化法》之实现,英国于2009年发布了《低碳经济转型计划》(The UK Low Carbon Transition Plan)以及三个配套文件——《英国低碳工业战略》《可再生能源战略》和《低碳交通计划》。这些文件的出台,展现了英国政府在低碳经济转型中的全球领袖角色。

(三) 英国碳中和法律政策转型期(2010年至2016年)

2010年,卡梅伦(David Cameron)领导的保守党上台。在卡梅伦执政时期,英国的碳中和法律政策发展与前两个阶段有着明显的不同。

2013年,英国议会通过了《2013年能源法》(Energy Act 2013),其主旨是

---

[1] 2002年,可再生能源义务(Renewable Obligation，RO)取代了英国的非化石燃料义务(Non-Fossil Fuel Obligation，NFFO),开始在英格兰、威士尔和苏格兰实施,2005年扩大到北爱尔兰。它的基本目标是要求英国电力供应方在电力供应方面不断增加可再生能源发电比例。详见Catherine Mitchell & Peter Connor, "Renewable Energy Policy in the UK 1990 - 2003", *Energy Policy*, Vol.32, pp.1935 - 1947(2004)。

纠正布莱尔和布朗两届工党政府在能源法律政策领域上的"偏差"。所以，该法有三个核心内容：一是改变工党政府在核能建设上的踌躇不前，规定了建设核电的便利化举措；二是将布朗工党政府时期通过的《2008年气候变化法》设定的去碳化目标进一步推迟；三是开启了英国新的电力市场改革，根据该法，未来英国将通过上网电价与差价合约的形式，逐渐取消对可再生能源的补贴。①

2016年，英国议会又通过了《2016年能源法》(Energy Act 2016)。该法主要涉及以下三个方面的内容。首先，设立新的油气监管机构，即油气管理局(Oil and Gas Authority, OGA)。作为英国油气开发领域全新的管理和监督机构，该局以政府公司的形式组建，并被授予原本由能源与气候变化部负责的离岸油气许可权(不包括与油气相关的环境监管权)。此外，该机构还具备参与能源企业会议、数据获取、保留和转移、争端解决以及制裁等新的权力。其次，对离岸油气企业环境污染和退出行为实施许可证和执照全面收费的规定。《2016年能源法》允许政府依据环境法中"谁污染谁付费"的原则，继续对离岸油气企业环境污染和退出的成本进行回收。最后，逐渐取消能源生产中的可再生能源使用义务。《2016年能源法》将批准新内陆风电场的权力下放给地方政府，同时取消或限制这些新批准建设的内陆风电场的可再生能源使用义务。

(四) 英国碳中和法律政策再调整期(2016年至今)

2016年，脱欧公投的结果迫使卡梅伦辞去首相职务，自此之后，英国几任首相都是保守党党首——原内政大臣特雷莎·梅、外交大臣约翰逊、外交大臣特拉斯和财政大臣苏纳克相继成为英国新首相。英国碳中和法律政策在延续保守党一贯政策的基础上，也出现了一系列的再调整举措。

"脱欧"给予了英国发展碳中和法律政策更多的自由空间。2020年11月，英国政府发布《绿色工业革命十点计划》，提出了包括发展海上风电、推动低碳氢发展、提供先进核能以及加速向零排放汽车过渡等在内的十个计划要点，为未来10年内英国在工业、运输和建筑行业减少2.3亿吨碳排放的目标，制定了相应的行动计划；2020年12月，英国政府发布《能源白皮书：为零碳未来提供

---

① Newbery, David M., "Towards a green energy economy? The EU Energy Union's transition to a low-carbon zero subsidy electricity system-Lessons from the UK's Electricity Market Reform", *APPLIED ENERGY-BARKING THEN OXFORD*(2016).

动力》,明确了力争 2050 年能源系统实现碳净零排放目标;2021 年 1 月 1 日,英国启动了《碳排放交易计划》,为工业制造业企业设定了温室气体排放总量上限;2021 年 3 月,英国率先在七国集团国家中推出《工业脱碳战略》,支持低碳技术的发展,提高工业竞争力,减少英国重工业和能源密集型行业的碳足迹,并大力开发碳捕获利用和储存、氢燃料转换技术;2021 年 3 月,英国发布《国家公共汽车战略》,提出了公共汽车行业绿色转型的计划;2021 年 7 月,英国发布《交通脱碳计划》,进一步整合铁路、公共汽车、航空等交通运输低碳转型规划,推动公共交通和私人交通电气化转型。

表 5-1 英国碳中和法律政策概况

法律政策	出台时间	制定机构
《可持续发展:英国的战略选择》	1994 年	英国政府
《节能法》	1996 年	英国议会
《石油法》	1998 年	英国议会
《公用事业法》	2000 年	英国议会
《温暖家庭及节约能源法》	2000 年	英国议会
《可再生能源义务法令》	2002 年	英国议会
《可持续能源法》	2003 年	英国议会
《2004 年能源法》	2004 年	英国议会
《气候变化及可持续能源法》	2006 年	英国议会
《气候变化税收规定》	2007 年	英国政府
《气候变化法》 《2008 年能源法》	2008 年	英国议会
《英国低碳工业战略》 《可再生能源战略》 《低碳交通计划》	2009 年	英国政府
《2013 年能源法》	2013 年	英国议会
《2016 年能源法》	2016 年	英国议会
《绿色工业革命十点计划》 《能源白皮书:为零碳未来提供动力》	2020 年	英国政府

续表

法律政策	出台时间	制定机构
《碳排放交易计划》	2021 年	英国政府
《工业脱碳战略》		
《国家公共汽车战略》		
《交通脱碳计划》		

资料来源：作者自制。

二、司法判例

（一）阿姆斯特朗 DLW 有限公司诉温宁顿网络有限公司（Armstrong DLW GmbH v. Winnington Networks Ltd.）

1. 基本案情

2010 年 1 月 25 日，一位自称是 Zen 控股有限公司（以下简称 Z 公司）代表的布文德·辛格（Bhovinder Singh）先生联系到了温宁顿网络有限公司（以下简称"W 公司"），询问该公司是否有兴趣与 Z 公司交易欧盟碳排放配额（European Union Allowance，简称 EUA）。随后，W 公司、Z 公司和辛格先生通过电话和邮件进行了洽谈。

2010 年 1 月 28 日，W 公司同意以 267 645 欧元的价格从 Z 公司购买 EUA。当日 13 时，在阿姆斯特朗 DLW 有限公司（以下简称"A 公司"）于德国登记的账户中，共计 21 000 个单位 EUA 被转移到 W 公司在英国登记的账户中。但该转移系未知第三方对 A 公司进行"钓鱼邮件"欺诈之结果，且 W 公司不知道其交易所得 EUA 是从 A 公司的账户中转出的。W 公司随即通过 TFS Green 交易平台以 272 500 欧元的价格出售了 21 000 个单位 EUA，并将价款汇至 Z 公司在迪拜的银行账户中。

A 公司察觉欺诈事实之后对 W 公司提起诉讼，并提出了三种不同的索赔主张。其一是基于所有权，请求 W 公司返还其原本持有的 EUA；其二是基于不当得利，请求 W 公司赔偿 A 公司所受损失；其三，基于 W 公司明知（或不知情）收到 EUA 或其可预期收益而提出衡平法上的索赔请求。

2. 争议焦点

该案在法律层面的核心争议可概括为：第一，EUA 的法律属性为何，它是否属于英国法中所认可的财产,以及属于哪一类财产?第二,W公司是否为善意第三人?

(1) EUA 的法律属性

EUA 的法律属性之所以能引起争议,归根结底是因为 EUA 的新颖性。一方面,EUA 是欧盟立法而非英国立法的产物;另一方面,EUA 仅以电子形式存在,没有客观实体。因此,若 EUA 可以被定性为有形财产(或者是有书面凭证的无形财产),它可能会受到侵占之诉的告诉;故在该案中的情形中,不知情的购买者没有任何抗辩事由。但另一方面,正如先例"OBG 诉 Allan[2008] 1 AC 1"一案所确定的规则一样,纯粹的权利动产不能成为侵占之诉的客体。

让我们再回到财产的问题上。在 1965 年的"National Provincial Bank 诉 Ainsworth"一案中,威尔伯福斯(Wilberforce)勋爵就勾勒了财产的基本特征,即"在一项权利或利益能够被纳入财产或影响财产的权利类别之前,它必须是可定义的,可由第三方识别的,在其性质上能够由第三方受让的,且具有一定程度的持久性或稳定性"。以此为基础,英国法律将财产分为动产(personal property)和不动产(real property),动产分为属地动产(chattels real)和属人动产(chattels personal)。①属人动产又进一步分为"有形动产"(tangible property)和"无形动产"(intangible property)。前者也被称为"占有财产",其是指有形的、可移动的东西,可以被占有,且能通过交付进行转移;后者则与之相反。然而,英国法中还有一类特殊的动产,即权利动产(chose in action),它虽然也不具有固定形态,但与"无形动产"有所不同,在《英国法大全(第五版)》中,权利动产是指只能通过诉讼而非实际占有来主张或强制执行的个人财产。"权利动产"可以成为盗窃的对象,但不能成为侵占的对象。《英国法大全》明确出口配额(export quota)和碳排放权交易单位(carbon trading unit)不能被

---

① 属地动产(chattels real)指产生于土地、建筑物等不动产上的权益。普通法将此种权益归属为动产,是因为这类财产在所有人死亡时转移给该死者的遗产代理人,而不是转移给其继承人。最典型的属地动产是定期地产权。在完全保有地产权和属地动产权益之间最主要的区别在于它们的期限是否确定。前者是没有确定期限的;后者即使其期限超过了权利人生命所能达到的程度,因为期限确定,只能归为属地动产或动产权益(chattel interest)。属人动产(chattels personal)狭义的属人动产专指可移动的财产,但这个词通常用于广义,即指用于除不动产和属地动产外的任何种类的财产,包括有形动产(corporeal chattels)和无形动产(incorporeal chattels)、占有动产(choses in possession)和权利动产(choses in action)。有形动产或者占有动产包括动物、车辆、书籍,以及其他可以实际占有的物;无形动产或权利动产则包括债权、公司股份、版权以及其他一切只能通过诉讼才能实现的权利来体现其存在的物。参见《元照英美法词典》,法律出版社 2003 年版,第 220 页。

视为"权利动产"。

鉴于此,针对EUA在英国法中的法律属性,该案法官进行了以下论证:根据威尔伯福斯(Wilberforce)勋爵在"National Provincial Bank诉Ainsworth"先例中阐明的规则,EUA可被认定为财产。首先,EUA是根据欧盟排放交易计划(ETS)授予持有人的权利以及各权利的总和,具有可定义性;其次,EUA有唯一的参考编号,具有可识别性;再次,因为ETS的交易规则规定EUA能够由第三方受让,故其具有可交易性;最后,EUA可以持续存在于注册账户中,直至它被转出以供提交或出售为止,故其具有永久性和稳定性。

那么,EUA是否属于权利动产(chose in action)？法官认为,从本质上讲,EUA的持有人不具有可以通过民事诉讼强制执行的"权利",它不是一种与他人负有一定的义务相对应的"权利",它并没有赋予持有人排放二氧化碳的"权利";相反,它最多代表一种许可或者免除禁令及罚款。如果没有EUA,该主体将被禁止排放超过一定水平的二氧化碳,或者如果他这样做至少会被要求支付罚款。这样,持有EUA就免除了持有人支付罚款。再者,结合先例案件所确定的规则来看,①将EUA认定为无形动产(intangible property)更为合理。

(2) W公司是否为善意第三人

在EUA被认定为无形财产的基础上,W公司的善意与否将构成A公司三种诉求的抗辩事由,故法院也需对此做出裁判。

A公司对案件事实的基本主张是:W公司的尽职调查程序存在疏漏且未得到有效的遵守。在交易开始直至交易完成,W公司始终对Z公司都不甚了解,并且W公司有意识地对交易中存在的欺诈行为或行为不当的风险视而不见。与之相反,W公司对案件事实的基本主张是:W公司不知道该交易具有欺诈性,并且该交易或导致最终结果的各项要素,本质上也没有任何可疑之处。因此,W公司不需要特别注意,其行为符合情理或构成善意行为。

该案审理法官通过对证据的审查,最终认定W公司不具备善意。根据"Moore-Bick J. in Niru Battery"这一先例所确定的裁判规则,W公司至少未能"以商业上可接受的一般准则"行事;W公司有"充分理由"相信本案中的EUA转移系属不正常,但W公司未能在完成交易前对转让方进行必要的

---

① A-G for Hong Kong v. Nai-Keung[1987] I WLR 1339, In Re Rae[1995] BCC 102, In re Celtic Extraction[2001] Ch 487, Swift v. Dairwise Farms Ltd.[2000] 1 WLR 117.

调查。

3. 结论

该案的主要结论有两点：第一，在英国法中，EUA 被归类为无形财产。第二，A 公司的 EUA 被第三方实施"网络钓鱼"电子邮件欺诈而转移给了 W 公司，W 公司未尽合理注意义务，不存在善意购买的抗辩事由。A 公司在本次诉讼中的索赔成功，原则上有权获得适当金额的金钱判决。

（二）伊万·麦高希博士等人诉大学退休金计划有限公司案（Ewan McGaughey et al. v. Universities Superannuation Scheme Limited）

1. 基本案情

2021 年 10 月 29 日，伊万·麦高希博士（Ewan McGaughey）等人在英国高等法院对大学退休金计划有限公司（USSL）的董事提起诉讼。该公司是学术人员私人养老金计划——大学退休金计划（USS）的企业受托人，而该基金也被认为是英国最大的私人养老金计划。由于 USSL 没有股东，原告依据英国《2006 年公司法（2013）》和信托义务的要求的"董事需以受益人最佳利益行事的责任"，对 USSL 董事提出派生诉讼。[①]除了与 USS 管理有关的几个问题外，原告诉称，化石燃料是 USS 自 2017 年以来表现最差的资产类别，USSL 的前任董事和现任董事均未能制定可靠的化石燃料投资计划和撤资计划，他们的行为已经并将持续损害公司的盈利。基于索赔要求，该计划对化石燃料的投资规模暂被假定为超过 10 亿英镑。

2021 年 5 月 4 日，USS 宣布了其到 2050 年实现"净零排放"的长期目标。但原告诉称，USSL 既没有制定实现这一目标的可信计划，也没有对气候变化可能给公司带来的财务风险进行有可信度的评估。因此，基于《巴黎协定》、受益人的意愿和公司的长期利益，董事履行其职责的唯一合理途径是制定和实施在化石燃料投资上的可行撤资计划。

2. 争议焦点

针对本案的案件事实，双方存在如下争议：

原告方主张，USS 最近在其报告中强调，其在俄罗斯的 5 亿英镑投资存在巨大的风险，而这些投资主要是对俄罗斯化石燃料公司的投资。USS 宣布将

[①] 派生诉讼（derivative claims）CA 2006 s.260(1)，即当公司的合法权益受侵害，而公司怠于诉讼时，股东为公司的利益以自己的名义提起诉讼，追究侵害人的法律责任。

以出售或以其他方式剥离这些投资,但他们的行动为时已晚。原告指出,事实上自2015年5月以来,一个与原告无关的,名为"USS Divest"的团体一直在游说USS从化石燃料的投资中撤资。2018年10月,该团体向USS董事发送电子邮件,告知其与气候变化相关的投资风险,但只收到来自赫顿(Hutton)教授一份回信。2019年3月,USS Divest又向USS董事发出了一封由20位学者联名的信,要求详细说明USS在评估气候变化风险时使用了哪些资料,他们如何在规划中考虑气候因素以及继续投资化石燃料公司的财务上的理由,但USS没有回复。

被告方则辩称,尽管董事会对整体投资战略负有一定责任,但《计划规则》设定了一个投资委员会,并且将日常投资管理决策事务委托给USSIM(USS Investment Management Ltd, UUSL的子公司,为公司提供投资管理和咨询服务)。在过去的20年中,公司一直在考虑如何以最佳方式行使其投资权力。公司创立了气候变化机构投资者小组,旨在为欧洲机构的投资者提供一个平台,让他们与政策制定者能够就气候变化的长期风险和机遇进行交流。2001年,该小组的成员发表了一篇名为《气候变化——机构投资者面临的风险管理挑战》的讨论文件。在法律规定披露义务之前,公司发布了两次自愿性"气候相关财务信息披露工作组"报告。不仅如此,公司还听取了"金马伦-麦肯纳-纳巴罗-奥斯旺"律师事务所的法律意见,以便会员了解做出投资决策的框架。公司的决策受2020年3月26日文件中规定的一套投资原则的约束,并在2020年4月发表声明,涉及其尽职的投资和法律义务以及这对决策的影响程度。公司还有尽职投资策略,定期编制尽职投资或管理准则报告。

在回答原告关于公司未能立即制定化石燃料撤资计划的指控时,被告方辩称:公司每年都会向董事会提供有关气候变化问题的最新信息;USSIM为公司提供的年度董事会培训认为,从某些投资中撤资并非实现净零的适当方式(撤资对气候变化的影响有限,因为若USS出售一项资产,另一位投资者必然会购买该资产,这种交易对相关的公司或其碳排放几乎没有任何影响);相反,USS将不得不在参与其投资的资产和市场方面发挥作用。2021年5月,USSL宣布其最迟到2050年实现820亿英镑投资组合中的温室气体净零排放目标。为了帮助USSL实现净零目标,USSIM制定了衡量进展的临时目标,并在USS官网上予以公布,其中包括对超过管理50亿英镑的资产,并向持有的部分全球发达市场股票基金引入气候倾斜、短期调整措施、中期目标等细节。USSL还制定了与其投资的公司合作并向碳中和过渡的政策。USSL还会排除那些基于 ESG 报告认为将对 USS 造成财务不利的投资。

3. 结论

法官认为,虽然原告诉称 USSSL 的董事们违反了英国《2006 年公司法(2013)》第 171 条和第 172 条的规定,但原告没有具体说明公司应该出售哪些投资标的、何时出售以及会产生何种后果。除此之外,原告也没有解释为什么公司立即采取撤资计划就可以避免这些后果,没有具体说明公司应该采取什么样的计划。诚然,原告能够建立公司直接蒙受损失的初步证据,但这与原告遭受的经济损失并不直接相关。特别是,原告没有表明化石燃料投资与收益变化之间存在因果关系。综上,原告没有足够的利益或资格继续诉讼。

《计划规则》第 4 条规定公司有责任以确保投资组合整体安全、质量、流动性和盈利能力的方式行使其投资权力。它还规定,资产必须适当多样化,以避免过度依赖任何特定资产、发行人或企业集团,并避免整个投资组合中的风险累积。该条款与法院在 Cowan v. Scargill 案中的做法一致。USSL 公司在行使酌情权继续投资化石燃料公司时,已遵守第 4 条的规定。特别是,USSL 公司的证据表明,其已采纳法律建议,对成员进行了调查,采纳了到 2050 年实现净零排放的长期目标,并制定了与其投资的公司合作的政策。原告可能不同意这种雄心和这些政策,但它们完全属于公司行使其投资权力的自由裁量权。

该案处理结果是,法院驳回了原告的所有诉讼请求。2022 年 6 月,原告提出上诉。2022 年 10 月,上诉法院已批准上诉。

第二节 信息披露合规

作为全球最大的碳排放国之一,英国一直致力于推动企业和个人在减排方面发挥更大的作用。英国政府采取了一系列措施,以确保碳信息披露具有透明度和可信度,促成企业、社会组织和个人更好地参与全球碳治理。

一、英国碳信息披露的发展历程

英国是全球最早提出发展低碳经济的国家,在企业碳信息披露法律制度的建立和完善方面长期居于世界领先地位。

2008 年 11 月,英国政府通过《2008 年气候变化法》(Climate Change Act 2008),该法在第三部分碳排放交易体系的第 50 条对信息披露进行了初步规定,即"国家有关部门有权依本法案附表 4 的规定要求提供相关信息,以促成交易体系的建立"。其附表 4 进一步对主要问题作出了具体规定,包括有权要求披露信息的主体、电力供应商和分销商以及交易的潜在参与者应当披露的信息的范围、无合理理由而未遵守披露义务或者进行虚假披露应承担的责任。① 虽然这些条款已经失效,但该法案标志着英国首次将有关碳信息披露的内容写入法律,为后来立法提供了有益经验,并且反映了英国较为超前地意识到碳信息披露在碳排放交易体系中的重要作用。

《2008 年气候变化法》出台后,英国政府又做出了碳减排承诺(The Carbon Reduction Commitment),明确规定了 2 000 多家非能源密集型企业、未被欧盟碳排放交易体系(EU-ETS)或者气候变化协议涵盖的公共部门需将京都议定书所确认的六种温室气体排放的相关信息向英国环保部门做年度报告。如果相关主体未按照规定进行披露,将会受到监管部门的处罚,并且每年环保部门也会抽出一部分企业交由独立的第三方机构进行审计。2010 年出台的《2010 年 CRC 能源效率计划令》(CRC Energy Efficiency Scheme Order 2010)要求企业的财务主管承担报告企业碳排放信息的责任。《2006 年公司法(2013)》中要求伦敦证券交易所的上市公司自 2013 年 9 月起在董事会年度报告中必须披露碳排放信息。

以上这些规定使得英国成为全球首个强制上市公司在年度报告中进行碳排放信息披露的国家。

二、英国碳信息披露的具体规则

通过对英国碳信息披露的发展历程的梳理可知,英国早在 2008 年就在《2008 年气候变化法》中对信息披露进行了初步规定,后来又及时修改《2006 年公司法》,在其中增加强制上市公司进行碳信息披露的内容。但这些早期出台的法案大多只是做出概括性的规定,很少涉及具体的披露规则。

自 2015 年气候相关财务信息披露工作组(TCFD)成立以来,英国政府积极接受 TCFD 的建议并采取一系列措施力求在各领域实现与 TCFD 一致的披露规则。尽管 TCFD 的建议得到广泛认可,但许多组织尚未做出市场和其他利益相关者所需要的、能为其业务风险和投资决策提供有用信息的披露。英

---

① 英国议会法案网站:https://www.legislation.gov.uk/ukpga/2008/27/data.pdf(2023 年 7 月 15 日)。

国金融行为监管局(FCA)观察到,即使公司已经建立了治理、战略和风险管理安排来帮助董事评估气候变化对其业务的影响,但他们通常不会在披露中充分描述这些安排的性质和范围。FCA引用的研究结果显示,2019年,在TCFD的11项建议披露中,平均只有约三分之一的公司(优质上市公司)在制作相关报告。英格兰银行[审慎监管局(PRA)]于2020年7月发布的《致CEO信函》指出:"大多数公司在开发识别、评估、管理、报告和披露气候相关财务风险的方法方面取得了良好进展,并已开始将其嵌入相关治理和控制结构。"然而,PRA仍然观察到"最佳实践不断发展",并强调了公司的意图与PRA的监管预期之间的一些差距。[1]

为此,英国议会通过了《2022年公司(战略报告)(气候相关财务披露)条例》[The Companies(Strategic Report)(Climate-related Financial Disclosure) Regulations 2022]和《2022年有限责任合伙企业(气候相关财务披露)条例》[The Limited Liability Partnerships(Climate-related Financial Disclosure) Regulations 2022],针对有关公司和有限责任合伙企业引入符合TCFD建议的新披露规则,以确保此类具有重大经济或环境影响或风险的实体评估、披露并最终采取行动应对与气候相关的风险和机遇。这两部条例于2022年4月6日生效。

(一)《2022年公司(战略报告)(气候相关财务披露)条例》

该条例主要是对《2006年公司法》第414C条、414CA条和414CB条的修订,它要求有关公司在构成战略报告一部分的非金融和可持续性信息声明中披露与气候相关的财务信息。要披露的信息将是公司对其确定为对其业务具有重要意义的气候相关风险和机遇的描述;它的治理和风险管理方法;这些风险和机遇如何影响其战略和商业模式;以及它用于管理它们的目标和绩效指标。具体内容如下:[2]

1. 适用主体

该条例将其所规定的披露要求适用于满足以下标准的公司:

(1)目前需要提供非财务信息报表的英国公司,即拥有超过500名员工并

---

[1] Interim Report of the UK's Joint Government Regulator TCFD Taskforce(Nov.2020), https://assets.publishing.service.gov.uk/government/uploads/system/uploads/attachment_data/file/933782/FINAL_TCFD_REPORT.pdf.

[2] 英国议会法案网站,https://www.legislation.gov.uk/uksi/2022/31/made。

拥有可在英国监管市场交易的可转让证券的公司、银行公司或保险公司("相关公共利益实体");或者

(2) 在伦敦证券交易所另类投资市场注册证券的英国注册公司,员工人数超过 500 人;或者

(3) 不包括在上述类别中的英国注册公司,员工人数超过 500 人,营业额超过 5 亿英镑。

2. 披露内容

该条例规要求相关公司在其战略报告中进行"与气候相关的财务信息披露",相关的披露内容包括:

(1) 公司在评估和管理与气候相关的风险和机遇方面的治理安排;

(2) 公司如何识别、评估和管理与气候相关的风险和机遇;

(3) 识别、评估和管理与气候相关的风险的过程;

(4) 与公司业务相关的主要气候相关风险和机遇,以及评估这些风险和机遇的时间范围;

(5) 主要气候相关风险和机遇对公司的商业模式和战略的实际和潜在影响;

(6) 对公司商业模式和战略的弹性进行分析,考虑不同的气候相关情景;

(7) 公司用于管理气候相关风险和实现气候相关机遇的目标,以及这些目标的绩效表现;

(8) 用于评估管理气候相关风险和实现气候相关机遇的目标进展的关键绩效指标及其计算方法。

同时补充说明,如果公司的董事条例认为,考虑到公司业务的性质和经营方式,所要求的与气候相关的财务披露的全部或部分对理解公司业务来说并非必要,董事可以省略该与气候相关的财务披露的全部或相关部分,但必须提供明确而有说服力的解释。

(二)《2022 年有限责任合伙企业(气候相关财务信息披露)条例》

该条例主要是对《2008 年责任合伙企业(账目和审计)(2006 年公司法适用)条例》第 5 部分和第 5A 部分的修订,它要求某些大型英国有限责任合伙企业(LLP)在其战略报告或能源和碳报告中报告与气候相关的财务信息。要披露的信息将反映 TCFD 的建议及其业务治理、风险评估、战略以及目标和指标的四个主题"支柱"。具体内容如下:

1. 适用主体

该条例规定满足以下标准的 LLP,须在其战略报告中披露与气候相关的财务信息:

(1) 拥有 500 多名员工;或者

(2) 是一家母公司 LLP,由 LLP 领导的集团的员工总数超过 500 人。

若既不是交易有限责任合伙企业也不是银行有限责任合伙企业,满足以下标准的 LLP,须在其能源和碳报告中披露与气候相关的财务信息:

(1) LLP 不是母公司 LLP,而是拥有 500 多名员工,年营业额超过 5 亿英镑的 LLP;

(2) LLP 是母公司 LLP,由该 LLP 领导的集团的员工总数超过 500 人,由其领导的集团年营业额超过 5 亿英镑。

2. 披露内容

该条例规定的气候相关财务信息披露内容与上文《2022 年公司(战略报告)(气候相关财务披露)条例》规定的内容一致。要披露的信息是 UKLLP 对其确定为对其业务具有重要意义的气候相关风险和机遇的描述、它的治理和风险管理方法、这些风险和机遇如何影响其战略和商业模式,以及它用于管理它们的目标和绩效指标。

三、英国碳信息披露的支持举措

2015 年,金融稳定委员会成立了气候相关财务信息披露工作组(TCFD),旨在优化并扩大气候相关财务信息的报告范围。2017 年,TCFD 发布了最终报告,其中包括一系列自愿性的披露建议,涉及如何评估和披露跨行业和跨地区的公司的治理、战略、风险管理以及与气候变化相关的指标和目标,并向市场和其他利益相关方披露与气候相关风险和机遇。TCFD 建议已得到广泛接受,被世界各地的公司采用。

2019 年英国政府的《绿色金融战略》规定,到 2022 年,所有上市公司和大型资产所有者都应根据 TCFD 建议进行披露。除此之外,该国还成立了一个跨政府和监管机构的工作组,以考虑引入强制性措施的适当性整个经济体的报告要求。

2020 年 11 月,英国财政大臣宣布,英国将在 2025 年之前针对大型企业和金融机构强制实行气候信息披露要求。英国财政部在英国财政大臣公告中发布了《针对强制性气候相关信息披露的路线图》，如图 5-1 所示。该路线图为在未来五年内引入监管规则和立法要求制定了指示性路径，并为如下七类组织提出了协调战略：上市商业公司、在英国注册的公司、银行和建筑协会、保险公司、资产管理人、人寿保险公司和 FCA 监管的养老金计划及职业养老金计划。图 5-1 显示，七类组织中的每一类将采取适当的措施，其中大部分措施预计将在 2023 年之前生效，具体取决于相关监管机构和政府部门的咨询结果以及其他法定要求。

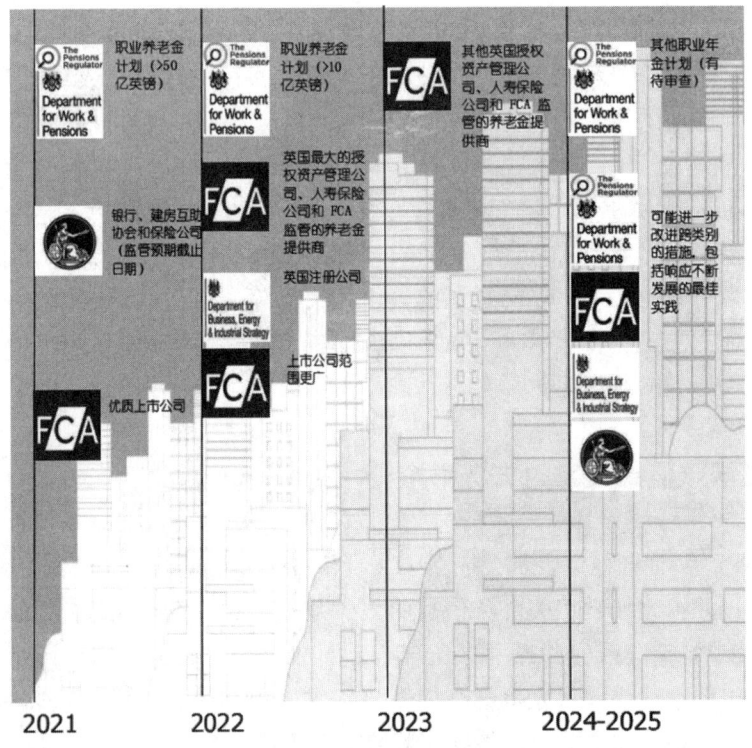

图 5-1　英国针对强制性气候相关信息披露的路线示意

资料来源：《针对强制性气候相关信息披露的路线图》(英国财政部，2020 年 11 月，第 5 页)，https://assets.bbhub.io/company/sites/60/2021/12/TCFD-Status-Report-2021-Simplified-Chinese-Translation.pdf(2023 年 7 月 15 日)。

自此之后，英国政府和监管机构在碳信息披露上取得了一系列重大进展。[①]

---

① 英国政府网站，https://www.gov.uk/government/publications/greening-finance-a-roadmap-to-sustainable-investing。

2020年12月,英国金融行为监管局(FCA)对英国优质上市公司提出了根据TCFD建议在合规或解释性的基础上披露气候相关风险和机遇的新规则,最终确定了针对英国优质上市公司的与TCFD一致的披露规则。2021年3月,英国商业、能源和产业战略部(BEIS)就某些上市公司、大型私营公司和有限责任合伙企业的强制性气候相关财务披露要求进行了咨询。2021年6月,英国金融行为监管局(FCA)发布了进一步的提案,把根据TCFD建议进行信息披露要求的适用范围扩大到标准上市股票,并针对资产管理公司、人寿保险公司和受FCA监管的养老金提供商提出按照TCFD建议进行信息披露的要求。后一项拟定法规将通过"分阶段实施的方法"引入,涵盖英国资产管理市场的和英国资产所有者持有的资产管理规模的98%。2021年7月,英国议会批准了由英国就业与养老金部(DWP)提出的法案,该法案于2021年10月1日生效,它要求拥有超过50亿英镑相关资产的职业养老金计划的受托人以及所有授权的主信托计划(master trust schemes)和授权集体货币购买制定与TCFD一致的气候相关财务披露的计划。117名受托人必须在每个计划年度结束后的七个月内制作并在公开网站上发布此类信息。超过10亿英镑的职业养老金计划净资产自2022年10月1日起按规定执行。2021年12月,英国金融行为监管局(FCA)发布了两份关于与TCFD一致的气候相关财务披露的政策声明。其中一项声明扩展了FCA现有气候相关披露的适用要求,适用于自2022年1月1日起代表股权的标准上市股票和全球存托凭证的发行人。另一份声明适用于资产管理规模超过500亿英镑的资产管理公司和资产超过250亿英镑的资产所有者(人寿保险公司和受FCA监管的养老金提供者)。从2022年1月1日开始,这些组织必须每年在实体层面和产品层面按照TCFD建议进行披露。AUM或资产低于上述门槛但超过50亿英镑的组织预计将披露2023年1月1日之后的会计期间。

第三节 碳交易市场合规

2002年英国建立并启动了全球首个碳排放交易市场(UKETS),并于2007年并入欧盟碳排放贸易体系,2021年英国能源白皮书声明确认英国将脱离欧盟的碳交易体系,从2021年1月1日起恢复本国碳排放交易市场。脱欧后的UKETS大部分借鉴了与欧盟碳市场第四阶段运行相类似的机制,但同时也进行了具有英国自身特色的少数制度设计。

一、交易平台的合规

英国碳排放交易市场,以欧盟碳交易市场的第四阶段为蓝本,允许UKETS作为独立计划运作,也可以在与欧盟达成协议的情况下与欧盟碳交易市场挂钩。其覆盖范围保留了欧盟碳交易市场的规定,对于参与者的监测、报告和验证义务也基于欧盟交易市场第四阶段的要求。但是,排放上限比英国在欧能碳交易市场中的份额要低。

(一) UKETS 的覆盖范围

UKETS 的覆盖范围包括英国主权管辖范围内的能源密集型工业、制造业、电力行业以及部分航空活动(英国国内、英国与欧洲经济区国家之间、英国往返直布罗陀的民用航空活动,2023 年 1 月起将增加英国往返瑞士的航班)。[1]受 UKETS 的监管活动详情在《2020 年温室气体排放交易令》的附表 2 中列出,[2]航空活动的完整定义和具体范围在《2020 年温室气体排放交易令》的附表 1 中列出。[3]另外,由于北爱尔兰的发电设施是爱尔兰岛单一电力市场的一部分,仍然归入欧盟碳市场进行规制。

为减轻管理负担,《2020 年温室气体排放交易令》中存在一些简化规定。对于每年排放量低于 25 000 吨 CO_2 当量(不包括生物质排放量)、净额定热输入低于 35 MW 的医院和小型排放源,可以选择退出排放交易体系,采取监测和报告其排放量的方式实现年度减排目标。对于每年排放量低于 2 500 吨 CO_2 当量(不包括生物质排放)的超小型排放源,仅对其排放进行监测,排放超过阈值时应通知监管机构,免于参与碳市场。

(二) UKETS 的准入标准

任何没有不良记录的个人和机构,都可以在英国国家碳配额登记簿开户,

---

[1] Department for Business, Energy & Industrial Strategy, Welsh Government, The Scottish Government, and Department of Agriculture, Environment and Rural Affairs(Northern Ireland), Developing the UK Emissions Trading Scheme(UKETS)(March.25, 2022).

[2] UK Public General Acts, The Greenhouse Gas Emissions Trading Scheme Order 2020, https://www.legislation.gov.uk/uksi/2020/1265/schedule/2/made.

[3] UK Public General Acts, The Greenhouse Gas Emissions Trading Scheme Order 2020, https://www.legislation.gov.uk/uksi/2020/1265/schedule/2/made.

参与配额拍卖和二级市场交易。进行英国碳排放交易的主体，须持有英国碳排放交易计划监管机构颁发的许可证，这可以是温室气体排放许可证、医院/小型排放源许可证或飞机运营商的排放监测计划。

对于进入欧盟碳排放交易系统和持有《2012 年温室气体排放交易计划令》颁发的许可证的主体，英国要求监管机构必须通知参与者将许可证转换为符合《2020 年温室气体排放交易计划令》(The Greenhouse Gas Emissions Trading Scheme Order 2020)附表 6 所要求的温室气体排放许可证。对于列入 2021—2025 年分配期医院和小型排放器清单的装置，要求监管机构将许可证转换为符合附表 7 要求的医院或小型排放器许可证。

许可证可以依申请获得、变更、转让、退还和撤销。许可证的申请按照附表 6 进行，仅当监管机构认为设施的运营商将能够根据许可证监测和报告设施的可报告排放量时，才可以为其颁发温室气体排放许可证。产生需要批准的变更时，运营商必须申请更改其许可证，例如，容量、活动水平或设施操作的变更，必须通知监管机构在许可证的内容中说明。另外监管机构有权随时更改许可证。许可证持有人可以将许可证转让给新的运营商，由双方共同向监管机构提出申请。如果装置停止运营或不再进行受监管的活动，并且在技术上无法恢复运营，运营商必须在运营结束后 1 个月内向监管机构申请退还许可证，超出期限则需要监管部门同意。当退还申请获得批准时，监管机构会发出"退还通知"，列出许可证的失效日期，并要求运营商报告当年经核实的排放量。如果运营商未能在要求的期限内申请退还许可证，监管机构将在合理可行的情况下尽快撤销许可证。此外，许可证也可能因不遵守许可证条件或《温室气体排放交易令》的规定而被撤销。关于医院或小型排放源的许可证要求列于附表 7 中。

航空活动不需许可证，而是申请相同功能的排放监测计划，排放监测计划应在航空运营商开始经营的 42 天内完成申请，计划将列出航空运营商的航空排放的监管手段。航空活动低于超小型排放源阈值(25 000 吨)、来自航空活动的排放不到 3 000 吨的航空运营商免于验证其二氧化碳排放报告。

二、交易规则的合规

2020 年 11 月，英国碳排放交易体系被引入立法草案中，2020 年 12 月英国政府正式决定建立独立的碳排放交易体系，而非此前 2018 年曾考虑过的碳税手段(Carbon Emissions Tax，CET)，此后英国立法机关通过了《2020年温室气体排放交易计划令》作为实施碳市场的直接法律基础。[1]该命令建立了英国脱欧后的排放交易制度，适用于电力部门、能源密集型行业和航空领域的温室气体排放活动。它详细规定了与该命令范围内的配额分配和回收规则，为医院和小型排放源制定了一些简化规定，其制度设计还与欧盟监测、报告和核查等计划进行衔接，旨在实现脱欧后有关部门与欧盟碳市场的平稳过渡。同时该命令附有执行和处罚条款。2022年1月，《2020年温室气体排放交易计划令》的修正案公布，对原文件进行了多项修正。[2]

(一) 交易原则

UKETS通过分配和交易温室气体排放配额来延续欧盟碳排放市场的交易，一份配额等于1吨二氧化碳当量，每年年底，该计划覆盖的设施必须有足够的配额来支付其温室气体排放量。排放配额还可以灵活地在市场进行交易。排放交易计划采用"总量控制和交易"原则，即对计划涵盖的部门可以排放的某些温室气体的总量设定上限。对于可以排放的碳总量限制随着时间的推移而减少，在此上限内，参与者可以根据需要，通过拍卖或在二级市场上获得配额。

为了与英国政府及英国气候变化委员会所提出的"净零轨迹"以及正在进行的第六次碳预算的规划保持一致，UKETS的总量控制制度要求全英国的排放总量有"上限"。从2021年1月1日起，UKETS第一阶段的上限最初设定为低于英国在欧盟ETS第四阶段(2021—2030年)中预期的5%。

计算配额上限的方法为，在一个计划年度中，新建的配额数量应小于计划年度的基数乘以医院和小型排放源的减排系数。现行立法设定了第一阶段(2021—2030年)的总限额为13.65亿二氧化碳当量。为了与"净零轨迹"保持一致，保证参与UKETS的运营商在脱欧后实现交易市场的平稳过渡，英国碳排放交易管理局建议的第一阶段的总限额应在8.87亿至9.36亿二氧化碳当量之间，这相当于在整个阶段减少约30%—35%。因此，英国需要在2024年逐步改变限额水平，到2030年，可能年限额约为5 000万二氧化碳当量。上限

---

[1] UK Public General Acts, The Green house Gas Emissions Trading Scheme Order 2020, https://www.legislation.gov.uk/uksi/2020/1265/schedule/2/made.

[2] UK Public General Acts, The Greenhouse Gas Emissions Trading Scheme(Amendment) Order 2022, https://www.legislation.gov.uk/uksi/2020/1265/schedule/2/made.

机制导致各个部门的确切减排量存在不确定性,以及减排量可能甚至不足以满足第四次碳预算,这导致英国政府可能需要在其他部门寻求额外的减排量,以发挥尽可能的脱碳潜力。

(二) 交易方式

1. 配额分配的计算标准

目前,免费分配配额是英国碳排放交易体系中应对碳泄漏风险的主要政策工具。因此,最有可能发生碳泄漏风险的参与者可能会被提供部分免费配额,以提高竞争力,支持他们向低碳经济过渡。而他们最终能否获得免费配额将由历史活动水平、行业基准和碳泄漏暴露系数(CLEF)共同确定。最初使用的基准和碳泄漏暴露系数(CLEF)是欧盟碳市场第四阶段的标准,历史活动水平也是基于根据欧盟碳市场收集的数据。2021年,这一活动水平达到5 800万配额单位,约占英国碳排放交易计划上限的37%,预计此后每年将减少160万配额单位。同时,碳泄漏风险的分析也为免费分配的政策设定提供了一定的考量因素。另外,碳泄漏的缓解政策主要包括碳边界调整机制(CBAM)、工业脱碳需求侧政策/强制性产品标准等。

根据英国目前的行业计划,行业上限被设定为英国在欧盟ETS第四阶段行业上限中的名义份额,但是,行业上限现已被立法规定为固定数额,不会随总上限的变化而自动调整。如果参与者根据碳泄漏风险、基准效率和历史活动水平而获得的免费配额数量高于行业上限,则启动跨部门校正因子(CSCF),则该系数对每个参与者的免费分配按比例减少。如果参与者获得的免费分配数额低于行业上限,这些配额将被保留,用于未来几年CSCF的缓解。但是CSCF的触发会导致参与者的免费配额减少,因此为了保持市场的流动性和交易体系的可信度,管理局有意重设行业上限,为第二阶段的免费分配做好准备。此前英国ETS管理局已确定不会在2021—2025年分配期间应用CSCF,另外英国政府承诺在过渡期间不会因净零目标而降低免费配额的数量,以确保具有碳泄漏风险的部门得到平等激励的待遇。

申请在2021年至2025年分配期免费配额的合格装置的运营商以及新进入UKETS的参与者,将获得免费配额。免费配额申请的有效期由英国ETS管理局决定。该申请经监管机构计算、ETS管理局批准之后会在分配表中公布,分配表会定期更新。2021计划年度的免费配额已于2021年5月26日分配给在UKETS登记处持有账户的运营商。

2. 配额提交的时间限制

运营商应对每年的排放量进行监测,并在下一年提交相等的配额。报告年度为每年的1月1日至12月31日。就设施而言,可报告的排放量是指设施在进行受监管活动的总指定排放量(以吨二氧化碳当量计)。所有的年度排放量的监测和报告均由独立的验证机构进行检验,验证机构的核查员将检查数据的完整性、可靠性,以及与申请阶段提交的排放报告的一致性,并在次年的3月31日前向监管机构提交相应报告。另外,2022年《温室气体排放交易令》修正案允许监管机构以书面形式授权符合要求的人或者机构对温室气体排放场所进行检查。

三、交易合规的监管与处罚

(一) 监管机构

英国ETS管理局及其监管机构为运营商提供有关其遵守英国碳排放交易义务的指导。英国政府还为碳市场设立了专门的监管机构,在不同领域具有较为明确的职权和分工,能源及气候变化部(Department of Energy and Climate Change,DECC)负责碳排放权交易体系的监督管理,金融行为管理局(Financial Conduct Authority,FCA)负责监管碳排放权的金融衍生品,如碳期权、期货等。

UKETS监管体系的设计由碳排放监管和碳交易监管组成,具体包括碳排放量数据监管系统和碳信用交易监管系统。

1. 碳排放数据监管系统

英国对碳排放的监控主要通过设定排放企业强制报告制度与对报告数据的核查制度来实现,具体规定了报告的形式、报告的要求以及报告的内容,碳排放的监管系统采用了与欧盟排放交易体系第四阶段相同的监测、报告与核查(MRV)框架,包括减少改进报告频率和简化监测计划。在履约过程中,控排企业和设施如果不能上缴足额配额,则必须支付超额排放罚款,但无须再在下一个履约期补齐上缴配额。这一罚款最初相当于100英镑/吨二氧化碳当量,但随着时间的推移会根据通货膨胀进行调整。此外,不能按时履约的企业和设施也将进行公示。

2. 碳配额交易监管系统

"碳配额交易监管体系是对排污权交易实施情况进行管理的系统,通过收集、确认和维护相关碳配额的数据,对可交易配额的权属以及相关交易进行纪录。通过核对账户间的交易情况,确保交易的合法性与唯一性,有利于市场流通的安全和高效进行。"[1]英国碳配额交易的监管主要通过联合交易登记注册簿来实现。

法律明确规定了联合注册登记簿的管理员可以要求企业账户使用者遵从与注册登记簿相关的条款。排放设备经营者或英国航空经营者应按照条款的要求提交注册信息、开立注册登记簿账户以及输入排放数据。而核查者有责任批准年度排放以及标记排放是否已经被核查。注册登记簿管理员应按照经营者的要求,转移或撤销配额数量。当所涉账户的持有者、授权代表或额外授权代表不适合持有或代表操作该账户时,注册登记簿管理员可以拒绝在联合注册登记簿中为其开立任何账户,或拒绝批准一个账户的授权代表或额外授权代表。

当一个排放企业没有遵守规则,注册登记簿管理员会将相关的注册登记簿账户设为冻结状态,直到该企业按照规则完全达到履约状态。账户被冻结的情况主要有:

(1) 排放企业被要求按照递交或撤销通知的条款向监管机构递交。

(2) 排放企业没有在报告规定的时间内递交报告。

(3) 排放企业在规定的时间内递交报告不完整。

(4) 排放企业在规定的时间内递交给监管机构的报告未按照装置的监测和报告要求完全核查或部分核查。

当注册登记簿管理员按照规则冻结了一个注册登记簿账户时,需通知账户持有者说明冻结的原因以及账户将被冻结的持续时期。

(二) 处罚机制

民事处罚是 UKETS 的主要执法处罚形式,《2020 年温室气体排放交易令》的第七部分涵盖了 UKETS 的处罚与执法内容。[2]

第一,监管机构针对违反或可能违反《温室气体排放交易令》、许可证/排放监测计划或者《2018 年监测和报告条例》的行为发出执法通知,责令运营商

---

[1] 樊威:《英国碳市场执法监管机制对中国的启示》,《科技管理研究》2016 年第 17 期。

[2] UK Public General Acts, The Greenhouse Gas Emissions Trading Scheme Order 2020, https://www.legislation.gov.uk/uksi/2020/1265/part/7/made.

限期改正,并告知有关上诉权的信息。监管机构可以在任何时候撤回执法通知。第二,处罚通知和支付罚款,如果监管机构认为运营商违反了《温室气体排放交易令》的第 50 条至第 68 条的规定,可以对其进行民事处罚,发出处罚通知之前必须先发出"初始通知",列出违反的规定内容、可施加的非递增处罚的最高金额、每日罚款的最高比率和可能施加的每日罚款的最高数额,每日罚款从发出初始通知之日起算。如果监管机构认为可以计算出该运营商应承担的每日罚款总额(包括每日罚款达到最高数额的情况),则可以向其发出"处罚通知"。收到处罚通知的运营商则必须在到期日或之前向通知中列出的机构支付罚款。处罚通知中的民事罚款可以作为民事债务由监管机构进行追讨,监管机构还应尽快将处罚通知报告给相关的国家机关,并且支付收到的所有款项。如果处罚通知由首席检查员发出,则款项支付给农业、环境和农村事务部;如果由苏格兰环保署(Scottish Environment Protection Agency,SEPA)发出,则支付给苏格兰大臣;如果由威尔士自然资源机构(Natural Resource Wales,NRW)发出,则支付给威尔士部长,在其他任何情况下支付给国务大臣。第三,关于违反第 26 条的规定,在没有许可证的情况下进行温室气体排放的设施也会被施加民事处罚。另外在确定处罚金额之前,监管机构可以灵活地增加一个系数,以确保民事处罚的金额超过运营商因违反规定而获得的经济利益的价值。

2022 年《温室气体排放交易令》修正案主要是对执法和处罚部分的内容进行了增补。第一,任何人在检查设施运行的场所时故意妨碍监管机构或被授权的人员,构成交易令第 40 条的罪名;第二,未遵守交易令第 34V 条的规定,拒不退还无权占有配额的个人将会受到民事处罚,被处罚 20 000 英镑,并从发出初始通知之日起每日增加 1 000 英镑;第三,根据交易令第 52 条,未能按期交付指定配额的航空运营商将被处以"超额排放罚款"的情形,修正案新增加了可能触犯本条的几个条件。

第四节 投资与金融合规

碳中和的实现不仅需要依赖于政府政策的引导,同时也不能忽视市场机制的重要推动作用。投资手段和金融工具能为企业实现低碳转型提供充裕的资金保障。英国在相关方面做出了诸多尝试,本节尝试从英国碳金融的种类、实质合规和形式合规三个方面进行介绍。

一、英国碳金融的认证

在全球大力发展碳金融的趋势下,各国碳市场不可避免地出现了大量不符合可持续发展理念的、假借"绿色"之名浑水摸鱼的金融项目。为尽量杜绝此类"漂绿"项目的出现,英国通过权威机构认证的方式,筛选出符合要求的碳金融项目。这是英国碳金融合规的第一道关卡。

第一,绿色贷款的认证。在立法上,根据英国《环境保护法》《污染预防与控制法》《水资源法》以及《废弃物管理法》等法律法规的规定,企业(借款人)通过环境责任评估乃是绿色贷款认证的基本要求。除法律规范外,行业规则也构成了绿色贷款认证的重要参照。比如由花旗集团、荷兰银行、英国巴克莱银行和西德意志银行等私有银行制定的"赤道原则"(Equator Principles)便规定:金融机构在向一个项目投资时要对可能出现的环境风险和社会影响进行综合;评估金融机构根据可能出现的环境风险和社会影响的程度,将贷款项目分为 A、B、C 三类,其中 A 类项目的风险最高;评级为 A 或 B 类的项目,借款人必须出具环境污染评级报告。

第二,绿色债券的认证。绿色债券是一种专项资金债券,专门用于企业提升其可持续发展水平。英国的绿色债券发行标准采用了全球通行标准,[①]即由国际非营利组织气候债券倡议组织(Climate Bond Initiative)发布的《气候债券标准》(Climate Bonds Standard)和由国际资本市场协会(International Capital Market Association)发布的《绿色债券原则》(Green Bond Principles)。《气候债券标准》强制要求审核者必须被气候债券标准委员会所认证,即成为授权核查机构(approved verifiers)后才有权就债券是否满足《气候债券标准》的环境和财务要求提供正式保证报告。[②]而《绿色债券原则》则仅是"强烈建议"发行人在债券存续期间通过聘请外部审计师或其他第三方机构对发行人募集资金管理进行复核。除此之外,为了更好地管理绿色债券,英国采取了对发行企业进行评级的方式。该举措一方面能够有效评估发行人的资金偿还能力,另一方面也能作为投资者的有力参考。不仅如此,一些机构还通过对绿色债券的"绿化程度"做量化评估,间接影响绿色债券的发行定价。

[①] 在英国,发行方提供用来证明其所发行债券的绿色特性的相关第三方文件,是伦敦证券交易所指定绿色债券平台的准入条件之一。

[②] 气候债券倡议组织网站,http://www.climatebonds.net/certification/assurance(2023 年 7 月 16 日)。

第三,绿色基金的认证。英国绿色基金的认证主要是通过"绿色经济标志"(Green Economy Mark)实现的。"绿色经济标志"可以在股权市场中用于标记满足一定条件的伦敦上市公司和基金。只有公司收入的一半以上为"绿色收入"的企业才能获得持有"绿色经济标志"的资格。在具体的申请程序上,企业在上市前或上市后都可向伦敦证券交易所提交"绿色经济标志"的申请表格。但是,企业即使在上市前成功通过申请,该标志也只能在企业或基金上市后正式生效。申请提交后,伦敦证券交易所将对企业开展相应的审查与问讯,并在申请提交后的 28 个工作日内作出颁发或不颁发"绿色经济标志"的决定。企业获发"绿色经济标志"之后,伦敦证券交易所将提供有关如何使用此标志的宣传指引。[①]

二、英国碳金融的实质合规

所谓的实质合规指向了具体的规范,在英国,这主要包括以下几种类型。

首先,实践指南。实践指南虽不具备强制性,但可以作为碳金融各主体进行碳金融行为的重要参考。比如,伦敦证券交易所就在 2021 年发布了《绿色金融指南》(LSEG Green Finance Guide),其中对绿色贷款、绿色债券和绿色基金等多种类型的碳金融项目的实践操作做了十分细致的规定。

其次,行业准则。行业准则一般具有行业内的约束性,通常可以分为国内行业准则和国际行业准则两种。前者如在绿色贷款中,双方当事人应遵守业界普遍认可的贷款市场协会(LMA)的《绿色贷款原则》(Green Loan Principles)、《可持续发展关联贷款原则》(Sustainability-Linked Loan)等。后者如根据联合国环境署金融倡议组织(UNEPFI)在 2019 年发布的《负责任银行原则》(Principles for Responsible Banking, PRB),贷款银行若为签署方,则需要定期评估贷款银行对《负责任银行原则》的履行情况,公开披露银行的正面和负面影响及其对社会目标的贡献,并对相关影响负责。

再次,相关标准。此处的标准大体可分为认证标准和发行标准两类。在讨论英国碳金融的认证时,我们就已经阐述了能耗标准、排污标准的重要性。只有符合相应的环境保护标准,企业才能通过相关的碳金融认证,获得参与碳

[①] 伦敦证券交易所网站,https://docs.londonstockexchange.com/sites/default/files/documents/LSE_GEM_APPLICATION_MAR_2021.pdf(2023 年 7 月 16 日)。

金融的资格。在碳金融的发行标准上,如绿色债券《绿色债券原则》和《气候债券标准》,绿色基金的"绿色经济标志"获得标准。

最后,法律法规。《环境保护法》(Environmental Protection Act)、《污染预防与控制法》[The Pollution Prevention and Control(England and Wales)(Amendment) Regulations]、《水资源法》(Water Act)以及《能源法》(Energy Act)等法律均对碳金融有所规定。除了环境保护的法律法规外,其他的法律亦对碳金融有所涉及。比如英国《2006年公司法》(Companies Act 2006)就规定,英国在主要股票交易市场上市的公司被要求在年度报告中披露温室气体排放信息。政府也鼓励其他企业自愿披露。因此,借款企业亦需遵循相应的信息披露要求。

三、英国碳金融的形式合规

除了实质合规之外,英国碳金融还有形式合规的要求。

以绿色贷款为例,在贷款提供方在审核放贷时,需要对以下形式内容的做形式合规审查。第一,资金用途。由于绿色贷款项目具有用途的专属性,借款人必须在文件中对贷款资金用于特定绿色项目进行适当描述,以及明确说明绿色项目的所属类别。第二,参与主体。与传统贷款相比,绿色贷款的参与主体可能需要新增负责设计碳金融框架的碳金融框架顾问,同时可能涉及支付一定数额的顾问费。第三,信息披露。信息披露的内容至少应包括贷款资金已投项目的细节信息、该项目开展后产生的正面环境影响总结以及剩余资金接下来的计划用途等。第四,认证要求。该项内容用以证明该贷款项目已经经过相关权威机构和/或协会的绿色认证。第五,信息承诺。与绿色项目有关的信息承诺应在贷款协议中明确。第六,违约责任。如对于任何违反使用资金规定的行为,双方可以约定从事件发生之日起,贷款不再被视为绿色贷款,但应享有补救的权利。通常来说,双方当事人还会约定如果未将绿色贷款的资金用于绿色项目或违反绿色指标等,应算作引发贷款违约事件,以及随之而来的未偿贷款的交叉违约,从而被要求加速偿还贷款。

再譬如,发行人在可持续债券市场也有形式要求。第一,综合监管规则、证券结构以及准入市场的选择。第二,完整的可持续债券市场声明和申请表格(SBM Declaration and Application Form),包括发行人需选定债券所属的类型(具有特定募集资金用途的债券、发行人层级债券、选择转型债券)、披露强制性可持续相关文件(为了确定债券的可持续属性,发行人被要求向伦敦证券交易所提供相关的支撑材料)、确认并保证债券存续期将继续履行更新报告(ongoing reporting)义务。[①]

第五节 法律责任

为了治理大气污染,应对气候变化,英国出台了一系列气候变化相关的法律及政策,并且针对企业的违法行为规定了较为严格的法律责任。由于企业在气候变化方面的违法行为主要集中于违法排放温室气体和违法披露气候相关信息两个方面,因此下文将围绕这两类违法行为所应承担的法律责任展开阐述。

一、违法排放温室气体的法律责任

2005年生效的《京都议定书》规定,英国应当承担8%的减排任务。为了实现英国温室气体减排的目标,英国的相关法律对违法排放温室气体的行为规定了一系列处罚措施。

(一) 民事责任

英国作为最早开始工业革命的国家,大量煤炭的燃烧导致了二氧化碳及其他有害气体的排放,对环境产生严重影响。为保障公民合法权益,英国建立了环境公共侵扰制度和惩罚性赔偿制度。违法排放温室气体给公众权益造成损害的,检察长、社会环保组织以及受损害的公民均有权提起诉讼。对于损害较轻的环境侵权行为,一般以被告履行承诺的方式承担责任;针对造成严重损害的环境侵权行为,法院则会判处为法治赔偿损失或加处罚金;若环境侵权行为人的不法行为处于持续状态,受害人可以请求法院发出禁止令。

(二) 行政责任

2012年,英国出台《气候变化协议(管理)条例》[Climate Change Agreement

[①] 伦敦证券交易所网站,https://docs.londonstockexchange.com/sites/default/files/documents/Sustainable_Bond_Market_Factsheet_FINAL_%2811_10_2019%29.pdf(2023年7月16日)。

(Administration) Regulations 2012]规定了对违反气候变化协议的处罚措施。气候变化协议是经营者与环境署之间的自愿协议,旨在减少能源使用和二氧化碳排放。作为回报,经营者可以获得气候变化税(CCL)的折扣,如果经营者未能满足其协议的要求,那么它可能会受到执法机构的处罚。处罚形式为罚款,具体罚款金额依据环境署发布的《执法与制裁政策》附件 2 中的计算规则来确定。

2015 年《氟化温室气体条例》(The Fluorinated Greenhouse Gases Regulations 2015)的附表 4 中规定了故意释放氟化温室气体、将氟化温室气体投放市场等违规行为的处罚。该条例中的处罚是根据违规行为的严重程度设定的,同时考虑到违规行为对计划完整性的影响及违规行为对环境的影响。环境执法部门通常会使用法定最高限额作为初始罚款金额,如果违规行为严重但造成的实际损害很小,也会使用低于法定最高限额的初始罚款金额。

(三) 刑事责任

《2015 年氟化温室气体条例》第 29 条规定:"任何人违反欧洲议会和理事会关于氟化温室气体的法规(EU)No 517/2014(禁止故意释放含氟温室气体)的规定,或者导致或允许他人违反该项规定的,构成犯罪。"[①]根据英国环境部 2019 年发布的关于气候变化罪行的犯罪应对方案,英国环境执法机构发现此类犯罪时会依次予以警告、正式警告,最终将提起公诉。根据《2015 年氟化温室气体法规》第 31 条之规定,有上述罪行,经简易程序定罪,将处以不超过法定最高限额的罚款;经公诉程序定罪,将处以罚款。罚款数额依据 2014 年英国司法部量刑委员会颁布的《环境违法案件权威量刑指南》(Environmental Offences Definitive Guideline)中的具体要求来确定。

二、气候相关信息披露违法的法律责任

企业的气候相关信息披露对于政府的监管和公众的监督而言至关重要,为了确保企业主动、真实、完整地报告或披露气候相关信息,英国的环境法律对企业违法披露或报告气候变化信息的行为规定了严格的法律责任,包括民事责任、行政责任和刑事责任。行政处罚作为主要的制裁手段,严重违法者将

---

① 英国议会法案网站,https://www.legislation.gov.uk/uksi/2015/310(2023 年 7 月 16 日)。

会被追究刑事责任。

(一) 民事责任

早在 2004 年英国就出台了《环境信息条例》(Environmental Information Regulations 2004),旨在提升和保护公众对环境问题的了解,并确保有关环境信息的准确和完整性。根据这一法规,权利人一旦被发现有关环境信息有造假或虚假陈述的情况,有权提出诉讼,要求责令其采取更正措施,停止传播混淆虚假信息,并向受害者支付赔偿金。

自 2015 年气候相关财务信息披露工作组(TCFD)成立以来,企业监管机构强烈要求企业主动评估、披露和管理他们在快速向净零排放未来过渡的世界中面临的主要气候风险。与此同时,公司董事会的"气候漂绿责任"开始受到重视。英国的股东漂绿索赔仍处于新兴阶段,迄今针对"漂绿"的索赔主要是在监管(而不是股东)不力的背景下出现的。值得注意的是,2019 年,Client Earth 向英国国家联络点提出了一项索赔,称英国石油公司违反经合组织的《跨国企业指南》,歪曲了其低碳投资的性质和范围,但在英国石油公司撤回了作为投诉内容的广告后,该索赔并未继续进行。2021 年 10 月 29 日,一家大学退休金计划(USS)的成员对大学退休金计划有限公司(USSL)的董事提出了基于披露的"漂绿"索赔,指控受托人尽管 USS 宣布了到 2050 年实现"净零排放"的长期目标,但该公司并未制定实现这一目标的可信计划,也没有对气候变化给公司带来的财务风险提供可信的评估,其投资计划将继续损害公司及投资者利益。

(二) 行政责任

2011 年及 2013 年的《减碳委员会能源效率计划令》(CRC Energy Efficiency Scheme)规定了以下几种违规行为及所对应的行政处罚。

第一,未能保存有关用于编制年度报告或与任何指定变更相关的信息的记录的,对参与者在发现违规行为的前一年的年度报告年度中的大量 CRC 排放处以每吨二氧化碳 40 英镑的罚款并公布。

第二,未能提供年度报告或迟交报告的,对于在相关年份零排放的参与者可免除处罚;在截止日期后不超过 40 个工作日内提供报告的,处以 5 000 英镑的固定罚款;在到期日之后提供报告的,每个工作日每日罚款 500 英镑(2014/15 合规年度起)并公布。

第三,提供不准确的年度报告,报告不准确的供应量或排放量,每吨二氧化碳罚款 40 英镑(2014/15 合规年度起)并公布,且通常只会在报告错误超过 2 000 吨二氧化碳的情况下才进行处罚。①

2015 年《氟化温室气体条例》的附表 4 中规定了未按照规定报告和保存相关记录的违规行为对应的处罚措施。该条例中的处罚是根据违规行为的严重程度设定的,同时考虑到违规行为对计划完整性的影响及违规行为对环境的影响。环境执法部门通常会使用法定最高限额作为初始罚款金额,如果违规行为严重但造成的实际损害很小,也会使用低于法定最高限额的初始罚款金额。

从 2022 年 4 月起,英国将要求大型企业和有限责任合伙公司(LLPS)引入强制性气候变化报告规则,取代之前采用的自愿制度,以确保这些企业考虑气候变化所带来的风险和机遇。上市公司在气候相关信息披露方面承担更大的责任,如果上市公司违规披露气候信息,英国证券交易所可能会对违规披露气候信息的上市公司实施处罚,包括罚款、警告、禁止参与证券交易等。此外,证券交易所还可能会要求上市公司采取改善措施,以确保未来不再发生违规披露气候信息的情况。

(三) 刑事责任

2004 年英国《环境信息条例》(Environmental Information Regulations 2004)规定,任何人如更改、污损、封锁、删除、销毁或隐瞒环境信息的任何记录,意图阻止披露的,即属犯罪,可处以不超过标准等级 5 级的罚款。②

英国《2006 年公司法》(The Companies Act 2006)规定,各公司必须向商业注册局披露其年度报表,此报告中必须包含详细的碳信息披露。在此报告中,企业必须全面准确地披露其碳排放量、排放目标以及碳减排活动的数据。如果企业未能履行此义务,那么法律规定企业的负责人将面临处罚金或者长期监禁刑。如果公司虚假披露碳信息被查出,那么其涉及的所有人员都将被依据公司法追究责任,可能会面临刑事处罚或罚款,并可能会因财务失真或影响市场稳定而受到英国金融市场行为监管局(FCA)的处罚。

---

① 在 2013 年 CRC 令中,术语"不准确"是指报告的任何供应或排放与应报告的供应或排放的差异超过 5%。
② 英国议会法案网站,https://www.legislation.gov.uk/uksi/2004/3391(2023 年 7 月 16 日)。

2008年,英国政府出台了《2008年气候变化法》(Climate Change Act 2008),以强制执行气候变化法规。《气候变化法》附表4中赋予了环境机构通过信息公开命令的方式,要求电力供应者或传输者及交易计划的潜在参与者提供信息的权力。环境机构必须首先向信息拥有者发出书面的信息公开请求,参与者在该请求发出28日之后未提供信息的,环境机构才可以发出信息公开命令。合法的信息公开命令应当满足下列条件:书面形式、列明需要提供的信息、列明信息接收者的姓名和地址、列明提供信息的时间、说明未按要求提供信息的后果。没有合理理由拒不履行信息公开命令的、明知或应当知道所提供的信息存在错误或易被误解的行为,属于犯罪行为。犯有上述罪行的,可适用简易程序被判处不超过5 000英镑的罚款。

根据《2008年气候变化法》第48条和附表3第10段的授权,英国出台了《2013年减碳委员会能源效益计划令》(The CRC Energy Efficiency Scheme Order 2013),该法令第82条第1款(a)项规定:"明知或罔顾后果地作出虚假或误导性的重大事项陈述即属犯罪。"其第83条第1款规定:"犯本罪的,在英格兰和威尔士或北爱尔兰——经简易程序定罪将处罚款或不超过3个月的监禁,或两者兼施;经公诉程序定罪,可处罚款或不超过2年的监禁,或两者兼施;在苏格兰——经简易程序定罪,可处以不超过50 000英镑的罚款或不超过12个月的监禁,或两者兼施;经公诉程序定罪,可处罚款或不超过2年的监禁,或两者兼施。"①

参考文献

[1] Mitchell C. & Connor P., "Renewable energy policy in the UK 1990 – 2003", *Energy policy*, Vol.17, pp.1935 – 1947(2004).

[2] David M. Newbery, "Towards a green energy economy? The EU Energy Union's transition to a low-carbon zero subsidy electricity system-Lessons from the UK's Electricity Market Reform", *Applied Energy*, Vol.179, pp.1321 – 1330(2016).

[3] Climate Change Act(2008).

[4] CRC Energy Efficiency Scheme Order(2010).

[5] CRC Energy Efficiency Scheme Order(2013).

[6] "Interim Report of the UK's Joint Government Regulator TCFD Taskforce",

---

① 根据2014年英国司法部量刑委员会颁布《环境违法案件权威量刑指南》(Environmental Offences Definitive Guideline)的规定,英国环境犯罪既可依公诉罪审理(即在皇家法院审理),也可依简易程序审理(即在治安法院审理)。

https://assets.publishing.service.gov.uk/government/uploads/system/uploads/attachment_data/file/933782/FINAL_TCFD_REPORT.pdf(November 9, 2020).

［7］"Greening Finance: A Roadmap to Sustainable Investing", https://www.gov.uk/government/publications/greening-finance-a-roadmap-to-sustainable-investing(October 18, 2021).

［8］UK Public General Acts, "The Greenhouse Gas Emissions Trading Scheme Order 2020", https://www.legislation.gov.uk/uksi/2020/1265/schedule/2/made(November 11, 2020).

［9］Department for Business, Energy & Industrial Strategy, Welsh Government, The Scottish Government, and Department of Agriculture, Environment and Rural Affairs (Northern Ireland), "Developing the UK Emissions Trading Scheme(UKETS)", https://www.gov.uk/government/consultations/developing-the-uk-emissions-trading-scheme-uk-ets (March 25, 2022).

［10］The Greenhouse Gas Emissions Trading Scheme Order(2020).

［11］The Greenhouse Gas Emissions Trading Scheme(Amendment) Order(2022).

［12］UK Public General Acts, "The Greenhouse Gas Emissions Trading Scheme Order 2020", 2020, part7, https://www.legislation.gov.uk/uksi/2020/1265/part/7/made(November 11, 2020).

［13］London Stock Exchange, Applying for the Green Economy Mark, https://docs.londonstockexchange.com/sites/default/files/documents/LSE_GEM_APPLICATION_MAR_2021.pdf(February 09, 2023).

［14］The Fluorinated Greenhouse Gases Regulations 2015, https://www.legislation.gov.uk/uksi/2015/310/contents(March 19, 2015).

［15］Environmental Information Regulations(2004).

［16］The CRC Energy Efficiency Scheme Order(2013).

执笔:程飞鸿、梁婧、茹煜哲(上海社会科学院法学研究所)

第六章 法国碳中和合规研究

法国作为目前全球第七大经济体,其碳排放总量和人均碳排放量都远低于世界其他国家,甚至在欧盟之内也处在绝对领先水平。究其原因,除了其本身能源结构的特殊性外,它在世界范围内也最早提出了可持续发展和碳中和等概念,并且自 2018 年以来法国在碳减排政策的制定和实践上也一直比较大胆,引领着欧盟和国际上的立法。

第一节 政策演变与司法判例

法国作为气候变化治理的发起国,长期以来一直都在采取措施积极应对气候变化问题。本节第一部分主要介绍自气候变化问题出现以来,法国国内在气候治理方面所做的政策努力,包括了从积极参与主导国际合作到法国国内深化改革、适应和治理气候变化问题的过程;本节第二部分主要介绍了近年来法国在气候变化治理进程中的新型立法及其司法实践。

一、政策演变

法国作为气候变化治理的发起国,长期以来一直都在采取措施积极应对气候变化问题。从政策演变的角度看,法国的气候治理主要分为以下五个阶段,大致与法国五任总统任期相对应。[1]

---

[1] Gaël Virlouvet, Vingt ans de lutte contre le réchauffement climatique en France: bilan et perspectives des politiques publiques, Conseil économique, social et environnemental, le 29 avril 2015.

（一）政策形成时期（1989—1992 年）

在法国、西班牙和荷兰的倡议下，1989 年 3 月在海牙召开了第一次关于气候变化的重要国际会议，此次会议有 80 个国家参加。在这之后，米歇尔·罗卡尔总理成立了一个跨部门技术小组，专门制定应对温室效应的行动方案，该小组于 1990 年 11 月 15 日提交了关于温室效应的报告，报告明确了气候变化问题的复杂性和治理的长期性。为了进一步展开工作，法国在 1993 年 6 月 16 日通过法令成立了部际气候变化委员会，专门协调法国在国家、欧盟和国际层面的应对气候变化行动。

里约会议召开后，法国于 1993 年 3 月向欧盟委员会提交了法国温室气体方案的初步内容，该方案旨在使 2000 年的温室气体排放量保持在 1990 年的水平。法国随后于 1995 年 2 月向在柏林举行的第一届缔约方会议提交了第一个国家气候变化预防方案。该文件概述了法国应对气候变化方面采取的措施，包括节能、燃料税、提高对节能和能效的认识、发展核电厂等，这些措施使法国在 1980 年至 1990 年期间的人均温室气体排放量远低于其他欧盟国家（－26.5%）。1997 年 11 月，法国向京都会议提交了《气候变化框架公约》（UNFCCC）第二次信息通报。

（二）迅速发展时期（1997—2007 年）

1998 年 11 月，部际气候变化委员会决定制定一项新的国家气候变化方案。该报告于 2000 年发表，促使法国能够在议会几乎一致地通过批准《京都议定书》的决定。该方案制定的措施与 1997 年以前采取的措施非常接近，主要通过行政规章来规制建筑物内的能源控制和具体的电力使用、运输系统的改进等。也就是说，这些措施几乎完全是以能源为导向的。另外，报告第一次提出需要利用包括碳税在内的经济刺激手段，来控制能源需求和提高公众对其消费选择影响的认识。

在议会的倡议下，法国参议院和国民议会一致通过了 2001 年 2 月 17 日的法律，着手对法国《环境法典》（Code de l'environnement）进行修改，决定在其第 1 条中明确将减少温室效应和防止与全球变暖有关的风险列为国家优先事项。

在 2003 年 2 月 19 日 IPCC 第二十届会议开幕时，雅克·希拉克总统提到全球将温室气体排放量减半的迫切目标。对法国来说，这可能意味着将其排放量缩小四到五倍。随后，时任环境与可持续发展部部长塞吉·勒佩尔蒂埃提出气候计划,旨在交通、建筑等领域实施新的激励和规制措施,并且鼓励各社区制定本地气候计划。

2004年7月13日的《能源政策指导法案》(即所谓的《POPE法》)(LOI n° 2005-781 du 13 juillet 2005 de programmefixant les orientations de la politique énergétique)向前迈出了决定性的一步。该法正式确立并加强了能源和气候公共政策之间的联系,其第2条规定:"……应对气候变化是能源政策的一个优先事项,旨在平均每年减少3%的温室气体排放。因此,国家制定并每两年更新一次气候计划,以介绍国家应对气候变化的总体行动。"

(三) 政策具体化时期(2007—2012年)

在2007年法国大选之前,法国生态、可持续发展与能源部前部长尼古拉·于洛、自然与人类基金会(FNH)和环境观察委员会(CVE)共同起草了一份《环境公约》(Convention environnementale),为总统候选人提出了10项可持续发展目标和5项具体建议。包括尼古拉·萨科齐、弗朗索瓦·贝鲁和塞戈莱娜·罗雅尔在内的主要候选人都签署了公约。法国新总统上任之后,就完成了五项具体的措施,包括设立负责可持续发展的副总理职位、征收碳税、将农业补贴转向优质农业、完善民主程序、制定关于环境和可持续发展的教育和宣传政策。

从2007年开始,法国着手进行环境民主讨论,其中一个工作组的主题即为应对气候变化和控制能源需求,最后制定了71项目标,涉及建筑、运输、城市规划、研究、包括气候贡献在内的经济手段、能源等。这些提议在2009年8月3日几乎获得一致通过,它为许多经济部门制定了雄心勃勃的气候治理目标。

从2009年开始,法国出现了很多关于碳税的讨论,一部分集中在碳税的价格上,另一部分集中在与欧盟政策的同步上,最终法国时任总理弗朗索瓦·菲永于2010年3月23日宣布最终取消碳税。

另外,这一时期法国开始对企业的环境和气候信息提出强制披露要求。2010年7月,法国议会通过《综合环境政策与协商法 II》(即"格勒内尔 II"法律)(Grenelle II),要求500人以上的大型企业披露可持续报告、公布商业活动对环境及社会产生的影响。

(四) 政策体系化时期(2012—2017年)

首届法国环境大会在2012年9月14日至15日举行,法国时任总统弗朗索瓦·奥朗德在经济、社会和环境理事会上发表了讲话,他在讲话中宣布将进行一场关于能源转型的全国辩论。该辩论在 2013 年上半年结束,并发布了一份关于能源转型的规划法案。2013 年 7 月 18 日,全国辩论委员会通过了这份长达 44 页的《全国辩论摘要》(Résumé du débat national),并在 2013 年 9 月 20 日和 21 日的环境大会上提交给政府。它提出了 15 个主要问题,同时提供了具体的方法和总体目标的建议。

几经波折之后,碳税立法最终有了实质进展。在 2013 年 6 月 4 日国民议会决议的支持下,由生态税收委员会准备,法国总理让-马克·艾罗在 2013 年 9 月 21 日宣布实施气候能源贡献税。它于 2013 年 12 月 29 日作为 2014 年金融法领域第 2013-1278 号法律第 32 条的一部分颁布,并于 2014 年 4 月 1 日生效。最初每吨二氧化碳排放税收为 7 欧元,预期 2015 年增长到为 14.50 欧元,2016 年到 22 欧元。2015 年 8 月 17 日的《绿色增长能源转型法案》(Loi de transition énergétique pour la croissanceverte)再次规划了其价格轨迹:预期 2020 年达到 56 欧元,2030 年达到 100 欧元。不过,其年度增长额必须在财政法案的框架内每年获得批准。

法国于 2014 年 7 月 30 日提出了《绿色增长能源转型法案》,历经多次讨论,法案最终文本于 2015 年 7 月 22 日由国民议会通过。该法案有 212 项条款,依据法国能源治理中期和长期目标,制定了一揽子计划措施。《绿色增长能源转型法案》第 173 条计划制定《法国国家低碳战略》(SNBC),并将其作为法国实现温室气体减排目标(减缓气候变化原则)的路线图。2015 年 11 月 18 日法国第 2015-1491 号法令正式通过了《法国国家低碳战略》,并确定了前三个周期内的碳预算。

此外,在《绿色增长能源转型法案》中还增加了企业信息披露规范,要求资管公司和机构投资者披露气候变化风险管理的信息。

(五) 后《巴黎协定》时代的气候政策(2017—2022 年)

2017 年 7 月 6 日,法国时任生态转型与团结部部长尼古拉·于洛提出了气候计划,旨在加快执行《巴黎气候协定》(Accord de Paris)。该计划确定了法国气候行动的雄心壮志,包括首次提出 2050 年实现碳中和,并将其作为不可逆转的目标。在能源方面,2019 年 11 月 8 日《能源与气候法案》(Loi Énergie-Climat)规定了到 2050 年将温室气体排放量减半的目标,并制定了《2019—2028 年多年能源方案规划》(Programmationpluriannuelle de l'énergie 2019 -

2028）作为其具体实施路径。

在企业信息披露方面，法国首先在2017年2月通过《供应链注意义务法》(Loi relative au devoir de vigilance des sociétésmères et entreprisesdonneusesd'ordre)，要求大型企业识别其自身和供应链企业上的环境和人权风险并采取预防措施，且需要将相关信息披露于企业年报中。2019年4月，法国通过《企业成长与转型法》(Loi relative à la croissance et la transformation des entreprises)确定了金融市场管理局对金融机构信息披露的监管职责。

二、相关司法判例

随着在碳中和治理方面的法律规范逐步增多，并且效力逐渐从软法转变为具有强制力效力的硬法的背景之下，越来越多的社团组织开始对企业的减排战略以及"漂绿"行为提起诉讼。这些案例一方面迫使法院将那些具有模糊性的法律条款进行解释和适用，另一方面它所起的示范性作用使气候变化治理法律问题被全世界更多人所了解。

（一）道达尔能源公司误导性商业行为(commerciales trompeuses)

2022年3月2日，法国绿色和平组织(Green peace)、地球之友(Les Amis de la Therre)和为众人而诉协会(Notre Affaire à Tous)，在欧洲环保协会(ClientEarth)的支持下，将道达尔能源公司(母公司 TotalEnergies SE 以及该集团的子公司 TotalEnergies Electricité 和 Gaz France)告上巴黎法院，控诉其关于气候承诺的误导性商业行为。

早在2018年，政府间气候变化专门委员会(IPCC)气候专家小组便确定在2050年前实现碳中和，"结合发达国家和发展中国家的适当目标，将地球平均温度控制在与前工业化时代比上升1.5℃的水平，并采取一切有效措施，使国家领土，特别是脆弱地区，适应气候变化的影响。停止法国对气候变化造成任何直接或间接影响，实施一切措施以至少在全国范围内实现减少温室气体排放、发展可再生能源和提高能源效率方面的既定目标"。2021年5月，道达尔石油和天然气公司(Total)决定进行战略转变，更名为道达尔能源公司(TotalEnergies)。然后，它进行了一次针对数百万法国消费者的沟通行动，其传达的信息很明确：道达尔能源公司承诺将在2050年前实现碳中和的目标。

原告认为道达尔能源公司发布了关于其气候承诺的虚假信息。这些信息在广告牌上,在媒体上,在其网站上,在加油站里随处可见,道达尔能源公司花重金让消费者相信其将于2050年实现碳中和。其在广告中向消费者声明:

——天然气是化石燃料中"污染最小"和"温室气体排放最少的",同时将其描述为对可再生和廉价能源的补充;

——"生物燃料"是"低碳替代品","与化石燃料相比,其二氧化碳排放量减少50%至90%"。

但道达尔能源公司的宣传中忽略了天然气在整个产品生命周期中对环境的影响,有以虚假信息欺骗消费者之嫌。欧洲关于环境广告声明的建议中指出,应当考虑到产品整个生命周期(供应链、生产方法)的总体环境影响。天然气在其整个生命周期中都会强烈排放甲烷,而道达尔能源公司的天然气直接卖给了190万个客户,排在Engie和EDF之后的第三位。

另外在广告宣传中,道达尔能源公司还强调了生物燃料对减排的贡献。然而,2021年4月法院判决禁止其经营拉梅德炼油厂,因为它没有评估其棕榈油供应所引起的气候影响。因为生物燃料主要由棕榈油和大豆等农业原材料生产,而农业用地的增长将导致自然生态系统的破坏和大规模的森林被砍伐。

因此,道达尔能源公司根本无法解释该集团的战略如何与2050年实现碳中和的目标保持一致。道达尔能源公司不仅在向消费者声明的目标中隐瞒了至少85%的温室气体排放,而且其生产计划与到2050年实现碳中和的最低要求有直接冲突。道达尔公司化石燃料业务仍然占据其收入的90%和投资的80%,而且它没有为到2030年的所有排放制定严格的减排目标。基于道达尔能源公司在化石燃料中投资的比重,其不可能在2050年前实现碳中和。原告请求法官下令删除具有误导性的宣传,并要求其公开所有为了减缓全球变暖而采取的措施。

随着气候变化带来的诸多环境问题逐渐受到人们重视,法国消费者在实施经济行为时也会考虑到购买的商品和服务对环境和气候产生的影响。而道达尔能源公司的误导性商业行为,显然无法使消费者对该公司在气候变化方面所做的贡献进行准确的衡量。

欧盟委员会曾在2021年12月向发布过于模糊或笼统环境承诺的公司发出整改的建议。由于环境承诺对消费者的经济行为有影响,公司必须能够具体证明他们打算如何实现其目标,否则就可能涉嫌从事欺骗性的营销活动。上述案件中原告希望在欧盟层面进行系统性改变,彻底结束商品和服务部门公司的漂绿行为。

该案件目前尚未进行判决。

(二) 违反注意义务案例(devoir de vigilance)

大型企业和跨国公司对自身及其供应链企业的环境和人权保护行为的注意义务逐渐成为欧盟立法的重点问题之一。目前已有法国、德国、荷兰等国家通过了相关法案,并逐步出现典型案例。迄今为止,涉嫌违反上述注意义务的诉讼已有 7 例,包括针对道达尔集团的两起诉讼,以及指控卡西诺集团(Casino)砍伐森林,苏伊士集团(Suez)在墨西哥一个城市的水资源管理存在缺陷,法国电力公司(EDF)在墨西哥属于原住民社区的土地上建造风力发电厂,互联企信公司(Téléperformance)在哥伦比亚、墨西哥和菲律宾的子公司存在侵犯工人权利的风险,XPO 欧洲物流公司将其责任分包并希望减少工资以低于法律规定的门槛等。7 项诉讼中有 6 项涉及法国公司,包括由其子公司或分包商在实际远离国家领土的国家开展的海外活动。

下文主要介绍关于道达尔集团和卡西诺集团的两个案例:

1. 道达尔集团(Total)违反注意义务[①]

2018 年 10 月 22 日,13 个地方公共团体和 4 个协会向道达尔集团首席执行官潘彦磊(Pouyanné)先生质询有关道达尔集团在气候变化方面的责任问题。根据法国 2017 年 3 月 27 日有关企业供应链注意义务(devoir de vigilance des entreprises)的法律,地方公共团体和协会要求道达尔集团明确其活动所带来的气候风险,并采取适当的行动来减轻和防止对环境和人权造成严重侵犯。2019 年 1 月 14 日,道达尔集团的法律主管提议召开会议,讨论如何向应对气候变化的共同目标前进。道达尔集团受到指控的原因,主要是其分公司在乌干达进行的 EACOP 东非原油管道建设和 Tilenga 项目。道达尔集团于 2006 年在与刚果民主共和国交界的阿尔伯特湖下发现了原油储备。其中 Tilenga 项目包括开采部分,EACOP 项目包括运输部分。道达尔石油公司 2021 年宣布将投资 100 亿欧元建设一条穿越乌干达和坦桑尼亚的长达 1 445 公里长的石油管道(EACOP),用于进行石油的开采和交付。据估计,此项目将造成超过 10 万人流离失所,且会威胁到周边水资源储备和生态平衡,对当地农业、渔业和旅游业造成不可挽回的打击。

在与道达尔石油公司就气候变化相关责任问题进行交流的两年后,协会

---

① Cass. comm., 15 décembre 2021, n 893 FS-B.

同地方公共团体将道达尔集团告上法院。2020年1月28日，14个地方公共团体和5个协会(Notre Affaire à Tous、Sherpa、Eco Maires、France Nature Environnement和ZEA)起诉道达尔集团，原因是其相关气候承诺不足，与《巴黎协定》的目标不匹配。地方公共团体和协会请求法官命令该跨国公司采取适当措施，通过大幅减少温室气体排放来防止其活动带来的风险。这一案件并非是要求损害赔偿，而是希望法院判决道达尔集团改变其商业模式。为众人而诉协会(Notre Affaire à Tous)希望道达尔集团加快能源转型，将其投资转向可再生能源并放弃化石燃料。地方社会团体则认为石油公司必须尽到自己的责任，调整计划以适应气候变化，而道达尔集团对此负有部分责任。

原告的法律依据主要是《巴黎气候协定》、法国《环境宪章》(Charteenvironnementale)以及法国2017年3月27日有关公司注意义务的第2017-399号法律(LOI n° 2017-399 du 27 mars 2017 relative au devoir de vigilance des sociétésmères et des entreprisesdonneusesd'ordre)，鉴于道达尔集团所进行的商业活动及其引起的"严重破坏气候系统的风险"，原告要求该集团发布"注意方案"，承诺采取措施防止侵犯人权和环境。

争议焦点——注意义务的解释：注意义务旨在促进和加强企业社会责任，要求公司履行防止与其业务有关的社会、环境和治理风险的义务，该义务也可以扩展到其子公司和商业伙伴(分包商和供应商)的运营活动中。关于注意义务的第2017-399号法律于2017年2月21日由众议院通过，并于3月23日由宪法委员会确认。该义务适用于连续两年在法国雇用5 000名以上员工或在法国和在国外雇用10 000名以上员工的公司和团体。此类公司必须制定、发布、遵守和评估一项"注意方案"，以防止其自身及子公司、分包商和供应商在运营活动中出现环境、健康和人权的风险。若发生上述问题，受害者、协会和工会将可以根据这一注意义务采取相关法律行动。法官将命令该集团公布并有效地实施一项警戒计划，并处以罚款。

本案关于注意义务解释之争议，具体而言就是道达尔集团应对什么负责？公司应该在多大程度上被追究责任并采取行动？答案将取决于围绕关键点的辩论。首先，温室气体排放的范围有多大，是否应该将其客户的碳排放计入其中。按照是否包括道达尔客户产生的排放计算，该集团的温室气体总排放量会相差10倍(每年4 200万至4 400万吨，即占全球总排放量的0.1%至1%)。然而就"注意方案"而言，道达尔集团对客户排放的温室气体这一范围是"不承担法律责任"的。

对这一问题的回答同样可以用来判断道达尔为应对气候风险而实施的措施。基于最新的 IPCC 报告和《巴黎协定》的最高目标,即将地球平均温度控制在与前工业化时代比上升 1.5 ℃的水平。在这种情况下,原告认为道达尔在其"注意方案"中的计划和行动是不足以达成目标的。但道达尔集团认为该方案是"合规的",该集团认为"气候问题被公开承认,并通过为实现《巴黎协定》做出负责任的贡献而被纳入其战略",这一文本适用的对象是国家而非公司。对注意义务的理解双方各抒己见,道达尔集团作为石油巨头公司应当对气候变化承担责任,但这一责任的边界在哪里还有待于立法和司法层面对注意义务的解释。

2. 卡西诺集团(Casino)违反注意义务

2021 年 3 月 2 日,由 11 个非政府组织组成的国际联盟起诉法国连锁超市卡西诺集团销售与砍伐森林有关的农场的牛肉产品,原告称该集团造成了环境和人权损害。所谓的环境危害包括因畜牧业造成的森林砍伐而破坏对调节气候变化至关重要的碳汇。这是连锁超市首次因在供应链中砍伐森林和侵犯人权而被起诉。

原告指控卡西诺集团没有履行注意义务。根据法国 2017 年 3 月 27 日有关公司注意义务的第 2017-399 号法律规定,大型公司有义务阻止侵犯人权和环境的行为,包括其直接或间接子公司所犯的行为。而协会认为卡西诺集团在巴西和哥伦比亚没有履行其义务。

巴西和哥伦比亚亚马孙土著居民的代表在法国和美国协会的帮助下,指责该集团通过购买肉类产品参与森林砍伐。卡诺西集团的营业额几乎占了南美洲市场的一半,其中它的子公司 GPA(Grupo Pao de Açùcar)拥有 15% 的市场份额。尽管卡西诺集团与巴西屠宰场签署了行为调整条款以遵守巴西法律,因为根据该法律,"生产链中的所有代理人对其同意造成的环境破坏负责",但卡西诺集团的巴西子公司 GPA 仍然接受来自森林砍伐地区或在原住民领土上建立的农场的牛肉供应。卡西诺集团的哥伦比亚子公司"Grupo Exito"则承诺了消除导致森林毁坏的行为。原告称"在相当长一段时间内,巴西和哥伦比亚的卡西诺集团供应链中发生了系统性的环境和侵犯人权行为"。据气候犯罪分析中心称,卡西诺集团定期从三个屠宰场购买牛肉,这些屠宰场从 592 家供应商那里采购牲畜,这些供应商应对 2008 年至 2020 年期间至少 5 万公顷的森林砍伐负责。

另外,原告认为自 2018 年以来卡西诺集团发布的年度"注意方案"缺乏实质内容和适用性。非政府组织要求卡西诺集团遵守对亚马孙森林砍伐保持注意的义务,并"从肉类生产的第一阶段到产品在其超市销售,严格具有可追溯性"。

2020年9月21日,11名原告正式通知卡西诺集团应尊重其义务,采取适当的措施防止对人权、基本自由、人类健康和安全以及环境的严重攻击风险。原告请求圣埃蒂安司法法院命令卡西诺公司:首先,制定、实施并公布详细的合规"注意方案",确定集团活动造成的风险;其次,在缺乏注意的基础上,根据《法国商法典》第 L.225-102-5 条,对巴西土著团体因卡西诺公司未履行注意义务而造成的机会损失和精神损害进行赔偿。

2020年12月17日,卡西诺集团对此回应称:第一,集团的"预防方案"将包括更新的风险图、对供应商的评估以及预防和减轻风险的行动,以及监测措施和评估其有效性的系统;第二,关于注意义务的法律只规定了公司采取合理行动来遵守的义务;第三,原告要求的措施是不合理的。卡西诺集团否认了上述指控,其律师在接受法新社采访时表示,该集团"严格遵守其法律义务",并将"继续与当地非政府组织合作,改进供应商和农场控制程序"。

第二节 注意义务合规

法国在2017年通过了第2017-399号《供应链注意义务法》,旨在促进和加强企业的社会责任。法国的这项法律是世界上第一部引入跨国公司供应链注意义务的法律。它标志着跨国公司在尊重人权和环境权利方面迈出了历史性的一步。此项法律的出台有其深厚的社会背景,其用一种全新的法律逻辑为企业社会责任的具象化做出了努力。本部分将对注意义务的产生背景,具体规则、实践情况和潜在影响做出介绍和分析。

一、《供应链注意义务法》的产生背景及历程

法国《供应链注意义务法》将大型企业和跨国公司的环境和人权保护责任扩张至它们的供应链企业,即供应链企业发生环境与人权侵权问题时,母公司和跨国企业也需要对这些行为负责。此项立法引起了很大的争议,一方面其为企业社会责任提供了更多的法律依据,为实现环境保护和气候治理目标提供了法治保障,但另一方面其法律逻辑完全突破了传统法人自治的观点,并且

给法国企业增添了很多治理成本。需要注意的是,尽管这样的立法思路并不是突然产生的,而是有着深刻的历史背景和导火索事件,但是其立法过程依然十分艰难。

(一) 孟加拉国拉纳广场事故

2013年4月24日,孟加拉国达卡的拉纳广场大楼倒塌,造成1 100多人死亡和2 000多人受伤。在大楼废墟中,人们发现了印有西方国家厂商标牌的全新衣物。因为孟加拉国是世界上最大的服装出口国之一,国内有超过4 500个厂房,内有数百万工人从事这项工作,服装行业占该国出口总额的80%。这次事故不仅暴露出了这些工人极具风险的工作环境,而且显示他们经常被强制劳动并且随意被裁员。这些纺织品工厂往往作为西方国家跨国公司供应链中的重要一环,其员工权利却没有得到妥善的保护。

其实此类事件之前也经常发生,跨国公司供应链企业的社会与环境问题一直都是国际社会关注的焦点。2011年3月21日联合国就颁布了《联合国工商业与人权指导原则》(Principes directeurs des Nations Uniesrelatifs aux entreprises et aux droits de l'homme(UNGP)),将尽职调查作为一项一般原则,并且此项原则在2011年5月25日得到了经合组织《跨国企业准则》(Principes directeurs pour les entreprises multinationales)的补充。

然而,这些原则由于缺乏强制力,导致了此类事故一再发生。拉纳广场事故如同一个导火索,在法国引起强烈反响,跨国企业母公司对其产业链上的企业以及其子公司的环境与社会责任如何负责的问题引起了人们重视。

(二) 企业社会责任的发展

企业社会责任是一个古老的概念。它是17世纪由贵格会(Quaker)发起的运动的一部分,贵格会提倡简朴和平等,并在美国反对奴隶贸易。企业社会责任是指根据传统上区分的三大支柱,即环境、社会和经济的可持续发展原则而产生的责任。它的目的是防止、减少或补偿(如环境法上)公司活动对其"利益相关者"以及整个社会的影响。

1976年经合组织制定了第一个跨国企业社会责任准则《经济合作与发展组织跨国企业准则》(OECD Principles of Corporate Governance)。该准则在2011年进行了更新,目前已被48个国家采用。它主要从三个方面进行规范,分别是公司的非财务信息报告以及评级机构的评估报告和负责人的投资原则

(SRI)。2017年颁布的《供应链注意义务法》显然是企业社会责任方面不断发展的一部分。

事实上，2019年5月投票通过的《公司的增长和转型法》法案也朝着同样的方向发展，在公司的管理目标中引入了对其活动的社会和环境影响的考虑（其第169条修改了《民法典》(Code civil)第1833条）。然而，这些规定其实早就在《商法典》(Code de commerce)中存在。至少自2002年以来，上市公司和大型企业必须在其管理报告（第L225-102-1条）中说明"公司如何考虑其活动的社会和环境后果"。

因此，《供应链注意义务法》可以被视为法国企业社会责任发展的一部分。

(三) 立法过程

虽然《供应链注意义务法》在2017年3月27日才正式通过，但是法国对企业环境与社会责任的规范可以追溯到更早。

早在拉纳广场惨案之前，法国在企业社会责任(CSR)方面已经有了一些立法进展，比如2001年5月15日关于新经济条例(NRE)的法律(Loi relative aux nouvelles régulations économiques)、2010年7月12日所谓的"格勒内尔II"法律和2014年关于工人基本权利的所谓"萨瓦里"法律(LoiSavary)，都是在规范企业在社会责任方面的努力。

《供应链注意义务法》的第一个草案（第1519号）于2013年11月6日提出，但法国政府认为该法案过于雄心勃勃，在2015年1月29日辩论后被退回立法委员会。草案中提出了刑事制裁、过错推定、举证责任倒置和无过错责任等具体设计。但是，这些规定超出了在欧洲或国际上进一步推广的可能性，使设立在法国的公司在与外国公司竞争方面处于过于不平衡的状态，从而有可能损害法国的吸引力和经济竞争力。因此，法国政府希望在有关部委，特别是司法部的帮助下，由提出第一个文本的议员们重新编写一个新的文本。随后这项工作迅速进行，最终议员们于2015年2月11日提交了一份新的法案(n°2578)。该文本与最终法律的内容很接近。国民议会于2017年2月21日最终通过了该法草案。但是，此项草案中对缺乏或不充分的注意计划处以最高1 000万欧元的民事罚款的规定在2017年3月23日被宪法委员会删除。①

---

① Tatiana Sachs, Juliette Tricot, «La loi sur le devoir de vigilance: un modèle pour (re) penser la responsabilité des entreprises», *Droit et société*, 2020/3.

二、《供应链注意义务法》的主要内容

2017年3月27日的第2017-399号法律只包含三个条款,其中两个条款被编入《商法典》的第L225-102-4条和L225-102-5条,还有一个应用条款,规定其在连续两年发布具体实施方案,即2018年针对2017财政年度,2019年针对2018年,需要分别发布合规计划和执行完毕的情况报告。

《供应链注意义务法》第L225-102-4条规定了注意计划的内容及其公布程序,和法院发出正式通知以责令公司遵守相应义务的可能性。第L225-102-5条规定,在发生损害的情况下,企业需要对相关损失进行赔偿,并自行公布法院的判决。对一个公司来说,其赔偿风险可能很高,因为它既包括维修费用,也包括声誉方面的损失。

接下来本部分将从注意义务涉及的公司范围、包含内容和履行方式三个方面进行介绍。

(一)注意义务涉及的公司范围

根据法律规定,此项注意义务涉及"任何在连续两个财政年度内,在其公司内部及其直接或间接子公司(注册地址位于法国境内)雇用5 000名以上员工的公司,或在其公司内部及其直接或间接子公司(注册地址位于法国境内或国外)雇用10 000名以上员工的公司"。

事实上,对于公司范围的规范还有以下几点值得注意的地方:

第一,对哪些形式的公司适用此项注意义务有规定。因为此条被编入《商法典》第二卷"商业公司和经济利益集团"的第二编"对各种商业公司的特别规定"第五章"股份有限公司"第三节"股东大会"。因此,它必须适用于符合雇员人数标准的设在法国的股份有限公司,以及适用相同股东大会和管理报告规定的其他形式的公司。具体而言,这些公司包括股份有限公司(SCA)和简化股份公司(SAS),但不包括有限责任公司(SARL)或集体所有的公司(SNC)。

第二,对于总部设在法国境外的公司,只有在法国子公司符合该公司及其子公司的雇员人数标准的情况下,才适用这些规定。对于境外公司的具体情况法国政府了解起来可能存在困难,因此适用效果上会打折扣。

第三,在计算法国的雇员人数时,如果没有特别的规则,则按照法国《劳动法典》(Code du Travail)第L.1111-2条和第L.1111-3条的规定计算年平均全

职雇员人数。对于驻外人员来说,其计算方法更加不确定。

(二) 注意义务包含内容

相关企业在开展商业活动时需要注意其自身、子公司、分包商以及商业伙伴在人权、基本自由、健康和安全以及环境保护方面的影响。这些保护标准和规范事实上在法国本土的所有公司都需要遵守,《供应链注意义务法》是为了让母公司做到尽职调查,保证其在法国领土外的子公司和商业伙伴实施同样的保护措施。

(三) 注意义务的具体履行方式

注意义务由几个相互关联部分组成,建立了一个良性循环,以减少确定的风险。这些履行内容被直接列在该方案中而不需要其他法律规范的指引。因此,它们的内容很容易被找到。

1. 风险图谱识别

风险图谱识别是公司要采取的第一个基本步骤:它通过分析公司活动在人权、基本自由、个人健康和安全以及环境保护上面临的风险,完成对公司风险图谱的测绘。因此,这是一项全新的工作,与以往董事会进行内部治理或者商业规划完全不同。当然,两者间有一些重叠的部分,比如关于工人的权利、健康和安全,但注意义务的范围要广泛得多,既涉及所涉问题,也涉及可能受到影响的人或环境。

同时风险图谱必须包括整个稳定的供应链企业,即所有与母公司存在商业关系的企业。这意味着一个非常庞大的注意义务合规识别工作,包含的企业往往达到数万甚至数十万。

同时,在了解所有的风险之后,应该依风险大小进行排序,对严重的风险优先处理。而对不同风险严重性的评估,则是基于它们的潜在后果和发生概率。

2. 对于子公司和分包商的定期评估程序

根据不同行业和地理位置的特点,必须定期对这些子公司和分包商对于这些风险控制的情况进行评估。这就要求母公司制定审计计划,通过问卷调查、风险培训和阅读定期报告的方式来了解风险控制情况。但是,考虑到有"既定商业关系"的分包商和供应商的数量,实际上不可能要求一家公司在其整个供应链上全面履行上述义务,因此需要将此种义务合理分配给一级或二级供应商上。

在实践中,提供供应商审计和评价服务的第三方机构已经存在多年,在《供应链注意义务法》案出台之前就已存在。

3. 缓解与预防行动

在发现严重风险的情况下,应制定和实施预防和减轻其影响的行动。这些行动旨在让法国域外的人权保护和环境保护得到实现。比如法国《劳动法典》中原本就有关于劳动者保护的内容,但是《供应链注意义务法》要求母公司还需要考虑其子公司及供应链企业的劳动者保护标准。又比如在环境保护方面,欧盟与法国对企业早就实施了诸多要求和限制,《供应链注意义务法》也要求母公司对其子公司和供应链企业关注其生产过程中的环境影响。

4. 警告机制

与反腐败法案一样,《供应链注意义务法》也需要建立一个相关的警告机制,并且对内部和外部举报人进行合理保护。人们可以通过电话或书面方式进行举报,并且其相关信息都会进行保密,即使在警告机制内部也会对举报人保持匿名,经过调查之后需要对举报人做出回应。这通常涉及建立一个处理警报的平台,该平台必须规定所报告案件的类别及其分类,然后将其移交给经正式授权的官员,这些官员必须足够中立以确保公正的处理。但也要允许与举报人进行对话,如有必要,可将举报人移交给其他现有程序。

人们普遍认为,受害者或直接受到公司活动危害的人可以使用警报机制,但法律没有明确规定是否应将其扩大到公司以外的、知道存在风险的任何人。然而,公开预警系统的地址或电话号码确实使之成为可能。

5. 监测机制

公司必须从一开始就计划如何监测和评估合规计划中所包含行动的实施情况,这可以通过一些可量化的指标来进行具体的评估,比如进行审计的次数、损害的情况及分阶段的评估报告等。

6. 合规计划的发布位置

合规计划是投资者关注的重要部分,其在管理报告中的位置应当使其具有特殊的能见度,但一般公众很少知道。这个位置由法律规定:"合规计划和关于其有效实施的报告将被公开,并包含在 L.225-102 条提到的报告中。"

对于上市公司,参考文件由公司免费提供给公众(文件一般在网上提供,纸质版也免费提供给任何有要求的人)。非上市公司的管理报告则可见度较低,甚至可能很难找到。

三、法国《供应链注意义务法》的实施情况及影响

从 2017 年《供应链注意义务法》颁布以来,进行注意义务合规的公司比例大幅增加。到 2021 年,法国有 263 家公司根据此项法律需要进行相关合规活动,而在这 263 家涉及的公司中,只有 44 家没有注意计划。而在 2020 年,法国有 265 家公司需要进行合规,其中 72 家公司没有完成相关义务。[1]

在法国,有两个典型诉讼是根据《供应链注意义务法》启动的,都是针对道达尔公司,由非政府组织和环保协会发起。第一个诉讼是批评道达尔公司想要在乌干达的自然保护区内开采油田,而无视人权以及当地社区和环境;第二个诉讼是批评道达尔公司所开展活动对气候系统造成严重破坏。

四、法国《供应链注意义务法》的完善方向

根据六年以来的实施情况,法国《供应链注意义务法》可能从以下两个方面进行完善。

第一,提高相关信息的能见度和清晰度。目前的注意义务合规报告一般在企业管理报告的企业社会责任编,导致很多公众很难获取相关报告。此外,报告的对象主要为投资者,并且为了免于虚假陈述的法律风险,企业都倾向于使用模糊或专业的技术语言来进行描述,导致多遵循程序和格式上的要求,疏于对实质合规义务的履行。

第二,通过总结与沟通来协调注意义务合规的方式。法国《供应链注意义务法》事实上改变了以往公司立法的法律逻辑。在原有逻辑下,法律明确了公司需要履行的责任和相关的法律责任。但是,《供应链注意义务法》实际上是将企业管理上的标准法律化,法律也只是要求企业追寻一个具体的目标,但是如何去实现这个目标却没有给出明确的标准指引,因此现实中的注意义务合规计划差别很大。所以,对于公司和利益相关者而言,共同构建注意义务合规模型和实践有助于降低企业执行成本。

---

[1] Tatiana Sachs, Juliette Tricot, «La loi sur le devoir de vigilance: un modèle pour (re) penser la responsabilité des entreprises», *Droit et société*, 2020/3.

第三节　信息披露合规

因为非财务信息披露可以被视为一个自下而上的,由社会组织所推动的企业自发进行披露的一个运动。所以,不同的国家和地区在非财务信息披露的内容、程序和标准上都有所不同,并且相关规范性文件也散落在各个不同的国际条约或者国内部门法之中。法国也不例外,相关规定散落在《商法典》《能源法典》(Code de l'énergie)和《环境法典》的规定之中,并且彼此之间可能存在重合和矛盾的地方。但是,这也恰恰证明了法国在非财务信息披露行动方面一直以来所做的努力,并且在欧洲和世界范围内处于引领的地位。

一、法国非财务信息披露发展历程

法国是全世界第一个将绿色金融纳入法律范畴的国家。早在2001年,法国政府就颁布了《新经济规制法案》(NRE法案),启动强制性非财务信息报告,要求上市公司披露其活动对环境和社会的影响。2010年的"Grenelle II法案"第225条规定了强制企业社会责任(CSR)信息披露的内容,要求公司在年报中披露其环境及社会业绩方面的信息。2012年,法国通过了《关于公司在社会和环境事务中的透明度义务法令》(第2012-557号)(Décret n°2012-557 du 24 avril 2012 relatif aux obligations de transparence des entreprisesen matière sociale et environnementale),该法令进一步规定了公司在报告环境和社会信息方面的要求。而事实上对于法国金融界来说,《绿色增长能源转型法案》是最具影响力的法案。该法案明确要求上市公司、银行和信贷提供者以及机构投资者(资产所有者和投资经理)提高气候变化相关风险的披露与透明度,并且规定了包括与气候相关财务信息披露工作组(TCFD)密切相关的措施,同时要求法国当局评估银行业与气候相关的风险。也正因此,法国成为世界上第一个对金融机构提出ESG信息披露要求的主要经济体。

二、法国非财务信息披露规范条款

法国关于非财务信息披露的规范主要存在于《商法典》之中,而在《环境法典》和《能源法典》中也有适用比较广泛的条款,这里列举出相关的13个条款。

(一)《商法典》中的七个条款

(1) 法国《商法典》第 L.225-100-1 和 L.22-10-35 条中出现的与管理报告中非财务内容有关的规定；

(2) 法国《商法典》第 L.22-10-9 至 L.22-10-11 条所载上市公司治理报告（多样性政策和董事薪酬政策）中某些非财务内容的规定（国家和欧洲资料来源 4）；

(3) 法国《商法典》第 L.225-102-1 和 L.22-10-36 条规定的非财务信息披露要求（DPEF），并且由第 R.225-105 条进一步展开，如今还需要加上欧盟 2020/852 号法令（绿色分类法）6 的第 8 条之内容；

(4) 法国《商法典》第 L.225-102-2 条关于预防技术和自然灾害及损害赔偿的规定；

(5) 法国《商法典》第 L.225-102-3 条第一款所规定的对从事采矿活动的企业向政府支付款项的披露；

(6) 法国《商法典》第 L.225-102-4 和 L.225-102-5 条关于母公司注意义务披露的规定；

(7) 法国《商法典》第 L.225-18-1 和 L.225-69-1 条关于董事会和监事会中女性和男性代表均衡的规定。

(二)《商法典》之外的四个条款

(1) 法国《环境法典》第 L.229-25 条规定的涉及能源和气候温室气体排放报告（BGES）和过渡计划报告；

(2) 法国《能源法典》第 L.233-1 条依据欧盟在可持续发展领域的各种指令，要求执行和公布能源审计信息；

(3) 法国 2016 年 12 月 9 日颁布的《萨宾第二法案》中关于注意义务预警机制和反腐败计划的规定；

(4) 法国 2018 年 9 月 5 日第 2018-771 号法令关于自由选择个人职业前途的规定，要求相关公司有义务公布两性平等指数报告。

三、非财务信息披露的具体规则[①]

非财务信息披露的具体规则一般涉及两个方面，分别为需要进行非财务

---

① Jean Baptiste Carpentier, Rapport sur les dispositifs de transparence extra-financière des sociétés, Haut Comité Juridique de la Place Financière de Paris, Juillet 2022.

信息披露企业的范围,以及非财务信息披露的具体内容及形式。总体上来看,要求进行非财务信息披露企业的范围在不断扩张,从大型企业、上市公司逐步延伸到中小型企业。同时,从信息披露的形式和内容上看,都有着从分散性、非强制性、多样性到集中性、强制性和可比较性转变的趋势。

(一) 非财务信息披露所涉及公司

非财务信息披露合规要求必然会对企业的运行成本带来负担,不同的企业对其承受能力也有所不同,因此并非所有的企业都需要进行非财务信息披露,不同的企业所需要披露的信息和规范也有所不同。非财务信息披露企业的标准一般由公司规模、公司是否上市、公司经营范围几个方面来划分。

1. 公司规模

选择公司规模作为适用非财务风险预防披露的标准似乎是合乎逻辑的。一般而言,公司规模越大,那么它对周边环境和社会造成影响的可能性就越大。而对公司规模的标准,法国又从营业额、公司净值以及员工数量三个方面进行规定。

首先,从营业额标准来说,法国将其分为四个档次:第一档次为营业额为1 200万欧元以上,公司有义务起草一份管理报告,其中需要包含各种非财务信息;第二档次为营业额4 000万欧元以上,如果是上市公司就需要发布一份非财务表现评估报告,包括其多元化政策以及向政府所支付的款项;第三档次为营业额5 000万欧元以上,公司需要满足董事会和监事会的男女平等原则,而且需要进行能源审计;第四档次为1亿欧元以上,所有公司都需要发布非财务信息评估报告。

其次,从公司的净值标准来划分,这一标准只涉及股份有限公司,分为以下五个档次:第一档次为净值在600万欧元以上,公司有义务起草一份管理报告,其中需要包含各种非财务信息;第二档位净值在2 000万欧元以上,公司有义务起草一份管理报告,其中需要包含各种非财务信息;第三档次为净值在4 300万欧元以上,公司需要进行能源审计;第四档次为5 000万欧元以上,公司需要满足董事会和监事会的男女平等原则;第五档次为1亿欧元以上,所有公司都需要发布非财务信息评估报告。

最后,从员工的数量上来看,法国设置了以下六个档次:第一档次为50名员工以上,公司有义务起草一份管理报告,其中需要包含各种非财务信息,并且需要设置预警机制,发布男女平等指数;第二档次为250名员工以上,如果公司位于海外省,那么需要提交温室气体排放报告和转型计划,所有公司都需要进行能源审计,需要满足董事会和监事会的男女平等原则,并且公布男女平等指数;第三档次为 500 名员工以上,所有公司都需要发布非财务表现评估报告,上市公司的报告应该更加翔实,同时不位于海外省的公司需要递交温室气体排放报告以及转型计划;第四档次为 1 000 名员工以上,公司有义务公布高级管理人员性别比例差距,并在 2027 年女性比例达到至少 30%,在 2030 年达到 40%的;第五档次为 5 000 名员工以上,如果公司在法国本土的部门有上述数量员工,需要实施注意合规义务;第五档次为 10 000 名员工以上,所有公司都需要实施注意合规义务。

2. 是否为上市公司

公司是否上市作为非财务信息义务的一个标准也是十分理性的选择,上市公司的非财务信息披露可以给投资者提供更多的参考与价值选择,也可以督促上市公司进行环境与社会转型。

但是,这项标准往往单独不会触发相关非财务信息披露义务,而是当企业满足规模标准之后,公司是否上市可能作为一个附加项,让企业承担更多的非财务信息披露义务,比如需要公布囊括低碳战略的更加详细的管理报告。

3. 公司经营范围

公司经营范围一方面与公司规模一样,可以单独触发某些非财务信息披露义务;另一方面,也可以如公司是否上市一样,作为非财务信息披露义务的附加项。

首先,公司经营范围可以单独成为非财务信息披露的触发条件:第一,从事和危险物质有关行业的企业,依据法国《商法典》第 L.225-102-2 条的规定,公司需要承担特殊的信息披露义务;第二,公共利益实体(PIEs),除了上市公司之外,某些信贷机构和保险公司也被欧洲法律视为大公司,无论其营业额、资产负债表总额或雇员人数如何。因此,这些实体必须遵守财务外规定(管理报告中的财务外业绩指标、向政府付款的声明、财务外业绩声明),而不能受益于第 2013/34/EU 号指令为中小企业提供的简化和豁免规定。

(二) 非财务信息披露内容

上面一部分介绍了不同非财务信息披露的触发条件,然而并不是所有达到条件企业的披露规范与要求都一致。如前所述,不同企业被要求的披露形式与内容相区别。这一部分对上述所提到的一些义务的具体内容进行展开。

1. 管理报告

当立法者在管理报告中要求公布非财务信息的关键指标时，这意味着公司有义务制定这些指标并制定监测程序。法国《商法典》规定提交给股东大会的年度管理报告必须包括"财务性质的关键绩效指标，以及在适当情况下，与公司具体活动有关的非财务性质的指标，包括关于环境问题的信息"。而且，一旦公司的证券被允许在受监管的市场上交易，管理报告也必须包含"与气候变化影响有关的财务风险的信息，以及公司通过在其活动的所有部分实施低碳战略而采取的减少风险的措施的介绍"。

2. 非财务表现评估信息

公司必须在非财务表现报告中公布关于他们如何考虑所从事活动的社会和环境影响的信息。对于所披露的每项信息，公司必须介绍用于识别和减少这些风险发生的政策以及政策施行的结果，特别是一些环境和社会数据的关键指标。2020年6月18日欧盟第2020/852号条例第8条进一步要求有义务设立环境可持续发展部的公司从2022年1月1日起需要披露信息，说明企业的活动如何以及在多大程度上与可被认为是环境可持续的经济活动相关联。

3. 温室气体排放报告

法国《环境法典》要求达到一定规模的公司需要披露温室气体排放报告（BGES）。该报告必须附有一个转型计划，说明公司打算采取哪些措施，以便"减少其温室气体排放，提出为此目的所预期的目标、手段和行动，并酌情说明在排放报告周期内所采取的行动"。

第四节　投资与金融合规

与生产和服务型企业的碳合规相区别，随着绿色金融和低碳金融的发展，金融机构或者机构投资者需要遵循一些特别的合规义务。一般来说，碳金融的合规要求包含两个方面，一方面是金融机构的合规，另一方面是金融产品的合规。前者主要考察金融投资者作为一个整体是否足够绿色低碳，后者主要考察金融机构发布的金融产品中低碳项目所占比重。[1]

---

[1] Yves Perrier, Faire de la place financière de paris une référence pour la transition climatique: Un cadre d'actions, Ministère de l'Economie, des Finances et de la Relance, le 10 mars 2022.

一、法国金融机构碳金融合规

金融机构作为公司不仅需要满足上述非财务信息披露合规的要求,并且在整个社会的转型过程中,承担着更加重要的角色,因此在金融部门还有一些特殊的合规义务。本部分就不同类型机构需要满足的行业合规义务进行介绍。

(一) 资产管理公司与机构投资者

法国和欧盟都制定了专门针对资产管理公司与机构投资者需要满足的合规义务。

第一,法国在2015年通过《绿色增长能源转型法案》,其第173条规定资产管理公司和机构投资者需要发布可持续性报告,报告内容包括他们的气候风险管理战略、ESG评估以及投资战略。这一监管举措标志着系统性地将ESG因素纳入机构投资者的投资决策和风险管理过程的开始,欧盟后续的相关规定都是在此规定基础上的延伸。但是,这是世界上第一次出现此类条款。

具体而言,第173条包含以下几个方面的内容:第一,采取了原则性的规定,要求公司完成上述要求,但是实践中对评估的标准及方法都还没有达成共识,因此,公司只能制定自己的标准并解释他们选择此类标准的原因。这促成了一个自下而上的由市场创造标准,并进行标准竞争和模仿的创造模式;第二,"遵守或解释"的方法,即公司有责任根据自己的商业模式实质性地评估其气候风险,如果没有遵守相关合规义务,需要解释不遵守的原因;第三,以决策为导向的信息披露,第173条应引导决策者将气候变化风险和ESG评判标准引入其商业和投资决策过程。

法国监管机构于2019年7月公布了对第173条执行情况的联合评估。他们发现,在被检查的公司中,50%的公司公布了法令要求的所有强制性信息,44%的公司公布与监管规定相比不够充分的信息,6%的公司没有遵守或也没有解释他们不遵守的原因。联合评估报告还列出了改善资产管理公司和机构投资者报告的最佳做法。

第二,欧盟《可持续金融信息披露条例》(SFDR)在2019年对资产管理公司、信贷机构和投资公司的资产管理业务、金融顾问(仅指提供建议的资产管理公司、投资公司和信贷机构)、退休金管理机构和泛欧个人养老金产品(PEPP)的提供者提出了报告要求。这些金融机构将必须在其网站上公布以下信息：(1)投资决策上对可持续性相关因素的合理注意义务；(2)将可持续性风险纳入投资决策流程；(3)将可持续性风险纳入薪酬政策。这些信息由欧洲监管机构(ESMA、EBA 和 EIOPA)部分标准化，他们一直在制定技术标准(RTS)，包括要披露的有关环境和社会负面影响的可持续性指标。这些在金融实体和产品层面的众多要求从 2021 年 3 月 10 日起逐步实施。

第三，2019 年法国通过《能源与气候法案》，其第 29 条将上述欧盟的《可持续金融信息披露条例》转换为国内法，并在几个方面做出了更高的合规义务要求。

首先，法国国内法规扩大了《可持续金融信息披露条例》的适用范围。《能源与气候法案》第 29 条规定适用于投资组合管理公司、保险公司和互助保险公司以及公积金机构(与第 173 条一样)，但也包括提供资产管理(包括全权管理)和投资建议的信贷机构和投资公司、再保险公司、补充职业养老基金以及法国储蓄银行。依据欧盟的标准，只有实体员工在 500 名以上的金融机构才需要进行信息披露，而法国要求资产管理规模在 5 亿欧元以上的金融机构都需要进行可持续信息披露。如果按照欧盟的标准，在 2019 年法国 230 家金融机构中只有 5 家需要进行信息披露，而依照法国自己的标准，99％的金融机构都需要满足上述可持续信息披露合规义务。

其次，这些金融机构还需要遵守以下义务：(1)衡量其投资组合所造成气候影响与《巴黎协定》目标的一致性；(2)公布其对化石能源的贡献；(3)公布其投资项目对公气候变化和生物多样性丧失有关的风险，以及投资组合产生影响与预计第十五届缔约方大会确定的主要生物多样性目标的一致性。

依据 TCFD 的建议进行信息披露。金融机构必须从 2022 年起(2021 财政年度)逐步公布其与《巴黎协定》的温度目标相一致的战略。财政总局已经制定了一个教学指南，以协助金融业者遵守这些新的监管要求(参见表 6-1)。

表 6-1 根据《能源与气候法》第 29 条需要发布的信息内容

一般需要公布的信息	投资的政策与战略、可持续产品的清单、绿色投资占总资产的比例、投资者所加入的绿色宪章和绿色标签
金融实体内绿色转型的贡献方式	专门用于 ESG、内部能力建设行动的财政、技术和人力资源
金融实体内 ESG 的治理	治理机构的知识、技能和经验，将 ESG 因素纳入薪酬政策
与发行人或经理人的接触策略	参与策略和投票政策及其实施记录(例如，所涵盖投资组合中公司的份额、存款后续行动)

续表

可持续投资与化石能源投资	"可持续"投资(与欧洲分类一致)和化石燃料公司投资的份额
与《巴黎协定》目标协同的措施	制定量化目标和相关的方法细节
与生态多样性保护目标的协同	设定一致目标和相关的方法细节
将ESG风险纳入风险管理	确定、评估、确定优先次序和管理的一般过程和方法细节,重点关注气候风险和生态多样性风险;持续改进计划,包括识别相关集体行动的改进机会(例如,与投资组合校准测量的结果相关),以及已实施的战略和运营变更

资料来源:作者自制。

(二) 信贷机构

与资产管理机构和机构投资者相比,银行作为信贷机构所受到的可持续信息披露要求较少,基本与欧盟的规定一致。它们只受《资本要求条例》(CRR2)第449a条的约束,该条从2022年6月28日起对在欧洲监管市场上市的大型银行提出了具体的披露要求。欧洲银行管理局(EBA)已经发布了标准(ITS),通过10个模板规定了一些指标,明确了根据该第449a条应披露的信息。目前欧盟理事会和欧洲议会正在就《资本要求条例》(CRR)和《资本要求指令》(CRD)两大银行法规进行谈判。委员会的立法提案打算将报告其ESG风险的要求扩大到所有银行,计划在2025年生效。

二、金融产品的碳金融合规

不仅金融机构作为整体需要满足碳合规的需求,其发布的每一个金融产品也需要按照其投资内容,被区分为不同的等级的绿色金融产品。当然,这里面还包括了对金融产品"漂绿"行为的规制以及绿色标签制度的引入与发展。

(一) 欧盟《可持续金融信息披露条例》和法国《能源与气候法案》框架下的金融产品合规

《可持续金融信息披露条例》规定的相关金融产品是指UCTS、AIF、养老金产品、IBIP、PEPP和考虑ESG因素的信托产品,法国《能源与气候法案》第

29条进一步将超过5亿欧元的金融投资和保险产品的基金也纳入适用范围。

根据《可持续金融信息披露条例》,合同文件应涵盖产品对可持续性负面影响考虑。相反,如果金融产品提倡环境或社会特征(所谓的"第8条产品",见第2.1.3节)或具有可持续投资目标(所谓的"第9条产品"),也应进行正向的信息披露。法国的规定进一步要求,金融机构需要将相关报告提交给相关信息披露平台和监管机构,包括法国金融市场管理局(Autorité des marchés financiers)、法国审慎监管管理局(Autorité de contrôleprudentiel et de résolution)以及气候透明平台(Plateforme pour la transparence climatique)。

(二) 法国金融市场管理局(AMF)的ESG理念

法国金融市场管理局在2020年发布了其ESG的管理理念,来回应日益增多的ESG标准投资基金以及随之而来的"漂绿"风险。该理念主要包含以下几点:

第一,根据ESG理论的基本原则,非财务信息和标准都必须是可衡量的;

第二,只有那些确实在非财务标准外具有明显特征的产品,才能够在产品的介绍和名称中予以体现;

第三,如果相关金融产品确实考虑了ESG因素,但没有采取明确的措施,那么可以就该产品在环境、社会等方面的考虑与金融消费者进行沟通,但是不得作为产品的关键特征进行介绍;

第四,如果实施的方法不符合"集中披露"或"有限披露"的标准,则信息只应包括在基金招股说明书中,并应保持相称性。

(三) 绿色标签

近年来,出现了许多绿色标签,以引导资金流动,特别是储蓄产品向生态转型或向负责人投资原则的转型。在法国,在COP21的背景下,已经开发了两个国家标签:社会责任投资(SRI)标签和绿鳍(Greenfin)标签。

1. 社会责任投资(SRI)标签

社会责任投资标签从2016年开始创建,从一开始的小众标签,已经成为"社会责任投资管理"的核心标签,它是欧洲第一个由认证机构授予的标签。经过五年的发展,在2021年底至2022年初有近900个社会责任投资标签的基金,分别由150多家管理公司持有,代表着超过7 000亿欧元的管理资产。

SRI标签每三年评估一次,参与标签申请的基金需要根据一个精确的

ESG标准参考框架来进行基金管理,这个ESG框架由利益相关者一起指定,并且经过经济事务、财政和复苏部批准。

认证机构对照基准检查基金管理人是否:明确基金通过考虑ESG标准所追求的目标(第一支柱);详细说明其ESG评级和选择方法(第二支柱);展示其ESG选择战略的可衡量性(第三支柱);实施与关键利益相关者的ESG参与政策(第四支柱);承诺对投资者有更大的透明度(第五支柱);并根据具体指标展示基金的ESG业绩(第六支柱)。

2. 绿鳍(Greenfin)标签

生态转型部于2015年底创建的绿鳍(Greenfin)标签(200亿欧元资产;78只基金)保证了投资基金的绿色质量。该标签的参考系统确定了8类属于能源和生态转型范围并有资格获得候选基金资助的活动:能源、建筑、废物管理和污染控制、工业、清洁交通、信息和通信、农业和林业、适应气候变化。该框架定义了基金在其不同投资口袋之间的分配规则,每个投资口袋的特点是其投资的发行人之间的绿色份额强度。Greenfin标签将整个化石燃料价值链和整个核部门的活动排除在标签基金的投资范围之外。[①]

第五节 法律责任

目前为止,碳中和法律规范所设置的具体义务集中体现在非财务信息披露方面,当企业及其董监高和监管机构违反相关法律规范时,需要承担相应法律责任。本部分主要对违反法国非财务信息披露的法律责任进行梳理,严格意义上来说法律责任分为行政、民事和刑事法律责任。

一、行政责任

目前法国关于非财务信息披露的法律责任多规定在行政责任之中,主要规定相关企业非财务信息披露的程序和要求。

第一,金融市场管理局不仅监督上市公司应公布的信息,而且还监督这些信息的质量。如果所提供的信息不完整或不准确,金融市场管理局可以命令

---

① L'équipe Foresteam,《Le Label bas carbone》,publié le 20 février 2022,https://www.foresteam.fr/post/label-bas-carbone/,Consulté le 08 juillet 2023.

公司进行纠正或补充披露,如果公司未能遵守命令,金融市场管理局可以自己进行纠正或补充披露。该公司应承担此类公布的费用。

第二,关于温室气体排放报告和转型计划,如果监管机构注意到有违约行为,"应通知违约责任人在他确定的期限内履行其义务"。如果"相关方"不履行其义务,监管机构可处以最高 1 500 欧元的罚款,并且处罚结果可以予以公开。

第三,关于能源审计报告不符合标准,法国环境能源管理局正式通知相关方在其规定的时限内履行其义务。如果"相关方"不遵守规定,该通知可能会被公开,并被处以罚款。

第四,如果上市公司没有定期公布信息或遗漏某些信息,根据《货币与金融法》(Code monétaire et financier)第 L.621-15 条,该公司将受到金融市场管理局实施的制裁,其金额上限为 1 亿欧元或所获利润的 10 倍。应该注意的是,除非可以定性为市场滥用,即信息的不准确可能对有关金融工具的价格产生影响,否则金融市场管理局只能对漏报而不是不准确的信息进行制裁。在这种情况下,所传播的信息是否为非监管信息并不重要:传播任何可能影响被允许在交易平台上交易的金融工具价格的虚假或误导性信息(金融或非金融),都可能构成市场滥用。

第五,如果公司没有公布温室气体排放报告,公司可能会受到法国环境与能源管理局的制裁,罚款金额最高为 10 000 欧元,重犯的情况下增加到 20 000 欧元。如果没有公布能源审计报告,法国环境与能源管理局可能会对公司处以最高为上一财政年度不含税营业额的 2% 的罚款,如果再犯,则增加到 4%。

第六,应该指出的是,对于违反与注意义务有关的规定,没有行政处罚。立法者原本规定了高达 1 000 万欧元的罚款,宪法委员会认为这不符合合法性原则,决定删除这一规定。

二、刑事责任

尽管公司法已经逐步在去除刑事责任,但是在违反非财务风险预防措施的情况下,仍然存在一些刑事责任。

第一,如果没有起草管理报告,将对董事处以九千欧元的罚款,但仅仅是在报告中省略非财务内容的事实并不构成犯罪。

第二,不遵守公布向政府付款的报告或公布部分或错误的信息,将被处以

3 750 欧元的罚款。除此罚款外，公司法人还将受到《刑法》（Droit pénal）第 131-39 条规定的额外处罚。

三、民事责任

传播虚假数据或违背企业社会责任的承诺，可能会违反了《消费者法典》（Code de la consommation）第 L.121-2 至 L.121-4 条的规定。这些条款可以作为刑事或民事诉讼的依据。误导性商业行为的前提是，对产品的基本质量、专业人员的素质或专业人员承诺，发布虚假或可能误导消费者的信息。《消费者法典》第 L.121-2 至 L.121-4 条列出了属于该罪行范围的要素和做法的限制性清单。

与环境、社会和治理信息披露有关的普通法下的民事责任：披露错误或误导性的环境、社会和治理信息或违背企业社会责任承诺，根据《法国民法典》第 1240 条及以下涉及公司的民事责任条款，可能构成过错。其前提条件是存在过错、损失和两者之间的因果关系。

对于证券被允许在受监管市场上交易的公司，如果股东认为自己在发行人的股价因信息失误的披露而向下调整时直接导致投资损失，那么市场失误也可以成为股东对发行人或其管理层提出责任诉讼的依据。

参考文献

[1] Quentin Clauzon，«Changement climatique：quelle responsabilité pour les entreprises?»，Affiches-parisiennes，publié le 08 août2022，https://www.affiches-parisiennes.com/universites-d-ete-de-paris-place-de-droit-111853.html/，Consulté le 08 juin 2023.

[2] Ministère de la Transition écologique et de la Cohésion des territoires，Stratégie française pour l'énergie et le climat：Programmation pluriannuelle de l'énergie 2024-2028，publié le 21 avril 2020.

[3] M. Gaël Virlouvet，«Financer la transition écologique et énergétique»，*Journal officiel de la république française*，Vendredi 20 septembre 2013.

[4] CITEPA，Gaz à effet de serre et polluants atmosphériques：Bilan des émissions en France de 1990 à 2021，juin 2022.

[5] Marie-Pascale Senkel，«La divulgation d'informations "RSE" par les prestataires de services logistiques européens：Une analyse comparative du site Internet et du rapport d'activité»，*Marché et organisations*，n°8，2009/1.

[6] L'équipe Foresteam，«Le Label bas carbone»，publié le 20 février 2022，https://

www.foresteam.fr/post/label-bas-carbone/，Consulté le 08 juillet 2023.

［7］Mathilde Hautereau-Boutonnet，Quel droit pour sauver le climat? Rapport de recherche de Université Lyon 3，2018.

［8］Yves Perrier，Faire de la place financière de paris une référence pour la transition climatique：Un cadre d'actions，Ministère de l'Economie，des Finances et de la Relance，le 10 mars 2022.

［9］Jean Baptiste Carpentier，Rapport sur les dispositifs de transparence extra-financière des sociétés，Haut Comité Juridique de la Place Financière de Paris，Juillet 2022.

［10］Stratégie Nationale Bas-Carbone(SNBC)，Ministère de la transition écologique et solidaire，mars 2020.

［11］Guillaume Chevrollier，Denise Saint-Pé，La réforme du marché carbone européen dans le cadre du paquet «Ajustement à l'objectif 55»，Commission de l'aménagement du territoire et du développement durable，le 15 mars 2022.

［12］Pascal Dupuis，Richard Lavergne，Didier Pillet，Claude Nahon，Empreinte Carbone Thème de l'année 2021 de la section «Innovation，Compétitivité et Modernisation»，Conseil général de l'économie，mars 2022.

［13］Gaël Virlouvet，Vingt ans de lutte contre le réchauffement climatique en France：bilan et perspectives des politiques publiques，Conseil économique，social et environnemental，le 29 avril 2015.

［14］Cass. comm.，15 décembre 2021，n 893 FS-B.

［15］Tatiana Sachs，Juliette Tricot，«La loi sur le devoir de vigilance：un modèle pour (re)penser la responsabilité des entreprises»，Droit et société，2020/3.

［16］Elsa Savourey，Stéphane Brabant，«The French Law on the Duty of Vigilance：Theoretical and Practical Challenges Since Its Adoption»，Business and Human Rights Journal，Vol.6，Issue 1，February 2021.

执笔：吴春潇（上海财经大学）、曲璇（中国政法大学）

第七章　新西兰碳中和合规研究

在气候变化问题上,新西兰一直是一个比较积极的应对者。新西兰由于其独特的地理位置,以及对气候环境变化的易感性,其历届政府都非常重视气候变化问题。在20世纪90年代就针对气候变化问题制定了《1991年资源管理法》等法律来应对气候变化。为了实现碳中和,新西兰构建了较为完善的碳中和战略框架、ESG信息披露合规、碳排放交易市场和金融合规政策体系。

第一节　政策演变与司法判例

新西兰是世界上最早将全球升温幅度比工业化前控制在1.5摄氏度以内的目标写入法律的国家之一。而气候变化对新西兰的影响已经持续了数十年。当前,越来越多的环境灾害以从未有的速度和强度发生,道路、排水、供水、经济、教育等一切都可能被严重破坏。因此新西兰高度重视应对气候变化的工作,并制定了一系列法律政策。

一、法律政策演变

新西兰是《联合国气候变化框架公约》附件Ⅰ中的国家,其于2002年12月批准《京都议定书》。但与其他发达国家相比,新西兰温室气体排放情况比较特殊。这主要表现在:第一,新西兰温室气体排放量仅占全球温室气体排放的0.1%左右,[1]与中国、美国和印度等主要排放国相比,新西兰影响全球气候变化的能力相形见绌。[2]但其人均温室气体排放量较多,在发达国家中排名第

---

[1] JGJ Oliver and others Trends in global CO_2 emissions: 2014 Report(PBL Netherlands Environmental Assessment Agency, The Hague, 2014) at 2.3.
[2] EDGAR—Emissions Database for Global Atmospheric Research, https://edgar.jrc.ec.europa.eu/ (2023年7月17日).

五,仅次于美国、澳大利亚、加拿大和卢森堡。第二,温室气体排放的行业和部门较为特殊。在大多数发达国家,农业部门平均约占温室气体排放总量的12%,而在新西兰,农业部门约占总排放量的一半(2013年为48%);①大多数发达国家的温室气体排放量中约80%是二氧化碳,而新西兰的温室气体最大排放量是甲烷(2012年为52.5%)。②这些特殊情况对新西兰制定温室气体减排目标和相关法律政策造成一定影响。

(一) 萌芽时期(2002年之前)

新西兰是以农牧业为主的自然资源型国家,在早期工业造成严重环境污染之后,很快调整发展思路,致力于发展环境友好型产业,并大力开发可再生能源。新西兰约百分之八十的电力来自可再生能源,主要来自水力发电,煤炭、柴油和天然气仅作为补充。早在20世纪90年代,新西兰出台了《1991年资源管理法》(Resource Management Act 1991, RMA),后分别于1997年、2003年、2004年、2013年、2017年、2020年进行修订时都将环境保护作为重要考虑因素。1999年12月工党选举胜出后,联合绿党、毛利党等组成多党政府,更加重视应对气候变化工作。

(二) 全面确立时期(2002—2018年)

为满足国内应对气候变化需求,并准备批准《联合国气候变化框架公约》和加入《京都议定书》,新西兰颁布了《2002年气候变化应对法》。③为履行加入

---

① Ministry for the Environment, "New Zealand's Greenhouse Gas Inventory 1990-2013 Snapshot", https://environment.govt.nz/publications/new-zealands-greenhouse-gas-inventory-19902013/(2015年4月1日)。

② Ministry for the Environment, "New Zealand's Greenhouse Gas Inventory 1990-2012 and Net Position Snapshot", https://www.unep.org/resources/annual-report/new-zealands-greenhouse-gas-inventory-1990-2012(2023年7月17日)。

③ 《2002年气候变化应对法》[Climate Change Response Act 2002, 2002年11月18日批准,后分别在2006年、2008年、2009年、2011年、2012年、2014年、2016年、2019年、2020年、2021年经过多次修订,即Climate Change Response Amendment Act 2006, Climate Change Response(Emissions Trading) Amendment Act 2008, Climate Change Response(Moderated Emissions Trading) Amendment Act 2009, Climate Change Response(Emissions Trading Forestry Sector) Amendment Act 2009, Climate Change Response Amendment Act 2011, Climate Change Response(Emissions Trading and Other Matters) Amendment Act 2012, Climate Change Response(Unit Restriction) Amendment Act 2014, Climate Change Response(Removal of Transitional Measure) Amendment Act 2016, Climate Change Response(Zero Carbon) Amendment Act 2019, Climate Change Response(Emissions Trading Reform) Amendment Act 2020, Climate Change Response(Auction Price) Amendment Act 2021.]

《京都议定书》时的承诺,新西兰在2008年至2012年期间需将排放量降至1990年的水平。《2002年气候变化应对法》建立了新西兰排放单位登记册,允许新西兰参与《京都议定书》的贸易机制,但没有具体说明新西兰履行其义务的方式。该法颁布后,当时的工党领导的政府最终废除了覆盖全经济范围的碳税,决定在国家层面引入排放交易计划。

早在2006年,工党政府就已推动新西兰成为碳中和国家。[1]2008年9月出台的《2008年气候变化应对(排放交易)修正法》正式确立了新西兰排放交易计划。据此,新西兰政府建立了涵盖所有部门和所有温室气体的新西兰排放交易计划(NZETS),但是考虑到不同行业在本国中的经济地位、技术水平等因素,林业、固定能源、农业等不同部门进入排放交易计划的时间不同。这一时期,新西兰排放交易系统与国际碳市场挂钩,允许使用大多数《京都议定书》排放单位。[2]新西兰排放交易计划执行仅几个月后,2008年大选使政府组成发生了变化,新当选的政府虽然仍维护排放交易计划,但通过出台《2009年气候变化应对(适度排放交易)修正法案》[Climate change Response(Modern Emissions Trading) Amendment Act 2009]的方式减轻关键经济部门的财政负担,因而新西兰排放交易交易计划(NZ ETS)开始被淡化。2012年该国再次修订《2002年气候变化应对法》,对2009年修订的过渡措施无限期延长,农业部门被纳入NZ ETS也被无限期推迟。

2012年12月召开的气候变化框架公约缔约方会议最终通过了《京都议定书多哈修正案》。新西兰没有签署该修正案,不承担从2013年至2020年第二个承诺期内的义务,因而新西兰减排交易不再进入国际市场,基本在国内市场进行。

除此之外,新西兰还出台了《2004年资源管理(能源和气候变化)修订法》[Resource Management (Energy and Climate Change) Amendment Act 2004],规定在自然资源管理决策中需考虑气候变化的影响,强化国家层面的决策,并在条文中明确了"气候变化""温室气体""可再生能源"等词汇的定义。另外,该国通过修订《2013年金融市场行为法》(Financial Markets Conduct Act 2013)和出台《2021年金融部门(气候相关信息披露和其他事项)修正法案》[Financial Sector(Climate-related Disclosures and Other Matters)

---

[1] Vernon Rive, New Zealand Climate Change Regulation, in Alastair Cameron(ed) Climate Change Law and Policy in New Zealand(Lexis Nexis, Wellington, 2011) at table 5.1.

[2] Bluebook 21st ed. Carbon Trading Crime, 2013 GLOB. ENVTL. L. ANN. 3(2013). p.10.

Amendment Act 2021］,强化应对气候变化工作中金融部门的监管职责。

(三) 强化发展时期(2019年至今)

为履行《巴黎协定》规定的义务,新西兰出台了《2019年气候变化应对(零碳)修正法案》[Climate Change Response(Zero Carbon) Amendment Act 2019],从而为新西兰制定和实施明确、稳定的气候变化政策提供了一个持久的框架。该修正案进一步强化了排放交易计划。重点在下列四个方面进行规定:

第一,制定2050年国内减排目标,以促进实现《巴黎协定》下将全球平均气温上升限制在工业化前水平以上1.5摄氏度的目标。新西兰于2016年10月4日批准《巴黎协定》时,提交了最初的NDC,即到2030年将温室气体净排放量比2005年总排放量减少30%。该法案确定的目标是:生物甲烷以外的温室气体到2050年达到净零,生物甲烷的排放量到2030年要在2017年水平上减少10%,到2050年实现比2017年水平减少24%—47%的水平。

第二,建立一个连续排放预算和计划体系,为实现国内2050年目标奠定基础。排放预算规定了五年期间(或在第一个预算的情况下,四年期间)允许的温室气体排放量的限制。这些预算致力于新西兰实现零碳目标,所需的削减还必须在技术上、经济上达到可行和社会上可接受的程度。

第三,成立了气候变化委员会,其作用在于为政府提供独立性咨询建议。

第四,评估和应对气候变化风险的适应措施。

为实现零碳目标,新西兰出台了一揽子国内法律政策,如《2020年气候变化(单位拍卖、限制和价格控制)条例》[Climate Change(Auctions, Limits, and Price Controls for Units) Regulations 2020]等。此外,2020年该国又出台《2020年资源管理修正法案》(Resource Management Amendment Act 2020)和《2020年气候变化应对法(排放交易改革)修正案》等,其中后者对新西兰的排放交易计划进行了改革。

2021年11月4日,新西兰又通报了其根据《巴黎协定》首次更新的2021年至2030年的国家自主贡献。到2030年,将温室气体净排放量降至2005年总排放量的50%以下,这与新西兰最初提出的国家自主贡献相比更加雄心勃勃。为强化行业减排职责,当前新西兰正在进一步修订排放交易计划,并着手制定《气候变化应对(滞纳金和产业分配)修正草案》[Climate Change Response (Late Payment Penalties and Industrial Allocation) Amendment Bill]。

二、司法判例

（一）气候行动律师诉 Firstgas 集团（Lawyers for Climate Action v. Firstgas Group）

1. 基本案情

2021年，"新西兰气候行动律师"（Lawyers for Climate Action）（系非政府组织）针对 Firstgas 集团在 YouTube 上的广告向新西兰广告标准投诉委员会（简称"投诉委员会"）发起投诉。该广告展示了人们使用煤气做饭和烧水的不同画面。广告的画外音说："新西兰正在走向零碳，因此我们确保我们的天然气也实现零碳。你知道这对你意味着什么吗？意味着你什么都不用做。你可以继续做你喜欢做的事，并帮助改变世界，而无需太多地改变你的世界。在 gasischanging.co.nz（集团官网）了解更多信息。"

关于这则广告有六起投诉。投诉人担心该广告具有误导性，原因是：没有科学证据表明广告商可以生产零碳排放气体；该广告假定了一个目前尚不存在的生产氢或碳中和燃料的行业；所提到的实现零排放的时间不确定；该广告鼓励浪费性地使用化石燃料，这对环境是有害的。Firstgas 集团声称，顾虑气候变化的新西兰人不需要担心继续使用其化石气体："你需要做什么？你什么都不用做。"而气候变化委员会刚刚发布的建议明确表示，新西兰需要停止使用天然气。这些广告明显地让新西兰公众造成误解。

"气候行动律师"说："广告毫无保留地说，Firstgas 集团正在'保证'其天然气实现零碳排放，其客户无须对天然气能源的使用采取任何措施；他们可以继续做自己喜欢的事情——即消耗天然气的活动——并且仍然'帮助改变世界'——即为零碳环境做出贡献；Firstgas 集团承诺其天然气已经或很快将实现碳中和。这意味着它的客户不必担心他们的天然气使用，因为它不会造成任何有害排放。"

投诉委员会对部分投诉表示支持并下令撤回广告。投诉委员会表示，该广告具有误导性，因为它展示了未经证实的环境声明。

2. 争议焦点

案件核心在于 Firstgas 集团是否应该撤回含有未经证实的环境声明的广告。具体的争议焦点为以下内容：

（1）社会责任感。发布与重大事件相关的广告声明，当该声明无法证实时即是对社会不负责任。该广告明确涉及气候危机。投诉人主张该未经证实的广告影响重大且具有误导性,因此Firstgas集团未承担起应有的社会责任。在该案中,客户被广告误导认为他们不需要减少气体排放,这给人们带来虚假的安慰,并阻止他们采取必要的措施,如减少化石能源的消耗来避免气候灾难。事实上,如果广告取得成功并且有更多人使用汽油,那么天然气的排放量将大幅增加。该广告不仅错误陈述了Firstgas集团排放的持续影响,它还可能鼓励人们通过改用天然气来增加排放量,至少在未来15年内,天然气的碳密集度可能仍然高于电力,或者使用汽油增加他们的排放量,或两者兼而有之。

(2) 保护环境。该广告鼓励不受节制地使用已被公认为对环境有害的化石燃料,违反了《广告标准守则》第1(i)条。在政府所有的电视台新闻期间发布,由于许多人不会费心去查看广告所指的链接或者核实所指的零排放时间是否确定,广告给人一种该信息是可以接受的错误印象,并削弱了通过最大限度地减少温室气体排放来保护环境的努力。

(3) 如实介绍。被投诉人在广告中声称,在使用他们的燃料时,新西兰人不需要为了应对气候变化或因气候变化而改变他们的生活方式。比如,"新西兰正在实现零碳排放。你知道这对你意味着什么吗? 意味着你什么都不用做""你可以继续做你喜欢做的事,改变世界而不用改变你的太多"。广告隐含的信息是个人不应将他们的能源密集型生活方式和使用天然气视为导致气候变化的原因,也不应认为这些行为在未来应该改变。在这个世界迫切需要摆脱化石燃料和能源密集型生活方式的时代,这则广告中明示和暗示的信息具有误导性,导致公众对气候变化和相关法律的狭隘理解。这违反了《广告标准守则》原则第2条规则第2(b)条。

(4) 环境声明。该广告指出,Firstgas集团正在"保证"其天然气实现零碳排放,并表示其客户无须对天然气能源的使用采取任何措施,即他们可以继续做自己喜欢的事情——消耗天然气的活动——并且仍然"帮助改变世界"——为零碳环境做出贡献。这使消费者从中得到的信息是,Firstgas集团承诺其天然气已经或很快将实现碳中和,这意味着他的客户不必担心自己的天然气使用量,因为天然气不会产生任何有害排放物。这既违反了《广告标准守则》第2(h)条,也违反了科学界的共识。事实上,该公司仍需要大量减少温室气体排放。

投诉的主要法律依据是《广告标准守则》,具体内容为:(1)原则第1条:广告必须以对消费者和社会应有的社会责任感来准备和投放。(2)规则第1(i)条:广告不得鼓励环境破坏或退化。(3)原则第2条:广告必须真实、中立且不具有误导性。(4)规则第2(b)条:广告不得误导或可能误导、欺骗或迷惑消费者,滥用他们的信任或利用他们的知识匮乏。这包括暗示、不准确、模棱两可、夸张、不切实际的主张、遗漏、虚假陈述或其他方式,而可识别的明显夸张不被视为具有误导性。(5)规则第2(h)条:环境声明必须准确,并且能够通过反映科学技术发展的证据加以证实。

广告商为该广告做了对应性的辩护。广告商表示,该广告是品牌宣传活动的一部分,重点关注新西兰天然气的未来将如何变化;该广告不宣传产品或服务,也没有公开或暗中鼓励增加使用化石燃料;该广告将观众引导至一个交互式网站(www.gasischanging.co.nz)去了解Firstgas集团所进行的研究,这项研究探索了氢气、沼气和生物液化石油气作为新西兰人的替代低排放燃料的可能性。虽然他们认为没有绝对必要,但他们已修改广告。现在的画外音不是"我们确保我们的天然气也能实现零碳排放",而是说:"我们正在帮助实现新西兰的天然气零碳排放。"

3. 处理结果

投诉委员会主要围绕以下内容进行处理:广告是否欺骗了消费者、广告是否做出了准确的环境声明、广告是否具有误导性、广告商在制作和投放广告时是否承担了对消费者和社会应有的社会责任。投诉委员会主席指出,投诉委员会的职责是考虑广告内容是否存在违反广告标准守则的情况。在决定是否违反本守则时,投诉委员会考虑了所有相关事项,具体包括普遍流行的社会标准、既往案例、广告对消费者的影响,以及所广告的背景、媒介、受众、产品、服务等。

投诉委员会认为广告欺骗了消费者。广告的消费者可能会误认为Firstgas集团的产品实现零碳排放,因此消费者可以继续享受使用天然气的乐趣,而不会向大气中添加任何碳。尽管广告没有指明向零碳转变的具体时间框架,但委员会会认为广告给人的总体印象是这将很快发生。

投诉委员会认为该广告确实提出了环境声明。广告中声称:"如果你继续使用天然气,不会对环境造成任何危害,因为天然气能源在不久的将来将是零碳。"投诉委员会表示,这一说法没有得到证实,并且违反了《广告标准守则》的规则第2(h)条,即环境声明必须准确,并且能够通过反映科学和技术发展的证据加以证实。

投诉委员会认为该广告具有误导性。委员会表示,广告商的信息"我们正在确保我们的天然气实现零碳排放",因此消费者"绝对不需要做任何事情",这是一种误导。它所提供的证据并不支持消费者不需要采取任何行动来避免向大气中添加任何碳,或者提议的零碳排放改变迫在眉睫的暗示。委员会裁定该广告违反了广告标准守则的规则第2(b)条和真实介绍原则的真实介绍义务。投诉委员会表示,Firstgas集团网站上的信息不支持广告中包含的推论。该网站称,Firstgas集团"承诺从2030年开始在我们的天然气管道中引入20%的氢气(按体积计)。我们的研究表明,到2050年,我们可以将Firstgas集团管道网络转换为100%的氢气"。除此之外,如果引入氢气和氢气/天然气混合气等替代气体形式,消费者可能需要购买新设备,这些设备的设计要与这些新燃料来源兼容。因此,关于新环境对消费者绝对没有任何改变的说法是不正确的。

针对广告的制作和投放是否具有对消费者和社会应有的社会责任这一问题,投诉委员会指出,该广告并未被发现违反《广告标准守则》社会责任原则下的任何规定,该原则要求以应有的社会责任感制作和投放广告。投诉委员会讨论了违反《广告标准守则》第2(b)条的行为是否意味着该广告不对社会负责。委员会的大多数成员同意该广告并未违反社会责任原则。他们表示,如实介绍和社会责任是不同的事情。因此,大多数人表示,该广告并未违反《广告标准守则》规则第1(i)条的社会责任原则。但是少数委员会成员不同意。他们表示,广告内容涉及具有重大社会意义的问题,并在此背景下做出未经证实的声明,这意味着没有满足履行应有的社会责任要求。因此少数人认为Firstgas集团违反了《广告标准法》的社会责任原则。

案件的关键在于投诉人的要求能否被支持。投诉委员会注意到广告商为回应投诉而对广告所做的修改。其表示,这项修改不足以让投诉得到解决。修改中广告商替换了画外音中的一个短语。之前它说:"所以我们确保我们的天然气也能实现零碳排放。"现在它说:"所以我们正在帮助实现新西兰的天然气零碳排放。"投诉委员会表示,虽然修改后的措辞没有以前那么夸张,但广告仍然暗示消费者无须以任何方式改变,以避免向大气中增加碳。

总之,投诉委员会表示,考虑到背景、媒介、受众和产品,该广告违反了《广告标准守则》的真实介绍原则、规则第2(b)条和规则第2(h)条。投诉委员会表示,该广告并未违反规则第1(i)条),并且未违反社会责任原则。投诉委员会裁定支持部分投诉,宣布广告应予以删除。

（二）史密斯诉恒天然合作集团有限公司（Smith v. Fonterra Co-Operative Group Limited）

1. 基本案情

迈克尔·约翰·史密斯（Smith）是毛利人发展平台Iwi Chairs'Forum的气候变化发言人，他对7家新西兰农业和能源领域的高排放公司提起诉讼，其中包括恒天然合作集团有限公司、创世纪能源有限公司、乳品控股有限公司、新西兰钢铁有限公司、Z能源有限公司、新西兰炼油有限公司和BT矿业有限公司。每个被告要么从事向大气中释放温室气体的行业，要么提供燃烧时释放温室气体的产品。史密斯声称，被告的行为构成公害、过失和违反停止助长气候变化的义务。要求判定每名被告人的行为非法并索赔，并寻求禁令，要求每个被告到2030年前在其生产活动中实现净零排放。

2020年3月6日，新西兰高等法院驳回了前两项诉讼请求，但允许第三项诉讼请求继续进行。法院得出结论认为，史密斯无法证明公共妨害，因为索赔的损害既不是他特有的，也不是被告行为的直接后果。法院进一步推断，鉴于被告遵守了所有相关的法律和监管要求，很难表现出公害行为。法院裁定不予支持史密斯的索赔，因为他没有证明被告未履行注意义务，并认为所索赔的损害不是被告合理预见的或不是由他们的行为直接造成的。

法院拒绝驳回第三个诉求，该诉求声称被告有责任停止助长气候变化。法院发现史密斯在说服法院承认这项新职责方面存在"重大障碍"，但决定应在审判中探讨相关问题。法院表示，也许可以修改公共滋扰的特殊损害规则，气候科学将提高模拟排放可能影响的能力。然而，法院警告说，可能无法提供史密斯所寻求的禁令救济，这将需要一个"定制的减排计划"。

在法院作出裁决后，史密斯对撤销前两个诉讼因由的决定提出上诉，而被告则对法院关于第三个诉讼因由应继续审理的决定提出交叉上诉。2021年10月21日，上诉法院驳回了史密斯提出的上诉，并支持交叉上诉。法院认为，侵权法不是应对气候变化的适当工具，并指出"事实上新西兰的每个人，世界上的每个人都（在不同程度上）对造成相关伤害负有责任，并且是这种伤害的受害者"。法院认为，认定被告公司的行为是非法的将引入一种"临时"和"专制"的制度，这将缺乏民主合法性。然而，上诉法院确实指出，法院在气候行动中有一定作用——让政府承担责任。

2. 争议焦点

该案的核心问题在于原告对温室气体排放者提起侵权诉讼，要求禁止污染活动。争议焦点为以下内容：

(1) 被告行为是否构成公害

史密斯是毛利人发展平台的气候变化发言人，他声称拥有对土地和其他资源的一般性权益。而作为被告的七家企业生产活动不断释放温室气体，如恒天然合作集团有限公司在新西兰拥有并经营着通过煤炭发电的乳品工厂，在可预见的未来，恒天然将继续在其工厂燃烧煤炭，释放温室气体。他认为，被告企业的排放增加了温室效应，加速了全球变暖。政府间气候变化专门委员会2014年和2018年的报告证实了气候变化的性质、影响和减缓要求的科学共识，有必要将气候变化造成的变暖限制在1.5 ℃以内，到2030年将全球人为二氧化碳排放量从2010年的水平净减少45％，到2050年左右达到净零排放，并大幅和迅速地减少其他温室气体。史密斯提供报告细节证明被告释放温室气体导致气温升高、生物多样性和生物量丧失、土地损失（包括海平面上升）、粮食和水安全风险、极端天气事件增加、海洋酸化、地缘政治不稳定和人口流离失所等不利后果。因此，被告作为新西兰的主要排放者之一，有必要以比政府间气候变化专门委员会建议的最低全球总减排量更快的速度实现更大的减排量。

在此背景下，史密斯提出的第一个诉讼理由是公害。首先，他将受到危险的人为干扰气候系统的影响，特别是气候变化将导致海平面上升，不可挽回地破坏了其在马希内普阿的土地。除了土地的物质性损失，还有具有文化和精神意义的遗址丧失。他声称：气候变化将不可挽回地损害传统资源；将导致失去传统的渔业和登陆地点；由于侵蚀和淹没，墓穴和墓地将消失；气候变化将导致海洋变暖和酸化，这将影响传统的特定沿海利用和淡水渔业。这些土地、资源和物种对他来说在经济、文化和精神上都具有重要意义。他断言，将会有越来越多的对健康不利的影响发生，他和毛利社区特别容易受到这种影响。

其次，被告向大气中释放温室气体或生产中排放温室气体已经或即将侵害公共权利，公共卫生、安全、舒适、便利与和平将会因此受到干扰。政府间气候变化专门委员会2007年发布第四次评估报告，被告明知他们的活动正在破坏气候环境却继续如常排放温室气体而不是大幅度减少温室气体排放量，这是对公共权利的不合理干扰。因此，原告的第一项诉求是被告立即停止造成公害的活动，或者让每个被告到2030年实现净零排放。

(2) 被告行为是否具有过失

史密斯以过失作为替代的诉讼理由。他声称，被告有责任采取合理的谨慎措施，不应以破坏气候环境而给他造成损失的方式开展他们的业务。但是被告违反了这一义务，在明知自己行为具有危害性仍然继续向大气中排放温室气体或生产排放温室气体的材料。他声称被告的过失已经或将要给他造成损失。因此，史密斯申请禁令，要求每个被告通过直接减少其净排放量来实现到2030年的零净排放目标。

（3）被告是否违反停止影响气候变化的义务

作为第三个诉讼理由，史密斯认为，被告有责任停止排放温室气体以避免对气候系统造成损害、对气候系统的危险人为干扰以及气候变化的不利影响，这在法律上是公认的。史密斯认为自己为了公共利益起诉，不要求对自己的损害赔偿费用。

针对史密斯的诉讼理由和请求，每个被告都提交了答辩书。内容大致相似，主要包括他们的行为符合所有相关的法律法规要求。其中乳品控股有限公司表示，暂时没有可用的科学或技术解决方案可以使其到2030年实现净零排放；他们的生产活动只排放少量的温室气体，否认对气候系统造成危险的人为干扰以及对史密斯的伤害；《2002气候变化应对法》《新西兰排放交易计划》《2019气候变化应对（零碳）修正案》等法律中的措施能够应对新西兰的气候变化问题；史密斯提出的事项已超出了法院的管辖范围。

3. 判决结果

在过去二十年中，新西兰减少温室气体排放已遵守若干国际条约的规定，包括《联合国气候变化框架公约》《京都议定书》和《巴黎协定》。这些条约制度让每个参与国决定如何最好地履行承诺，但是并没有直接对企业或个人施加有关排放的义务。

2008年修订的《气候变化应对法》制定了排放量交易计划，并要求从事各种所列活动的个人和实体参与，新西兰大多数经济关键部门都受排放交易计划的约束，并对责任主体规定了严格的罪行与惩罚，如果一个法人团体被判有罪，每个董事或者其他与法人集团管理有关的人也要被定罪处罚。

"公害"被定义为任何对公民的合理舒适和便利的生活产生重大影响的损害，且行为不受法律约束或不履行法律规定的义务。法院指出，史密斯遭受的损害既不特别也不直接，并不明显比公众遭受的更严重，与其他人受到的损失没有区别，同时该损害是间接的，不是被告活动的直接结果。因此，产生公害这一诉讼理由不成立。

针对"过失"这一诉讼理由，一个人受到另一人行为的伤害这一事实本身并不构成诉讼理由。即使伤害是故意的,只要另一方只是在行使一项法律权利,受害方就不能提出对方缺乏注意义务的法律要求,同样,除非存在谨慎的义务,否则不会出现可起诉的过失情况。如果负有谨慎义务,被告的行为必须违反该义务,原告遭受的损害必须是被告违反职责造成的,并且损害必须是违约所产生的足够近的后果。史密斯指控被告有义务采取合理谨慎措施,不以不利的气候变化而给他人造成损失的方式经营其业务是新情况,是否构成注意义务取决于所称的损失是否是被指控不法行为者的合理可预见的后果,取决于被指控的不法行为者与据称遭受损失的人之间的接近程度或关系,取决于是否具备影响关系的外在因素。法官指出,史密斯声称的损害不能说是被告的作为或不作为的合理可预见的后果。没有理由认为,个别被告或者被告集体的排放已经造成或者将要造成对史密斯的损害。史密斯与任何被告不存在紧密关系,因为处理气候变化问题的最佳主体是政府,而被告无法解决原告所声称的损害。承认史密斯所称的责任将使被告承担不必要的法律责任,被告可能会对任何因气候变化而受到损害的人提起的诉讼承担责任。考虑到政策,史密斯没有提出损害赔偿,但侵权责任通常是连带的,其他人也可以要求。让被告承担所指控的注意义务也会给被告带来不确定的责任。因此,不能支持"过失"这一诉讼理由。

法官指出,第三个诉讼理由所声称的注意义务没有特殊之处,是疏忽责任的扩大。而承认一项新的侵权责任使企业在温室气体排放方面对公众负责,是不能被支持的。

在法院作出裁决后,史密斯对撤销前两个诉求的决定提出上诉,而被告则对法院关于第三个诉求应继续审理的决定提出交叉上诉。2021年10月21日,上诉法院驳回了史密斯提出的上诉,并支持交叉上诉。2021年底,史密斯申请许可向新西兰最高法院提出上诉。2022年3月31日,新西兰最高法院就上诉法院驳回上诉并允许交叉上诉是否正确的问题上准许上诉。

第二节 信息披露合规

根据《巴黎协定》,每个缔约国都应为缓解全球变暖做出贡献并确定计划和提供监管报告。新西兰一系列公共和私营部门或组织都有提供气候报告的要求,以确保采取气候变化行动。2020年12月新西兰提出的碳中和政府计划(Carbon Neutral Government Programme,CNGP)致力于测量和减少核心政府部门和皇室机构(包括地区卫生委员会)的排放量,以加快公共部门减排。公司层面的环境、社会和治理(ESG)披露是有效风险管理的关键组成部分。因此各国监管机构大多要求公司披露可持续性风险。而新西兰的公司也"表现出对气候变化采取行动的意愿越来越强烈,并且一直在稳步发展应对气候变化的方法"。[1]加强企业及私营部门的报告和透明度建设是推动其履行碳减排义务的重要手段,同时也使市场更有效率,使经济更加稳定和有韧性。

一、法律政策及监管基础

新西兰气候信息披露制度主要基于以下三个目的:确保披露主体在商业、投资、贷款和保险承保决策中定期考虑气候变化的影响;帮助气候报告实体在考虑气候问题时更好地表现出责任感和远见;实现更高效的资本配置,推动新西兰向更可持续、低排放型经济模式过渡,并有助于实现到2050年实现净零碳的目标。

(一) 法律政策基础

《2021年金融部门(气候相关信息披露和其他事项)修正法案》[The Financial Sector(Climate-related Disclosures and Other Matters) Amendment Act 2021](以下简称《修正案》)在新西兰引入了一项新的气候相关信息披露制度,新西兰成为世界上第一个要求每年公开披露气候相关风险和机遇的国家。《修正案》修订了《2013年金融市场行为法案》(FMC法案)、《2013年财务报告法案》(Financial Reporting Act 2013)和《2001年公共审计法案》,规定大型金融市场参与者有义务在年度气候声明中披露其与气候相关的风险和机遇信息,主要针对大型上市公司、保险公司、银行、信用合作社、建筑协会和投资经理,确保在商业、投资、贷款和保险决策中经常考虑气候变化的影响。它还要求必须独立保证气候声明中关于温室气体排放的披露。其他披露则无须保证。根据外部报告委员会(External Reporting Board)发布的气候标准,受影响的组织必须公布2023年1月1日或之后开始的财政年度的披露。随后,新西兰内阁于2022年11月公布了如下一系列关于实施该《修正案》的规章文件:

第一,商务和消费者事务部长办公室(Office of the Minister of Commerce

---

[1] Carbon Disclosure Project CDP Global Climate Change Report 2015(CDP Worldwide, 2015).

and Consumer Affairs)发布《实施〈2021年金融部门(气候相关信息披露和其他事项)修正法案〉》[Implementing the Financial Sector(Climate-related Disclosures and Other Matters) Amendment Act 2021]。

第二,环境部与商业、创新和就业部(MBIE)发布《监管影响声明:气候相关信息披露法规》(Regulatory Impact Statement:Climate-related disclosures regulations)。

第三,内阁办公室发布《内阁环境、能源和气候委员会决定纪要》(Cabinet Environment, Energy and Climate Committee Minute of Decision-ENV-22-MIN0048)。

(二) 监管机构

新西兰与气候(碳)相关信息披露的监管机构主要有以下几个:

环境部与商业、创新和就业部。其主要针对气候(碳)披露总体战略及具体开展进行监督。

金融市场管理局(Financial Markets Authority,FMA)。其主要负责独立监督、报告和执行金融领域的信息披露制度;提供有关合规预期的指导,并报告监测活动和调查结果。FMA正在对披露制度采取广泛的教育和建设性方法,发布关于合规预期的指导性意见。

外部报告委员会(External Reporting Board,XRB)。其主要为:私营、公共和非营利部门的实体制定和发布会计、审计和保证以及气候方面的报告标准;制定和维护新西兰的财务报告战略;开展具体监管;任命和监督新西兰会计准则委员会(New Zealand Accounting Standards Board,NZASB)和新西兰审计与保证标准委员会(New Zealand Auditing and Assurance Standards Board, NZAuASB)等。外部报告委员会董事会是其管理机构,由九名成员组成,由总督根据商务部长的建议任命。环境部(MFE)与外部报告委员会(XRB)合作,为气候风险披露报告(CRD报告)制定气候标准。两个机构的官员定期举行会议,以确保气候报告要求的一致性。

二、气候(碳)相关信息披露制度的实施

(一) 气候标准

新西兰从2023年开始就要实施强制性气候(碳)信息披露制度,但前提是需要根据 XRB 发布的气候标准进行报告。新西兰独立会计准则制定者 XRB 负责发布气候标准。XRB 的气候标准基于气候相关财务信息披露工作组（TCFD）关于国际上被公认为最佳做法的治理、风险管理、战略以及指标和目标建议而制定。新西兰气候标准的最终目标是支持将资本分配给符合更具低排放、气候适应性的活动。

当前，新西兰现已发布一系列与气候相关信息的披露标准。这些标准主要为：《新西兰气候标准 1 气候相关信息披露》[Aotearoa New Zealand Climate Standard 1 Climate-related Disclosures(NZ CS 1)]；《新西兰气候标准 2 采用新西兰气候标准》[Aotearoa New Zealand Climate Standard 2 Adoption of Aotearoa New Zealand Climate Standards(NZ CS 2)]；《新西兰气候标准 3 气候相关信息披露的一般要求》[Aotearoa New Zealand Climate Standard 3 General Requirements for Climate-related Disclosures(NZ CS 3)]。

上述标准主要是制定原则和一般要求，以提供高质量的气候相关披露。尽管上述标准关注的是气候，但其所采用的方法是"气候优先，但不仅仅是气候"。从 2023 年 1 月 1 日或之后开始的财政年度起，新西兰气候信息披露义务主体需要根据新的气候报告标准进行报告。在第二阶段（会计期至 2024 年 10 月 27 日或之后结束），与温室气体排放有关的披露要素需要具有独立保证。

（二）强制性披露

新西兰约有 200 家实体被要求进行与气候相关信息的披露。《修正案》在 7A 部分[1]规定，下列主体为气候报告主体：(a)上市发行人，包括大型上市发行人和未被排除在外的上市发行人；(b)大型注册银行；(c)大型持牌保险公司；(d)大型信用合作社；(e)大型建筑协会。[2]

其中，针对上市发行人，《修正案》规定，如果以下至少一项适用于上市发行人，则上市发行人就会计期间而言是大型上市发行人：(1)上市发行人——(i)在会计期间的任何时间，有报价的权益性证券；和(ii)在前两个会计期间的每个会计期间的结算日，拥有总价值超过 6 000 万美元的股本证券（无论是上

---

[1] Part 7A Climate-related disclosures for certain FMC reporting entities with higher level of public accountability.
[2] Financial Sector(Climate-related Disclosures and Other Matters) Amendment Act 2021，Part 7A Climate-related disclosures for certain FMC reporting entities with higher level of public accountability，S461O.

市的还是未上市的);(2)上市发行人——(i)在会计期间的任何时间,有报价的债务证券;和(ii)在前两个会计期间的任何时间,报价总面值超过6 000万美元的债务证券;(3)就会计期间而言,上市发行人在合并后规模较大(与第461R条一致);(4)如上市发行人在某会计期间内一直有以下情况,则其就某会计期间而言即属除外上市发行人——(a)发行人的任何股本证券和发行人的任何债务证券仅在增长市场上报价;或者(b)发行人并无上市股本证券及上市债务证券。①

《修正案》对与注册银行、持牌保险公司、信用合作社和建筑协会相关的"大型"的含义进行了规定,主要包括以下内容:

(1)如果满足以下任何一项或两项,则注册银行、信用合作社或建筑互助协会(A)在会计期间内规模较大:(a)在前两个会计期间的每个会计期间的结算日,A和A的子公司(如有)的总资产超过10亿美元;(b)就会计期间而言,A在合并后(与第461R条一致)规模很大。

(2)下述至少有一项适用于持牌保险人,则该持牌保险人就会计期间而言属大型:(a)在前两个会计期间的每个会计期间的结余日,持牌保险人及其附属公司(如有)的总资产超过10亿美元;(b)在前两个会计期间的每一期间,持牌保险公司及其附属公司(如有)的年度总保费收入超过2.5亿美元;(c)该持牌保险人在合并后(第461R条所指)就会计期间而言是大型的。

(3)但是,如果注册银行、信用合作社、房屋互助协会或持牌保险公司是海外公司,则前述两款规定不适用。

(4)如符合下述规定的至少一项,则海外公司或其集团的新西兰业务在一个会计期间内属于规模较大:(a)在前两个会计期间的每个会计期间的平衡日,新西兰企业的总资产超过10亿美元;(b)海外公司是一家持牌保险公司,并且在前两个会计期间的每个会计期间,新西兰业务的年度总保费收入超过2.5亿美元。海外公司是指在新西兰境外成立的法人团体。②

---

① Financial Sector(Climate-related Disclosures and Other Matters) Amendment Act 2021, Part 7A Climate-related disclosures for certain FMC reporting entities with higher level of public accountability, S461P.
② Financial Sector(Climate-related Disclosures and Other Matters) Amendment Act 2021, Part 7A Climate-related disclosures for certain FMC reporting entities with higher level of public accountability, S461Q.

(三) 非强制性披露

根据《2019年气候变化应对（零碳）修正法案》（第5ZW条），部长或委员会可要求某些组织提供有关适应气候变化的信息，包括以下内容：(1)关于气候变化风险和机遇的组织治理描述；(2)风险和机遇对组织业务、战略和财务规划的实际和潜在影响的描述；(3)组织用于识别、评估和管理风险的流程描述；(4)用于评估和管理风险和机遇的指标和目标的描述，包括时间框架和进度。

该法案规定以下为报告机构：(1)1988年《国家部门法》第27条定义的公共服务；(2)2002年《地方政府法》第5(1)条中定义的地方当局；(3)2002年《地方政府法》第6(1)条中定义的委员会控制的组织；(4)2004年《官方实体法》第7(1)条定义的官方实体，但不包括学校董事会；(5)1989年《公共财政法》附表4A所列公司；(6)1986年《国有企业法》附表1所列组织；(7)2002年《民防应急管理法》附表1中列出的生命线公用设施；(8)新西兰警方；(9)新西兰国防军。因此，新西兰约400个提供基本公共服务的组织可能需要提供有关气候变化适应的信息。

非强制性披露和强制性披露制度要求提供信息的权力都与TCFD框架保持一致，这些组织可以依据MfE发布的排放测量指南（MfE's guidance for measuring emissions）自愿报告其温室气体排放量。

(四) 气候报告及气候声明

《修正案》在子部分2规定了与气候相关信息披露报告，其主要包括以下内容：

第一，气候报告实体必须保留适当的CRD记录，具体包括：A.每个气候报告实体必须确保始终保存记录，使气候报告实体能够确保气候报告实体的气候声明符合气候相关披露框架；B.作为注册计划的气候报告实体的每位管理人员必须确保始终保存记录，使管理人员能够确保与注册计划相关的气候声明符合气候相关披露框架；C.每个气候报告实体都必须建立并维护令人满意的记录控制系统，该系统需要根据本法规定保存。

第二，保存CRD记录的方式。每个气候报告实体必须以规定的方式保存CRD记录（如果有的话）。

第三，保存CRD记录的期限。CRD记录或其副本必须由气候报告实体自记录之日起至少保留7年。

第四，检查CRD记录。每个气候报告实体都必须在所有合理时间以规定的方式免费提供 CRD 记录,为气候报告实体的董事;任何监管者(如果气候报告实体是债务证券的发行人或注册计划的管理人);金融市场管理局;和由法令授权或允许检查气候报告实体或计划的 CRD 记录的任何其他人为提供方便。违反本条规定的气候报告实体构成犯罪,一经定罪,可处以不超过 50 000 美元的罚款。①

《修正案》在第 3 部分规定了气候声明的准备(气候报告实体及其集团的气候声明、境外气候报告实体的气候声明)和与注册计划有关的陈述等。②

此外,随着全球范围内气候信息披露成为强制性规定,对披露保证的需求也在增长,新西兰也不例外。新西兰与温室气体排放有关的披露逐渐将被要求有独立的保证。

(五) 气候信息披露与公共部门报告的区别

参与 CNGP 的组织③将测量、报告和减少其排放量。这也与 TCFD 框架的度量和目标方面相一致。但 CNGP 比 CRD 更进一步,其要求 CNGP 参与者设定目标,按照 1.5 ℃ 的减排目标减少排放,并引入减排计划。这些组织还打算抵消 2025 年的剩余总排放量,以实现碳中和。他们必须在年度报告中包含这些信息,并每年向环境部提供这些信息,以显示其减排进展。

CRD 参与者受立法约束,而 CNGP 参与者不受立法约束。所有相关实体都被要求遵守 CRD 和 CNGP 各自的要求。任何一项倡议所涵盖的组织都将在其年度报告中公开这些信息。但是当前,新西兰尚未对 CNGP 参与者使用立法。只是有一些政府规定的机制要求公共部门组织遵守 CNGP 的要求,例如内阁指示或指示。有 13 个公共部门组织由于是金融市场参与者,而被要求根据 CRD 制度进行报告。

---

① Financial Sector(Climate-related Disclosures and Other Matters) Amendment Act 2021, Part 7A Climate-related disclosures for certain FMC reporting entities with higher level of public accountability, Subpart 2—CRD records.
② Financial Sector(Climate-related Disclosures and Other Matters) Amendment Act 2021, Part 7A Climate-related disclosures for certain FMC reporting entities with higher level of public accountability, Subpart 3—Preparation of climate statements.
③ 其中新西兰有约 30 家,包括行政部门、官方代表、高等教育机构、立法部门、议会办公室和国有企业等。见 Carbon Neutral Government Programme(CNGP) participants, https://environment.govt.nz/what-government-is-doing/areas-of-work/climate-change/climate-reporting-requirements/ (2022 年 5 月 12 日)。

CNGP 主要通过参与者年度报告程序和协调机构(MFE、商业、创新和就业部以及能源效率和保护局)向部长们报告进展情况,监测 CNGP 参与者的遵守情况。

(六) 最新要求

负有气候报告义务的实体(CRE)当前需注意以下预期时间表:(1)2022 年 12 月,XRB 发布最终气候标准;(2)2023 年 1 月,气候声明的第一个年度报告期开始;(3)2023 年 6 月,FMA 发布详细的记录保存指南供咨询;(4)2023 年 8 月,FMA 发布详细的记录保存指南;(5)2024 年 4 月,首次发表气候声明。[①]

三、对 ISSB 的态度

ISSB 的推出凸显了立法者和监管机构对解决气候变化问题的兴趣不断增强。ISSB 将成为全球可持续发展标准的主要制定者。它将与制定和发布国际财务报告准则的国际会计准则委员会(International Accounting Standards Board)并驾齐驱。新西兰在应对气候变化及气候信息披露工作方面一直保持领先水平。新西兰气候信息披露需要独立的会计基础,而该会计系统又以 TCFD 为基础。[②]代表新西兰和澳大利亚会计师的专业会计机构澳大利亚注册会计师协会参加了 ISSB 启动前的全球咨询,并表示,国际可持续发展标准委员会(ISSB)的成立将提高可持续发展报告的地位,并敦促新西兰"加入"。"国际证券委员会组织已经批准了 ISSB,这意味着它发布的标准将成为全球证券监管机构的全球基准。至关重要的是,政府和所有相关监管机构都要采取必要行动,将 ISSB 标准纳入我们的公司报告系统。如果新西兰不加入,那么新西兰金融市场的声誉可能会受损,公司可能会发现自己的股价受到影响,国际市场的融资可能会变得更加困难。"[③]

[①] Climate related disclosures, https://www.fma.govt.nz/business/focus-areas/ethical-finance/climate-related-disclosures/(2023 年 7 月 10 日)。
[②] Why ESG Reporting is Needed to Ensure Global Financial Stability, https://news.sap.com/australia/2023/03/23/why-esg-reporting-is-needed-to-ensure-global-financial-stability/(2023 年 3 月 23 日)。
[③] New Zealand: Sustainability reporting leaps forward with launch of global standard setter, https://www.cpaaustralia.com.au/about-cpa-australia/media/media-releases/sustainability-reporting-leaps-forward-with-launch-of-global-standard-setter-new-zealand(2021 年 11 月 3 日)。

第三节　碳交易市场合规

新西兰排放交易计划(NZ ETS)是履行其减排义务并实现气候变化目标的关键工具。新西兰通过《2008年气候变化应对(排放交易)修正法案》，建立了新西兰国家排放交易计划。碳交易计划的参与者需要获取和交出其他合格排放单位的新西兰单位(NZU)，以说明其直接 GHG 排放量或与其产品相关的排放量。NZU 由政府创建，并分配给 NZ ETS 参与者。此外，这些 NZU 是碳信用额度，可以在 NZ ETS 参与者之间进行交易，以确保遵守 CCRA。因此，NZ ETS 为温室气体排放者提供经济激励措施，以减少温室气体排放。

一、法律政策及监管基础

（一）法律政策基础

新西兰于2002年颁布了《2002年气候变化应对法》(Climate Change Response Act 2002, CCRA)，为履行其京都承诺提供了一个法律框架。随后新西兰于2008年修订了该法案，即《2008年气候变化应对(排放交易)修正法案》，以实施新西兰排放交易计划。此后，CCRA 历经多次修改。新西兰排放交易制度自2008年以来成为新西兰的主要碳排放定价工具。

2020年，政府依据2020年6月通过的《气候变化应对(排放交易改革)修正法案》[Climate Change Response(Emissions Trading Reform) Amendment Act]对排放交易系统进行了修改。该法案引入了新的规定，取消了固定价格选项(Fixed Price Option, FPO)，纳入了新西兰 ETS 净排放的灵活上限，逐步取消了工业分配，引入了林业平均核算，以及采取其他技术变化，包括提高市场透明度。从2021年1月1日起，修改了针对某些 ETS 义务的处罚措施。[1]政府根据 CCRA 及其系列修正案制定了一些实施条例，如《2021年气候变化应对(侵权行为)条例》[Climate Change Response(Infringement Offences) Regulations 2021]。

（二）监管机构

新西兰碳排放交易制度实施中涉及诸多监管部门，总体来说，主要有以下

---

[1] Subpart 4—Offences and penalties, Climate Change Response Act 2002.

一些：

环境部(Ministry for the Environment)。其主要涉及有关气候变化和排放交易计划的总体性信息和监管框架。

初级产业部(Ministry for Primary Industries)。其主要对ETS中的林业系统开展ETS进行监管。

环境保护局(Environmental Protection Authority)。其对碳排放交易合规负有主要执法责任，并提供有关排放交易计划和新西兰排放交易登记处(New Zealand Emissions Trading Register，NZETR)的信息，履行《联合国气候变化框架公约》以及关于气候变化国际协议的一系列信息。

二、碳排放交易制度的实施

（一）总体介绍

新西兰温室减排目标为新西兰排放交易系统提供了目标和方向。这些目标还设定了减排的总体目标水平，以帮助新西兰向低碳经济转型。因此，新西兰ETS是一种"总量管制与交易"计划。它要求上游实体如燃料供应商和有过程排放的排放者，将排放单位（新西兰单位，NZU）交给政府。它还奖励从大气中去除碳的实体，如林业相关实体。每个NZU代表一吨二氧化碳当量，主要通过三个渠道进入新西兰排放交易系统市场：政府拍卖、执行清除活动的实体获得的单位、向符合条件的行业免费提供的单位（工业分配）。一旦单元被分配到市场，它们就可以在二级市场上交易，价格由某个时间点的供求关系决定。新西兰排放交易系统为固定能源、液体化石燃料、工业过程、合成温室气体、废物和林业部门的国内排放创造了价格信号。[1]农业部门的排放量（约占新西兰排放量的50%）[2]不在新西兰排放交易系统范围内。此外，三分之二的废物[3]、三分之一的合成温室气体和其他小的总排放源被排除在新西兰排放交易系统之外，以降低管理成本或解决测量的不确定性。

新西兰ETS没有与任何其他计划挂钩，其主要通过下列措施帮助减少排

---

[1] 新西兰ETS覆盖范围的定义与IPCC部门略有不同。
[2] 农业部门在新西兰ETS中有报告要求，但没有放弃义务。农业部门的排放定价工作正在进行中，具体采取何种形式尚待决定。
[3] 只有管理垃圾填埋场的废物排放才在新西兰排放交易系统范围内。未经管理的场地或废水处理厂的排放不在该计划范围内。

放：(1)要求企业测量和报告其温室气体排放量；(2)要求企业每排放一吨排放量就向政府交出一个"排放单位"(称为NZU)；(3)限制相关实体(emitters)可用的NZU的数量。参加新西兰ETS的实体可以相互买卖排放单位。从而使企业能够就如何减少排放做出经济高效的选择。

(二) 主体范围

部门范围。2007年首次引入ETS时，新西兰考虑了国内经济中的所有部门覆盖范围，各部门交错进入合规义务。[①] 不同部门以不同方式参与新西兰ETS。新西兰排放交易体系涵盖的所有行业都必须向政府报告其年度温室气体排放量。这些行业包括林业、农业、废弃物、合成气体、工业流程(industrial processes,如钢铁制造商)、液体化石燃料(如汽油和柴油供应商)、固定能源(如发电和工业供暖)。新西兰农业部门在经济中占据主导地位，约46%的碳排放由畜牧农业产生或与畜牧农业相关，是新西兰最大的温室气体排放部门，但农民不是新西兰排放交易系统的强制性参与者，部分原因是，在农业和乳制品行业，帮助减少排放的技术和管理解决方案存在局限性。除农业外，新西兰经济的所有部门都通过排放交易协议的清缴义务为其排放买单。农业部门通过新西兰排放交易系统报告其排放量，但没有清缴义务。[②]

新西兰温室气体排放量的一半以上由清缴义务(Surrender obligations)承担。参与新西兰ETS的企业必须购买并向政府清缴，每产生一吨二氧化碳当量(CO_2-e)排放就有一个新西兰单位。除农业外，所有部门都有清缴义务和报告义务。2017年，农业部门的排放量约占总排放量的48%。政府正在与农业部门合作，通过"He Waka Eke Noa"制定定价机制。

涵盖的温室气体范围。新西兰排放交易体系涵盖了导致全球变暖的六种温室气体。包括二氧化碳(CO_2)、甲烷(CH_4)、一氧化二氮(N_2O)、六氟化硫(SF_6)、氢氟碳化合物(HFC)和全氟化碳(PFCs)。新西兰排放交易系统对所有气体进行了相同的处理和核算，使用二氧化碳当量(CO_2-e)作为标准单位。

具体义务主体设置。在新西兰排放交易系统中，排放报告和定价的义务点通常设置在尽可能远的供应链上。这就意味着新西兰的大多数企业没有强

[①] NZ, Ministry for the Environment, The Framework for a New Zealand Emissions Trading System (Wellington: Ministry for the Environment, 2007) at 14, online: [NZ ETS Framework].

[②] About the New Zealand Emissions Trading Scheme, https://environment.govt.nz/what-government-is-doing/areas-of-work/climate-change/ets/about-nz-ets/(2023年4月27日)。

制参与新西兰 ETS 义务。例如，液体化石燃料（如汽油、柴油和航空燃料）的排放义务由进口燃料的公司承担，而不是由化石燃料汽车的司机承担。尽管 NZETS 可能只适用于少数企业，但新西兰的大多数公司都会受到其间接影响，这主要是由于运营成本的上升，如电价和燃油价格的上涨。

（三）主体权利与义务

参加新西兰 ETS 可以是强制性的，也可以是自愿的。ETS 参与者必须遵守以下流程：A.申请在注册处开立持有账户；B.注册为参与者；C.提交排放申报表；D.交出或接收单位。

1. 强制性参与

从事 CCRA 附表 3 所列活动的人被称为强制性参与者。他们必须在开始开展该活动的 20 天内通知环境保护局，并且必须在 ETS 注册为参与者。[①]

2. 自愿参与

从事 CCRA 附表 4 所列活动的人员可以自愿注册为 ETS 的参与者。虽然自愿参与者可以选择是否参加 ETS，但一旦他们成为注册参与者，则必须遵守 CCRA 和相关法规的所有相关要求。[②]在每个义务期结束时（通常是每年），责任主体有义务交出足够的排放量单位，或偿还其应交出的每个排放单位的费用。新西兰排放交易制度下的受管制排放者没有获得排放单位分配，相反，也有非受管制人员获得了排放单位的自由分配，但他们没有新西兰排放交易机制下的合规义务。

3. 提交排放报告（Emissions Reporting）

新西兰 ETS 的参与者必须收集并记录活动信息（排放量或从大气中去除的碳），并将其提供给 EPA。这是通过新西兰排放交易登记处（New Zealand Emissions Trading Register）在线提交年度排放申报表（Annual Emissions Return）来完成的。[③]不收集或提供信息、不保存记录或不符合 ETS 其他要求的参与者属于侵权行为。侵权犯罪及相关费用和罚款主要依据《2021 年气候

---

① Schedule 3 Activities with respect to which persons must be participants, Climate Change Response Act 2002.
② Schedule 4 Activities with respect to which persons may be participants, Climate Change Response Act 2002.
③ Emissions reporting, https://www.epa.govt.nz/industry-areas/emissions-trading-scheme/participating-in-the-ets/emissions-reporting/（2023 年 7 月 17 日）。

变化应对（侵权行为）条例》来执行。

（四）交易平台及标的

新西兰 ETS 的交易平台为 ETS 登记处（New Zealand Emissions Trading Register）[①]。每个 NZ ETS 参与者都会进入新西兰排放单位登记处（NZEUR），该登记处信息由环境保护局（EPA）公开提供和管理。为了交出单位，公司参与者必须在 NZEUR 开立持有账户。公司应适当考虑授权代表其管理持有账户的人员，并分配相关角色。此外，它应确保有适当的问责程序，以避免欺诈，并及时准确地进行相关报告。

新西兰 ETS 基于代表一吨二氧化碳当量的单位开展交易。排放公司必须每年向政府交出这些单位，而那些清除而不是排放温室气体的公司（例如种植和种植森林的公司）可以获得单位。

CCRA 第 63 和 63A 节规定了受管制排放者在遵守期内每两吨碳排放提交一个新西兰排放单位的义务。CCRA 最初规定一个单位兑换一吨，但随后在 2009 年修正案中将其放宽为当前的一个单位换两吨，作为一项临时措施，以允许逐渐地履行合规义务。

（五）新西兰单位的清缴和转让

新西兰 ETS 以新西兰单位（NZU）的交易为基础。每个 NZU 相当于一吨二氧化碳当量排放量。强制性参与者必须在每年 5 月 31 日之前，就其上一年报告的排放量提交年度排放申报表后，交出排放单位。造成排放的参与者必须向政府交出新西兰单位。与此同时，那些清除温室气体的人（例如，那些再生或种植森林或出口合成温室气体的人们）可以获得单位。这些单位由政府发行并转让给参与者，参与者可以保留或交易。单位价格反映了市场供求情况。根据 2022 年报告，共有 38 509 171 个单位从私人持有账户转入政府的皇家清缴账户（Surrender Crown Account）。单位类型和固定价格清缴的细分及分配类型如下图 7-1、图 7-2 所示。[②]

[①] New Zealand Emissions Trading Register，https://www.emissionsregister.govt.nz/Authentication/Logon.aspx（2023 年 7 月 17 日）。

[②] Emissions returns report，https://www.epa.govt.nz/industry-areas/emissions-trading-scheme/ets-reports/emissions-returns/（2023 年 7 月 17 日）。

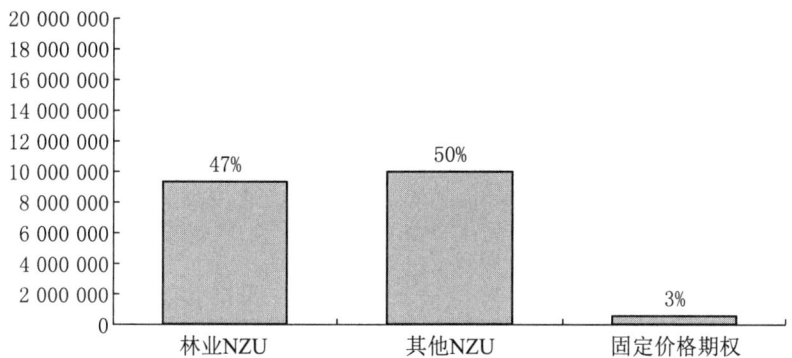

图 7-1　2021 年 7 月 1 日至 2022 年 6 月 30 日净清缴量

资料来源：Emissions returns report，https://www.epa.govt.nz/industry-areas/emissions-trading-scheme/ets-reports/emissions-returns/（2023 年 7 月 17 日）。

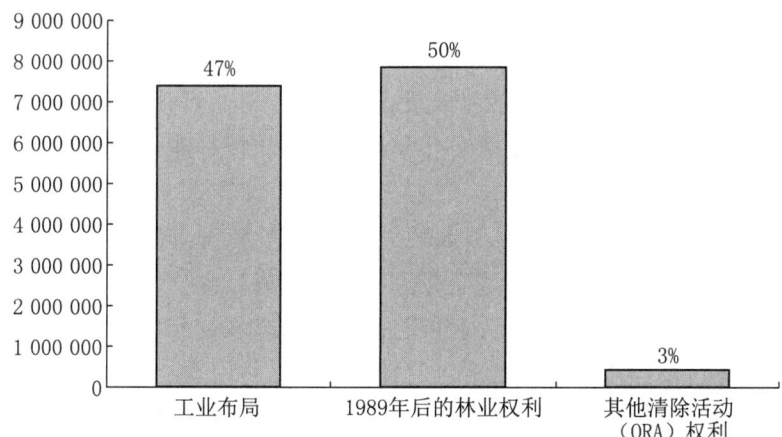

图 7-2　2021 年 7 月 1 日至 2022 年 6 月 30 日净分配量和应享权利

资料来源：Emissions returns report，https://www.epa.govt.nz/industry-areas/emissions-trading-scheme/ets-reports/emissions-returns/（2023 年 7 月 17 日）。

(六) 林业 ETS

新西兰 ETS 的参与者中，森林所有者占大多数。ETS 鼓励种植新的森林，如果旧的森林被砍伐，则鼓励替换旧的森林。由于新西兰 ETS 是新西兰为遵守京都议定书而设计的，CCRA 将林业部门区分为 1989 年后的森林和 1990 年前的森林，以反映第一个京都承诺期中嵌入的 1990 年基线。因此，1990 年以前森林的所有者可以在没有 CCRA 规定的合规义务的情况下收获和重新种植树木。

《2020年气候变化(排放交易改革)修正法案》规定了林业改革。改革旨鼓励建立森林、降低复杂性以及鼓励合规。为了实施和支持这些变化,政府更新了林业法规,如《2022年气候变化(林业部门)条例》[Climate Change(Forestry Sector) Regulations 2022],以确保新西兰林业ETS能够从2023年起继续运作。林业ETS在线系统的名称是"Tupu-ake"。要使用该系统,需要开立一个"Real Me"账户。①

三、最新发展及国际链接

(一) 时间节点

修改后的ETS有以下关键日期需要市场参与者遵守:

1月31日。需要在1月31日前在登记处完成唯一排放系数(Unique Emissions Factor, UEF)应用程序。

3月31日。上一日历年的排放报告于每年1月1日开始,所有参与者都需要在3月31日前提交年度排放报告。2022年非林业排放申报表将于2023年3月31日到期。

4月30日。可以在1月1日起的任何时候提交工业分配申请(Industrial Allocation),但必须于4月30日之前在登记处完成。

5月31日。参与者必须在每年5月31日向其提交年度排放申报表中计算的排放单位义务。ETS系统平台管理方还制作一份季度报告,显示特定活动和时间范围内参与者的添加和删除情况。

(二) 成本费用

自2008年以来,新西兰ETS的实施和管理费用约为1.109亿新西兰元。根据2021—2022财政年度的预算,环境部和环境保护局产生的实施新西兰ETS费用约为650万新西兰元。

从2023年1月12日起,一些ETS服务的收费有所增加,如林业服务费。其他受影响的服务包括申请在ETS中注册、申请排放裁决、转让土地所有权,以及提交排放申报表。登记或增加不到10公顷土地的费用没有变化。

---

① How to access forestry ETS online services, https://www.mpi.govt.nz/forestry/forestry-in-the-emissions-trading-scheme/etsVonline-system/(2023年5月7日)。

（三）国际链接

在2015年5月之前，根据《京都议定书》发布的某些类型的国际排放单位可以进口和交出，以履行新西兰排放交易系统的义务。2015年，《京都议定书》下第一个承诺期的调整完成后，新西兰ETS关闭了国际市场，成为仅限在国内实施的计划。新西兰正在探索一系列具有环境完整性的海上缓解方案，并优先与亚太地区国家合作，以促进可持续发展，同时也在探索加强与国际市场的链接。

第四节　投资与金融合规

2015年签署并于2020年生效的《巴黎协定》明确涉及温室气体减排、适应和融资。①自2017年以来，联合国环境规划署金融机构一直在与其成员合作，以推动其成员更好地实施金融稳定委员会气候相关财务信息披露工作组（TCFD）的建议。通过TCFD计划，环境署金融机构在制定金融部门气候风险方面的良好做法方面发挥了领导作用。新西兰采用了TCFD计划中的许多工具、框架和指南，并出台了专门性立法，推动投资及金融行业能够更好地管理和披露其气候风险。

一、法律政策及监管基础

（一）法律政策基础

1. 公司法

依据《公司法》，新西兰每家注册公司都必须向其股东提交年度报告。②年度报告必须包括财务报表等信息，或董事会认为对其股东而言是重要信息的公司性质的任何变化。③事实上，尽管气候变化风险可能会影响企业，但它"不太可能"会改变企业本身的性质。因此，1993年新西兰《公司法》中规定了公司与可持续发展相关报告相关条款，但其仅适用于新西兰ETS参与者在CCRA

---

① Paris Agreement, UNITED NATIONS FRAMEWORK CONVENTIONS ON CLIMATE CHANGE, https://unfccc.int/process-and-meetings/the-paris-agreement/the-paris-agreement（2023年7月17日）.
② Companies Act 1993, Section 209.
③ Companies Act 1993, Section 211.

下的义务。

公司董事在履行职责时需要注意他们的义务。未能注意到相关法规并解决与气候变化有关的所有潜在风险，可能构成违反这些职责。在新西兰，根据《公司法》的规定，股东可以因董事违反其对公司的职责而对其提起个人诉讼。[1]此外，根据《公司法》，股东可以以公司的名义对任何违反董事职责的行为提起衍生诉讼，[2]这些部分在气候变化方面尚未经过测试，但董事未能应对气候变化可能会导致财务影响和股价下跌，因此可能会采取行动。此外，股东有权召集和出席公司股东大会，听取他们的意见，并就公司决策的决议进行投票。[3]

2. 金融法

金融市场的基本功能之一是对风险进行定价，以支持知情、高效的资本配置决策。《2013年金融市场行为法》(Financial Markets Conduct Act 2013)规定了金融产品的创建、推广和销售方式，以及供应、交易这些产品的主体的持续性责任。该法旨在促进资本市场活动，帮助企业为发展和实现财务目标提供资金。

2022年6月29日《2022年金融市场（机构行为）修正法案》[Financial Markets(Conduct of Institutions) Amendment Act 2022]获得批准，预计将于2025年初全面生效。该法案将引入一项新制度，要求某些金融机构在对待消费者的一般行为方面获得许可。

《2022年金融市场行为（限制性计划-披露和报告）豁免通知》[The Financial Markets Conduct (Restricted Schemes-Disclosure and Reporting) Exemption Notice 2022]豁免了与年度基金更新和确认信息有关的某些固定收益限制性计划，以及与《2014年金融市场交易条例》(Financial Markets Conduct Regulations 2014)中的某些季度报告要求有关的所有限制性计划。

此外，《2013年财务报告法》(Financial Reporting Act 2013)引入了一系列改革，改变了中小企业和注册慈善机构的报告要求，影响了一系列不同的实体。尤其涉及公司、慈善部门和其他受影响实体报告要求的变化（见表7-1）。[4]

---

[1] Companies Act 1993, Section 169.
[2] Companies Act 1993, Section 165.
[3] Companies Act 1993, Sections 120-122.
[4] Financial Reporting Act 2013, https://www.mbie.govt.nz/business-and-employment/business/regulating-entities/financial-reporting-act-2013/（2019年2月12日）。

表 7-1 《2013 年财务报告法》出台后受影响的报告实体及其相应变化

实体类别	变化和影响
大型公司	删除了编制母公司财务报表的要求,并将其留给 XRB 来确定任何母公司的报告义务
中型公司	将通用财务报告(General Purpose Financial Reporting,GPFR)的编制要求替换为税务目的的专用财务报告(Special Purpose Financial Reporting,SPFR),以达到税务局制定的最低标准
小型公司	将简单格式的模板报告替换为 SPFR,以达到税务局(Inland Revenue)设定的最低标准
发行人	将有编制义务的公司编制财务报告所需的时间从 5 个月缩短到 3 个月
子公司	删除了为母公司编制一套财务报表的要求,其中一组公司有报告义务,保留了编制合并报表的义务
中小型有限合伙企业	将历史准备要求替换为税务目的的特殊目的报告,以达到税务局 Inland Revenue 制定的最低标准
大型有限合伙企业和合伙企业	需要准备 GPFR,并对其进行审核并分发给所有者
注册慈善机构	要求按照 XRB 制定的标准制备 GPFR,这是一种适用于经营支出低于 200 万美元的实体的简单格式报告方法
微型注册慈善机构(年度运营支出小于 40 000 美元)	允许以现金为基础编制 GPFR(一种更简单的格式)
中小型工业和公积金协会	保留了向登记处提交年度申报表的要求,但取消了包括财务报表的要求
提供保险服务的互助会和信用合作社	保留了提交经审计的财务报表的要求,但取消了对登记官进行监督并向议会报告的要求
其他互助会	保留了准备、保证和向成员分发,但取消了备案要求
在商业场所经营游戏机的游戏机协会	出版义务因社会的法律形式而异,引入了提交经审计的财务报表的一致要求
几乎完全在自己的场所经营游戏机的游戏机协会	要求协会向会员分发经审计的财务报表,没有引入发布要求
退休村	所有退休村都被视为财务报告的发行人。删除了对那些不是真正意义上的发行人的假设,这使得 XRB 可以决定他们是否可以根据第二层而不是最高层的报告进行报告

续表

实体类别	变化和影响
大型毛利人公司	增加了向所有受益所有人分配财务报告义务的要求
中小型毛利人公司	删除了审计要求
毛利人土地信托	授权XRB规定默认报告要求,但允许毛利土地法院根据个人情况改变这些要求

资料来源:作者自制。

3. 气候信息披露专门性法律

2021年4月13日,新西兰出台立法《2021年金融部门(气候相关信息披露和其他事项)修正法案》,强制某些金融服务组织以及新西兰交易所上市的所有股权和债务发行人按照气候相关财务信息披露工作组(TCFD)的建议进行气候相关披露。

(二) 监管基础

依据CCRA的规定,参与NZ ETS的公司董事应遵守该法中的要求,否则也可能违反《公司法》规定的职责。

除前述几节中的监管机构外,与投资与金融相关的监管机构还有能源效率和保护局(Energy Efficiency and Conservation Authority),其主要支持企业提高能源效率,降低成本,并从化石燃料转向低排放替代品。

此外,新西兰会计准则委员会(New Zealand Accounting Standards Board, NZASB)负责制定并经外部报告委员会批准相关的标准和解释。新西兰等效标准主要有:国际财务报告准则(International Financial Reporting Standards)、国际会计准则(International Accounting Standards)、国际解释(International Interpretations)。

二、气候专项资金和融资举措

有效应对气候变化,需要政府公共部门和私营部门的共同努力,尤其是需要政府提供减少排放所需的资金和融资。新西兰应对气候变化相关的专项资金和融资政策主要有以下一些:

设立气候应急基金(Climate Emergency Response Fund, CERF)。新西

兰政府在2022年预算中设立了气候应急基金,这是一种支持政府气候支出的预算筹资机制。CERF是使用新西兰排放交易计划在2022/23年至2025/26年期间的现金收益作为首付款成立的。CERF最初成立时为45亿新西兰元,迄今已为气候相关支出举措提供37亿新西兰元。

发行新西兰主权绿色债券计划（New Zealand's Sovereign Green Bond Programme）。新西兰主权绿色债券计划于2022年启动,为投资有助于实现气候和环境目标的项目提供了机会,如向清洁交通的过渡和对生物多样性的支持。这些债券是对已经计划或正在进行的符合国际公认的资格、选择和报告标准的绿色公共部门项目的认可。绿色债券并不意味着在政府现有借款的基础上承担新的债务。从债券中筹集的资金将用于支持有助于实现政府承诺的项目,即到2030年将温室气体净排放量减少50%,到2050年实现净零碳目标。新西兰财政部的债务管理部门负责实施绿色债券计划。

成立新西兰绿色投资金融有限公司（New Zealand Green Investment Finance Ltd）。新西兰绿色投资金融（NZGIF）是一家国有投资工具,成立于2019年4月,并从当年9月开始运营。该公司由政府出资1亿新西兰元成立,2021年预算将其资本重组为4亿新西兰元。NZGIF有权投资加速减少国内温室气体排放的商业活动并获得投资回报。它通过吸引工业、投资公司和其他私人资金来源,在交通、工业过程热力、废物、塑料、建筑环境和农业等领域开发大型项目。

国有部门脱碳基金（State Sector Decarbonisation Fund,SSDF）。2019年12月底,新西兰政府启动了国有部门脱碳基金,以帮助减少整个国有部门每年排放约49万吨二氧化碳当量（CO_2-e）。GIDI基金是政府和EECA管理的企业之间的合作伙伴关系,旨在加快工业过程热量的脱碳。GIDI基金第一次投放了6900万,支持了53个项目,估计总共的终身碳减排量为740万吨,这些项目将在2024年4月前全部投入使用。

毛利人和公共住房可再生能源基金（Māori and Public Housing Renewable Energy Fund）。该基金致力于在毛利人和公共住房方面试用社区规模的可再生技术,其中包括现代地热、太阳能电池板和电池等技术。最近一轮融资为更大、更复杂的可再生能源技术提供了资金,如小型水电、风能发电以及集成远程配送和零售解决方案的项目。2022年5月,政府宣布在四年内提供1600万新西兰元,用于支持小型社区可再生能源项目,以支持低收入社区或能源获取不安全社区的建设。

其他经济激励。如低排放交通基金（Low Emissions Transport Fund）。自 2016 年以来，EECA 一直通过低排放汽车竞争基金（LEVCF）支持低排放汽车的使用。

三、气候投资及金融制度的实施

（一）责任主体

新西兰气候投资及金融制度实施的主要实体为公司、银行、保险公司和投资者。新西兰有不少以绿色投资为主业的机构，如新西兰绿色投资金融有限公司（New Zealand Green Investment Finance），是一家绿色投资银行，旨在加快绿色相关投资，实现新西兰的低碳未来。[①]这些实体的实际责任人在投资决策时需要积极考虑气候变化及环境应诉。即在履行职责时负有考虑如环境问题的积极义务。在行使法定职责和普通法规定的职责时，尤其需要考虑与气候变化相关的风险。

（二）财务报告制度

通过强制性气候报告可以提高应对气候风险的透明度和管理。财务报告是新西兰投资及融资主体的一项主要职责，其财务报告主要包括下列内容：

标准设置。在新西兰，会计准则由新西兰会计准则委员会（New Zealand Accounting Standards Board，NZASB）发布，该委员会是外部报告委员会（XRB）的一个委员会。XRB 是根据新西兰法律，特别是《2013 年财务报告法》（Financial Reporting Act 2013，其前身为《1993 年财务报告法》）成立的独立官方实体。根据《2013 年财务报告法》，新西兰会计准则委员会（NZASB）制定并经外部报告委员会（XRB）批准的会计准则作为强制性准则来执行。

会计准则框架。新西兰《会计准则框架》（Accounting Standard Framework）建立了适用于三大类实体的差异报告报告框架：作为公共部门实体的盈利实体、公共利益实体（Public-Benefit Entities，PBEs），以及作为非盈利实体的公共利益实体。根据实体的性质和规模，每一类实体都被进一步划分为多个"层级"。每个类别中的每一层都适用一套单独的会计准则。

---

① New Zealand Green Investment Finance, Accelerating investment in New Zealand's low carbon future, https://nzgif.co.nz/（2023 年 7 月 17 日）。

营利性实体的会计准则。该准则以《国际财务报告准则》(IFRS)为基础，也被称为"新西兰国际财务报告标准等效物"(New Zealand Equivalents to International Financial Reporting Standards', NZ-IFRSs)。新西兰国际财务报告准则是由新西兰会计准则委员会(New Zealand Accounting Standards Board, NZASB)制定并经外部报告委员会(External Reporting Board, XRB)批准的标准和解释，包括新西兰等效标准 IFRS、国际会计准则(International Accounting Standards)和国际解释(International Interpretations)。

新西兰国际财务报告准则与国际财务报告准则之间存在许多差异：(1)对措辞进行了修改，以适应新西兰的立法环境，例如，依据《2013 年财务报告法》的诸多规定；(2)公共利益实体(非商业实体)的额外或修订会计确认和计量要求；(3)在某些情况下，新西兰国际财务报告准则只允许相应《国际财务报表准则》中可用的多种选择中的一种；(4)额外披露；(5)不同的生效日期；(6)不同的过渡要求。此外，新西兰国际财务报告准则涉及国际财务报告准则未涉及领域的额外"国内"标准。[①]

四、国际合作

(一) 对外援助和资金支持

新西兰重点为关注气候变化的多边基金提供支持，包括适应基金、全球环境基金和绿色气候基金。

适应基金(Adaptation Fund)。适应基金成立于 2001 年，旨在资助特别容易受到气候变化不利影响的《京都议定书》发展中国家缔约方的具体适应项目和方案。2019 年，新西兰向适应基金捐款 300 万新西兰元。这一贡献回应了太平洋国家的呼吁，即更加重视为适应气候变化提供资金。

全球环境基金。全球环境基金是《联合国气候变化框架公约》财务机制的一个运作实体。它负责分配与气候变化、生物多样性、持久性有机污染物、臭氧消耗物质和荒漠化等主要多边协定有关的财政援助。2019—2020 年报告期，新西兰对全球环境基金信托基金的捐款总额，总计 415 万新西兰元。

绿色气候基金。该基金旨在通过大规模动员资金(包括通过其私营部门基金)投资于低排放和气候适应性发展，支持全球应对气候变化的范式转变。

---

① New Zealand, https://www.iasplus.com/en/jurisdictions/oceania/new-zealand(2023 年 7 月 17 日)。

此外，新西兰支持一系列以气候变化为战略重点的多边组织和方案，其中包括世界银行、亚洲开发银行和联合国开发计划署。《蒙特利尔议定书》在应对气候变化方面发挥着重要作用，新西兰于 2019 年 10 月批准了《基加利修正案》。在 2019—2020 年报告期内，新西兰对《蒙特利尔议定书》的捐款总额为 192 万新西兰元。

（二）与国际组织合作

新西兰参与联合国倡导的净零银行联盟（UN-convened Net Zero Banking Alliance, NZBA）。该联盟于 2021 年 4 月由 43 个创始成员发起，旨在提供一个结构化论坛，支持银行和金融机构实现 2030 年排放目标，并在 2050 年前过渡到净零。此后，它已发展到 110 个成员，包括澳大利亚银行澳大利亚国民银行有限公司（Australian Banks National Australia Bank Limited）、澳大利亚和新西兰银行集团有限公司（Australia and New Zealand Banking Group Limited）、澳洲联邦银行（Commonwealth Bank of Australia）和麦格理银行有限公司（Macquarie Bank Limited）。这些与新西兰银行结盟的银行约占全球银行资产的 40%。[①]

第五节 法律责任

为了达成"零排放"的减排目标，新西兰出台了一系列气候变化相关的法律及政策，并且针对企业的违法行为规定了较为严格的法律责任。根据企业违法行为的类型主要为违法排放温室气体和违法披露气候相关信息两种，下文将围绕这两种违法行为类型应承担的法律责任展开。

一、违法排放温室气体的法律责任

在气候变化问题上，新西兰一直是一个比较积极的应对者。新西兰批准了《京都议定书》，其减排目标是至 2050 年成功构建"零排放"。为了实现这一

---

① CHAPTER 6: GREEN FINANCE AND CARBON MARKETS, https://www.kwm.com/au/en/insights/latest-thinking/the-climate-challenge-6-green-finance-and-carbon-markets.html（2022 年 9 月 14 日）。

目标,新西兰针对违法排放温室气体的行为制定了一系列处罚措施,其中刑事责任内容较为丰富。

(一) 民事责任

违法排放温室气体的法律责任在法律上的规定以行政责任和刑事责任为主。但这不意味着违法排放温室气体的行为不能被追究其民事责任。在气候行动律师运动组织诉 Firstgas 集团一案中,诉讼请求为 Firstgas 集团撤回含有未经证实的环境声明、具有误导性的广告,投诉委员会支持了该请求。可见,案件虽未直接追究企业违法排放温室气体的行为责任,而是通过追究其投放虚假广告的民事责任,间接鼓励企业采取实际措施促进零碳排放。从《2002年气候变化应对法》这类法案中,我们之所以难以寻找到关于违法排放温室气体的民事责任,是因为这类责任往往已经被规定在既有的民事法律中。

(二) 行政责任

《2002 年气候变化应对法》第 134A 条、第 134B 条、第 134C 条对企业未能按时提交排放申报表、未能按时提交年度分配调整、提交不正确的排放申报表的行为规定了相应的法律责任。以上的行为,如果符合以下条件将要承担相应责任:(1)新西兰环保局确信该企业没有采取合理的注意措施;(2)环保局向其发出通知;(3)该企业未能在通知发出后 20 个工作日内纠正的。新西兰环保局可以对其进行罚款。罚款的计算公式为:$a \times b \times c$;其中,a 是该企业的排放量(以吨为单位),b 是规定的到期日每吨碳的美元价格,c 是其过失因素。过失因素由新西兰环保局进行判断,主要考虑因素为是否主动向环保局披露过失或者错误,是否采取合理的注意措施,数值从 0.1 递增到 1.0。该法第 141 条对公司和个人的责任进行规定,主要是因董事、代理人或雇员的行为公司应承担的责任。一般情况下,公司的董事、代理人或雇员代表法人团体或其他人(委托人)的任何作为或不作为也应视为委托人的作为或不作为。但是当公司因代理人的作为或不作为而被指控犯有本法规定的罪行,如果公司可以证明其已经采取所有合理步骤来防止犯罪或此类犯罪的实施,以此对指控进行辩护。

《2020 年气候变化应对(排放交易改革)修正案》进一步强化了处罚和合规制度,对于未能在到期日前交出或偿还单位的 ETS 参与者,每一个未支付的单位设定为碳价格的 3 倍,且未设置减免条款,是绝对的责任罚款。《2022 年气候变化应对(逾期付款罚金和产业分配)修正案》结合实践进行了新的规定，针对2025年1月1日起发生的林业活动中平均每年少于25 000个单位的低量负债的参与者(小型林业参与者)，第134AA条规定罚款计算方式如下：

0.5×未支付单位数量×每一未支付单位的碳价格(未支付的责任与排放交易计划中登记的1989年后林地有关)；

0.25×未支付单位数量×每一未支付单位的碳价格(未支付的责任与1990年前毁林有关)。

(三) 刑事责任

《2002年气候变化应对法》针对气候变化可能涉及的犯罪与刑罚进行了详细的规定。第30J条规定签署虚假声明的法律责任。根据第30G或30GA条(碳交易、拍卖出售新西兰单位)作出的规例签署虚假声明，且明知该声明是虚假的仍签署虚假声明的行为构成犯罪，一经定罪，可处以不超过5 000美元的罚款。第30K条规定向注册商提供虚假或误导性信息的法律责任。任何出于故意向注册服务商提供虚假或误导性信息的行为均构成犯罪，一经定罪，对于个人可处以不超过50 000美元的罚款，对于法人团体而言可处以不超过200 000美元的罚款。任何出于过失向注册服务商提供虚假或误导性信息的行为都构成犯罪，一经定罪，将被处以不超过2 000美元的罚款。

该法第129条对各种犯罪行为和按照犯罪次数制定刑罚进行规定。任何没有依法收集、计算、验证和保存排放量信息，未依法通知环保局正在进行附表3所列的活动且无合理辩解，未能按要求提交排放申请表且无合理辩解，未按规定计算、申请、通知年度分配调整或没有做好记录的行为且无合理辩解，未能将需要通知的事项及时通知环保局且无合理辩解的行为都将构成犯罪。被裁定犯有该罪的人一经定罪，第一次被判犯有该罪行可处以不超过8 000美元的罚款，第二次被判犯有该罪行可处以不超过16 000美元的罚款，在此后每次该人被判犯有该罪行时，可处以不超过24 000美元的罚款。

第130条规定了违反保密义务的法律责任。向首席执行官、环保局、执法人员以及根据ETS参与者条款履行首席执行官、EPA或执法人员的职能或行使权力的任何其他人，在执行该等职能或行使该等权力期间及之后的任何时间，如果明知而违反保密义务，即属犯罪，一经定罪则将面临相应的刑罚：不超过6个月有期徒刑或者不超过15 000美元的罚款，或者两者并罚。

第131条规定了未能提供资料或文件的罪行及其刑罚。任何人在没有合理辩解的情况下,未能在环保局或执法人员依法要求提供信息时提供信息的、未能按照环保局或执法人员要求出现在指定位置或者出示相应文件的行为构成犯罪。一经定罪,就个人而言,可处以不超过 12 000 美元的罚款,就法人团体而言,可处以不超过 24 000 美元的罚款。

第 132 条就其他罪行规定刑罚,包括拒绝宣誓,拒绝回答环保局或执法人员要求的任何问题,故意不遵守排放量相关要求,故意不提交排放申请表,故意不按要求保存记录,提供更改过的、虚假的、不完整的或误导性的信息,故意阻挠、抵抗或欺骗行使 ETS 参与者条款赋予该人的权力的人,故意干扰执法人员或协助执法人员进行的任何调查、调查、测试或测量的行为。以上行为均构成犯罪,一经定罪,就个人而言,可处以不超过 25 000 美元的罚款,就法人团体而言,可处以不超过 50 000 美元的罚款。

第 133 条规定了逃税或类似罪行的刑罚。任何人如果出于欺骗的意图和为了获得任何物质利益或避免任何物质损害的目的,则构成犯罪。一经定罪,将面临刑罚,即不超过 5 年的有期徒刑或不超过 50 000 美元的罚款,或者两者并罚。

第 140 条规定了公司董事和经理的责任。如果法人团体被裁定犯有本法规定的罪行,同时满足以下条件之一:(1)构成犯罪的作为或不作为是在董事或个人的授权、许可或同意下发生的;(2)或者该董事或个人知道该罪行将要发生或正在发生,但未能采取一切合理措施来防止或制止该行为的。则公司董事和经理也构成相应的犯罪,须承担刑事责任。

二、违法披露气候相关信息的法律责任

新西兰已宣布将实行气候信息强制披露政策。新西兰政府计划最早自 2023 年起,要求总资产或管理资产超过 10 亿新西兰元的金融机构必须按照《TCFD 披露建议》披露气候信息。气候信息披露的落实离不开对违法披露气候相关信息行为法律责任的追究。

(一) 民事责任

对于企业违法披露气候相关信息的行为,新西兰制定的法律责任更多偏向于行政责任和刑事责任,能够查阅到的气候相关披露民事诉讼案件寥寥无几。可以从新西兰现状考察其原因,新西兰是少数几个将 2050 年净零排放目

标写入《零碳法案》的国家之一,但是存在严重的问题,即新西兰越来越依赖土地使用和林业部门的减缓潜力来实现其目标,而不是集中精力减少高排放部门的排放,而来自农业和废物的甲烷(占新西兰排放量的40%以上)不受净零排放目标的约束。因此,新西兰在这个转折点上,对于碳披露的落实采用行政和刑事责任更为严格有效,民事责任方面则有待完善。

(二) 行政责任

《2021年金融业(气候相关信息披露和其他事项)修正案》针对违反气候相关信息披露的行为规定了行政责任。根据第461V条,每个气候报告实体以及作为注册计划的气候报告实体经理人必须确保在任何时候都有记录,确保气候实体报告的气候报表、气候声明符合气候信息披露的规定。因此CRD记录要保存7年,否则可能会引起行政责任,即个人不超过20万美元的罚款或对其他主体不超过60万美元的罚款。根据第461K条,气候报告实体违反以上保持适当的CDR记录、编写气候声明、提交气候声明的规定,可能会引起行政责任,包括对个人不超过100万美元的罚款或对任何其他案件不超过500万美元的罚款。

(三) 刑事责任

《2021年金融业(气候相关信息披露和其他事项)修正案》同时规定了违反气候相关披露的行为的刑事责任。每个气候实体必须在规定的方式在合理时间内提供CRD记录供人免费查阅,依据第461Y条违反查阅义务的行为构成犯罪,一经定罪,可处不超过50 000美元的罚款。依据第461Z条、第461ZG条的规定,每个气候报告实体必须确保在实体的平衡日期后4个月内编制符合气候信息披露规定的气候声明。故意不遵守气候标准的气候声明编制义务的气候报告实体和其每个董事构成犯罪,一经定罪,个人将被处于不超过5年的监禁,不超过50万美元的罚款,或两者并罚,其他主体将被处于不超过250万美元的罚款。

参考文献

[1] Climate change agreements, https://www.gov.uk/guidance/climate-change-agreements-2, (April 2014).

[2] David Bullock, "Emissions trading in New Zealand: development, challenges and

design", *Environmental Politics*, 2012, 21(4), pp.657-661.

[3] Samuel P. Leonard, "Commitment Issues: A Critical Analysis of New Zealand's Emissions Trading Scheme", *19 N.Z.J. ENVTL. L. 113(2015)*, pp.121-122.

[4] Climate related disclosures, https://www.fma.govt.nz/business/focus-areas/ethical-finance/climate-related-disclosures/.

[5] Climate reporting requirements, https://environment.govt.nz/what-government-is-doing/areas-of-work/climate-change/climate-reporting-requirements/.

[6] General Requirements for Climate-related Disclosures, https://www.xrb.govt.nz/standards/climate-related-disclosures/aotearoa-new-zealand-climate-standards/aotearoa-new-zealand-climate-standard-3/.

[7] Jin Fong Chua, "Corporate Liability and Risk in Respect of Climate Change", *20 N.Z.J. Envtl. L. 167(2016)*, pp.177-178.

[8] Coverage of the New Zealand Emissions Trading Scheme, https://environment.govt.nz/what-government-is-doing/areas-of-work/climate-change/ets/coverage-of-the-nz-ets/.

[9] Shaun Fluker, "A Comparison of Carbon Emission Trading Systems in New Zealand and Canada: Diversity Is Not a Virtue in Carbon Law and Policy", *11MCGILL INT'l J. Sust. DEV. L. &POL'y 219(2015)*, pp.234-237.

[10] New Zealand's Eighth National Communication, https://environment.govt.nz/publications/new-zealands-eighth-national-communication/, 15 December 2022.

[11] Participating in the ETS, https://www.epa.govt.nz/industry-areas/emissions-trading-scheme/participating-in-the-ets/.

执笔：岳小花（中国社会科学院法学研究所）
严海媚（上海社会科学院法学研究所）

第八章 澳大利亚碳中和合规研究

为了应对气候变化，澳大利亚政府和社会积极采取措施。政府出台了一系列环保政策、法律和规定，鼓励企业和个人减少碳排放，投资研究和发展可持续能源。通过构建碳中和战略框架、ESG 信息披露合规、碳排放交易市场和金融合规政策体系应对全球变暖的挑战。

第一节 政策演变与司法判例

澳大利亚作为排放密集型国家，是世界上人均碳排放最多的国家之一，也是较早采取应对气候变化措施的国家。早在 20 世纪 80 年代，鲍勃·霍克任总理的工党政府就曾讨论过引入碳税来为碳定价，但考虑到社会各界可能会反对征收新税和提高能源价格而没有这样做。受国家经济利益取向、多党执政等政治因素影响，澳大利亚碳中和法律政策比较曲折、多变。在具体制度举措方面，澳大利亚主要采取了固定碳价机制、能源效率、可再生能源和以土地为基础的减排，一些州也做了很多先行探索。

一、法律政策演变

(一) 初步探索阶段(2007 年之前)

长期以来，澳大利亚政府一直倾向于采用市场化工具推动温室气体减排，历届政府也曾考虑引入排放交易计划，但 2007 年之前一直未正式确立。在地方层面，2003 年，新南威尔士州 2002 年通过《电力供应修正(温室气体减排)法》[The Electricity Supply Amendment (Greenhouse Gas Emission Reduction) Act]制定了本州的温室气体减排计划，要求发电商和大型消费者购买温室气体减排证书(NGAC)，以促进减少温室气体排放，从而创设了澳大利亚第一个州级碳市场。澳大利亚通过发展可再生能源来推动温室气体减排,相继制定《2000可再生能源(电力)法》[the Renewable Energy(Electricity) Act 2000]、《2000年可再生能源(电力)(大型发电差额电价)法》[the Renewable Energy(Electricity)(Large-scale Generation Shortfall Charge) Act 2000]。同时,较早地对公司开展环境规制,比如2001年《澳大利亚公司法》也规定了与环境保护相关的内容。①

(二) 全面发展时期(2007—2013年)

历届澳大利亚政府都致力于引入旨在缓解气候变化的排放交易计划(ETS),但迟迟未付诸实施。2006年12月,时任总理约翰·霍华德宣布,澳大利亚将向国内排放交易系统迈进,最迟于2012年启动。②2007年6月6日,陆克文在担任反对党领袖时宣布,联邦工党政府将确立碳抵消(carbon offsets)的国家标准,③自2007年11月底陆克文工党政府当选以来,澳大利亚的气候变化政策发生了重大逆转,2007年12月3日,新任总理陆克文签署了《京都议定书》。作为附件Ⅰ所列之国家,为履行应对气候变化义务,澳大利亚提出到2020年,温室气体排放量在2012年水平上减排5%,甚至达到15%或者25%。同年,澳大利亚出台《2007年国家温室与能源报告法案(联邦)》(National Greenhouse & Energy Report Act 2007, Cth),④要求碳价机制涵盖的减排单位对其温室气体排放、能源生产和能源消耗进行监测和报告,相当于初步建立了温室气体监测、报告和核查(Measurement, Reporting and Verification, MRV)体系,为建立碳市场奠定了基础。随后又出台了一系列配套性法规和政策性文件。⑤

2008年7月,联邦政府发布《碳污染减排计划绿皮书》(Carbon Pollution

---

① 2001年《澳大利亚公司法》第299(l)(f)、1013DA条。
② Wilder M. and Fitz-Gerald L. 2009, "Review of policy and regulatory emissions trading frameworks in Australia", *AERLJ*, vol.27, pp.1-22.
③ Martin Wilder & Louisa Fitz-Gerald, "Carbon Markets and Policy in Australia: Recent Developments", *31 U.N.S.W.L.J. 838(2008)*, p.858.
④ 2008年、2009年又进行修订。
⑤ 《2008年国家温室与能源申报条例》(National Greenhouse and Energy Reporting Regulations 2008)、《2008年国家温室与能源申报(估算)决定》《2009年国家温室与能源申报(审计)决定》[National Greenhouse and Energy Reporting(Audit) Determination 2009]、《2012年国家温室与能源报告(审计员注册)文件》《2015年国家温室气体与能源报告(保障机制)规则》[National Greenhouse and Energy Reporting(Safeguard Mechanism) Rule 2015]。

Reduction Scheme Green Paper),将碳污染作为应对气候变化的一项措施,并致力于推动澳大利亚经济发展,但《碳污染减排计划绿皮书》并未设定明确的碳交易计划实施日期,而仅是计划在 2010 年启动。随后在 10 月,西澳大利亚州政府向联邦政府提交了该州的《碳污染减排计划绿皮书》(Carbon Pollution Reduction Scheme Green Paper)。同年 12 月 15 日,联邦政府又发布了《碳污染减排计划白皮书》(White Paper on the Carbon Pollution Reduction Scheme,CPRS),提出到 2020 年澳大利亚将排放量在 2000 年的基础上减少 5%,也计划于 2010 年 7 月 1 日开始实施排放交易计划。

2009 年至 2010 年,澳大利亚曾经制定《碳污染减排计划法草案》(Carbon Pollution Reduction Scheme Bill,CPRS),这也是澳大利亚首次为建立全国性碳交易体系所作的立法尝试,但最终因经济、政治等多种因素并未出台。

尽管碳定价机制有时被称为"碳税",但澳大利亚政府仍致力于实施排放交易计划。2010 年底,政府出台一项临时碳定价计划,并成立由联邦政府成员和参议员组成的多党气候变化委员会(Multi-Party Climate Change Committee)。《2011 年清洁能源法》出台前,澳大利亚政坛经历了一段动荡时期。2011 年,澳大利亚启动有关固定碳价机制的设计,将电力、直接燃烧、交通等企业纳入碳价机制,并尝试从固定价格转变为浮动价格。当年 7 月 10 日,吉拉德政府发布了名为"通过征收碳税减少碳排放"的提案。最终,《2011 年清洁能源法》建立了澳大利亚碳定价机制。出台该法的目的是落实澳大利亚在《联合国气候变化框架公约》和《京都议定书》下的国际义务,并"支持制定有效的全球应对气候变化措施,以符合澳大利亚确保全球平均气温上升不超过工业化前水平 2 摄氏度的国家利益"。为了实现这些目标,澳大利亚设立了清洁能源监管机构,构建了比较完整的碳市场执法监管体系,设立了碳排放信用机制和碳中和认证制度,并计划于 2012 年 7 月 1 日开始实施碳定价制度。①该机制旨在与《2011 年碳信用(碳农业倡议)法案》[Carbon Credits(Carbon Farming Initiative) Act 2011, Cth]②所确立的碳信用计划"碳农业倡议"(CFI)一起实施。这一时期还出台《2011 年气候变化管理局法》(Climate Change Authority Act 2011),并据此设立气候变化管理局。此外,还出台《2011 年澳大利亚国家

---

① Clean Energy Act 2011, s.4.
② 随后出台配套性法规《2011 年碳信用(碳农业倡议)条例》和《2015 年碳信用(碳农业倡议)规则》[the Carbon Credits(Carbon Farming Initiative) Regulations 2011 and the Carbon Credits(Carbon Farming Initiative) Rule 2015.]。

排放单位登记法》(Australian National Registry of Emissions Units Act 2011),据此建立了澳大利亚的排放单位国家登记处(The Australian National Registry of Emissions Units)。

发展可再生能源一直是澳大利亚应对气候变化的重要举措,这一时期,澳大利亚出台《2010 年可再生能源(电力)(小型技术发电差额电价)法》[the Renewable Energy(Electricity)(Small-scale Technology Shortfall Charge) Act 2010]用于推动小型可再生能源发电的发展;出台《2012 年温室和能源最低标准法》(Greenhouse and Energy Minimum Standards Act 2012),以促进开发和采用使用更少能源、产生更少温室气体的产品。此外还出台了涉及碳信用的一系列金融领域法律法规。①

(三) 政策调整时期(2014 年至今)

2014 年托尼·阿伯特总理领导的联合政府废除原有碳定价机制。《2014 年清洁能源立法(碳税废除)法案》[Clean Energy Legislation(Carbon Tax Repeal) Act 2014]废除了碳税。减排基金是政府为取代碳定价机制而采取的核心政策。2014 年 11 月 24 日,依据《2014 年碳农业倡议修正法案》(Carbon Farming Initiative Amendment Act 2014)成立的减排基金由购买减排的政府基金和保障机制组成,"以确保这些减排不会因经济发展中其他地方超乎正常经营水平的排放量大幅上升而被取代"。这一时期,澳大利亚联邦政府除了废除碳定价,还修改了澳大利亚国家可再生能源电力目标,减少可再生能源领域投资,这被视为应对气候变化的倒退。

2022 年 9 月,澳大利亚出台《2022 年气候变化法》(Climate Change Act 2022),该法规定了澳大利亚应对气候变化相关的框架性内容,包括:温室气体减排目标,即到 2030 年澳大利亚的温室气体排放量要比 2005 年水平降低 43%,到 2050 年将澳大利亚的温室气体净排放量降至零;公布年度气候变化

---

① 2011 年 11 月修订了《2006 年反洗钱和反恐怖主义融资法》(The Anti-Money Laundering and Counter-Terrorism Financing Act 2006,AML/CTF Act)及配套法规《反洗钱/反恐怖主义融资规则》(The AML/CTF Rules),明确提及碳信用的交易商和经纪人,以确保他们采取反洗钱措施并报告可疑交易。此外还有《金融交易报告法》(The Financial Transaction Reports Act,FTR Act)、《行业贡献法》(The Industry Contribution Act)、《2011 年澳大利亚交易报告和分析中心行业贡献法》(Australian Transaction Reports and Analysis Centre Industry Contribution Act 2011)和《2011 年澳洲交易报告和研究中心行业贡献(收集)法》[Australian Transaction Reports and Analysis Centre Industry Contribution(Collection) Act 2011]等。

报告;赋予气候变化管理局咨询职能等内容,但并未明确规定具体的减排机制。

二、司法判例

(一) 麦克维诉零售员工超级年金信托案(McVeigh v. Retail Employees Superannuation Trust)

1. 基本案情

澳大利亚员工马克·麦克维于2018年7月在澳大利亚联邦法院向零售员工超级年金信托基金(公司)[Retail Employees Superannuation Trust(Corporation),REST]提起诉讼,声称该基金未能提供与气候变化风险有关的商业信息以及应对这些风险的任何策略,因而违反《2001年公司法》。REST是一家澳大利亚养老行业基金(公司),是澳大利亚第11大基金,也是世界第124大基金,管理着约600亿美元的资产,该基金有170万成员。原告马克·麦克维自2013年以来一直在REST投资。2017年8月,马克·麦克维首次向REST询问有关其如何管理因气候变化造成的财务风险的信息。至2018年7月起诉时,原告要求REST提供有关以下方面的信息:(a)REST与气候变化相关的商业风险;(b)REST对气候变化、物理风险、转型风险等商业风险的意见;(c)REST应对气候变化商业风险的行动;(d)REST对《2001年公司法》及其他法律中与气候变化商业风险相关规定的遵守情况。原告第一项起诉声称,REST没有披露法律所要求的信息,违反了《2001年公司法》(Corporations Act 2001)及相关法律,要求REST提供该信息,并申请索赔。2018年9月,原告修改了诉讼请求,修改后的诉求除了最初的诉求外,声称REST还违反了《1993年超级年金行业(监管)法》[Superannuation Industry(Supervision) Act 1993],并要求其投资经理提供原告要求的有关气候变化的信息类型,并确保其投资和披露气候变化业务相关风险的流程符合气候相关财务信息披露工作组(TCFD)的要求。

2. 争议焦点与法院判决、和解协议

双方争议焦点在于REST是否因未披露有关气候风险相关的商业信息及其风险应对策略而违反了法律。根据《2001年公司法》第1017C条,养老基金发行人必须应基金受益人的要求提供他们需要的信息,以便就基金的管理和财务状况做出明智的决定。《1993年超级年金行业(监管)法》第52条要求受托人谨慎、熟练和勤勉地履行职责并行使其权利,以维护其受益人的最佳利益。修改后的投诉称,第 52 条要求受托人谨慎、熟练和勤奋地行事,并履行其职责并行使其权利,以维护其受益人的最佳利益。法院认为,虽然本案中所涉问题的全部性质确实尚未完全明确,但可以明确的是本案关于超级年金受托人关于气候变化风险的职责及其向其成员提供相关信息的义务。

关于最高费用的诉求。原告根据《2011 年联邦法院规则》(Federal Court Rules 2011)第 40.51 条申请法院命令,原告提出的最高费用上限为 310 450 美元。原告的理由为该起诉讼涉及公共利益。被告对此提出质疑。而法官认为该案件似乎提出了一个重大社会问题,即超级年金信托和受托人在当前关于气候变化的公众争议中的作用,因此将申请人的诉讼描述为具有公共利益性质是合理的。法官不支持被告提出的反对最高费用命令的大部分理由,比如时间问题,原告已经尽早地提出申请,可以让对方当事人在准备开庭前就知道实际费用情况,从而做好准备。法律依据主要是《2011 年联邦法院规则》第 40.51 条:(1)一方当事人可以向法院申请命令,申请获得最高费用。(2)下列情况下,法院不得根据第(1)款作出要求一方执法最高费用的命令:(a)未能遵守命令或本规则;(b)已修改申请书;(c)已寻求延长遵守命令或任何本规则的时间;(d)一方没有尽快、低成本和有效地促进问题解决,从而导致另一方承担了不必要的费用。

法官提出三项意见。第一,申请人没有明确表示,下达最高费用命令就不会放弃诉讼程序。申请人的原话是:"如果最高费用申请不成功,可能导致我的财务风险,我将不会继续起诉程序。"这是模棱两可的表达,法官认为需要更明确的观点。第二,申请人未向法院披露任何自身财务状况的信息。当法院不知道他的资产状况,就无法判断最高费用命令是否有必要或者应该设定在什么水平。第三,目前还不清楚环保组织"澳大利亚地球之友"如何筹集这些资金或者能否筹集更多资金,310 450 美元是从"澳大利亚地球之友"筹集的全部资金还是其中的一半,该组织是在尽最大努力尽可能多地提供,还是为了以备不时之需。法官认为,这些都是涉及公平的问题。在这种情况下,法官认为法院在现阶段尚未充分了解情况,因此无法作出最高费用命令。因此,2019 年 1 月 17 日,澳大利亚联邦法院判决驳回原告在其修改的诉求中关于最高费用命令的申请。

经过两年多的法律诉讼,2020 年 11 月 2 日,双方达成和解,REST 同意将气候变化金融风险纳入其投资管理范围,并履行 2050 年实现净零碳排放目标。和解协议的主要内容为：双方已同意解决其成员之一马克·麦克维就REST处理气候变化风险提起的诉讼。与气候相关财务信息披露工作组（TCFD）一致，REST承认气候变化可能导致灾难性的经济和社会后果。气候变化是超级年金信托基金面临的重大、直接和当前的财务风险，涉及投资、市场、声誉、战略、治理以及第三方风险等风险类别。因此，REST认为，积极识别和管理这些问题很重要，并继续制定框架、政策和程序，以应对气候变化带来的金融风险。Rest将采取进一步措施确保投资经理采取积极措施来考虑、衡量和管理气候变化和其他相关ESG风险带来的金融风险。作为受托人，Rest要求向其报告遵守这些努力的情况，并将使用各种机制来评估并在必要时采取措施改进其投资经理的合规性。

REST需要向成员披露气候变化相关风险以及为应对这些风险而维护的系统、政策和程序。马克·麦克维承认并支持REST的以下举措：实现到2050年实现基金净零碳排放的长期目标；根据TCFD的建议衡量、监测和报告其气候相关进展和行动的成果；鼓励其投资的公司按照TCFD建议进行披露；公开披露基金的投资组合；在制定投资策略和资产配置时加强对气候变化风险的考虑，包括至少两种气候变化情景（包括远低于2℃的低碳经济情景），即积极考虑被投资公司所有与气候变化相关的股东决议，并以其他方式继续与被投资公司和行业协会合作，以促进商业计划和政府政策有效并反映《巴黎协定》的气候目标；对投资经理及其应对气候风险的方法进行尽职调查和监测；继续制定其管理流程并依据上述气候变化相关风险对基金所有投资的气候变化政策和内部风险框架实施变革；要求其投资经理和顾问遵守上述规定。

3. 案件意义

该案件有着重要的国际意义。世界各地超级年金计划的受托人肩负与澳大利亚超级年金受托人类似的职能，他们对受益人也负有相似的信托义务。基金受托人做出重要决定，并最终负责代表成员投资基金的资金。他们必须谨慎、熟练和勤奋地行事，还必须以受益人的最佳利益行事。尽管诉讼在澳大利亚进行，但该案对全球基金如何管理气候风险产生了重大影响。在国际上，迄今为止，大多数气候变化诉讼发生在美国，其次是澳大利亚、英国、欧盟、新西兰、加拿大和西班牙。公司和资产所有者都面临着内部和外部利益相关者对其气候变化政策和风险报告的日益严格的审查。

(二) 澳大拉西亚企业责任中心(ACCR)诉澳大利亚联邦银行(Australasian Centre for Corporate Responsibility v. Commonwealth Bank of Australia)

1. 基本案情

2014年10月14日,原告澳大拉西亚企业责任中心(ACCR)代表100多名有权在股东大会上投票的澳大利亚联邦银行(CBA)成员向被告澳大利亚联邦银行提出申请。原告的主要依据是《2001年公司法》第249N条规定的,要求CBA宣布其拟议的有关温室气体排放的决议可以在澳大利亚联邦银行年度股东大会上决议。该决议还包括要求CBA创建和发布一份报告,详细说明其温室气体排放和减排计划,并要求详细说明气候变化给银行带来的风险以及银行将采取的缓解策略。澳大利亚联邦法院在2015年7月31日的判决中驳回了原告根据《2001年公司法》提出的诉求。法院认为,除非公司章程允许,否则股东无权提出与公司管理有关的决议。ACCR对下级法院有利于澳大利亚联邦银行的判决提出上诉。上诉法院在2016年6月10日发布的判决中驳回了原告根据《2001年公司法》提出的决议,维持了下级法院的判决。

2. 争议焦点与法院判决

争议焦点为股东提请决议内容是否有效。股东提出三个决议。一是,股东认为董事在2015年年度报告发布时向股东提供一份以合理成本编制并省略任何专有信息的报告符合公司的最佳利益,该报告概述了三项内容:公司负责融资的温室气体排放量计算,例如,根据温室气体(GHG)协议指南;"不可燃碳"给公司当前带来的风险水平和性质;公司为减轻这些风险而采用的方法。二是,考虑到年度董事报告,股东对报告中缺少以下内容表示关注:根据温室气体(GHG)协议指南计算的银行负责融资的温室气体排放量评估;充分评估当前气候变化风险水平和性质,尤其是"不可燃碳"对银行构成的风险;充分描述银行为减轻这些风险而采取的策略。三是,修改章程的特别决议,在第9条"大会"的末尾插入以下新的子条款:每年发布年度报告时,董事根据温室气体(GHG)协议指南以合理的成本向股东报告负责融资计算的温室气体排放量的评估。根据股东的要求,在三个决议中,第一个决议是首选方案,第二个决议是备选方案,当前两个决议都不能实现时采用第三个决议。

ACCR要求声明三项拟议决议中的每一项都可以在CBA的年度股东大会上有效地动议。CBA董事会和管理层的以下行为超出其权力范围:公开评论第三项提议的决议;就第三次提案公开发表意见;就其成员是否投票赞成第三项拟议决议案的决定公开辩论或说明理由;公开建议成员投票反对第三项提议的决议。

2014年9月15日,CBA发布了2014年度股东大会的会议通知。该通知不包括第一个或第二个提议的决议,但包括第三个提议的决议。针对原告询问前两个决议不给采纳的依据,CBA于2014年9月23日回函称,第一个和第二个决议属于"本行董事会和管理层职权范围内的事项",因此"无效且无法产生法律效力"。2014年10月2日,CBA向澳大利亚证券交易所发布了2014年年度股东大会的会议通知。该通知包含第三项提议的决议、支持该决议的成员声明以及包含CBA董事会声明的解释性备忘录:第三项提议的决议不符合CBA的最佳利益;参考CBA在替代能源和可持续能源实践方面的现有举措和报告;从实际考虑,尚不清楚董事会将如何遵守第三项提议的决议;建议成员投票反对第三项提议的决议。

CBA辩称,公司章程或公司章程未赋予股东提出关于董事应如何行使其管理权力的咨询决议权利,并进一步提出,两个拟议决议均与CBA业务有关,股东大会不得干预。

ACCR在上诉中的论点是股东有权提出具有咨询性质的决议,这种权利可以来自股东固有的权利,以提出将在年度股东大会上决定的决议,也可以来自CBA章程中默认的权利。针对宪法规定的普通公司成员不能侵犯董事权利的规定,ACCR的主要理由是,表达不具约束力的决议意见并没有侵犯董事的权利,因为公司成员表达意见并不是行使公司权利;行使章程未授予董事会的权利,且无意强迫董事会以任何特定方式行使其明示权利;(3)不构成"公司业务"。ACCR认为股东具有就公司业务管理方式发表意见的隐含权利的意见,CBA章程将与CBA业务有关的所有权利授予董事会(或董事会指导下的管理层)。股东拥有的唯一权利是《2001年公司法》"要求"公司在股东大会上行使的权利,这些权利并不包括通过非约束性咨询决议的权利。章程的条款明确规定公司的管理完全由董事负责,排除了股东大会有权通过对董事会行使职权的方式提出意见的决议。ACCR进一步争辩说,尽管有章程第12.1(a)的规定,第一个和第二个提议的决议可能会在股东大会上有效通过。在本案中,如果第一项和第二项提议的决议不涉及任何权利,而只涉及CBA董事会专有的管理权,那么,CBA董事会不需要将这些决议提交给股东大会决议。尽管《2001年公司法》第249O条有强制性规定,但这一点仍属例外。

关于股东权利以及决议案是否构成董事会行使职权的问题,相关法律依据主要有:《2001年公司法》第249N条规定拥有至少5%的投票权的成员或至少100名有权在股东大会上投票的成员可以向公司发出他们提议在股东大会上动议的决议。第249O条规定：如果公司已收到决议通知，该决议将在发出通知后两个月后举行的下一次股东大会上审议；公司必须同时或在事后尽快以与会议通知相同的方式将决议通知所有成员。第249P条规定，成员可以要求公司向其所有成员提供一份声明，该声明由提出请求的成员提供：(a)拟在股东大会上动议的决议；(b)可在股东大会上适当考虑的任何其他事项。第250R条规定，年度股东大会的事务可能包括审议年度财务报告、董事报告和审计报告，即使会议通知中未提及。第250S条规定：(1)年度股东大会的主席必须允许与会的全体成员有合理的机会就公司管理提出问题或发表意见；基于第1款的犯罪是严格责任犯罪。在本案中，CBA章程第12.1(a)条赋予董事管理公司的责任为：公司的业务应由董事管理或在董事的指导下进行，董事可以行使公司的所有权力，而根据《2001年公司法》或本章程须由公司在股东大会上行使的除外。第12.1(a)条与《2001年公司法》第198A条中的可替换规则在本质上没有区别，相关规定为：(1)公司的业务由董事管理或在董事的指导下进行。(2)除本法或公司章程(如有)要求公司在股东大会上行使的权利外，董事可行使公司的一切权利。

法院在2015年7月31日发布的判决中驳回了原告根据《2001年公司法》提出的决议。法院认为，除非公司章程允许，否则股东无权提出与公司管理有关的决议。做出这一决定的依据是股东在股东大会上不得干预董事会行使专属于董事会的权利这一一般原则。如果公司章程赋予董事会管理公司业务的权力，则董事全权负责公司的管理，股东无法控制董事行使该权力。同时针对第三项决议是否越权，法院接受CBA的观点，即董事发表此类声明的权力源自章程和通知股东的义务。上诉审理中，合议庭认为，基于法律法规或公司章程授予的权力的咨询决议在法律上并非无效，不必由股东在股东大会上提出。法院在2016年6月10日发布的判决中驳回了根据《2001年公司法》提出的决议，维持了下级法院的判决，股东无权提出侵犯公司管理的决议。

第二节　信息披露合规

气候信息披露是加强碳减排监管的重要手段。欧盟排放交易计划第一阶段的经验表明，使用稳健的数据来确保配额的正确分配非常重要。保证碳市场的高效可持续运行，就需要建立起一个稳健的监测、报告、核查体系，对碳排放的数据进行监控。澳大利亚有一个全球温室气体排放源和汇的国家碳核算系统,①虽然不是监管系统的一部分,但重要的是有助于生成排放量基线监测、排放量减少和抵消核查以及申请的减少和信贷审计的系统。

一、气候(碳)信息披露的法律政策与监管基础

(一) 公司法、证券法中的信息披露

澳大利亚公司法要求公司披露重大风险,包括与气候变化相关的信息披露内容。《2001年公司法》明确规定了公司的披露义务,要求董事会在财政年度的报告中详细说明公司在环境监管方面的表现。②《公司条例》(Corporations Regulations)据此规定了详细的披露内容。根据澳大利亚《2001年公司法》《2001年澳大利亚证券和投资委员会法》[Australian Securities and Investments Commission Act 2001(ASIC Act)]的规定,上市公司应向证券和投资委员会(ASIC)、证券交易所(ASX)报告,在财务报告委员会(FRC)的广泛监督下,由澳大利亚会计准则理事会(AASB)和审计和鉴证准则理事会(AUASB)制定报告标准。澳大利亚证券和投资委员会的气候风险指南(ASIC's Climate Risk Guidance)指出,对于未来财政年度,披露应包括整个实体层面最重要的不确定性或风险领域,这些领域可能会对未来财务业绩产生不利影响。③

(二)《2007年国家温室气体与能源报告法案》[National Greenhouse and Energy Reporting Act 2007(Cth)]及其修正案《2009年国家温室气体和能源报告修正法案》(National Greenhouse and Energy Reporting Amendment Act 2009)

《2007年国家温室气体与能源报告法案》及其修正案《2009年国家温室气体和能源报告修正法案》确立了国家温室气体与能源报告计划[The National Greenhouse and Energy Reporting Scheme(NGERS)]。该计划主要用于报告和传播公司关于温室气体排放、能源生产、能源消耗及其他相关信息,其目标是告知政府、澳大利亚公众帮助履行澳大利亚的国际报告义务,协助联邦、州和地区政府开展相关计划和活动,以及避免在各州和地区重复类似的报告要

---

① Refer http://www.greenhouse.gov.au/science_emissions.html(2005年3月10日).
② Corporation Act 2011(Cth), s 299(l)(f).
③ Regulatory Guide RG 247 Effective disclosure in an operating and financial review(asic.gov.au).

求。该计划对澳大利亚国家贸易计划至关重要,因为根据 NGERS 报告的信息可确定排放责任和上限,并根据许可分配所采用的方法,分配给每个合格公司的许可数量。上述法案规定了公司报告温室气体排放和能源生产与消费的框架,包括强制性年度报告义务、相关机构及报告主体、报告内容及主要流程等。其中,关于强制性义务,该法案规定,排放温室气体或生产或消费能源量超过特定阈值的集团公司必须向温室和能源数据官员提供一份与温室气体排放、能源生产和能源消耗相关的报告。[1]自 2008 年 7 月 1 日开始实施《2007 年国家温室气体与能源报告法案》规定的报告义务时起,该国温室气体排放量超过 25 kt CO_2-e 或能源生产或消费量超过 100 TJ 的年度设施水平阈值已开始适用,如超过该阈值,相关责任主体必须进行登记和报告。

此外,《2008 年国家温室气体与能源报告条例》[National Greenhouse and Energy Reporting Regulations 2008(Cth)]规定了公司在根据《2007 年国家温室气体与能源报告法案》(Cth)报告温室和能源数据时应适用的特定定义、标准和具体规则。

(三)《2011 年碳信用(碳农业倡议)法案》(CFI)

《2011 年碳信用(碳农业倡议)法案》(CFI)规定了减排基金报告相关内容。该法案规定清洁能源监管机构公布和维护在减排基金下登记项目的详细信息。这些项目必须按照批准的方法进行减排。登记册包括所有项目的信息,包括项目描述、项目所在地以及已发布的 ACCU。保障机制是作为减排基金的一部分建立的。保障机制通过向企业发出信号,避免排放量增加超过正常水平,从而补充了减排基金的减排要素,保障机制在国家温室气体与能源报告计划的框架下运作,适用于每年直接范围 1 排放量超过 100 000 吨二氧化碳当量的企业,当前已延伸到了发电、采矿、石油和天然气、制造、运输、建筑和废物等行业的企业。总的来说,这些设施约占澳大利亚排放量的一半。政府将根据保障机制逐步降低排放限制,以帮助澳大利亚在 2050 年前实现净零排放。[2]

2014 年 11 月,修订后的《2007 年国家温室气体与能源报告法案》(NGER

---

[1] National Greenhouse and Energy Reporting Amendment Act 2009, Part 3E—Reporting obligations of holders of reporting transfer certificates.

[2] About the Emissions Reduction Fund, https://www.cleanenergyregulator.gov.au/ERF/About-the-Emissions-Reduction-Fund(2023 年 3 月 14 日).

法案)建立了"减排保障机制"(保障机制),该机制将于 2016 年 7 月 1 日开始实施。根据保障机制,某些指定的大型企业必须确保其净排放量在每个监测期结束时不超过其基准排放量。企业可以通过收购和放弃 ACCU 以及"保障规则"中规定的其他类型的排放单位来减少其净排放量。继 2017 年气候变化政策审查和 2018 年的广泛磋商之后,保障机制于 2019 年 3 月进行了修订。修正案旨在使该机制更加公平和简单。变更适用于自 2018 年 7 月 1 日开始的基线。2022 年 11 月 30 日《2022 年保障机制(信贷)修正法草案》[Safeguard Mechanism(Crediting) Amendment Bill 2022]提交议会。该草案允许制定具体规则,以重新设定保障机制和建立 ACCU 之间的互动。随后,政府发布《2023 年碳信用(碳农业倡议)修正案(第 2 号)规则》[Carbon Credits(Carbon Farming Initiative) Amendment(No.2) Rules 2023]的立法草案,该草案一旦正式通过并颁布,通过新的政府合同从保障设施的覆盖排放减排项目中购买 ACCU 将被禁止。

(四)《2022 年气候变化法》(Climate Change Act 2022)

该法案主要对政府部门的信息披露即气候变化声明做出规定。规定部长必须在每个财政年度结束后的 6 个月内编写一份声明,内容须包括:(a)该年度在实现澳大利亚温室气体减排目标方面取得的进展;(b)这一年中与应对气候变化有关的国际事态发展;(c)气候变化政策;(d)联邦政策在促进实现澳大利亚温室气体减排目标和减少这些政策所涵盖部门的排放方面的有效性;(e)联邦为实现澳大利亚温室气体减排目标而制定的气候变化政策对澳大利亚农村和地区的影响,包括这些政策在澳大利亚农村和区域带来的社会、就业和经济效益;(f)气候变化影响对澳大利亚的风险,例如与澳大利亚的环境、生物多样性、健康、基础设施、农业、投资、经济或国家安全有关的风险。[1]

(五) 主要监管机构

清洁能源监管机构。《国家温室气体与能源报告法案》规定清洁能源监管机构为主要监管机构,与信息披露相关的内容主要涉及通过排放和能源报告系统(EERS)接收报告、管理国家温室和能源登记册管理保障机制以及

---

[1] Climate Change Act 2022, Part 3—Annual climate change statement.

发布数据等。①

财务金融相关监管机构。2017年，TCFD发布了与气候相关财务信息披露建议（Recommendations of the Task Force on Climate-related Financial Disclosures），②旨在推动澳大利亚制定一致的气候相关财务风险披露，供公司、银行和投资者在向利益相关者提供信息时使用。随后，澳大利亚金融监管机构发布了指导意见，即与气候相关的金融风险必须作为披露重大风险的现有义务的一部分进行披露，并建议将TCFD作为披露框架。澳大利亚财务报告体系中的治理和监督工作是通过一系列政府和非政府组织实施的，包括ASIC、FRC、AASB、AUASB和专业会计机构等（见表8-1）。

表8-1 澳大利亚气候相关财务信息披露的组织机构

机　构	主　要　职　能
澳大利亚会计准则理事会（AASB）	是澳大利亚政府的一个独立的非企业联邦实体，负责制定、发布和维护适用于澳大利亚经济私营和公共部门实体的会计准则
审计和鉴证准则理事会（AUASB）	是澳大利亚政府的一个独立的非企业联邦实体，负责制定、发布和维护审计和鉴证标准。AUASB负责制定和维护适用于气候和可持续性相关报告的任何保证（担保）要求
财务报告委员会（FRC）	依据2001年《澳大利亚证券和投资委员会法》（ASIC法）设立。其负责监督澳大利亚财务报告框架的有效性，监督澳大利亚制定会计和审计标准的过程，监督国际会计和审计准则的制定，致力于制定供全球使用的会计和审计规范并推动其实施
国际可持续标准理事会（ISSB）	2021年11月，在COP26会议上宣布成立，以制定全球性的资本市场可持续性披露的全球基准
国际财务报告准则基金会（IFRS）	是一家非营利组织，旨在制定全球公认的会计和可持续性披露标准，该标准由其两个标准制定委员会，即国际会计准则委员会（IASB）和国际可持续标准理事会（ISSB）
气候相关财务信息披露工作组（TCFD）	由金融稳定委员会（FSB）于2015年12月成立。其目标是制定一套自愿的气候相关财务风险披露

---

① About the National Greenhouse and Energy Reporting scheme，https：//www.cleanenergyregulator.gov.au/NGER/About-the-National-Greenhouse-and-Energy-Reporting-scheme(2022年8月23日)。
② Recommendations of the Task Force on Climate-related Financial Disclosures (final report)，https：//www.fsb.org/wp-content/uploads/P290617-5.pdf(2017年6月15日)。

二、气候(碳)信息披露制度的实施

(一) 强制性披露

迄今为止,执行气候披露报告的主要是上市公司通常通过董事会报告或单独的可持续性报告报告其气候风险。个体贸易商、非法人团体、信托、合伙企业、州政府法定机构以及其他不受联邦监管的法人团体等尚无强制性披露义务。未来会进一步考虑上市计划是否应具有标准化的气候披露要求。2019年更新的 ASIC 管理指引(管理指引 RG247:运营和财务审查信息的有效披露)[Regulatory Guide RG 247 Effective disclosure in an operating and financial review(asic.gov.au)]建议,在气候变化构成重大风险的情况下,应根据《2001年公司法》的要求,在董事报告中披露,作为运营和财务审查的一部分。

澳大利亚200强公司(ASX 200)的 ESG(环境、社会和治理)报告的成熟度有所提高。87%的公司现在发布了实质性的 ESG 信息,这与2020年相比是一个重大的变化,2020年 ASX 200 中只有58%。

就必须报告的内容而言,气候报告框架包括总体披露义务(治理、战略、风险管理、目标和指标)和这些总体义务之下的具体要求。澳大利亚证券和投资委员会的监管指南目前建议将 TCFD 作为气候披露框架。虽然 AASB 和 AUASB 在制定和实施标准方面独立运作,但它们受到 FRC 的广泛监督和指导。财务报告委员会的职能还包括就会计和审计系统和程序以及审计质量向政府提供咨询。在实践中,FRC 依靠 AASB 和 AUASB 的更多资源来履行其许多职能,包括实施其审计质量行动计划(Audit Quality Action Plan)以及指导国际和国内利益相关者参与当前和新出现的问题,包括气候和可持续性相关的风险披露。虽然某些实体的财务报告必须经过审计,但目前不需要对可持续性报告进行担保。普华永道的分析发现,66%的企业的 ESG 报告没有得到外部担保。

作为 AFS 持牌主体的澳大利亚金融服务实体,在向零售客户提供金融服务时也需要遵守某些披露义务。

(二) 自愿性披露

澳大利亚公司通常也会进行各种自愿的 ESG 披露,例如依据《全球报告倡议》(the Global Reporting Initiative)、《联合国人权指导原则》(the UN

Guiding Principles on Human Rights)和《经济合作与发展组织跨国企业准则》(the Organisation for Economic Co-operation and Development Guidelines for Multinational Enterprises)所做的特殊的社会风险披露;根据可持续发展会计准则理事会(Sustainability Accounting Standards Board)和气候相关财务信息披露工作组(TCFD)的规定所做的特殊的气候风险披露;基于行业的报告框架;对账行动计划(Reconciliation Actions Plans);净零承诺和理想目标。

然而,这些内容都比较零星和分散。感兴趣的利益相关者(投资者、员工、客户、供应商和当地社区)要求加强 ESG 事项对公司财务影响的监督和透明度要求,监管机构进而着手推动此类事项。比如:国际可持续发展标准理事会正在通过合并包括上述框架在内的各种国家自愿 ESG 框架,制定一套明确的全球披露标准;欧洲财务报告咨询小组和美国证券交易委员会也提出了新的可持续性和气候报告原则和标准。此外,澳大利亚发布可持续金融倡议(The Australian Sustainable Finance Initiative),推动澳大利亚的金融体系与《巴黎协定》关于气候变化的承诺、联合国发展目标和人权公约保持一致。

(三) 企业减排透明度报告(Corporate Emissions Reduction Transparency report, CERT)

1. 主要特点

该报告是一项自愿倡议,是澳大利亚唯一一项使用清洁能源监管机构持有的数据验证关键要素的倡议,供符合条件的公司简要介绍其与气候相关的承诺、进展和净排放状况。

报告周期。CERT 报告每年发布一次,并在第一年作为试点进行。根据国家温室气体与能源报告(NGER)计划,参与该报告是自愿的,主要对每年报告超过 5 万吨二氧化碳当量(CO_2-e)排放量的公司开放。加入 CERT 报告是公司在使用标准框架减少排放或增加可再生电力使用和碳抵消方面取得进展的一种方式。

报告范围。CERT 报告提供了参与者范围 1(直接)和范围 2(间接)排放的信息和数据,以及他们使用可再生电力的情况。公司还可提供其减少范围 3(供应链)排放的承诺以及国际运营的详细信息。

承诺类型。公司的 CERT 报告中可以包括两种类型的承诺:第一,进度数据验证承诺(Progress data verified commitments),是指 CER 有足够的数据来计算和验证进度,这些可能与减排或可再生电力消耗有关。第二,公司保证承诺(Company assured commitments),是指与公司减排或可再生电力相关的承诺,其中进展无法通过试点的 CER 计算,如范围 3 排放、排放强度和国际承诺。

承诺目标(commitment ambition)。主要是实现目标年份的减排百分比或可再生电力承诺。参与 CERT 报告的所有公司中,90%以上承诺实现净零排放或 100%可再生电力使用。许多公司的目标是到 2030 年实现其承诺。

交出的单位和证书。为公司为抵消排放或证明可再生电力使用而交出的澳大利亚及国际碳单位和可再生电力证书的总和。公司 CERT 报告显示了公司在报告年度取消、退出或交出的澳大利亚和国际单位和证书的比例和数量。

2. 最新进展

2022 年 CERT 报告中涵盖了 23 家公司的透明度报告,共有 49 种承诺类型,其中公司担保(company assured) 18 种占 36.7%,CER 验证的数据(data verified by CER) 31 种占 63.3%,减排(emission reduction) 21 种占 42.9%,可再生能源消费 10 种占 20.4%。

2022 年所有 CERT 参与者交出的单位和证书的总数为 1 143 092,其中澳大利亚国内为 545 411(占 47.7%),国际单位和证书为 597 681(占 52.3%);VCUs 为 498 812(占 43.6%),LGCs 为 363 464(占 31.8%),ACCUs 为 181 947(占 15.9),VERs 为 98 869(占 8.6%)。[1]2023 年 CERT 报告的选择加入期已于 2023 年 1 月 31 日结束。2024 年 CERT 报告的选择加入将于 2023 年末开放。

(四) 减排基金项目报告

所有减排基金参与者必须定期报告其项目,无论项目参与者是否有向澳大利亚政府出售澳大利亚碳信用单位(ACCU)的合同。如果项目审计计划中有要求,报告可能需要附有审计报告,以验证实现和报告的减排是准确的。所有报告必须通过清洁能源监管机构客户门户网站(Clean Energy Regulator Client Portal)使用减排基金项目报告和信贷申请在线提交。

就报告频率和期限来说,第一个报告期从项目的计入期开始。每个新的报告期在上一个报告期之后立即开始。所有报告期都必须在项目的计入期内。一般来说,报告期最短可达六个月,对于避免排放项目,报告期不得超过

---

[1] CERT 2022 Highlights, http://www.cleanenergyregulator.gov.au(2022 年 7 月 7 日)。

两年,对于封存项目,报告期限不得超过五年,并且必须从项目的入计期开始,或者紧接在上一个报告期之后。逾期报告是严重的违法行为,可能会导致减排基金项目被撤销。提供虚假或误导性信息可能导致清洁能源监管机构采取执法行动。《2011年碳信用(碳农业倡议)法案》(CFI法案)规定,清洁能源监管机构可能需要长达90天的时间来评估项目报告,起算日期为从报告提交之日起,或从收到对进一步信息请求的完整回复之日起。如果认为在履行交付义务方面存在困难,项目主体应尽早与清洁能源监管机构联系。

(五)中介机构信息披露

交易中介机构可在其网站上发布有关拍卖的信息,包括该机构认为适当的与拍卖有关的任何简要信息或统计数据。另外,减碳合同登记系统(The Carbon Abatement Contract Register)上还将列出该机构代表联邦签订的每份合同的信息,包括卖方及其项目的名称、合同期限和根据合同可能交付的ACCU数量,合同类型以及卖方已交付给该机构的ACCU数量。可参见表8-2:

表8-2 中介机构发布的相关信息

最新登记信息	总　　数	自上次更新以来的数量
注册项目	1 461	11
已撤销项目	256	0
签发的澳大利亚碳信用单位**	124 458 944 **	25 507
放弃的澳大利亚碳信用单位	211 374	0

注:** 表示自2012年12月31日以来,澳大利亚发放的碳信用总量。使用数据截至2023年3月5日(2023年5月15日发布)。

三、对国际可持续标准理事会(ISSB)的态度

国际财务报告准则基金会(IFRS Foundation)的可持续标准理事会(ISSB)在完善可持续发展相关披露标准方面取得了重大进展,2022年3月31日发布的两份征求意见稿——《国际财务报告准则S1:可持续相关财务信息披露一般要求(草案)》(IFRS S1 General Requirements for Disclosure of Sustainability-related Financial Information)和《国际财务报告准则S2:气候相关信息披露(草案)》(IFRS S2 Climate-related Disclosures)涵盖了一般要求和气

候相关披露。在10月的会议上,ISSB一致投票要求公司披露范围1、范围2和范围3温室气体(GHG)排放,[1]并采用当前版本的GHG协议公司标准。作为这些要求的一部分,ISSB将制定救济条款,以帮助公司适用范围3的要求。ISSB将考虑使用现有资料来支持这项工作,包括综合报告框架(Integrated Reporting Framework)和国际会计准则理事会关于做出实质性判断的指导意见(International Accounting Standards Board's guidance on making materiality judgements)。关于第一个《国际财务报告准则》可持续性披露标准(IFRS® Sustainability Disclosure Standards)的新提案标志着可持续性和财务报告朝着同等重要的方向迈出了下一步。这些提案旨在为以投资者为重点的可持续性报告创建一个全球基线,供各国相关机构借鉴。

澳大利亚会计准则理事会(AASB)已经开始为澳大利亚未来引入气候和可持续性相关风险披露标准做准备。特别是就《国际财务报告准则》S1《可持续相关财务信息披露的一般要求》(IFRS S1 General Requirements for Disclosure of Sustainability—related Financial Information)和S2《气候相关信息披露》(IFRS S2 Climate—related Disclosures)征求意见稿进行了咨询,与AUASB合作,成立AUASB作为一个联合非正式咨询小组,为董事会提供可持续性相关报告事项的技术专业知识等。这些均有利于促进气候相关风险披露标准的实施。AASB与国际标准制定机构的关系也可使其能够很好地影响全球气候和可持续标准的制定。

澳大利亚公司当前的报告实践与ISSB标准的拟议披露要求之间还存在不小差距,特别是关于更全面的披露要求,如披露范围3的排放,并确定所有"E""S"和"G"类的重大信息(而澳大利亚目前的自愿报告往往主要关注"E"相关主题)。虽然澳大利亚尚未强制要求按照ISSB标准进行报告,但包括澳大利亚证券投资委员会和澳大利亚证券交易委员会在内的几家澳大利亚监管机构和机构已经批准了这些标准。澳大利亚证券投资委员会还建议澳大利亚上市公司在准备向ISSB标准过渡时采用TCFD建议。在这种背景下,联邦政府承诺建立一个符合国际标准的报告框架。在联邦预算中,它宣布在四年内为财政部和澳大利亚会计准则委员会提供620万美元的资金,以制定和引入大型企业和金融机构的气候报告标准,符合国际报告要求。根据这一承诺,财政

---

[1] 范围1涵盖公司的直接排放;范围2涵盖购买和使用的电力产生的间接排放;范围3涵盖价值链的所有其他间接排放。

部最近发布了一份关于某些"大型上市实体"和"大型金融机构"的标准化气候相关报告要求的咨询文件,其指出,随着澳大利亚气候报告能力的制度化,预计报告要求可能会逐渐适用于"较小的上市公司"。财政部要求在2023年2月17日之前提交几个主题的文件,包括气候报告要求是否与ISSB标准一致;哪些实体将在报告阈值范围内;谁应负责管理拟议的要求;以及拟议的要求是否应考虑到可持续性报告的非气候重点领域,如社会和治理披露。关于更广泛的可持续性报告,政府还就修订《2001年澳大利亚证券和投资委员会法》(联邦)[Australian Securities and Investment Commission Act 2001(Cth)]的立法草案开放了一个咨询期,以授权澳大利亚证券交易委员会制定与ISSB标准一致的不具约束力的可持续性标准,并授权审计和保证标准委员会为可持续发展目的制定审计和保证准则。这些发展表明,澳大利亚的企业报告格局正在朝着与国际基线更加一致的方向发展,并可能导致对某些澳大利亚公司的报告要求大幅提高。

澳大利亚20个最具影响力的商业和金融高峰机构,包括澳大利亚银行业协会(Australian Banking Association)、金融服务委员会(the Financial Services Council)、澳大利亚注册会计师协会(CPA Australia)、澳大利亚公司董事协会(the Australian Institute of Company Directors)和澳大利亚养老金投资者委员会(the Australian Council of Superannuation Investors)等,对ISSB标准表示欢迎,并支持ISSB创建一个全球一致、可对比、可靠和可核查(globally consistent, comparable, reliable and verifiable)的报告框架。①

第三节 碳交易市场合规

澳大利亚最初根据《京都议定书》确定,其必须在2008年至2012年间将年排放量控制在1990年水平的108%以内。设计碳排放交易计划是一项详细而复杂的工作,涉及广泛的经济、政治、社会和环境因素。澳大利亚历届政府都致力于引入旨在缓解气候变化的排放交易计划(ETS),但澳大利亚这样相对稳定的政治体制也未能保证气候变化等长期政策的可预测性。即使政府将保证碳税或排放交易的可预测性,长期来看仍存在不确定性,新

---

① ACSI, Major consensus reached on Australian climate risk reporting, https://acsi.org.au/media-releases/media-re/(2022年8月1日)。

的政党上台往往改变政策,或者根据新信息更新以往的政策。企业开展ETS本身会产生很多成本,比如支付给经纪人或交易所机构的寻找交易伙伴的费用、谈判成本、保险成本等,澳大利亚碳市场政策的变动也使企业承担了更高的合规成本。

一、碳交易市场发展历程及监管基础

(一) 碳污染减排计划(CPRS)

澳大利亚于 2009 年时通过《2009 年碳污染减排计划法案》引入碳污染减排计划,拟建立一个交易系统来开展温室气体的排放交易,使澳大利亚温室气体整体排放量符合上限要求。该法案规定了澳大利亚排放计划上限及其途径;确定了相应财政年度的责任主体(责任主体有责任交出符合条件的排放单位)及其临时排放量(临时排放量用于计算责任主体必须交出的合格排放单位的数量);排放单位的签发、拍卖及上缴,并对签发的排放单位确定固定价格;对排放单位分为京都单位(Kyoto units)和非京都国际排放单位,等等。该法案为澳大利亚碳交易确立了基本框架。

(二) 碳定价计划

澳大利亚政府通过《2011 年清洁能源法》引入了碳定价计划,该法于 2012 年 7 月 1 日生效,目的是让污染者为排放到大气中的每吨碳支付一定的税款。碳价格计划涵盖了《京都议定书》所统计的六种温室气体中的四种,包括二氧化碳(CO_2)、甲烷(CH_4)、一氧化二氮(N_2O)和全氟化碳(PFC),并广泛涵盖以下排放源,如固定能源行业、工业加工行业以及无组织排放(退役煤矿除外)等。该计划涵盖约 500 个每年排放 25 000 吨或以上二氧化碳的实体,以及某些每年排放超过 10 000 吨的废物设施,约占澳大利亚温室气体的 50%,农业和运输燃料被排除在该计划之外。规定的实体每年被要求每生产一吨二氧化碳当量(CO_2-e)就交出一个排放单位。这项政策鼓励公司交出额外的碳单位,而不是支付更高的单位短缺费用。第一年(2012—2013 年),各实体可以每单位 23 澳元的固定价格从清洁能源监管局 CER 购买碳单位,2013—2014 年,碳单位可以每单位 4.15 澳元的价格购买。那些没有交出任何或足够单位的人会被收取一定的单位短缺费,到 2015 年以后逐渐过渡到总量管制和排放交易计划。这项法律旨在改变澳大利亚经济,并为中低收入家庭提供支持,以减少污染和发展经济。然而,尽管该倡议确实减少了该国的碳排放,但由于它导致家庭和工业的能源价格上涨而受到政治反对派和公众的质疑和挑战,最终于2014年被废除。

(三)减排基金项目交易

减排基金主要依据《2011年碳信用(碳农业倡议)法案》(2014年进行了修订,即《2014年碳农业倡议修正法》)和《2015年碳信用(碳农业倡议)规则》[①]来实施。根据减排基金计划,许多活动都符合申请基金项目的资格,参与者可以申请获得澳大利亚碳信用单位(ACCU)。每个ACCU代表一个项目储存或避免的一吨二氧化碳当量(tCO_2-e)排放量。清洁能源监管机构是ACCU的主要买家,但企业和其他级别的政府对ACCU的需求越来越多,ACCU可以通过碳减排合同出售给澳大利亚政府,也可以出售给二级市场上的公司和其他私人买家,以获得收益。清洁能源监管机构将选择每吨成本最低的投标,并代表政府购买这些减排量。这将奖励那些通过反向拍卖购买成本最低的减排措施来减少排放的主体。这也是2014年以来,针对碳减排的澳大利亚直接行动计划(Australia's Direct Action Plan)的重要组成部分。

(四)监管机构

澳大利亚碳市场是一个复杂系统,包括国家市场、州和地方政府市场以及国际碳市场。[②]澳大利亚的排放交易监管是澳大利亚证券和投资委员会监管的其他金融市场交易监管的翻版。

依据《2011年清洁能源法》,澳大利亚设立了如下两个联邦层面的碳市场主要监管机构。一是气候变化管理局(CCA)。其主要负责审查碳价格机制和政府减缓气候变化举措的关键方面。具体职责包括:a.就未来的污染上限向政府提供建议;b.就指示性国家轨迹和长期排放预算提出建议;c.就减少澳大利亚排放以实现国家目标的进展情况以及指示性国家轨迹或预算向政府提供建议;d.对碳定价机制、国家温室气体与能源报告系统、可再生能源目标和碳农业倡议进行审查并提出建议;e.在弹性价格阶段的前三年之后,就价格下限和

---

① Carbon Credits(Carbon Farming Initiative) Rule 2015.
② About Carbon Markets, https://www.cleanenergyregulator.gov.au/Infohub/Markets/Pages/About-Carbon-Markets.aspx(2022年12月20日)。

价格上限的作用向政府提供咨询。二是清洁能源监管局(CER)。其在法律规定的自由裁量权范围内管理碳价格机制,是对碳价格、交易合规及企业排放评估的重要监管机构。其职责主要包括:a.提供关于碳定价机制的教育,特别是行政安排;b.评估排放数据,以确定每个实体的义务,并为排放单位运行排放登记册;c.监测、促进和强制遵守碳定价机制以及分配许可证;d.通过立法确定以行政分配许可证的形式获得援助的资格,以及其他分配许可证数量;e.管理国家温室气体与能源报告系统、可再生能源目标和碳农业倡议;f.碳农业倡议和国家温室气体与能源报告系统的认证审计员;g.负责管理ERF,包括:注册项目,为注册项目实现的碳减排颁发ACCU,进行向清洁能源监管机构出售ACCU的要约拍卖,以及接受清洁能源监管机构代表澳大利亚政府购买ACCU的报价并签订合同。

根据《联邦管理局和公司法》(CAC)成立了澳大利亚可再生能源局(ARENA),对可再生能源技术的研发、示范和商业化提供政府支持。此外,生产力委员会,其主要负责审查政府援助以及碳价格机制对工业的影响。[①]

二、碳交易制度的实施

(一)交易平台

碳信用是碳市场的主要"货币"。澳大利亚碳信用单位(Australian Carbon Credits Units, ACCUs)分为两种,由澳大利亚《京都议定书》排放报告清单内的项目产生的京都ACCUs和用于自愿市场的非京都ACCUs。监管机构只能向在澳大利亚国家排放单位登记处(Australian National Registry of Emission Units, ANREU)持有账户的人发放ACCU。随后,ACCU可以在登记处的实体之间进行交易。

目前,在澳大利亚获得ACCU,可通过三种方式。第一,通过搜索碳市场研究所的碳市场,以确定可能有ACCU可供出售或可以促进销售的参与方。碳市场研究所是在澳大利亚政府的支持下发起的一项倡议,该平台包含有关减排项目的信息,以及在澳大利亚国内碳市场工作的组织提供联系方式的市场目录。所提供的信息用于确定可能有ACCU供出售的项目和代理商。第

---

① The Carbon Tax in Australia, https://www.centreforpublicimpact.org/case-study/carbon-tax-australia/(2017年5月5日).

二,搜索减排基金项目登记系统,以确定可能有 ACCU 可供出售的参与方。减排基金项目登记系统中提供的信息也可用于确定可能有 ACCU 可供出售的项目和代理商。登记系统上不受碳减排合同约束的项目也许更有可能拥有可供购买的 ACCU。一些承包项目也可能有多余的 ACCU,然后他们需要履行合同。碳减排合同登记册包括签订和交付了多少 ACCU 的信息,这也有助于确定有多余 ACCU 的项目。第三,建立一个减排基金项目以产生 ACCU。减排基金项目产生的澳大利亚碳信用单位(ACCU)有多种可能的需求来源,包括减排基金拍卖、保障机制、自愿市场以及州和地方政府。

清洁能源监管机构当前正在创设一个澳大利亚碳交易所,该交易所将简化 ACCU 的交易,支持企业及相关部门快速增长的交易需求。在那里,从批准的减排基金项目中获得的 ACCU 可以在个人和企业之间进行交易。澳大利亚碳交易所将以类似于在线证券交易所的方式运作,但主要用于购买、清算和结算澳大利亚碳信用单位(ACCU)以及其他类型的碳单位和证书。2022 年 6 月 30 日,清洁能源监管机构发布了与澳大利亚碳交易所采购流程有关的公共利益证书(Public Interest Certificate)。[①]在线碳交易所将通过提高包括市场透明度、降低交易成本和减少繁文缛节来支持澳大利亚工业发展,并将加速减排,促进澳大利亚经济发展。该交易所将简化 ACCU 的交易,以支持企业部门迅速增长的需求。通过交易所,从批准的减排基金(ERF)项目中获得的 ACCU 可以在个人和企业之间进行交易。据估计,到 2030 年,该交易所将为企业节省高达 1 亿美元的与交易 ACCU 相关的交易成本。[②]

(二) 交易类型

澳大利亚排放交易的金融化导致排放交易在现有的金融市场结构中进行。碳排放市场的运作方式与股票和衍生品领域的其他金融市场相同。现有的金融服务监管为碳排放交易提供了一定借鉴。澳大利亚政府排放交易系统白皮书(The Australian Government ETS White Paper)建议,一般情况下,交

[①] 根据《2018 年政府采购(司法审查)法》[Government Procurement (Judicial Review) Act 2018 (Cth)],如清洁能源监管机构认为暂停特定采购流程不符合公共利益的情况下,可以颁发公共利益证书。公共利益证书可以在采购过程的任何阶段颁发。颁发公共利益证书意味着,如果提出投诉,采购过程可以在进行正式调查的同时进行。

[②] Australian Carbon Exchange, https://www.cleanenergyregulator.gov.au/Infohub/Markets/australian-carbon-exchange(2022 年 8 月 8 日)。

易应在有组织的交易所进行,而不是在场外交易,因为在交易所交易会增强透明度,其清关和结算受到监管。澳大利亚的碳市场由自愿市场和监管市场组成。

1. 国内自愿市场与监管市场

在自愿碳市场的情况下,希望自愿抵消排放的个人和实体可以购买碳信用。自愿市场包括自愿购买监管计划规定数量之外的碳信用。清洁能源监管机构根据相关碳减排是否有资格用于实现《京都议定书》(或任何后续国际协议)规定的澳大利亚气候变化目标,将 ACCU 分为两种类型,即符合资格的京都 ACCU、不符合资格的非京都 ACCU。这两种 ACCU 都可以在自愿碳市场上交易。自愿市场参与者主要有三类:第一类,投资于抵消项目以产生碳抵消并出售碳信用的供应商企业;第二类,企业购买者购买自愿碳信用作为绿色营销工具的企业,通过抵消企业的排放并提出碳索赔,试图吸引客户(及消费者)购买商品和服务;第三类,购买碳信用以抵消个人排放的个人。

澳大利亚对碳市场的监管与英国的监管一致,一般需要由金融服务监管机构颁发的澳大利亚市场许可证。《2001 年公司法》要求对经营"金融市场"(第 767A 条)、交易"金融产品"(第 763A 条)[包括"金融投资"(第 764B 条)]和"管理金融风险"(第 765C 条)的"人员"(第 791A 条)发放许可证。直接谈判不构成"经营金融市场",也不需要获得反洗钱许可[第 767A(2)条]。澳大利亚金融市场、澳大利亚证券交易所(ASX)、Chi-X Australia Pty 有限公司(Chi-X Global 的分支机构)和全球金融和能源交易所(FEX)将在澳大利亚碳定价政策变更之前开展排放交易。FEX 是澳大利亚新的衍生品市场,于 2013 年 4 月收到 AML。在计划于 2014 年启动完全可交易的排放交易计划之前,澳交所曾计划建立碳单位期货市场,以使业内人士能够管理风险。

2. 国际市场

国际碳市场包括清洁发展机制和非政府组织管理的自愿减排标准。澳大利亚对国际单位和证书的需求主要受到自愿减排目标的推动。州和地区政府的计划包括新南威尔士州节能计划和维多利亚州能效目标,这些计划鼓励安装节能设备和电器,从而为可交易证书提供相关国家目标下可再生能源法规定的需求。①此外,州和地区政府也在致力于碳中和目标,并可能采购 ACCU

---

① About Carbon Markets, https://www.cleanenergyregulator.gov.au/Infohub/Markets/Pages/About-Carbon-Markets.aspx(2022 年 12 月 20 日)。

以抵消其排放。①

(三) 交易合同设计

所有 ERF 合同包括规定了合同各方的权利和义务通用条款、商业条款、交付条款和财务条款。②

合同的最长期限为 7 年或 10 年,具体取决于 ERF 项目的拍卖方式。只有采用规定方法的 ERF 项目才有资格申请 10 年选择性交付合同。碳捕获和储存所有其他 ERF 项目方法类型都有资格申请 7 年选择性交付合同。③

表 8-3 提供了清洁能源监管机构持有的碳减排合同信息,以及每个财政年度转移到联邦和由联邦购买的澳大利亚碳信用单位的总数。减排基金项目登记册包括减排基金下所有登记项目的信息,包括那些没有参加拍卖的项目,还包括有关合同期限、终止日期和状态的数据,以及合同成立条件等信息。涉及商业机密,个别合同价格不予公布。④

表 8-3 按财政年度交付和支付的单位

年 份	总交付量(百万吨)	交付总价值(百万美元)
2014—2015	8.53*	116.79
2015—2016		
2016—2017	13.29	164.48
2017—2018	10.92	133.75
2018—2019	10.17	127.21
2019—2020	13.42	168.37
2020—2021	13.12	162.96

资料来源:Carbon abatement contract register,Carbon abatement contract register(cleanenergyregulator.gov.au)(发布日期:2023 年 7 月 14 日)。

注:* 为保护商业机密,该数字表示 2014—2015 和 2015—2016 财政年度转移的符合条件的碳信用单位总数。

---

① Buying ACCUs,https://www.cleanenergyregulator.gov.au/Infohub/Markets/Pages/Buying-ACCUs.aspx(2023 年 2 月 6 日)。
② Guidelines for Emissions Reduction Fund Auction 15 To be held on 29 – 30 March 2023.
③ Delivery period and contract term,Guidelines for Emissions Reduction Fund Auction 15 To be held on 29 – 30 March 2023.
④ Carbon abatement contract register,Carbon abatement contract register(cleanenergyregulator.gov.au)(2023 年 7 月 14 日)。

自2020年3月以来,清洁能源监管机构开始授予选择性交付合同,该合同规定了向联邦出售碳减排的权利,但没有义务。如果卖方没有行使其出售碳减排的权利,则根据选择性交付合同承诺的减排量将从最初承诺的减排数量减少。在某些情况下,由于卖方和清洁能源监管机构之间存在合同谈判,在合同登记系统中的相关信息可能会有延迟。从2020年7月12日起,合同登记系统包括延长一些合同的交付期。

(四) 减排基金拍卖

参与减排基金有四个步骤,主要有申请—合同和拍卖—报告和审计—交付和付款这四个阶段。在第一阶段中,个人、个体商户、公司、地方、州和地区政府机构和信托机构都可以参加减排基金。对于有资格在减排基金下注册的项目(除非涵盖该项目的方法另有规定),需根据联邦、州或地区法律(监管额外性要求)要求执行,并在清洁能源监管机构注册之前已经开始(新要求)且未经减排基金(政府项目要求)注册,不能根据另一个联邦、州或地区政府项目进行。[①] 在第二阶段,拥有注册项目的减排基金参与者可以竞标一份合同,将其澳大利亚碳信用单位出售给清洁能源监管机构。清洁能源监管机构将进行拍卖,根据价格选择投标人。合同持有人也可以从未签订合同的项目中购买ACCU,以履行合同义务。第三阶段为报告和审计。要获得澳大利亚碳信用单位,参与者需要提交注册项目的报告,包括减排报告,还需要定期对项目进行审计。在第四阶段,与清洁能源监管机构签订合同的参与者将根据合同中的时间表交付澳大利亚碳信用单位,然后按照拍卖和合同中规定的价格支付。最新的《减排基金拍卖指南15》(Guidelines for Emissions Reduction Fund Auction 15 To be held on 29–30 March 2023)为2023年3月29日至30日举行的减排基金拍卖制定了指导方针。清洁能源监管机构代表联邦通过碳减排购买程序购买碳减排。碳减排购买是以京都-澳大利亚碳信用单位(ACCU)的形式进行的,该机构将通过碳减排合同(合同)进行购买,通过拍卖确定价格,这将是一种按出价付费的反向拍卖形式。减排基金拍卖指南15还规定了单一的碳减排采购流程,以建立选择性交付合同。

---

① Eligibility to participate in the Emissions Reduction Fund, https://www.cleanenergyregulator.gov.au/ERF/About-the-Emissions-Reduction-Fund/eligibility-to-participate-in-the-emissions-reduction-fund(2021年8月2日)。

三、碳交易市场发展趋势

2021年澳大利亚的碳市场打破了可再生能源和碳抵消的新纪录。清洁能源监管局 2021 年 12 月份的碳市场报告显示,2021 年全国电力市场几乎三分之一的电力来自可再生能源,同时屋顶太阳能光伏装机容量为 3.2 GW,连续第五年打破纪录。对大型风能和太阳能发电站的投资也呈上升趋势,达到 2.9 GW。清洁能源监管局估计,2021 年澳大利亚碳市场上发布的单位和证书减少了相当于 5 800 万吨的排放量,比 2020 年多 9.1%。[①]

《季度碳市场报告》(The Quarterly Carbon Market Report)是澳大利亚碳市场的主要数据来源,主要包括大规模发电证书(LGCs)、小型技术证书(STCs)和澳大利亚碳信用单位(ACCU)交易信息,并探讨了影响市场表现的关键因素,为政府市场决策提供信息。2021—2022 年,澳大利亚的 ACCU 市场发生了重大变化,一系列政策和宏观经济发展影响了价格。《2022 年第四季度碳市场季度报告》(Quarterly Carbon Market Report December Quarter 2022)的主要亮点包括创纪录的澳大利亚碳信用单位(ACCU)交易、大规模可再生能源投资的大幅增加以及小型太阳能光伏装置的反弹。报告显示 2022 年澳大利亚 ACCU 市场信心重燃。体现在以下几个方面:(1)拟议的保障机制改革和 ACCU 独立审查的结果重新激发了人们对澳大利亚碳市场的兴趣。(2)在审查和改革草案发布后的两周内,ACCU 现货价格创下 9 个月新高,据报道,现货和远期交易中的 ACCU 超过 320 万。(3)2022 年发行了 1 770 万份 ACCU,而 ACCU 的总持有量翻了一番,达到 2 270 万份。预计 2023 年新发行量将超过 1 800 万股。(4)2022 年,二级市场交易了创纪录的 2 300 万 ACCU,是 2021 的 3 倍多。[②]这表明人们对澳大利亚可再生能源政策和市场环境的信心越来越大,这些投资的大幅增加对于到 2030 年实现澳大利亚电力系统过渡到 82% 的可再生能源和 2030 年减排目标至关重要。

[①] 2021 a record year for Australia's carbon markets, https://www.energy.gov.au/news-media/news/2021-record-year-australias-carbon-markets(2022 年 3 月 17 日)。

[②] Quarterly Carbon Market Report December Quarter 2022, https://www.cleanenergyregulator.gov.au/Infohub/Markets/quarterly-carbon-market-reports/quarterly-carbon-market-report-%E2%80%93-december-quarter-2022。

第四节 投资与金融合规

一方面,气候变化可能会间接影响公司吸引和留住资本的能力;另一方面,碳融资提高了项目的财务收益,同时为开发商和受益人创造了额外的收入来源。它还促进了该行业的技术进步和知识转让。最重要的是,气候投资与金融提供了各种手段,可以在最可行的国家推行温室气体减排项目。对碳减排的投资对企业来说还具有诸多潜在益处,如"进入"成本更便宜,即早期行动提供了获得研发知识产权的机会,这意味着初始投资的成本比竞争对手低,公司有机会从自己获得的知识产权中获得进一步的收入;提高效率,即通过提升减排技术水平可以推动产量增加;获得企业社会责任(CSR)和可持续性,从而满足股东期望他们的公司对其环境绩效负责;有助于提升能源效率,即通过改进技术和工艺,减少排放,从而降低能源成本,为企业节约成本等。澳大利亚金融市场是一个大型发达市场,有着与金融市场相关的强大盎格鲁-撒克逊传统,也接受了英国管理法规的"移植"。

一、气候(碳)投资与金融相关法律及监管基础

(一)税收法律

澳大利亚税收相关法律为气候投资提供了一定支持。根据《1997年所得税评估法》(Income Tax Assessment Act 1997),投资可以扣税,但这并不适用于所有情况。例如,澳大利亚税务局作出了一个解释性决定(ATO ID 2004/634,current as at 2 March 2005),认定为销售碳信用而种植和培育的棒槌树不是园艺植物,因此根据《所得税评估法》第40—515节,不能作为园艺植物扣除。

(二)公司及金融法律

ACCU和某些其他排放单位是澳大利亚公司法规定的金融产品。因此持有主体可能需要AFS许可证才能为这些类型的排放单位开展金融服务业务,需要遵守《2001年公司法》和澳大利亚证券投资委员会法的相关规定。《2001年公司法》及《2001年公司条例》主要对公司、证券、期货行业和金融产品和服务进行规制。

(三) 金融监管基础

澳大利亚碳交易监管的金融化模式旨在通过在"公平、有序和透明"的金融市场中作为"金融产品"进行碳信用交易来减少温室气体排放。《2001年公司法》将减排单位定义为金融产品，因此，对减排交易市场的监管成为金融服务监管机构澳大利亚证券和投资委员会(ASIC)[①]的责任。澳大利亚证券投资委员会(ASIC)是一个独立的政府机构，负责监管注册公司、金融市场以及金融服务和信贷服务提供商，主要致力于构建促进公平、有序和透明的市场，并支持投资者和金融消费者自信和知情的参与。该委员会的金融市场监管促进了市场的完整性。澳大利亚证券投资委员会发布的监管指南也涉及澳大利亚碳定价机制。从2012年7月1日起，碳定价机制确认的排放单位成为金融产品。ASIC将负责监管提供与排放单位有关金融服务的实体和个人。澳大利亚证券和投资委员会的名为《管理指引236：我需要许可证才能参与碳市场吗？》[Do I need a licence to participate in carbon markets? (RG 236)]的指引，适用于那些参与碳减排活动并与减排基金以及其他碳金融服务和市场签订碳减排合同的主体，以及为碳市场参与者提供咨询的人员。

2021年，澳大利亚审慎监管局更新了其审慎指导意见，以协助董事会评估气候变化引起的金融风险，并表示企业需要做好准备。澳大利亚会计准则委员会还发布了重要性判断如何适用于气候相关风险的指导意见。在其最新的指导材料中，TCFD建议在进行气候披露时遵循财务重要性原则，但建议无论其重要性如何应披露范围1和范围2的排放量。ISSB目前正在制定的可持续性披露框架最初提出，将参照"企业价值"进行实质性判断。最近的动态表明将删除这一术语，ISSB将使用与《国际财务报告准则》会计准则中相同的定义，并有可能提供额外的可持续性相关指导，就澳大利亚实施气候报告和ISSB标准中重要性判断征求意见。

在金融稳定委员会发布《气候相关财务信息披露建议(2017.6)》(Recommendations of the Task Force on Climate-related Financial Disclosures(June 2017))后，UNEP FI开始为银行、投资者和保险公司开展一系列"气候相关财务信息披露试点项目"(TCFD Pilot Projects)。这些试点的参与者探索了物理

[①] 澳大利亚证券和投资委员会是澳大利亚的国家监管机构，由联邦政府根据2001年《澳大利亚证券和投资委员会法》(Cth.)设立。1982年，ASIC的前身取代了州和地区的公司委员会(State-and Territory-based companies commissions)。

风险和过渡风险(以及保险公司的诉讼风险),并开创了使用气候情景分析评估这些风险的实用方法。来自世界各地的近 100 家金融机构(银行、投资者和保险公司)参与了这些试点。这些机构得到了从气候建模师到气候风险专家等近十几个技术合作伙伴的支持。①

二、气候(碳)投资与金融制度的实施

(一) 规模概况

澳大利亚提供气候融资已经有超过 25 年的历史。在 COP26 上,澳大利亚宣布为 2020—2025 年提供 20 亿美元的气候融资,这是澳大利亚 2015—2020 年承诺的 2 倍。这包括承诺 7 亿美元,用于在太平洋地区提升气候变化和抗灾能力。澳大利亚政府将增加对太平洋伙伴的支持,包括通过新的太平洋气候基础设施融资伙伴关系,支持太平洋国家和东帝汶的气候相关基础设施和能源项目以及发展政府援助,以应对气候变化适应和恢复能力。澳大利亚也在与东南亚国家加强合作,释放绿色贸易和投资机会,比如与印度尼西亚建立一个新的价值 2 亿美元的气候和基础设施伙伴关系。从历史上看,澳大利亚约 70% 的双边和区域气候融资用于提升地区适应和恢复能力,今后还将继续与其他发达国家和经合组织合作,跟踪实现每年 1 000 亿美元目标的进展。澳大利亚在国内和本地区支持和投资气候适应方面有着悠久的历史。在国内,估计到 2030 年将使总投资达到近 12 亿美元。该国将通过投资 950 万美元支持五个新的实际恢复项目,恢复各地的蓝碳生态系统,包括红树林、海草和潮汐沼泽。②

(二) 气候(碳)投资相关机制

1. 减排基金项目

澳大利亚通过出台《2011 年碳信用(碳农业倡议)法案》③确立了碳农业倡

---

① TCFD-Task Force on Climate-related Financial Disclosures, https://www.unepfi.org/climate-change/tcfd/(2023 年 7 月 17 日)。
② International cooperation on climate change, https://www.dfat.gov.au/international-relations/themes/climate-change/international-cooperation-on-climate-change#climate-finance(2023 年 7 月 17 日)。
③ Carbon Credits(Carbon Farming Initiative) Act 2011.

议(CFI)机制和减排基金。碳农业倡议机制通过土地使用活动产生碳信用,监管机构依据规定的方法向产生减排的项目发放信贷,并通过市场机制来监管义务主体的碳排放活动。减排基金项目的实施主要有三个关键要素,即信贷、购买和保障机制,它为土地所有者、社区和企业提供了在澳大利亚开展碳减排项目的激励机会,以逐步取代基于市场的碳交易,从而避免或减少温室气体排放,或从大气中去除和封存碳。

2. 清洁能源投资机制

澳大利亚政府于2004年发布了一份题为"保障澳大利亚能源未来"的白皮书(Australian Government Securing Australia's Energy Future 2004),其中表示澳大利亚将致力于实现其京都目标,即到2008—2012年将温室气体排放量保持在1990年水平的108%。所提供的激励措施之一是设立一个5亿澳元的基金,以支持这些技术的行业主导示范项目,以及另外提供1亿澳元,以支持规模较小的可再生技术的开发。

依据《2012年清洁能源金融公司法》(Clean Energy Finance Corporation Act 2012)成立了联邦层面的清洁能源金融公司,该公司的投资职能是清洁能源投资,以实现澳大利亚经济脱碳的长期目标,主要有以下一些:(1)是直接和间接投资于清洁能源技术;(2)在不限制第(1)款的情况下,公司可以通过执行以下任何或全部操作来履行其投资职能:(a)投资于清洁能源技术的开发或商业化或与清洁能源技术使用有关的企业或项目;(b)投资于提供清洁能源技术开发或商业化所需或使用所需商品或服务的企业;(c)根据第69条提供担保。(3)在履行其投资职能时,公司必须确保在2018年7月1日或之后的任何时候,当时为其投资职能投资的资金中至少有一半投资于可再生能源技术。(4)公司可通过自身投资(包括作为合伙企业、信托企业、合资企业或类似安排的参与者)、通过子公司或其他投资工具或通过这些方式的任何组合来履行其投资职能。(5)为了公司的投资职能而采取可能的方式进行投资。[1]

此外,澳大利亚政府还实施过其他激励措施,如温室气体挑战和温室气体减排计划。[2]该计划重申,澳大利亚政府不会引入强制性的排放限制和交易计划,而是将重点放在发展低排放技术和地质封存上。

---

[1] Clean Energy Finance Corporation Act 2012,S9,S58.1.
[2] Refer http://www.greenhouse.gov.au/businessindustry.html(2005年3月2日).

3. 绿色债券

在澳大利亚,自2014年世界银行发行第一只绿色袋鼠债券(外国发行人在国内市场发行的澳元债券)以来,绿色债券市场经历了指数级增长。2021年澳大利亚绿色和可持续相关贷款和债券发行总量(总计40个,并呈上升趋势)排名世界第九。最近的绿色债券发行人包括FMG集团(Fortescue Metals Group)、新南威尔士财政公司(NSW Treasury Corporation)、联盛集团(Lend Lease)和塔斯马尼亚大学,显示了当前市场的深度和多样性。①

(三)碳金融相关机制

有关碳金融合规的指导文件主要为澳大利亚证券和投资委员会的《咨询文件175 碳市场:培训和财务要求》(Consultation Paper 175 Carbon markets: Training and financial requirements, CP 175)(简称"咨询文件175")和《管理指引236:我需要许可证才能参与碳市场吗?》[Do I need a licence to participate in carbon markets?(RG 236)](简称"管理指引236")。其中咨询文件175主要对ASIC行使法律(主要是《2001年公司法》)规定的具体权力及行使条件作出指引,并对法律中的相关规定进行解释。

1. 确立碳信用单位为金融产品

在监管文件中,对金融产品主要列举了以下种类:股份、债券、管理投资计划中的权益、衍生品、非衍生产品的外汇合同、一般保险、人寿保险、退休金、基本存款产品和其他存款产品、退休储蓄账户等。ACCU是清洁能源监管机构根据《2011年碳信用(碳农业倡议)法案》向ERF项目支持者发布的一个单位,用于通过支持者的ERF项目实现碳减排。澳大利亚碳信用单位(ACCU)和某些其他排放单位是《2001年公司法》规定的金融产品。监管指南RG 236详细规定了哪些排放单位是金融产品以及何时可能需要AFS许可证。清洁能源监管机构根据法律授权代表澳大利亚政府签订碳减排合同,以购买京都ACCU或规定的合格碳单位,其没有资格购买非京都ACCU。根据保障机制,从2016年7月1日开始,指定的大型企业可以通过获取和交出规定的碳单位来减少其净排放量,包括ACCU和保障规则中可能规定的其他类型的排放单位。京都ACCU和非京都ACCU都是金融产品。

---

① Chapter 6: Finance and carbon markets, https://www.kwm.com/au/en/insights/latest-thinking/the-climate-challenge-6-green-finance-and-carbon-markets.html(2022年9月14日)。

其他类型的排放和环境单位都不是金融产品。一般来说,任何排放单位的衍生品,以及涉及碳减排活动或排放单位的管理投资计划中的权益,都是金融产品。碳减排合同不是一种金融产品。

2. 与排放单位相关的金融产品

与排放单位有关的两种主要类型的金融产品是:(a)排放单位衍生产品;以及(b)在管理投资计划中的权益。根据金融产品的一般定义,非衍生产品或管理投资计划权益的产品仍可能是金融产品。排放单位的衍生产品是一种金融产品,无论涉及的排放单位类型如何,基础排放单位不一定是金融产品,衍生产品才是金融产品。此外,碳减排合同既不是衍生产品,也不是金融产品。不过,如果 ERF 项目支持者通过让另一主体进行碳减排活动来实施项目,则根据合同条款,双方之间的合同可能是金融产品。

对于大多数类型的金融产品,一种关键的交易形式是"发行"产品,即产品首次生成并提供给他人的行为。受管制的排放单位是由清洁能源监管机构(就 ACCU 而言)的行为或通过各种国际规则的机制(就 EIEU 而言)产生的,而不是由任何其他人产生的,如 ERF 项目支持者。然而,清洁能源监管机构发布 ACCU 和根据国际规则发布 EIEU 的行为,并不是《2001 年公司法》第 7.1.35B 条规定的金融服务。

正因为其为金融产品,所以需要澳大利亚金融服务(AFS)许可证才能从事与这些排放单位有关的金融服务业务。除其他事项外,澳大利亚证券和投资委员会(ASIC)负责管理 AFS 许可制度,并保存所有 AFS 许可证持有人的登记册。从 2015 年起,澳大利亚提供的与排放单位有关的金融服务主要与减排基金(ERF)的活动有关。并非所有提供金融服务的人都需要 AFS 许可证,只有在澳大利亚开展金融服务业务或作为注册计划的责任实体提供金融服务时,才需要 AFS 许可证,除非符合豁免条件。

3. 碳金融市场的豁免

除非获得豁免,否则以下行为可能构成"金融产品交易":申请或收购金融产品,发行金融产品,对于证券或管理投资计划,承销证券或权益,改变金融产品或处置金融产品。但是,如果主体只是代表自己进行交易(例如,为自己获得金融产品的法律和经济利益),则需要申请 AFS 许可证的活动,除非交易包括发行金融产品。

与碳市场最相关的豁免分为以下几类:(a)对经营受监管排放主体的豁免;(b)在某些情况下,对从事超过受管制排放单位和外汇合同的衍生品交易主体的豁免；以及(c)对外国金融服务提供商的豁免。①《2001年公司法》在 S66A-s68、S111AS-s111AW、S155、S260C等条款中对豁免做了系统性规定。

澳大利亚的气候融资主要集中在太平洋和东南亚地区。主要包括双边和区域项目，以及对多边开发银行气候规划和全球环境基金等多边气候基金的捐款。同时，它还向发展中国家（向其他政府或私营部门项目）提供与气候相关的贷款，包括通过澳大利亚太平洋基础设施融资机制。此外，澳大利亚通过澳大利亚气候融资伙伴关系（Australian Climate Finance Partnership）等举措，动员私人资金在发展中国家进行新的气候投资。

澳大利亚有强有力的气候融资计算方法。《绿皮书》（澳大利亚官方发展援助统计摘要，2021—2022年）表10中报告了按地区和部门分列的官方发展援助(Official Development Assistance，ODA)。澳大利亚2021—2022年的官方发展援助气候融资比前一年增加了1.03亿美元（约30%），达到4.49亿美元以上。这反映了通过澳大利亚的发展计划进一步融入了气候变化因素，并首次纳入官方发展援助气候相关贷款。但是，澳大利亚对适应气候变化影响的关注仍然占其双边和区域官方发展援助气候融资的66%。②

(四) 潜在的欺诈行为

随着公众越来越意识到气候变化的影响，人们越来越倾向于尽自己的一份力量来减少其影响。企业可能会借此机会，通过对其产品和服务提出"绿色声明"来提高声誉，例如向客户提供碳抵消选项。然而，也有人担心，公司可能会在其服务和产品的环境质量方面提供误导性信息。如果一家公司这样做，它可能会根据1986年《公平贸易法》第9条承担责任，即"任何人在贸易中不得从事误导或欺骗性或可能误导或欺骗的行为"。

2007年10月26日，澳大利亚竞争与消费者委员会(ACCC)发布了一份新闻稿，表示如果有任何虚假或误导性的"绿色"营销声明，它将根据其TPA采取行动。

---

① Licensing exemptions, E If I provide financial services relating to regulated emissions units, do I need an AFS licence to participate in carbon markets? May 2015, REGULATORY GUIDE 236.
② Delivering on our climate finance commitments, https://www.dfat.gov.au/international-relations/themes/climate-change/supporting-indo-pacific-tackle-climate-change/delivering-our-climate-commitments(2023年7月17日).

第五节 法律责任

为了应对气候变化,治理大气污染问题,澳大利亚出台了一系列与气候变化相关的法律及政策,并且针对企业的违法行为规定了较为严格的法律责任。根据企业违法行为的类型主要为违法排放温室气体和违法披露气候相关信息,下文将围绕这两种违法行为类型应承担的法律责任展开。

一、违法排放温室气体的法律责任

澳大利亚参议院于2022年9月8日通过了《2022年气候变化法》,重申澳大利亚减排目标,即到2030年将温室气体排放量在2005年的基础上减少43%,并到2050年实现净零排放。为了实现减排目标,澳大利亚法律为违法排放温室气体的行为规定了一系列处罚措施。

(一) 民事责任

澳大利亚是《联合国气候变化框架公约》《京都议定书》和《巴黎协定》的签署国。为了追究违法排放温室气体行为主体的法律责任,主要方式是通过环境公益诉讼和环境损害赔偿诉讼。首先是环境公益诉讼制度。在澳大利亚联邦和各州的不同法律中,下列三类主体均可以作为原告提起环境公益诉讼:一是总检察长,二是私人个体,三是公益团体。在澳大利亚,诉讼费用全由败诉方承担,因此一定程度上使得原告起诉前更为谨慎,诉讼过程中也更容易通过和解等方式终结诉讼。其次是环境损害赔偿诉讼,例如合同索赔,可能损害源于违反环境法的行为,但是违反该法律或法规本身不大可能成为提起民事诉讼的理由。提起诉讼主要取决于双方之间的关系和受害者所遭受的损失。例如,只有在当事人之间存在合同关系并且违约与损失之间存在因果关系的情况下,才可提出合同索赔。其中,合同有时候也会包含要求遵守环境法的保证。违反环境法也可能对第三方造成损害,受到损害或滋扰的第三方也可以索赔。

(二) 行政责任

《2014年碳农业倡议修正法案》规定了碳排放主体具有确保不存在超标碳

排放的责任。第 22XF 条规定,如果设施的排放责任主体、曾经的设施排放责任主体或者该设施与其有一个相关的监控期,该人员必须在下一个财政年度的 3 月 1 日前,确保监测期内设施不存在过量排放情况。违反以上规定的,个人将面临处罚单位数量的五分之一罚款,其他主体则为规定的罚款单位。

该法对罚款金额也作出了规定,与责任主体涉嫌违反民事处罚规定有关的侵权通知中规定的处罚,确定罚款金额时,从以下金额中选取较小者:(1)法庭可就该违法行为对该人施加最高刑罚的五分之一;(2)如果是个人,则处 12 个处罚单位;(3)如果此人是法人团体,则罚款 60 个单位。

(三) 刑事责任

《2012 年温室和能源最低标准法》旨在促进开发和采用减少能源使用和温室气体生产的产品。这是通过将温室气体和能源最低标准(GEMS)应用于使用能源的产品的供应和商业使用,或影响其他产品使用的能源来实现的。违反这些规则可能导致其承担刑事责任和行政责任。

违反该法律的规定提供产品或者将产品用于商业目的的,可能根据严格责任构成犯罪。其一,根据《2012 年温室和能源最低标准法》第 16 条、第 17 条,当产品属于 GEMS 确定所涵盖的产品类别,任何人不得供应或者提议供应以下情况的产品:(1)产品不符合 GEMS 确定的要求;(2)在供应或提议供应产品时未遵守 GEMS 决定的要求;(3)该产品的型号未根据 GEMS 关于该产品类别的决定进行登记。任何人违反以上规定,且该产品属于该产品类别的 A 类产品,构成严重责任罪,将被处罚 60 个单位。如果产品是该产品类别的 B 类产品,则该人可受处罚 120 个处罚单位。

其二,根据第 18 条、第 19 条规定,任何人在以下情况下不得将 GEMS 产品用于商业目的:(1)GEMS 产品属于 GEMS 确定所涵盖的产品类别;(2)GEMS产品不符合 GEMS 确定的要求;(3)这是该人员首次使用 GEMS 产品。如果违反以上规定,并且该产品是该产品类别的 A 类产品,则该人即犯了严格责任罪将被处罚以 60 个单位。如果产品是该产品类别的 B 类产品,则该人可受处罚 120 个处罚单位。

不配合 GEMS 检查员的行为也可能构成犯罪。根据第 123 条、第 124 条,以下行为构成犯罪:(1)当依据法律规定需要向 GEMS 检查员提供信息或出示文件,但该人员未在通知规定的期限内提供信息或出示文件的行为;(2)收到书面通知后该人员必须出现在 GEMS 检查员面前,但未出现的行为;(3)收到通知后出现在检查员面前,但没有回答 GEMS 检查员提出的问题或按照通知的要求向 GEMS 检查员出示文件的行为。该人员将会面临刑事处罚:有期徒刑 6 个月或 30 个处罚单位,或两者并罚。

除了联邦立法规定的刑事责任,地区立法也有其特殊之处。新南威尔士州系统是一个分层系统,其环境犯罪的分类不是根据环境危害进行评估的,而是有如下分类。

第 1 级违法行为,即废物处理、危险物质的溢出或泄漏,或向大气中释放消耗臭氧层的物质,需要犯罪嫌疑人存在故意或疏忽。要确定嫌疑人的疏忽,必须确定该嫌疑人违反了对潜在原告的注意义务,从而导致原告遭受某种形式的损害和损失。

第 2 级犯罪行为,即 1997 年《保护环境业务法》和条例规定适用严格责任的犯罪行为,包括水、空气、土地和噪声污染犯罪行为,是起诉的对象。

第 3 级罪行会受到处罚侵权通知,通常是针对没有发生环境损害或对人类健康风险的较低级别(通常是严格责任)的犯罪行为。

二、气候相关信息披露违法行为的法律责任

企业气候信息披露具有重要意义,一方面有利于为重点行业企业低碳转型和气候友好项目提供支持,另一方面,通过气候信息披露提供详细的碳排放数据,能够为区域制定应对气候变化的政策提供参考。为了确保企业主动、真实、完整地披露气候相关信息,澳大利亚对企业违法披露气候相关信息制定了严格的法律责任,主要分为民事责任、行政责任和刑事责任。其中,以行政责任为主。

(一)民事责任

在应对全球气候变化和碳减排的背景下,企业碳信息披露已成为全球实现碳减排的重要措施,在澳大利亚也获得越来越多企业的支持。澳大利亚的主要金融监管机构对公司气候信息披露做了明确规范,要求澳大利亚公司应考虑披露气候风险。麦克维诉零售员工退休金信托案中,案件焦点在于基金公司是否因未披露有关气候商业风险的信息及其应对这些风险的策略而违反了法律。经过两年多的法律诉讼,2020 年 11 月 2 日,双方达成和解,REST 同意将气候变化金融风险纳入其投资,并实施到 2050 年实现净零碳足迹目标。

个人可以《2001年公司法》第1017C条提起诉讼,要求实现相应的民事权利。

(二) 行政责任

《2007年国家温室气体与能源报告法》第12条就达到门槛申请注册规定,公司达到法定门槛,必须申请注册,否则将被处以2 000个处罚单位。第21条规定,公司必须按照要求的标准提供气候相关信息,否则将被处以1 000个处罚单位。另外,根据第30条,如果公司未能履行上述义务,则每天可能要承担额外的民事处罚。

《2009年国家温室气体与能源报告修正法案》第22G条规定企业有向温室气体和能源数据官提交报告的义务。具体内容为如果公司在整个或部分临时财政年度内持有与设施相关的报告转移证书,则公司必须向温室气体和能源数据官提供一份与以下内容相关的报告:(1)温室气体排放;(2)能源生产;(3)能耗。违反该报告提交义务的,将被处罚2 000个单位。此外,根据第22H条,正在或曾经需要提供临时财政年度报告的公司必须保存公司活动的记录,否则将被处罚1 000个单位。第30条(2B)款规定任何人未按期履行的,在超过履行期限的每一天将被罚款100个单位。

《2009年国家温室气体与能源报告修正法案》第74条还规定,气候相关信息提供者负有配合审计的义务。温室气体和能源数据官可任命一名注册的温室和能源审计员作为审计组组长,对提供信息的人员是否符合本法或条例的一个或多项内容进行审计。该人员必须向审计小组组长和任何审计小组成员提供有效履行本法案项下审计小组组长职责所需的一切合理设施和协助。否则个人将被处罚50个单位、其他主体将被处罚以250个单位。该人员收到温室气体和能源数据官通知时,应当安排审计小组组长进行审计。否则个人将被处罚50个单位、其他主体将被处罚以250个单位。

(三) 刑事责任

《2007年国家温室气体与能源报告法》第23条中规定,监管官员获得的温室气体和能源信息或审计信息非出于履行职责需要,将信息披露给他人的行为构成犯罪。将面临的刑罚为:2年有期徒刑或120个处罚单位,或两者并罚。同一行为可能同时违反本条和《刑法》第70条的规定,联邦官员(包括为或代表联邦提供服务的人员)违反保密义务披露信息属于犯罪行为,可能被处以2年有期徒刑的刑罚。

根据《2007年国家温室气体与能源报告法》第61条的规定，执法人员可以要求公司回答与本法实施相关的任何问题或者出示任何相关文件，公司拒绝回答问题或者出示文件的行为构成犯罪，将面临下列刑事处罚：有期徒刑6个月或30个处罚单位，或两者并罚。根据第69条，公司应当向官员和协助该官员的相关人员提供便利和协助，以方便其有效行使权力。公司未遵守该义务，则构成犯罪，并将被处以刑罚：30个处罚单位。

根据《刑法》第90B条的规定，为声称遵守《2007年国家温室气体与能源报告法》而向监管机构提供虚假或误导性信息或文件可能构成犯罪，将被处于2年有期徒刑的刑罚。

参考文献

[1] [澳]亚力山德拉·沃里克等：《澳大利亚能源法》，岳小花译，中国政法大学出版社2021年版，第237页。

[2] Australian Government, Department of the Environment and Energy, Emissions Reduction Fund Safeguard Mechanism, http://www.environment.gov.au/climate-change/emissions-reduction-fund/about/safeguard-mechanism(28 Sept.2016).

[3] Australian Government, Climate-related financial disclosure (Consultation Paper, December 2022), https://treasury.gov.au/sites/default/files/2022-12/c2022-314397_0.pdf.

[4] Safeguard changes, Guidelines for Emissions Reduction Fund Auction 15 To be held on 29-30 March 2023.

[5] The safeguard mechanism, https://www.cleanenergyregulator.gov.au/ERF/About-the-Emissions-Reduction-Fund/the-safeguard-mechanism(02 May 2019).

[6] ESG reporting in Australia—the full story, or just the good story? https://www.pwc.com.au/assurance/esg-reporting-australia-2021.pdf.

[7] Are we keeping pace? https://www.pwc.com.au/assurance/PwC-ESG-Report.pdf.

[8] ESG reporting in Australia—the full story, or just the good story? ESG reporting in Australia—the full story, or just the good story? (pwc.com.au)

[9] Clive Cachia, Adam Levine, The State of ESG Reporting in Australia, https://www.natlawreview.com/article/state-esg-reporting-australia(December 15, 2022).

[10] Corporate Emissions Reduction Transparency report, https://www.cleanenergyregulator.gov.au/Infohub/Markets/cert-report(01 February 2023).

[11] Jillian Button, Hannah Biggins, etc, Sustainability reporting—what you need to know to be prepared for the ISSB Standards, https://www.allens.com.au/insights-news/insights/2022/12/sustainability-reporting-what-you-need-to-know-to-be-prepared-for-the-issb-standards/(21 December 2022).

[12] The Hon Chris Bowen MP, "Address to the IGCC 2022 Climate Change

Investment and Finance Summit"(speech, 17 June 2022), https://www.minister.industry. gov.au/ministers/bowen/speeches/address-igcc-2022-climate-change-investment-and-finance-summit.

［13］Wilder M. and Fitz-Gerald L. 2009, "Review of policy and regulatory emissions trading frameworks in Australia", *AERLJ*, vol.27, pp.1 – 22.

［14］Evgeny Guglyuvatyy, Australia's Carbon Policy—A Retreat from Core Principles, 10 eJTR 552(2012), p.554.

［15］Carbon Market Institute's Carbon Marketplace, https://www.cleanenergyregulator.gov.au/Infohub/Markets/Pages/Buying-ACCUs.aspx(06 February 2023).

［16］Paul Latimer, "The Use of Financial Services Law to Regulate Emissions Trading", 43 *COMM. L. WORLD REV.* 187(2014).

［17］Jin Fong Chua, "Corporate Liability and Risk in Respect of Climate Change", 20 *N. Z. J. Envtl. L.* 167(2016), p.197.

［18］Florencio Lopez-De-Silanes, Joseph A. McCahery & Paul C. Pudschedl, "ESG Performance and Disclosure: A Cross-Country Analysis", 2020 *Sing. J. LEGAL Stud.* 217 (2020), p.229.

［19］Andrew G. Thompson & Rob Campbell-Watt, "Australia and an Emissions Trading Market-Opportunities, Costs and Legal Frameworks", 24 *Australian Resources & ENERGY L.J.* 151(2005), pp.164 – 165.

执笔：岳小花（中国社会科学院法学研究所）
严海媚（上海社会科学院法学研究所）

第九章　加拿大碳中和合规研究

随着加拿大碳减排逐渐走向"深水区",单一的政策、法律远不能让加拿大实现碳中和目标。加拿大政府也清晰地认识到这一点,在过去的近30年间,从提出原则性政策、法律到出台能够规制专业领域的具体性政策、法律,加拿大已经建立了一套"从联邦到各省、地区""从大方向到具体落实"的受各层级法律保护的合规系统。这套多层次、多领域的系统亦有值得我国借鉴之处。

第一节　政策演变与司法判例

早在20世纪90年代,加拿大政府就开始研究控制温室气体排放的方法。规制温室气体排放,需要多层次、多角度的规范,也需要法律与政策的互相配合。本节第一部分将呈现加拿大近30年的温室气体合规政策和法律的演变,通过一部部政策和法律,窥见加拿大各时期合规政策及法律的特点和变化;第二部分则精选两个司法判例,第一个案例涉及现代社会中剧增的"漂绿"行为,而第二个案例则涉及加拿大联邦和各省政府对"碳税"制度的辨析。

一、政策演变

(一) 萌芽阶段

20世纪90年代初期,受联合国环境与发展会议的影响,加拿大国内的环境保护思潮开始萌芽。1997年,时任总理让·克雷蒂安签署了《京都议定书》,正式拉开了对环境保护,特别是减少温室气体排放的序幕。对于20世纪末的加拿大,温室气体减排是一个全新的领域,联邦政府在签署《京都议定书》后并没有推出更加具体、实际的政策。这种情况反映到法律领域,表现为这一时期联邦的环境法律体系没有发生较大的变化,仅仅在法律内容中有些许改动,这些法律体现了加拿大政府的政策倾向。

加拿大政府根据本国的温室气体排放情况,于1999年更新了《加拿大环境保护法》(Canadian Environmental Protection Act),该法赋予了加拿大环境部进行调查和询问的权力,该权力允许加拿大环境部要求重点排放者以年为单位报告温室气体排放量。此外,法律还对一些新兴技术提出管理要求。具体来说,法律要求与碳捕获、运输和储存(Carboncapture, Utilisation and Storage, CCUS)技术有关的行业设施必须提交一份关于CCUS技术的运用与实际效果的报告。[1]虽然对于CCUS技术的规定在20世纪末期显得过于超前,但是这也体现了加拿大政府的前瞻性,其开始重视先进清洁技术的发展,为其以CCUS为代表的清洁技术的全球领先打下基础。

进入2000年之后,没有联邦层级具体政策指导减排的窘况仍然存在。虽然让·克雷蒂安政府于2002年批准了《京都议定书》在国内的适用,但是其政策和法律的革新仍然处于停滞状态,直到其2003年下台。他的继任者,自由党领袖保罗·马丁同样没有就加拿大应对气候变化和减少碳排放提出任何实质性的政策建议,"在加拿大进行温室气体减排"已经成为一句政治口号。[2]

(二) 曲折发展阶段

2006年,保守党领袖史蒂芬·哈珀将身为自由党党魁的总理保罗·马丁击败,由此保守党开始执政,哈珀作为总理组建政府。在之后的2008年和2011年的联邦议会选举中,哈珀所在党派获胜而连任总理,加拿大经历了长达9年的保守党执政时期。建立温室气体减排体系是哈珀政府上台之前的政治主张,而在2006年上台之后,当年10月,联邦政府就发布了《加拿大清洁空气法案》(Canada's Clean Air Act),该法案旨在进一步加强对碳排放的控制。该法将各行业自行规定温室气体强制性排放要求和惩罚措施的权力收归政府。法案还提到,对于超过强制性排放要求所产生的罚金,将被纳入环境损害基金用于生态的恢复,这一举措被认为是哈珀政府意图改变政府在环保领域弱势

---

[1] Rocco Sebastiano, Canadian Government Carbon and Greenhouse Gas Legislation, Osler (Mar, 2021), https://www.osler.com/en/resources/regulations/2021/carbon-ghg/canadian-government-carbon-and-greenhouse-gas-legi.

[2] Sheldon Fernandes, History Lesson-Carbon Pricing in Canada, Brightspot Climate Inc (Feb. 7, 2022), https://brightspot.co/library/history-lesson-carbon-pricing-in-canada/.

地位的标志性动作。①

此外，在2008年的联邦议会选举中，哈珀政府将碳定价作为重点关注对象，其选举纲领包括在《京都议定书》协议中建立限额与交易制度，兑现减排目标的承诺。

虽然在上台初期哈珀政府做出了许多承诺，但是其保守党的身份决定了较为进步的环保政策难以在加拿大推行。在通过《加拿大清洁空气法案》收紧权力后，针对各行业排放指标的控制迟迟没有进展，只是在临近2011年大选时才匆忙推出首部温室气体排放车辆法规——《乘用车和轻型卡车温室气体排放法规》(Regulations Amending the Passenger Automobile and Light Truck Greenhouse Gas Regulations)。而对于2008年选举中提出的建立北美范围内的限额与交易制度的计划，因为其在能源领域最大的合作伙伴美国没有通过该措施而流产。在借助环保口号上台之后，哈珀政府以发展经济为由，加大对加拿大化石燃料行业的支持，削减气候科学资金又导致大量的科学机构倒闭，公众获得环境科学研究的机会越来越有限，并且于2011年宣布退出《京都议定书》，联邦范围内的环保事业几乎停摆。

在保守党执政期间，其对于传统能源行业的支持，以及环境政策、法律制定的停滞，造成了联邦政府和某些省、地区所制定的政策与法律形成割裂。以魁北克和不列颠哥伦比亚省为首的重视环境保护的省份，在保守党政府上台后宣布新的环境法律和环境政策。比如，2007年魁北克省对能源分销商、生产商和炼油商征收碳税，意味着碳税制度开始在加拿大建立。随后，不列颠哥伦比亚省政府于2008年通过《碳税法》(Carbon Tax Act)引入了碳税，并且对化石燃料的购买和使用设定了价格，以碳税和碳定价制度相结合的方式控制碳排放。②

保守党执政的9年也正是全球范围内环境保护思潮和运动盛行的时期，面对逐渐恶化的全球环境，各国都开始思考应对措施。对于加拿大而言，受制于其能源出口国的定位，环保措施的推进势必会遭到传统行业的极大阻力。并且，在各国对于环境保护态度暧昧的情况下，在国内执意推进环保政策可能

---

① 加拿大政府网，https://www.canada.ca/en/news/archive/2006/10/speaking-notes-honourable-rona-ambrose-minister-environment-canada-an-announcement-concerning-canada-clean-air-act.html（2023年7月14日）。
② 不列颠哥伦比亚省政府网，https://www2.gov.bc.ca/gov/content/environment/climate-change/clean-economy/carbon-tax（2023年7月14日）。

会对经济和国际合作造成极大的负面影响。受制于时代背景，哈珀政府的选择基本上乏善可陈。总的来说，这一时期内联邦的政策、法律虽有发展，但受制于时代困境而缺乏发展动力，整体政策推进仍然缓慢；而在省、地区层级，环保政策、法律发展迅速，各省、地区间由于发展定位和政策选择不同而逐渐拉开差距。

（三）全面发展阶段

2015年，执政9年之久的哈珀政府因国家经济恶化和对于环保政策推行不力而下台，取而代之的是年轻的自由党领袖贾斯廷·特鲁多。同年，特鲁多政府参加了第21届联合国气候变化大会（巴黎气候大会），并在《巴黎协定》中承诺，到2030年将温室气体排放量在2005年的基础上减少30%，这也正式宣告了加拿大碳中和政策与法律进入全面发展阶段。[①]

在政策方面，特鲁多政府于2016年12月宣布了加拿大第一个真正的国家气候计划——《泛加拿大清洁增长与气候变化框架》。该计划通过前，联邦政府曾与各省和地区进行了长达一年的谈判，并广泛听取原住民的意见，展现了联邦政府在全国范围内推行环保政策的决心。其在2020年12月发布的《强化气候计划：在加拿大建立绿色经济》和2022年3月发布的《加拿大2030年减排计划》都是根据国情，在该框架下实施的进一步气候行动。可以说，加拿大在国家减排政策上已经走上正轨。

与政策相对应的是，在法律法规方面，其有关内容进一步细化。2015年7月加拿大政府发布《燃煤发电二氧化碳减排条例》（Reduction of Carbon Dioxide Emissions from Coal-fired Generation of Electricity Regulations），2018年加拿大政府通过《温室气体污染定价法》（Greenhouse Gas Pollution Pricing Act），其中第二部分针对大宗工业排放者设计了基于产出的定价系统（Output-based pricing system，OBPS），[②]2020年12月加拿大环境与气候变化部门发布《清洁燃料条例》（Clean Fuel Regulations）。这些法律和部门规章进一步细化了在电力、重工业、交通运输领域的减排细则，规范了各个减排主

[①] 联合国气候变化网站，https://www4.unfccc.int/sites/ndcstaging/PublishedDocuments/Canada%20First/Canada%27s%20Enhanced%20NDC%20Submission1_FINAL%20EN.pdf（2023年7月14日）。

[②] Greenhouse Gas Pollution Pricing Act.

体的行为。①2021年6月,加拿大通过《加拿大净零排放问责法案》(Canadian Net-Zero Emissions Accountability Act),以立法的形式确认了加拿大2050年实现净零排放的目标,并要求环境与气候变化部长在法案通过后6个月内提交2030年减排计划,并且至少提前10年提交2035年、2040年、2045年减排计划。此外,该法案还设立了惩罚措施,进一步保障了环境政策的实施,确保了碳中和目标的实现。②

总的来说,从特鲁多政府2015年执政至今,加拿大环境政策、法律推进得十分迅速。国际上,加拿大俨然成为了国际环保的领导者之一;在国内,特鲁多政府尽力通过联邦层级的政策、法律将各个省、地区、原住民族团结在一起。政策和法律的实施状况可能需要时间去检验,但是特鲁多政府对环境保护的努力和手段愈发让加拿大成为一个团结的整体,实现碳中和目标不再遥不可及。

二、司法判例

【案例一】用化石燃料推动"碳中和":加拿大绿色和平组织向竞争局投诉壳牌误导性广告

(一)基本案情

2020年11月12日,加拿大壳牌公司发布了其最新的环保计划——"推进碳中和"(Drive Carbon Neutral)计划。③根据该计划,壳牌公司声称由公司出售的化石燃料所产生的所有碳排放都可以通过森林恢复和其他举措来抵消,而壳牌公司也将成为加拿大第一家抵消客户在其全国各地的服务站购买燃料所产生的二氧化碳排放量的零售商。根据计划,加拿大壳牌公司将使用印度尼西亚的Katingan项目、秘鲁的CordilleraAzul项目和不列颠哥伦比亚省西南部的Darkwoods项目对碳排放进行抵消。

但是,在该计划提出一年之后,2021年11月10日加拿大绿色和平组织向

---

① Clean Fuel Regulations 2020.
② Canadian Net-Zero Emissions Accountability Act.
③ 壳牌加拿大网站, https://www.shell.ca/en_ca/media/news-and-media-releases/news-releases-2020/shell-launches-drive-carbon-neutral-program-in-canada.htmland https://twitter.com/Shell_Canada/status/1425577241623384065?s=20(2023年7月14日)。

加拿大竞争局提交了一份正式投诉,指控加拿大壳牌公司关于"推进碳中和"的广告误导公众。在他们的申诉中,绿色和平组织特别质疑壳牌名为"推进碳中和"的碳抵消计划可信度,并指出实质性虚假广告可能违反竞争法(Competition Act)。[1]

(二) 争议焦点

1. 壳牌"推进碳中和"计划的信息透明度和真实性问题

在自愿抵消市场(自愿是因为个人或公司自愿购买抵消以补偿他们自己的排放),每个自愿系统都可以确定自己的"规则"来计算减排量。因此,在如何计算抵消方面,各自愿抵消市场可能存在巨大差异。碳抵消计算"规则"确定了如何计算基线情景以及如何衡量基于森林的碳项目情景。因此,了解计算方法对于确定会计流程是否严格、透明和可信至关重要。只有这样才能正确评估环境抵消项目的有效性。在进行碳抵消之前,相关机构必须评估相关项目的额外性(在没有抵消信用市场的情况下不会发生温室气体减排)、永久性、是否重复计算、碳泄漏等四个基本要素,以确定抵消项目是否真正有助于减少温室气体排放。[2]

在该组织的投诉书中,其声称很难评估壳牌公司为其"推进碳中和"计划购买补偿所应用的标准,因为加拿大壳牌公司关于"推进碳中和"计划的网站上没有提供有关管理系统("自愿抵消系统")或用于抵消的"规则"的信息。只有通过其他壳牌网站和出版物进行扩大搜索后,才能找到有关系统和规则的证据,但是也无法确定是否能用于该项目。因此,该组织认为壳牌公司没有制定管理系统(自愿抵消系统)和"规则",以验证其化石燃料产品的可持续性和碳中和声明的可靠性。[3]

2. 壳牌"推进碳中和"计划中的森林项目抵消质量的问题

壳牌正在使用基于森林项目的抵消(有关壳牌特定项目的详细信息,请参见以下部分)。但是,基于森林的抵消项目可能存在重大问题,而这些问题会

---

[1] Dina Ni, Green peace Canada files Competition Bureau complaint against misleading Shell advertising, Green Peace(Nov.10, 2021), https://www.greenpeace.org/canada/en/press-release/50740/driving-carbon-neutral-with-fossil-fuels-greenpeace-canada-files-competition-bureau-complaint-against-misleading-shell-advertising/.

[2] Green Peace, "Driving carbon-neutral" is impossible with fossil fuels, November 2021, pp.4 - 5.

[3] Idem, pp.5 - 6.

严重影响抵消的有效性及其气候效益声明。森林抵消项目的重大问题包括：(1)森林项目的无常性。考虑到气候变化对森林的影响和增加的自然危险（火灾、伐木、干旱、害虫）对森林的破坏，其很容易导致抵消程序失败。相比之下，逐步淘汰化石燃料或者将二氧化碳封存相较于森林项目更具有稳定性。(2)森林项目的抵消时间问题。一方面，化石燃料排放是立即产生的，而另一方面，基于森林的抵消项目通常有比其他抵消项目更长的抵消周期，很难立即去除碳。这使实现碳中和目标遥遥无期。(3)碳泄漏问题。在全球范围内，如果保护一个地方的森林会导致其他地方森林被砍伐，那么其可能会与抵消碳排放的目的背道而驰。这种泄漏风险严重破坏了森林抵消项目所声称的气候效益，由此将会产生对森林抵消项目能否产生净效益的可信质疑。(4)自愿系统。基于森林的抵消主要是通过自愿抵消系统创建的，这些自愿系统中的每个项目都可以确定自己的"额外"或计算减排量的"规则"。没有统一、标准化的监管监督，公众对所声称的气候效益的质量和合法性存在严重担忧。①

该组织声称，壳牌正在为其加拿大"推进碳中和"计划使用三个抵消项目，其项目包括：印度尼西亚的 Katingan 项目、秘鲁的 Cordillera Azul 项目和加拿大不列颠哥伦比亚省西南部的 Darkwoods 项目，当中每一个项目的抵消有效性都令人担忧。

（1）印度尼西亚的 Katingan 项目。该项目于 2017 年开始出售信用额度，旨在保护泥炭沼泽免受非法采伐。然而，2019 年该国一项新法律生效，将印度尼西亚的泥炭地森林划为保护区。因此，无论抵消计划如何，Katingan 项目的大部分内容现在都位于保护区内，不管其项目是否出售抵消信用，其减排都会发生。根据在印度尼西亚的泥炭地专家尼克·莫兹利的说法，这项新法律"大大降低了 Katingan 项目的额外性，并将导致该项目对于更新计算方法的需求"。

（2）秘鲁的 Cordillera Azul 项目。秘鲁的项目在自 2001 年设立以来一直在国家公园的范围内。并且，在项目启动前也没有发现森林砍伐。该项目的建立并没有导致任何额外的森林保护，因此没有证据表明 Cordillera Azul 项目与其设立项目之前的基准不同，这将导致"抵消"项目无法证明其满足额外性要求。

（3）加拿大不列颠哥伦比亚（BC）省 Darkwoods 项目。该森林项目占地

---

① Green Peace，"Driving carbon-neutral" is impossible with fossil fuels，November 2021，pp.6 - 7.

54 792公顷,由加拿大大自然保护协会自2008年起在BC省西南部进行生态保护管理。2013年,该省审计长审查了Darkwoods项目,使之作为该部门对该省政府碳中和计划的整体审计的一部分。但在进行审计后,审计长首先发现该项目无法满足抵消的额外性要求,因为这片森林在评估抵消价值之前就已经被重点保护。其次,审计部门的报告还发现该项目的抵消计算被夸大,因为森林不会被滥砍滥伐,而是遵循可持续森林发展。由此可见,壳牌公司依仗的Darkwoods项目确实无法验证其满足额外性要求,并且还存在高估其基准排放量的问题。①

3. 壳牌"推进碳中和"计划偏离了碳中和的实际任务

该组织声称壳牌"推进碳中和"计划中另一个令人担忧的因素是将抵消计划作为壳牌应对气候变化行动的一个重要部分。该计划使用"漂绿"(greenwashing)这一误导性广告行为来分散人们对减少化石燃料产品使用的注意力,让壳牌得以减少自身应对气候变化和碳排放的行动。简单来说,壳牌公司通过使用抵消作为促销工具,避免了真正的气候行动,例如减少排放和化石燃料生产。即使壳牌提出遵循上述"规则"的更可靠的抵消计划,也无法改变基于森林的抵消不会减少该公司的巨大化石燃料排放的现实。该组织还强调,抵消项目不可能是化石燃料减少的可靠替代方案,仅靠抵消项目不足以宣称实现碳中和。②

(三) 结论

基于以上的分析,该组织认为壳牌公司违反了加拿大《竞争法》第74.01(1)(a)条:从事可审查行为的人,为了直接或间接地促进产品的供应或使用,或为了直接或间接地促进商业利益,以任何方式向公众作出产品重大方面的虚假或具误导性陈述的,将被认定为欺骗性营销行为而受规制。同时也违反了该法第52(1)条:任何人不得以直接或间接促进产品的供应或使用为目的,或以直接或间接促进商业利益为目的,以任何方式有意或草率地在产品的重要方面向公众作出虚假或误导的陈述。③

该组织还认为其计划没有遵守加拿大证券管理局(CSA)针对该营销行为

---

① Green Peace, "Driving carbon-neutral" is impossible with fossil fuels, November 2021, pp.7-8.
② Idem, pp.8-9.
③ Idem, p.9.

在《环境声明：行业和广告商指南》(Environmental Claims: A Guide for Industry and Advertisers)中的相关规则,其产品(通过碳抵消)在多个层面上违反了指南中的规则,包括 s4.6(环境可持续声明)、s5.2(环境声明和其中的解释性陈述应准确无误,并需要数据支持)、s5.3(环境声明和其中的任意解释性陈述,应予以证实和核实)、s5.11(环境声明和其中的任意解释性陈述,不得直接或间接暗示不存在的环境改善,也不得夸大声明中相关产品对环境保护方面的影响)。①

最后,该组织认为公司在应对气候变化,实现减排目标的巨大挑战时,不能就其销售产品的气候效益(在本案中为碳中和声明)做出虚假或误导性声明,使其公司减排方略偏离"化石燃料过渡"这一中心。②

直至今日,加拿大竞争局的决定还没有做出,但是在这样一个"漂绿"时代,我们必须努力阻止这种误导消费者的营销技巧,并且必须让公司对这种行为负责。壳牌公司的"推进碳中和"计划只是一个范例,其做出的误导性虚假声明,称从"推进碳中和"计划购买的客户将通过三个基于森林的抵消项目来抵消排放,以达到在使用化石燃料的同时实现碳中和,这种疑似"漂绿"的行为值得我们警惕。

【案例二】萨斯喀彻温省、安大略省、艾伯塔省诉联邦《温室气体污染定价法》违宪案

(一) 背景和基本案情

这个案例与其所处的时代背景密切相关。在 2010 年后,应对气候变化逐渐成为全人类需要重视的问题,而气候问题因为其多维度和危害性,往往需要政府在一定时间内建立应对气候变化所需的法律和政策基础。这对于联邦制国家颇具挑战,因为建立这套应对体系往往需要联邦政府在多层面和多领域进行迅速且强有力的干预。对联邦制国家而言,建立这套体制需要耗费大量时间进行联邦和各省、地区政府间的协调与合作。

自 1992 年签署《联合国气候变化框架公约》以来,加拿大一直在国际上承诺采取措施减少温室气体排放,但是由于联邦和各省、地区对气候行动缺乏政治共识,加拿大气候政策在过去几十年间进展相当缓慢。2015 年特鲁多政府

---

① Green Peace, "Driving carbon-neutral" is impossible with fossil fuels, November 2021, pp.3-4.
② Green Peace, "Driving carbon-neutral" is impossible with fossil fuels, November 2021, pp.3-4.

上台后,为了改变这一局面,于同年通过签署《巴黎协定》,重申了应对气候变化的承诺,并在2016年通过了《泛加拿大清洁增长与气候变化框架》,将国际目标转化为国内义务。该框架是加拿大第一个国家层面的气候计划,其中的一大核心任务就是以立法的形式建立碳定价体系。

联邦政府很快便兑现了这一承诺。2018年6月,《温室气体污染定价法》出台,其作为一部联邦法律,旨在通过对加拿大联邦政府及其各省和地区提出具有广泛约束力的"最低国家标准",为加拿大的温室气体排放定价,帮助加拿大减少碳排放,实现碳中和。这部法律大体分为两部分,第一部分是针对碳基燃料的"碳税"制度,第二部分是针对污染行业的基于产出的排放交易系统(OBPS)。该法案允许各省和地区制定自己的温室气体减排计划,但必须接受联邦政府的审查,如果各省和地区的减排计划未通过审查或者未制定,将统一适用上述的联邦减排计划和联邦管理系统。①

早在该法还在拟议的阶段,萨斯喀彻温省就提出了反对意见,并在该法通过前夕,即2018年4月25日宣布对该法提出上诉,认为该法违宪。在该法通过后,安大略省和艾伯塔省政府又分别对此法案的合宪性提出质疑,并将此事起诉至省级法院。经过各省上诉法院的审理,艾伯塔省上诉法院判决该法违宪,认定该立法超出了联邦管辖范围;相反,萨斯喀彻温省上诉法院和安大略省上诉法院认为该法属于联邦立法管辖范围。判决下达后,萨斯喀彻温省和安大略省均就各自上诉法院的判决向联邦最高法院提出上诉。②

(二) 争议焦点

1. 适用该法是否会侵犯省对环境事务的立法管辖权

联邦政府与各省就"温室气体"是否应属于和平、秩序和良好政府权力(Peace, Order and Good Government, POGG)下的"国家关注"范畴进行争论,而省和联邦政府争论的核心是立法权限的分配。

加拿大《宪法》(Constitution of Canada)第92条列举了省级立法机构专属管辖的事项,但第91条赋予联邦议会"为加拿大的和平、秩序和良好政府制定法律"(POGG)的权力。这项联邦权力涉及三个分支:(1)法律体系出现重大

---

① Greenhouse Gas Pollution Pricing Act.
② Nathalie J. Chalifour, "Jurisdictional Wrangling over Climate Policy in the Canadian Federation: Key Issues in the Provincial Constitutional Challenges to Parliament's Greenhouse Gas Pollution Pricing Act", *Ottawa Law Review*, Vol.50, No.2, pp.197 – 253(2019).

缺位；(2)联邦范围内出现紧急情况；(3)出现了需要国家关注的重大事件。出现上述情况时，联邦政府可以超越省级管辖权进行立法，而第三个分支的适用问题，就是本案争论的核心之一。

该国现行宪法对最初属于省管辖但后来成为国家关注事项的问题建立了联邦专属管辖权。在 Crown Zellerbach 案中，①大法官 Le Dain 代表联邦最高法院的大多数法官，为该分支提供了公认的定义：(1)国家关注分支与《宪法》92条第二分支的"国家紧急状态"不同，后者与前者的主要区别在于后者需要"异常或特殊情况"，并且立法必须被视为解决该紧急情况的"必要"。(2)"国家关注"既适用于联邦出现的新事项、新问题；也适用于最初由省内地方或私人管辖，但在没有紧急状态的情况下，成为国家关注，需要联邦管辖的事项。(3)要成为国家关注的问题，它必须具有单一性、独特性和不可分割性，以明确区别于省关注的问题，并且对省级管辖权的影响范围与立法权力的基本分配相协调。(4)在确定某事项是否满足第三项的条件时，还需要考虑省级机构能否有效处理控制或控制产生的外部性影响，并在一定情况下对其提出规范建议。该项也被称为"省级无能"，可以帮助确定该问题是否需要国家关注，因为省级机构未能有效处理省内问题可能会对其他地区甚至其他国家产生不利影响。总的来说，一旦某个主题事项被认定为国家关注的问题，它就会受到联邦专属管辖。②

在该案中，萨斯喀彻温省对该法适用《宪法》第91条国家关注分支的合理性提出质疑。该省认为，授予联邦议会监管温室气体排放的管辖权会过深地侵入省级管辖权。萨斯喀彻温省将《宪法》第91条的国家关注分支描述为具有赋予联邦政府专属管辖权的"非凡"性质，以这种方式授予议会对温室气体排放的管辖权将完全取代省级单位对控制温室气体排放的权力。该省还指出其完全有能力对温室气体排放进行立法，并且其针对本省具体情况提出的气候变化计划"草原恢复力"(Prairie Resilience)能够满足减排要求，不需要接受联邦"强制审查"，同样也不满足"省级无能"，无须将温室气体排放上升至国家关注层面。③

---

① R. v. Crown Zellerbach Canada Ltd., [1988] 1 SCR 401.
② Grant Bishop, "Living Tree or Invasive Species? Critical Questions for the Constitutionality of Federal Carbon Pricing", C.D. HOWE Institute(December, 2019), https://www.cdhowe.org/public-policy-research/living-tree-or-invasive-species-critical-questions-constitutionality-federal-carbon-pricing.
③ Nathalie J. Chalifour, *Jurisdictional Wrangling over Climate Policy in the Canadian Federation: Key Issues in the Provincial Constitutional Challenges to Parliament's Greenhouse Gas Pollution Pricing Act*, Ottawa Law Review, Vol.50, No.2, pp.197-253(2019).

安大略省则认为,应当对《宪法》第91条的国家关注分支进行狭义解释,以避免"彻底改变"联邦和省、地区间的权力划分。该省认为,如果议会对温室气体排放具有管辖权,那么省级立法机构对该事项的管辖权将全面转移到议会,由此导致的结果是将赋予议会"近乎全权的权力来监管加拿大社会和经济发展的几乎所有方面"。安大略省还提出各省完全有能力与温室气体排放作斗争,并且强调省和地区的管辖权,认为温室气体是由多层次的活动造成的,不是联邦政府可以作为国家关注事项来管理的那种单一、不可分割的问题,无法上升至"国家关注"层面。[①]

加拿大联邦政府辩称,该法属于《宪法》第91条国家关注分支下的议会权限。联邦政府将该法的目的描述为"激励减少温室气体排放所必需的行为改变"。具体来说,该法将主题定为解决温室气体排放的各个维度,其中包括温室气体排放的累积大气浓度、气候变化对全球和国家的累积影响,以及每个省份的累积温室气体排放量占加拿大温室气体排放总量的比例,并且制定联邦范围内的碳定价最低严格标准,这些都是省、地区难以周全考虑和无力在联邦范围内全方位推行的。因此联邦政府认为这些细化主题能够与省关注的问题所区分,确定该法属于"国家关注"的分支。针对各省对"国家关注"分支下议会权力范围的反对意见,加拿大联邦政府辩称,双重方面和辅助权力原则将确保各省可以继续利用其宪法权力来规范省内温室气体排放,包括实施省碳定价系统。它强调,该法实际仅在各省未制定符合联邦基准的碳定价系统的情况下才适用,将"最低程度地侵入"省级管辖权。

2. 该法第一部分规定的"碳税"制度是否违宪

加拿大1867年《宪法》第91(3)条规定的联邦征税权为联邦政府提供了广泛的管辖权,其可以通过征收任何税种来增加收入。对于温室气体排放,联邦征税权可以将排放税设计为一种增加收入的措施。但是如果该"税收"主要目的是减少温室气体排放(而不是增加收入),则将会被定义为监管费用,而不是税收措施。因为税收必须"为一般目的筹集收入",相比之下,监管收费"具有监管目的",例如对某些行为的监管。[②]在该案中,争议的焦点在于《温室气体污

---

① Nathalie J. Chalifour, *Jurisdictional Wrangling over Climate Policy in the Canadian Federation: Key Issues in the Provincial Constitutional Challenges to Parliament's Greenhouse Gas Pollution Pricing Act*, Ottawa Law Review, Vol.50, No.2, pp.197 - 253(2019).

② Jason MacLean, "Climate Change, Constitutions, and Courts: The Reference re Greenhouse Gas Pollution Pricing Act and Beyond", *Saskatchewan Law Review*, 82:2, pp.147 - 185(2019).

染定价法》第一部分的"碳税"制度是税收措施还是监管费用措施。具体而言，如果发现该法有征税性质的条款，则该法可能会因为违宪而被废止。因为该法规定各行政部门对其"碳税"制度的应用有很大的自由裁量权（即可以确定收费适用的省份和工业部门），但是宪法第53条又要求议会控制税收，即制定适用范围和标准。此外，如果发现该法规定了征税内容，那么根据《宪法》第125条赋予各省、地区的所谓"皇家豁免权"，省政府拥有的财产（例如省级拥有的发电设施）将无须纳税。①

萨斯喀彻温省的观点是，《温室气体污染定价法》第1部分征收的费用在本质上是一种税收（相对于监管收费）。令人惊讶的是，萨斯喀彻温省承认议会根据1867年《宪法》第91(3)条对在联邦范围内统一适用的温室气体排放税具有宪法管辖权。然而该省随后提出，《温室气体污染定价法》所建立的支持机制使所谓的"碳税制度"违宪，因为支持机制将导致税收在各省之间的应用不均衡。此外，该省还声称该税收制度违反了1867年《宪法》第53条中的"无代表不征税"条款，因为法案赋予联邦政府行政部门过多的自由裁量权来决定是否满足国家严格基准，而第53条则要求税收的相关制度内容由议会控制。

与萨斯喀彻温省不同，安大略省认为《温室气体污染定价法》第一部分不具有"为一般目的筹集收入"的目的，其制度不是税收。但是与此同时，该省认为该制度也不是监管费用，其主要论点是监管费用无效，因为该省认为根据该制度产生的收入未被强制用于实现该法案的监管目的。安大略省认为这违反了构成监管费用的要素和监管制度的目的。

与之相对，联邦政府则争辩说，《温室气体污染定价法》是根据1867年《宪法》第91(3)款有效行使联邦税收权力，并符合第53条的规定。该法第166(3)款中将决策权授予总督会同理事会等相关行政部门是适当的，因为总督会同理事会必须考虑与碳价格严格性相关的标准。②

---

① Grant Bishop, "Living Tree or Invasive Species? Critical Questions for the Constitutionality of Federal Carbon Pricing", C.D. HOWE Institute(December, 2019), https://www.cdhowe.org/public-policy-research/living-tree-or-invasive-species-critical-questions-constitutionality-federal-carbon-pricing.

② Nathalie J. Chalifour, "Jurisdictional Wrangling over Climate Policy in the Canadian Federation: Key Issues in the Provincial Constitutional Challenges to Parliament's Greenhouse Gas Pollution Pricing Act", *Ottawa Law Review*, Vol.50, No.2, pp.197-253(2019).

(三) 判决结果

2021年3月25日,加拿大最高法院(SCC)发布了对该案的判决。在9位大法官组成的合议庭中,有6位大法官支持联邦政府,最终最高法院判决该法合宪。最高法院的判决将允许联邦政府继续推进其碳定价计划,以确保每个加拿大省和地区都有碳价格以抑制温室气体排放,帮助加拿大实现其在巴黎气候协定下的排放目标。[①]

首席大法官理查德·瓦格纳代表支持联邦政府的法官撰写判决书,认为该法案符合宪法。在判词中,法官们首先应用两阶段分析方法来审查基于联邦制的立法。第一阶段涉及评估受到质疑的立法的目的和效果,以表征其主题,第二阶段涉及将立法的主题归类为宪法规定的联邦或省级权力机构。

对于该案的核心《温室气体污染定价法》,支持联邦政府的法官们认为该法的主题是建立温室气体价格的最低国家标准,以减少温室气体排放。国家最低标准将作为国家支持,以实现联邦政府确保温室气体定价在加拿大联邦范围内广泛适用的目的。

同时,支持联邦政府的法官还认为该法满足《宪法》第91条国家关注分支下的情形。他们认为,这项权力涉及"省级无力处理相关问题"和"一个或多个省份不合作将阻止其他省份成功解决该类问题"的情况。鉴于"如果联邦政府无权解决温室气体排放问题,加拿大将受到不可逆转的伤害",法官们认为温室气体排放问题显然是需要整个加拿大关注的问题。

不过,支持联邦政府的法官们也承认,《温室气体污染定价法》确实影响了各省的立法管辖权,但他们认为这种影响是合理的。法官们强调,该法实际上对省级立法管辖权的影响微乎其微,因为该法仅制定排放定价底线,保留了各省和地区制定本区域政策以实现减排目标(包括碳定价)的能力。因此,法官们得出结论,如果联邦政府无法在加拿大全国范围内解决温室气体排放问题,那么将对国家的环境、公民的健康和安全以及经济造成不可逆转的影响,其后果将远超宪法影响。[②]

此外,针对各省提出的第二个问题,关于《温室气体污染定价法》第一部分"碳税"制度的性质问题,法官们在判决书中认为,"碳税"一词通常用于描述碳

[①] 加拿大最高法院网站,https://scc-csc.ca/case-dossier/cb/2021/38663-38781-39116-eng.aspx(2023年7月14日)。

[②] 加拿大最高法院网站,https://decisions.scc-csc.ca/scc-csc/scc-csc/en/item/18781/index.do?q=+Greenhouse+Gas+Pollution+Pricing+Act(2023年7月14日)。

排放的定价。然而，这与宪法背景下理解的税收概念无关。他们得出结论，该法案征收的燃料费和超额排放费是符合宪法的有效监管费用，而不是税收。

对于该案，虽然法院面临的问题是联邦政府和各省、地区的管辖范围，但该裁决的实际效果可能会影响加拿大联邦政府和各省、地区政府预防气候变化的路径措施。通过判决，我们可以看到法官们已经对气候变化、温室气体排放问题如临大敌，对于这类环境问题态度的转变，也让我们看到了加拿大对于碳中和的决心。

第二节　信息披露合规

随着2015年各国对巴黎气候协定达成共识，一场上至政府下至企业、公民的碳中和运动拉开帷幕。碳信息披露，则是社会了解政府、企业碳中和运行状况的重要途径。近年来，各国对碳信息披露愈发重视，纷纷出台或者适用国际通用的碳信息披露框架，完善信息披露体系，加强信息披露监管。对于加拿大联邦政府，在总体适用国际碳信息披露框架的情况下，如何细化并且制定出更符合国情的碳信息披露规则，既是机遇也是挑战。

一、发展历程

2015年12月，国际金融稳定委员会（FSB）成立了气候相关财务信息披露工作组（TCFD），以制定国际通用的气候相关财务风险披露框架，旨在为投资者等相关利益者做出决策时提供更准确、完善的信息，从而促进投资等碳金融行业的发展。经过漫长的全球协商，气候相关财务披露工作组的最终建议于2017年6月发布，也就是现在在世界范围内应用最为广泛的TCFD框架。TCFD框架旨在提高市场透明度，并逐年更新报告，为实现《巴黎协定》中设想的低碳经济转型过程中的资本有效分配提出阶段性建议。[1]

在加拿大国内，最先对TCFD框架做出反应的是加拿大联邦证券监管局（CSA）。该机构于2017年3月启动了气候变化披露审查项目，其审查的重点是碳信息披露与气候变化相关的风险和财务影响，同时该项目也在收集有关

---

[1] 加拿大CPA网站，https://www.cpacanada.ca/en/business-and-accounting-resources/financial-and-non-financial-reporting/mdanda-and-other-financial-reporting/publications/tcfd-overview（2023年7月14日）。

加拿大和国际气候变化披露的现状信息，旨在评估即将出台的TCFD框架在加拿大联邦范围内的适用性。虽然在2017年加拿大的证券法规已经对TCFD框架中的部分要求做出披露规定，但其与TCFD框架仍有一定的区别，其没有要求公司披露管理层识别、评估和管理气候风险，并做出相关决定的过程；也没有要求公司制定和披露短期、中期和长期的气候计划，整体规定与TCFD框架相比更加宽松，多为原则性条款，而实施细则方面较为欠缺。在加拿大国内气候危机愈发严重、碳信息披露计划推进较为缓慢的情况下，CSA于2018年4月和2019年8月，分别发布了《CSA工作人员通知51-354气候变化相关披露项目报告》（CSA Staff Notice 51-354 Report on Climate change-related Disclosure Project）和《CSA工作人员通知51-358气候变化相关风险报告》（CSA Staff Notice 51-358 Reporting of Climate Change-related Risks）。上述报告在通报碳信息披露阶段性发展状况的同时，还为企业提供了关于气候报告相关事项的指导，其指导内容包含研究结果、关键主题和后续步骤。[①]在这一时期，加拿大碳信息披露机制虽然有一定的发展，但受制于加拿大整体碳中和体系的建设进度，其并未得到联邦政府的政策倾斜，其应用也只是在金融等特定行业，尚未在联邦范围内广泛适用。

随着加拿大减碳工作的推进，联邦碳中和建设进入深水区，碳信息披露因其对各行业脱碳的推动作用而愈发受到联邦政府的关注。在联邦政府的支持下，2021年11月CSA发布了拟议的《国家工具51-107气候相关事项披露》（National Instrument 51-107 Disclosure of Climate-related Matters）并征求意见，其旨在通过最新拟议的气候披露细则提高加拿大相关报告发行关于气候相关披露的清晰度、一致性和可比性，为其他行业的碳信息披露提供范式。[②]2021年12月，在加拿大联邦政府给环境与气候变化部门的授权书中，总理贾斯汀·特鲁多要求该部门推动联邦与各省、地区政府合作，根据TCFD框架和CSA拟议的细则，建立联邦范围内的强制性气候相关财务披露制度。此外，授权书还要求联邦监管机构，包括金融机构、养老基金和政府机构，发布与气候相关的财务信息披露和净零计划。[③]根据加拿大2022年发布的新预算计划，加

---

① Canadian Securities Administrators, CSA Staff Notice 51-354 Report on Climate change-related Disclosure Project，April 2018.
② CSA, 51-107-Consultation Climate-related Disclosure Update，November 2021.
③ 加拿大政府网，https://pm.gc.ca/en/mandate-letters/2021/12/16/minister-environment-and-climate-change-mandate-letter(2023年7月14日）。

拿大金融机构监管办公室（OSFI）将要求联邦监管的金融机构（包括该国所有的银行、保险公司、联邦注册或注册的信托和贷款公司等）从2024年开始发布与TCFD框架一致的气候信息。虽然这些规则暂时还不适用于其他领域的公司，但OSFI希望相关机构收集和评估客户的气候风险和排放信息。预算最后指出，政府致力于"在加拿大经济的广泛领域"实现强制性碳信息报告。①至此，碳信息披露机制的发展在加拿大进入新阶段。

二、加拿大国内信息披露机制与TCFD框架

2021年春季，加拿大联邦证券监管局（CSA）宣布重新审查48家主要来自S&P/TSX综合指数的大型加拿大发行人的气候相关披露报告，并将发布审查结果。被审查的企业来自金融和保险、通信、消费品、工业、生命科学、医疗保健、采矿、石油和天然气、石油和天然气服务、建筑和工程、管道、房地产、技术和公用事业等广泛行业，市值从8亿美元到近1 800亿美元不等。该举措被认为是2019年8月《CSA工作人员通知51-358气候变化相关风险报告》的后续工作，旨在监督气候相关事项的披露，并评估加拿大发行人自该通知发布以来的相关气候披露的现状。根据审查结果，与2017年相比，虽然各公司与气候相关的披露报告数量有所增加，但审查人员仍然注意到两个问题。一是各公司披露的内容仍然有限且缺乏具体领域展开和详细数据支撑。尽管近九成的发行人在其持续披露的文件中公开了与气候相关的风险，但大多是对监管和政策风险的建模分析，只有59%的文件是与具体领域相关的、针对特定实体设施并且有详细的数据支持，而其余文件要么是样板文件，要么数据含糊或不完整的，不具备参考价值。二是气候风险与财务影响问题。虽然近七成的气候风险披露报告对相关财务影响进行了定性讨论，但没有报告量化已识别风险的财务影响。在后续的持续披露文件中，仍然有高达25%的报告称公司没有解决气候风险对财务影响的途径。②

因此，2021年10月18日，CSA就拟议的《国家工具51-107气候相关事项披露》及其拟议的配套政策发布了CSA通知和征求意见稿。拟议的文件遵循

---

① Mark Segal, Canada Introduces Mandatory Climate Disclosures for Banks, Insurance Companies Beginning 2024, ESG today（Apr.8, 2022），https://www.esgtoday.com/canada-introduces-mandatory-climate-disclosures-for-banks-insurance-companies-beginning-2024/.

② CSA, 51-107-Consultation Climate-related Disclosure Update，November 2021.

了强制性气候相关披露的国际趋势,针对加拿大国内的气候信息披露现状,以TCFD框架为基础构建了加拿大气候信息披露体系,以应对气候相关风险和日益增长的投资需求。下文将介绍该文件的部分重要内容。[①]

(一) 适用主体

《国家工具51-107气候相关事项披露》文件将适用于加拿大联邦范围内的所有报告发行人,但投资基金、资产支持证券发行人、指定外国发行人、SEC外国发行人、某些可交换证券发行人和某些信用支持发行人除外。

(二) 气候相关治理披露的形式

《国家工具51-107气候相关事项披露》将强制披露公司与气候相关的治理信息,文件将要求发行人描述其董事会对气候相关风险和机遇的监督以及管理层在评估和管理气候相关风险和机遇方面的作用。该要求将不受重要性评估原则的约束,并且在任何情况下都可以被要求强制披露。与治理相关的气候披露要求将包含在报告发行人的管理信息通告中,如果发行人未发送管理信息通告,则将被要求在其年度信息报告(AIF)中披露。如果发行人未提交AIF,则披露将在发行人年度管理层讨论与分析(MD&A)报告中提供。未提供信息者将受到罚款、停止交易或被列入违约名单等惩罚。

关于拟议文书规定的与战略、风险管理以及指标和目标相关的气候相关披露将包含在报告发行人的年度信息报告或其年度管理层讨论与分析报告中,其内容受重要性评估原则的约束,发行人仅需提供各板块的重要信息。

(三) 披露内容

治理——董事会对气候相关风险和机遇的监督,以及管理层在评估和管理气候相关风险和机遇方面的作用。

战略——报告发行人已经识别的短期、中期和长期重大气候相关风险和机遇,以及气候相关风险和机遇对发行人业务、战略和财务规划的影响。

风险管理——报告发行人识别和评估气候相关风险的流程,发行人管理气候相关风险的流程,以及识别、评估和管理气候相关风险的流程如何融入发行人的整体风险管理。

---

① CSA, 51-107-Consultation Climate-related Disclosure Update, November 2021.

指标和目标——发行人根据其战略和风险管理流程用于评估气候相关风险和机遇的指标,其中包括范围1、范围2和范围3内的温室气体(GHG)排放状况(此处有些排放信息为非强制披露,下文将进一步讨论)以及该状况导致的相关风险或发行人不披露此信息的原因;还包括发行人用于实现披露要求和排放目标所实施的措施,以及这些措施的实际效果(参见表9-1)。

表9-1 不同范围内的温室气体排放内容

范围1	所有直接温室气体排放
范围2	消耗购买的电力、热力或蒸汽产生的间接温室气体排放
范围3	是指报告公司价值链中发生的范围2未涵盖的其他间接排放,包括上游和下游排放。范围3排放可能包括:外购材料和燃料的提取和生产、非报告实体拥有或控制的车辆中的运输相关活动、电力相关活动(例如输配电损失)、外包活动和废物处理

资料来源:根据CSA的文件自制。

(四)与TCFD建议的差异

虽然《国家工具51-107气候相关事项披露》文件总体上参考了TCFD框架,但对拟议的气候信息披露进行了两项关键修改。第一项修改是报告提出发行人无须提供气候风险对企业发展的"情景分析"。文件要求的披露报告主要描述发行人的战略对适应气候相关风险和机遇的弹性,同时要求企业考虑采取更多的减排行动,使其符合低碳经济转型条件。CSA听取了利益相关者对情景分析的担忧,从投资者的角度来看,在没有一套标准化假设的情况下,情景分析的实用性、一致性和可比性令人担忧;从发行人的角度来看,其担心与开发情景分析相关的成本。此外,"情景分析"可能还存在方法论是否普遍适用的问题。因此,不论是CSA还是报告发行人都认为与气候相关的情景分析还不成熟。第二项修改则是针对温室气体排放信息,在最初的版本中,发行人无须披露范围1、范围2或范围3内的温室气体排放量及其相关风险,前提是他们在报告中解释不披露此信息的原因(类似于其他证券工具中使用的"不遵守或解释"结构),但是此举可能会遭受社会压力,导致该文件最终无法通过。因此,CSA正在准备替代提案,考虑要求发行人仅披露范围1的温室气体排放量,而披露范围2或范围3的温室气体排放量在"不遵守或解释"的基础上自愿披露(参见表9-2)。

表 9-2　TCFD 建议与 NI-51-107 文件的区别

TCFD 建议	TCFD 建议披露	文书要求的披露
治理 披露组织的围绕气候相关风险和机遇的治理。	(a) 描述董事会对气候相关风险和机遇的监督。	(a) 与 TCFD 建议的披露相同。
	(b) 描述管理层在评估和管理气候相关风险和机遇方面的作用。	(b) 与 TCFD 建议的披露相同。
战略 在此类信息重要的情况下,披露气候相关风险和机遇对组织业务、战略和财务规划的实际和潜在影响。	(a) 描述组织在短期、中期和长期内确定的与气候相关的风险和机遇。	(a) 与 TCFD 建议的披露相同。
	(b) 描述气候相关风险和机遇对组织业务、战略和财务规划的影响。	(b) 与 TCFD 建议的披露相同。
	(c) 描述组织战略的弹性,同时考虑不同的气候相关情景,包括 2 ℃或更低的情景。	(c) 不需要。
风险管理 披露组织如何识别、评估和管理气候相关风险。	(a) 描述组织识别和评估气候相关风险的流程。	(a) 与 TCFD 建议的披露相同。
	(b) 描述组织管理气候相关风险的流程。	(b) 与 TCFD 建议的披露相同。
	(c) 描述如何将识别、评估和管理气候相关风险的流程整合到组织的整体风险管理中。	(c) 与 TCFD 建议的披露相同。
指标和目标 在此类信息重要的情况下,披露用于评估和管理相关气候相关风险和机遇的指标和目标。	(a) 披露所使用的指标组织根据其战略和风险管理流程评估与气候相关的风险和机遇。	(a) 与 TCFD 建议的披露相同。
	(b) 披露范围1、范围2、范围3(如果适用)温室气体(GHG)排放和相关风险。	(b) 不是强制性的。发行人必须披露其温室气体排放量及相关风险或发行人未披露此信息的原因。
	(c) 描述组织用于管理气候相关风险和机会的目标以及针对目标的绩效。	(c) 与 TCFD 建议的披露相同。

资料来源:加拿大 CSA 网站,https://www.osc.ca/sites/default/files/2021-10/csa_20211018_51-107_disclosure-update.pdf(2023 年 7 月 14 日)。

(五) 过渡期

《国家工具51-107气候相关事项披露》文件中拟议的气候相关披露要求将在一年内针对非风险发行人逐步实施，对于风险发行人则在三年内逐步实施。如果该文件依照计划于2022年12月31日生效，非风险发行人将被要求在2023财政年度（截至2023年12月30日）的文件中进行相关信息的披露，而风险发行人则被要求在2025财政年度（截至2025年12月31日）的文件上进行披露。

第三节 碳交易市场合规

截至2022年底，加拿大仍然未能在整个联邦范围内建立碳交易市场，联邦整体仍然适用自愿碳市场体系。但是在省、地区一级，由于环境理念和政策倾向的不同，魁北克省、新斯科舍省和安大略省自加拿大2011年退出《京都议定书》、放弃建立全联邦范围内的合规碳市场后，就开始对建立省范围内的合规碳市场进行摸索。目前，魁北克省和新斯科舍省已经建立了较为成熟的合规体系。魁北克省的限额与交易系统于2013年开始运作，并于2014年正式与美国加利福尼亚系统对接（后者也被称为全球最严格的合规系统）。因此，下文也将主要围绕魁北克系统进行分析。

一、合规系统基本介绍

在魁北克省总量控制与交易系统中，魁北克环境部门明确定义了系统中的各经济部门（范围和覆盖范围）的温室气体（GHG）排放上限。排放许可或配额被发放或出售（分配）给系统中包含的排放实体。在规定的时间段结束时，每个系统内的排放实体必须交出与其在此期间的排放量相对应的一定数量的配额。排放量少于其持有的配额数量的排放实体可以将多余配额出售给该系统的其他参与者，而排放量高于其持有的配额数量的排放实体则可以通过竞买政府拍卖配额、购买其他参与实体的配额或者使用政府批准的碳抵消信用来完成合规目标。[①]根据魁北克政府的资料，截至2022年12月16日，共

---

① Icap网站，https://icapcarbonaction.com/en/ets/canada-quebec-cap-and-trade-system（2023年7月14日）。

有212个排放实体加入魁北克总量与控制系统,其行业覆盖交通运输业、建筑业、工业和能源行业。①与政府的另一个控制排放手段——碳排放监管费用相比,碳排放交易在控制总体排放方面更为灵活且提供了环境确定性,后者确定了区域总体排放的上限和排放价格,而不限制特定时期内特定设施排放的温室气体数量。在合规碳市场中,允许排放实体通过减少排放获利使该系统成为一种灵活且具有经济效益的政策工具,而合规和执法规则将有效确保污染者为其排放行为付出环境成本,并在一定程度上杜绝了传统交易中的欺诈和操纵行为。

二、合规目标和合规期

根据魁北克政府的承诺,2020年的温室气体排放水平将比1990年的温室气体水平减少20%(第1187-2009号理事会命令);2030年的温室气体排放水平将比1990年的温室气体水平减少37.5%(第1018-2015号法令);最终在2050年实现全省范围内的碳中和(2030年绿色经济计划)。②根据魁北克总量与控制计划,建立合规期制度、实现合规期减排目标是实现碳减排,最终完成碳中和目标的关键。截至2022年底,魁北克省已经完成了三个合规期目标,第四个合规期正在进行中。

该系统于2013年启动,第一个合规期的时限为2年(2013—2014年),其系统还在测试和完善,主体仅包括年排放25 000(吨/二氧化碳当量)或更多的工业设施(包括铝冶炼厂、水泥厂、精炼厂、化工厂、钢厂、矿山等)和每年与电力生产相关的温室气体排放量等于或超过25 000(吨/二氧化碳当量)的电力生产商和进口商,其排放上限为23.2(百万吨/二氧化碳当量)。

第二个合规期的时限为3年(2015—2017年),由于第一个合规期的减排测试获得成功,魁北克政府迅速推进该系统的应用,将其主体扩大到包括运输和建筑行业以及化石燃料(汽油、柴油、丙烷、天然气和取暖油)的进口商和分销商(分销商必须承担其分销产品产生的温室气体排放量)。由于涵盖行业和大宗排放者的增加,2015年魁北克政府将当年的温室气体排放上限上升至

---

① 魁北克省政府网,https://www.environnement.gouv.qc.ca/changements/carbone/participants-inscrits-au-SPEDE_en.htm(2023年7月14日)。
② Icap网站,https://icapcarbonaction.com/en/ets/canada-quebec-cap-and-trade-system(2023年7月14日)。

65.3(百万吨/二氧化碳当量)。不过,其在2017年就将排放上限下降至61(百万吨/二氧化碳当量)。在第二合规期内,其排放上限平均每年下降3.2%。

第三个合规期的时限为3年(2018—2020年),其减排主体进一步扩大,其规定自2019年以来,报告排放量在10 000(吨/二氧化碳当量)和25 000(吨/二氧化碳当量)之间的受限部门的排放者可以自愿在限额与交易系统中注册为涵盖实体。值得注意的是,第三个合规期的排放上限从59(百万吨/二氧化碳当量)开始,到2020年以年均3.5%的速度下降至54.7(百万吨/二氧化碳当量)。

第四个合规期时限同样为3年(2021—2023年),在这一合规期开始前,魁北克政府根据前三个合规期的排放情况,对不同温室气体的全球变暖潜能值进行了调整。这也导致2021年的排放上限较为宽松,名义上增长到55.3(百万吨/二氧化碳当量)。根据政府的预测,魁北克省的温室气体减排进入平缓期,上限将平均每年降低约2.2%。[①]

三、碳市场交易合规

(一) 配额分配与交易

配额在魁北克限额与交易系统中被称为"排放单位"——通过政府免费分配和参与配额拍卖在各参与实体中进行流动,它将通过以下形式实现。

1. 免费分配

受国家和国际竞争影响较大的排放者免费获得温室气体排放单位配额。免费排放单位的分配是一种科联制度机制,其免费配额数量随着时间的推移而减少,旨在鼓励排放者做出更多努力来减少其温室气体的排放,帮助企业保持竞争力。在魁北克合规碳市场,排放密集型、贸易暴露(EITE)行业将获得部分免费配额,因为它们被认为容易受到碳泄漏的影响。

根据相关规定,符合配额免费分配条件的行业包括铝、石灰、水泥、化工和石化、冶金、采矿和造粒、纸浆和造纸、石油精炼等(玻璃容器、石膏产品和一些农产品的制造商)。在2008年之前签订固定价格销售合同,无法将碳成本考虑在内进行价格调整的电力生产商也有资格获得免费配额。在大多数情况下,免费分配的配额量取决于该排放实体近期的生产或原材料消耗水平(取决

---

① Icap网站,https://icapcarbonaction.com/en/ets/canada-quebec-cap-and-trade-system(2023年7月14日)。

于该行业的参考单位)和基于历史平均值的下降强度目标和排放类型(例如,固定过程、燃烧和其他,主要是无组织排放)。当可用的历史数据不足时,将使用基于能源的方法来确定发放的免费分配量。

在第一至第三个合规期(2013—2020年)中,到2020年对所有符合条件行业的配额援助系数为100%。在第四个合规期,即在2021—2023年期间,对工业部门的援助系数将根据贸易风险和排放强度确定。这些指标用于将工业部门的碳泄漏风险分为三类(低、中、高),援助系数分别为90%、95%、100%。此外,在2008年之前签订固定价格销售合同的生产商的场外电力生产,将适用60%的援助系数。[①]

2. 拍卖

配额拍卖由魁北克政府主持,每季度拍卖一次。为了拍卖市场的稳定,魁北克政府设定了配额"拍卖底价"和"储备账户"制度。

拍卖底价制度设定了可供拍卖的最低价格,其价格较上一年的年度最低价格上涨5%,通货膨胀率由消费价格指数(CPI)衡量。2023年魁北克省和加利福尼亚州的价格分别为20.83加元(16.02美元)和22.21美元。对于魁北克省和加利福尼亚州的联合拍卖,二者在本次拍卖结束后,将取两地拍卖底价中的较高者(基于拍卖前一天加拿大银行的汇率)作为下一次拍卖的底价。

3. 储备账户制度

它是魁北克政府保留一定的配额储备,以调整免费配额分配的水平,并向没有足够配额来履行其义务的实体出售("共同协议销售"),以帮助实体排放合规的制度。储备的配额由年度排放上限的固定部分填充(2021年及以后为4%)。"共同协议销售"每年最多举行四次,分为三个价格类别,其中包含同等份额的配额。只有在魁北克政府系统中,并且无法实现合规目标的排放实体才有资格从储备中购买配额。2020年12月,魁北克政府修改了其三个级别的价格,以更紧密地与美国加利福尼亚州碳市场保持一致。2023年,三层的价格分别为49.66加元(38.20美元)、63.81加元(49.08美元)和77.97加元(59.98美元)。此外,如果合作伙伴实体为相应类别的每个配额设定了更高的价格,则魁北克政府将根据前一天在其网站上公布的加拿大银行每日平均汇率,以两个司法管辖区的最高价格打折出售配额。与加利福尼亚州碳市场不同,魁

[①] Icap网站,https://icapcarbonaction.com/en/ets/canada-quebec-cap-and-trade-system(2023年7月14日)。

北克的拍卖价格将不受价格层级的限制。

此外,根据魁北克政府的规定,电力和燃料分销商必须购买100%的配额,只有少数的例外情况(例如,2008年之前未续签或延期的合同)。而对于拍卖结束后仍未售出的配额,在连续两次拍卖的价格高于最低价格时,可以再次出售。2020年,约67%的配额通过拍卖分配或直接用于储备,大约33%的配额通过免费分配进行流通。[①]

(二)碳抵消信用的交易

根据魁北克市场的公告,建立碳信用抵消制度旨在降低排放合规成本,同时保持环境完整性和市场信誉、鼓励非目标部门的温室气体减排和刺激对魁北克低碳项目的投资。政府允许排放者通过使用抵消碳信用额度来补偿部分温室气体排放,但每个实体合规义务的最高抵消额度为8%。

根据西部气候倡议(WCI)的相关规定,通过魁北克政府的验证,符合其条件的碳抵消项目所产生的抵消额度在WCI区域碳市场上是可互换和交易的。魁北克政府2021年7月生效的基于部级法规的新监管框架将逐步取代以前的制度。部级法规允许以下抵消项目类型(参见表9-3):

表9-3 抵消项目类型

时 间	抵消项目类型
过渡期内(持续享有资格)	1. 销毁有盖粪便储存设施中的甲烷 2. 销毁活跃煤矿排水系统中的甲烷 3. 活跃的地下煤矿通风系统中甲烷的破坏
2021年部规新增	1. 从垃圾填埋场回收和销毁甲烷 2. 销毁卤代烃、卤化碳
拟议的成为2022年部级法规的对象	1. 魁北克省私人土地上的造林或再造林 2. 浆料的生物甲烷化
正在审议的其他类型的项目	1. 海洋运输部门的燃料替代 2. 制冷系统的转换 3. 农业肥料的应用改进

资料来源:根据ICAP的相关资料自制。

[①] Icap网站,https://icapcarbonaction.com/en/ets/canada-quebec-cap-and-trade-system(2023年7月14日)。

出于对碳信用抵消系统管理的目的,碳信用抵消项目的发起人必须在项目的第一个报告期(指项目为了获得抵消资格而进行资格审核,审查期限内的一个连续时段)结束后的 6 个月内向魁北克环境部提交抵消信用额度的发行请求。在发行请求中必须包括以下信息:发起人及发起人代表身份所需的信息、环境部根据适用于该项目的部级法规分配给该项目的代码、请求所涵盖的每个报告期的起止日期、请求所涵盖的抵消信用额度。此外,发行请求还应当包括请求所涵盖的排放实体在每个报告期的项目报告,以及指定验证机构出具的、符合部级法规的项目报告或报告的验证报告。魁北克环境部在收到发行人提交的附有包含肯定或有条件肯定核查意见的签发请求报告后,视情况由部长签发相当于项目温室气体减排量的抵消额度,并根据适用于该项目的方法进行量化;或在对该项目的抵消额度量化后,直接对该实体产生的排放进行抵消。①

同时,魁北克政府对其验证的碳抵消信用项目实行全额保证。为此,魁北克环境部门将碳信用抵消系统与碳账户相结合,创立碳信用环境诚信账户制度。该制度涉及两个碳账户,即碳信用抵消项目发起人在合规系统跟踪系统服务(CITSS)中的一般账户和由魁北克环境部控制的环境完整性账户。如果碳信用抵消项目符合第一部分"发行请求"的各种标准,并且抵消额度进行量化之后,环境部会将 97% 的抵消额度(四舍五入到最接近的整数)存入发起人的一般账户,而剩余 3% 的抵消额度则存入环境部的环境完整性账户。此后,如果监管机构认为该项目发放的抵消信用额不合法,则需要抵消信用发起人进行信用额替换。环境部随后将通知项目发起人,发起人必须在收到通知后的 3 个月内,在其一般账户中替换非法抵消额度。如果发起人未能在 3 个月期限届满时对非法抵消额度进行替换,那么环境部将从其控制的环境完整性账户中提取同等额度的抵消信用来替换非法抵消信用,以确保其所有的抵消额度是合法且有保证的。②

四、惩罚措施

(一) 行政罚款

对于自然人,执法机构可以直接进行 500 美元以下的罚款,而对于违反规

---

① Regulation respecting a cap-and-trade system for greenhouse gas emission allowances 2022, s 70.2.
② Regulation respecting a cap-and-trade system for greenhouse gas emission allowances 2022, s 70.5.

定拒绝或逾期发送相关通知或提供有关信息、研究成果、机构报告、机构减排计划或其他文件的,此前未被行政罚款的除自然人以外的其他主体,可以处以 2 500 美元以下的行政罚款。

对违反《魁北克省关于温室气体排放限额与交易制度法规》第 18 条第 1 款(关于永久关闭系统内排放机构的排放者报告责任)、第 32 条第 1 款(关于排放者持有减排额度的限额规定)或第 50 条第 2 款或第 3 款(关于配额拍卖的相关规定)情节轻微的:

(1) 对自然人,执法机构可以处以 1 000 美元以内的罚款;

(2) 对除自然人以外的其他主体,可以处以 5 000 美元以内的行政罚款。

在下列情况下,执法机构可以对自然人处以 2 500 美元的行政罚款,对除自然人之外的其他主体处以 10 000 美元的行政罚款:

(1) 违反本法第 7 条或第 17 条(排放机构的注册和相关变更)、第 19 条第 1 款或第 3 款(关于排放机构排放合规期和排放阈值的相关规定)、第 20 条(关于抵消信用的相关规定)、第 21 条第 1 款(关于提交配额和核查减排的规定)、第 24 条(关于排放配额的交易规则);

(2) 未依照本法第 18 条第 1 款或第 2 款、第 22 条、第 41 条第 4 款规定确定排放配额或者排放单位,尚不可以适用其他行政处罚的。①

(二) 刑事处罚

对违反《魁北克省关于温室气体排放限额与交易制度法规》第 18 条第 1 款(关于永久关闭系统内排放机构的排放者报告责任)、第 32 条第 1 款(关于排放者持有减排额度的限额规定)或第 50 条第 2 款或第 3 款(关于配额拍卖的相关规定)的,情节严重的即属犯罪并应承担责任:

(1) 对于自然人,将被处以 6 000 至 250 000 美元的罚款;

(2) 对于除自然人以外的主体则可处 25 000 至 1 500 000 美元的罚款。

违反本法第 7 条或第 17 条(排放机构的注册和相关变更)、第 24 条(关于排放配额的交易规则)、第 37 条第 2 款(交易或用于合规的违法配额)、第 51 条第 1 款(拍卖参与者的保密义务)或第 70.5 条第 2 款(未及时更换非法抵消额度),情节严重的即属犯罪并承担责任:

(1) 对于自然人,将被处以 10 000 至 500 000 美元的罚款;其行为满足《刑

---

① Regulation respecting a cap-and-trade system for greenhouse gas emission allowances2022. s71 - 73.

事诉讼法》(Code of Penal Procedure)的,最高将被处以18个月的监禁;

(2)对于除自然人以外的主体,可处40 000至3 000 000美元的罚款。

为达成非法目的而向环境与气候变化部部长传达虚假或误导性信息是有罪的,并应当承担相应的责任:

(1)对于自然人,处以5 000至500 000美元的罚款,其行为满足《刑事诉讼法》的,最高将被处以18个月的监禁;

(2)对于除自然人以外的主体,可处15 000至3 000 000美元的罚款。

任何主体违反第28至31条有关交易配额的规定,或直接、间接从事、参与与排放配额有关的违法交易,均属犯罪。其具体可表现为:

(1)制造或促成制造排放配额交易活动或人为定价的误导性表象;

(2)对任何其他主体进行欺诈。

对于上述情况应当承担以下责任:

(1)对自然人,处以10 000至500 000美元的罚款,其行为满足《刑事诉讼法》的,最高将被处以18个月的监禁;

(2)对于除自然人以外的主体,可处40 000至3 000 000美元的罚款。[1]

(三)其他处罚

未能在合规截止日期前用足够的配额覆盖其温室气体排放的实体仍须补齐配额,并且还需对每个缺失配额担责。每个缺失配额都需附加三个额外配额作为惩罚,并应在规定的时间内汇入实体账户。

除上述的法律责任外,环境和应对气候变化部部长可以暂停向不合规的排放者分配配额。[2]

第四节 投资与金融合规

加拿大的金融部门将在筹集和引导政府和社会资金,以实现加拿大各部门转型,最终帮助加拿大实现净零目标的过程中发挥关键作用。为此,金融部门需要在整个运作过程中纳入环境、社会和治理(ESG)因素,逐渐转型为可持

---

[1] Regulation respecting a cap-and-trade system for greenhouse gas emission allowances2022,s 74-75.
[2] Icap网站,https://icapcarbonaction.com/en/ets/canada-quebec-cap-and-trade-system(2023年7月14日)。

续金融模式。根据加拿大《2030年减排报告》,可持续金融是实现加拿大2030年和2050年气候目标的关键跨领域政策工具。利用私营部门资本需要建设良好的可持续金融环境,其中透明度和明确的标准将是建设该环境的指导原则。在本节中,第一部分我们将详细介绍转型可持续金融的一大重要要素——与气候相关的财务披露合规,与前面的内容不同的是,这里的介绍拟聚焦于对金融转型有重大影响的上市公司披露的具体内容合规。在第二部分,我们将介绍加拿大的ESG投资合规,其内容包括与ESG相关的基金、联邦绿色债券和国外资本投资的相关规定。

一、加拿大上市公司的披露、治理合规

关于上市公司披露环境风险和投资机遇的相关具体问题,加拿大证券管理局早在2010年就发布了《员工通知51-333环境报告指南》(CSA Staff Notice:51-333-Environmental Reporting Guidance)。根据该指南,在环境问题日益凸显的背景下,上市公司应当重点关注环境风险及相关事宜的披露。在《国家工具51-102》持续披露义务中,加拿大证券管理局提出与环境相关的具体披露要求为以下方面。

一是披露环境风险。发行人必须披露与其自身及其业务相关的风险因素。这些风险包括诉讼风险、实体风险、监管风险、声誉风险和与商业模式相关的风险。

二是披露环境负债。发行人自身的业务活动可能会影响环境或涉及潜在的环境责任。对于潜在的责任,发行人可以通过改变做法或采用新的做法来减少对环境的负面影响,以此避免承担责任。

三是公司的资产报废义务。它要求披露发行人的财务状况、经营成果和现金流,包括披露可能影响发行人资产变动的决定。如果相关资产被出售、废弃、回收或以其他方式处置,则该资产被视为报废。

四是披露环境保护要求的财务和运营影响。发行人应根据51-102F2.表第5.1(1)(k)项披露环境保护要求对财务和运营的影响,包括资本支出、收益和竞争地位。

五是公司环境风险监督与管理。这项内容十分重要,包括上市公司实施的环境政策;上市公司的董事会授权和委员会。关于环境政策,报告发行人应解释其环境政策的目的及其旨在解决的风险,并评估和描述政策可能对其运营产生

的影响。对于上市公司的董事会授权和委员会,报告发行人应以对投资者有意义的方式披露董事会(或任何代表委员会)监督和管理环境风险的责任。

六是公司的前瞻性信息要求。发行人应注意,披露有关温室气体排放或其他环境事项的目标或指标可能被视为前瞻性信息或面向未来的财务信息,并将遵守普遍适用于此类信息的披露要求,包括识别要求重大假设和风险。①

在上市公司具体治理层面,2019年加拿大证券管理局发布《CSA工作人员通知51-358气候变化相关风险报告》,该通知侧重强调管理层和董事会(和审计委员会)在战略规划、风险监督以及审查和批准发行人年度和中期监管文件方面的各自作用。该报告建议发行人的董事会和管理层采取以下做法,以进行更加完整和全面的公司治理披露。

其一,确保董事会和管理层拥有或容易获得特定行业气候变化的相关专业知识,以充分了解气候变化相关风险,从而做出适当的管理。

其二,建立旨在收集气候变化相关信息并将其传达给管理层的披露内部机构和程序,以便评估气候战略、公司决策的合理性并适时向管理层披露。

其三,评估发行人的风险管理系统和方法,包括业务部门是否有适当地识别、披露和管理与气候变化相关的风险的能力。

其四,查看CSA针对董事会和管理层的核心问题,这些问题旨在为气候变化相关风险的评估提供信息。

其五,董事会是否提供了适当的方向和信息,以帮助公司成员了解特定部门的气候变化相关问题。

其六,董事会是否对管理层用来捕捉气候变化相关风险的性质和评估此类风险的重要性的方法感到满意;董事会是否考虑了与气候变化相关风险相关的披露控制和程序的有效性。②

二、加拿大ESG投资合规

(一) 投资基金合规

加拿大证券管理局2022年1月19日发布的《CSA员工通知81-334-ESG

---

① CSA, 51-102-Continuous Disclosure Obligations, October 19, 2020.
② 加拿大CSA网站, https://www.osc.ca/en/securities-law/instruments-rules-policies/5/51-358 (2023年7月14日)。

相关投资基金披露》指出，加拿大散户和机构投资者（包括投资基金行业）对ESG投资的兴趣大幅增长。根据全球可持续投资联盟2020年发布的《2020年全球可持续投资评论》，与美国、日本和澳大利亚等其他国家相比，加拿大在过去两年的"可持续投资"资产增幅最大，增幅达48％。在报告发布时，加拿大已经是全球可持续投资资产占比最高的国家，达到62％。[1]同样，根据责任投资协会2020年11月发布的《2020年加拿大责任投资趋势报告》，加拿大零售"责任投资"共同基金资产从111亿美元增加到151亿美元，两年内增长了36％。此外，2021年第一季度末加拿大"可持续基金"的价值为180亿美元，比2020年增长160％，种种迹象表明，投资基金行业正在不断创建新的ESG相关基金或将ESG因素纳入现有基金来响应投资者的需求。[2]但是，由于这一行业的规范尚不完整，"漂绿"等违法行为出现的可能性将大大增加。除了导致投资者投资不符合其目标或需求的基金外，"漂绿"还可能造成投资者混淆，并对投资者的投资信心产生负面影响，最终导致这一行业的衰败。所以，明确ESG基金类型和对ESG基金进行审查和指导合规势在必行。[3]

1. 投资基金的分类

为了完善和补充加拿大证券管理局2022年1月19日发布的《CSA员工通知81-334-ESG相关投资基金披露》（CSA Staff Notice 81-334-ESG-Related Investment Fund Disclosure）中关于基金类型的划分，2022年4月13日，加拿大投资基金标准委员会（CIFSC）发布了基金识别框架第二稿，并于2023年1月31日正式通过。该框架将在加拿大上市和注册的ESG基金分为以下五类。

第一类是ESG整合与评估类基金，该类基金将ESG名词下的所有标准与传统金融因素一同作为选择投资项目的评估方法，因此基金投资组合中的投资项目类别均已根据E、S、G等因素进行评估。一般通过ESG指数投资、基于ESG规则的基金、被动ESG指数投资等名称来识别该类基金。

第二类是ESG主题投资基金，该类基金关注囊括一个或多个环境、社会或治理主题的投资项目，该类基金的代表是清洁技术和低碳基金。

第三类是ESG排除类基金，该类基金基于ESG标准或其他因素考虑，将

---

[1] Global Sustainable Investment Alliance, Global Sustainable Investment Review 2020，2021.
[2] RIA，2020 Canadian RI Trends Report，November 2020.
[3] 加拿大CSA网站，https://www.osc.ca/en/securities-law/instruments-rules-policies/8/81-334/csa-staff-notice-81-334-esg-related-investment-fund-disclosure#N_1_1_1_2（2023年7月14日）。

特定的部门、行业、材料或公司排除在可投资范围之外,但是其投资组合排除和选择应当在监管或披露文件中详细说明。一般通过"负面筛选"等名称来识别该类基金。

第四类是影响力投资基金,该类基金旨在投资产生可衡量的积极环境和/或社会影响的项目,同时该类基金必须有明确的影响力衡量和管理政策。例如,旨在产生可衡量的社会影响力的基金。

第五类是ESG同类最佳类基金,这类基金通常投资于符合ESG特定标准的项目。例如提到ESG领导者、可持续发展领导者的相关基金。

针对符合条件的基金,加拿大投资基金标准委员将会把其纳入至不断的更新的《ESG基金清单》,供所有行业利益相关者使用。[1]

2. 投资基金的审查和指导

加拿大证券管理局对在其投资目标或投资策略中引用ESG和在销售中将自身宣传为ESG相关基金的基金进行审查。其目的是通过审查这些基金的监管披露文件和销售方式,评估基金披露的ESG相关信息的质量(包括基金披露的ESG投资目标或策略是否完整、真实和清楚地符合所有重要事实,以及基金的销售宣传是否具有误导性)。

在该审查过程中,加拿大证券管理局发现当前的披露要求在披露范围上足够广泛,能够满足投资者的需求。然而,它们认为这些基金的披露质量还需提高,其在报告中还指出,ESG相关基金将受益于围绕ESG的投资策略和持续披露的质量。根据ESG审查和其他因素,加拿大证券管理局在投资基金通知中就如何将现有监管要求适用于ESG投资基金提供指导,具体包括以下领域:(1)投资目标和基金名称;(2)基金类型;(3)投资策略披露;(4)代理投票和股东参与政策和程序;(5)风险披露;(6)适用性;(7)持续披露;(8)营销手段;(9)现有基金与ESG相关的变化;(10)ESG相关术语。其中第一项"投资目标和基金名称"和第五项"持续披露"最为重要。

关于投资目标和基金名称,投资基金必须在其招股说明书中披露基金的基本投资目标,包括描述该基金区别于其他基金的基本性质或基本特征的信息。同样,投资基金必须在其基金概况或ETF概况(如适用)中囊括对该基金区别于其他基金的基本性质或基本特征的描述。基金的名称和投资目标在确定基金的主要关注点并将其与其他基金区分开来方面发挥着重要作用。因

---

[1] CIFSC, Responsible Investment Identification Framework, January 31, 2023.

此，基金的名称和投资目标应准确反映基金的主要关注点。为防止"漂绿"行为，基金的名称和投资目标必须准确反映基金对 ESG 的关注程度，包括基金关注的 ESG 的特定方面。

报告指出，没有 ESG 相关投资目标的基金仍可使用 ESG 策略。然而，使用一项或多项 ESG 策略作为基金的重要或必要方面的基金（由基金名称或其营销方式证明），必须在其招股说明书和其基金事实或 ETF 事实（如适用）中披露该 ESG 策略作为投资目标。如上所述，报告提到对于这类基金中的 ESG 策略的描述必须使用通俗易懂的语言，招股说明书必须全面、真实和清晰地披露所有信息，以便投资者能够了解基金的投资目标等重要事实。此外，主要投资或名称暗示其将主要投资于与 ESG 相关的发行人或行业部门的基金必须在其基本投资目标中表明这一点。例如，打算主要投资于正向低碳经济转型的公司的基金，或者名称暗示它将主要投资于节水行业的基金。报告还指出，鉴于基金名称在区别于其他基金方面的重要性，现有要求将基金名称与其投资目标联系起来，以确保两者之间的一致性。因此，如果基金名称提及 ESG 或其他相关术语，如可持续性、绿色、社会责任等，则基金的基本投资目标需要参考基金名称中包含的 ESG 方面。

关于持续披露，加拿大证券管理局规定投资基金必须在其年度和中期管理报告中包含基金业绩（MRFP），投资基金在 MRFP 所属财政年度的运营结果摘要，包括讨论投资组合的构成、构成的变化和如何与基金的基本投资目标和策略相关，但是只需披露重大信息。加拿大证券管理局继续指出，对于具有 ESG 相关投资目标的基金，持续披露可以让投资者监控基金的 ESG 表现，从而帮助防止"漂绿"，进而评估基金在实现其 ESG 相关投资目标方面的进展。①

（二）联邦绿色债券

在加拿大《2020 年秋季经济声明》中，加拿大政府宣布发行首个绿色债券，以资助政府对绿色基础设施和其他环境举措的投资。通过发行绿色债券，加拿大意图动员全社会的资金支持其气候计划和环境目标，并通过持续增加流动性强和高评级的环境、社会和治理（ESG）资产，进一步推动加拿大的可持续

---

① 加拿大 CSA 网站，https://www.osc.ca/en/securities-law/instruments-rules-policies/8/81-334/csa-staff-notice-81-334-esg-related-investment-fund-disclosure#N_1_1_1_2(2023 年 7 月 14 日)。

金融转型，并且为投资者建立更成熟、更具流动性和资产多样化的市场。

《加拿大政府绿色债券框架》是加拿大政府根据国际资本市场协会（ICMA）绿色债券原则（2021）制定的。加拿大政府聘请的独立外部审查机构Sustainalytics已确认该框架符合绿色债券原则（2021）的核心组成部分和主要建议。加拿大政府的绿色债券框架主要由所得款项用途、项目评估和选择过程、收益管理和报告四个部分组成。[①]

1. 所得款项用途

加拿大政府拟拨出相当于已发行绿色债券净收益的金额，用于全部或部分满足本框架中规定的"环境合格支出项目"（"合格绿色项目"）的融资。其支付方式包括但不限于转移支付（如赠款、捐款等）、贷款、补贴、财政措施（如税收抵免和税收支出）以及相关运营支出（如工资）。并且，绿色项目的范围还可酌情扩大至资助绿色技术的研发以及支持符合该类别的与承担国际义务有关的项目。附录1展示了部分加拿大"合格绿色项目"的类别，并列出了相关的ICMA绿色债券原则项目类别以及相关的联合国可持续发展目标（SDG）。

2. 项目评估和选择过程

加拿大财政部和加拿大环境与气候变化部将领导跨部门绿色债券委员会（IGBC，其构成和内容参见图9-1）。该部门将负责更新潜在的合格绿色项目清单（"合格池"）。加拿大财政部和加拿大环境与气候变化部将聘请相关联邦部门或指定的验证机构核实"潜在绿色项目"的资格。作为IGBC的联合主席，加拿大金融部将负责跟踪和维护"合格池"。IGBC将每年审查已发行的绿色债券的收益分配，以确定是否进行更改。如果"合格池"中的任意一项绿色项目被政府取消、推迟或不再符合条件，加拿大财政部将与加拿大环境和气候变化部以及相关联邦部门协商后，用另一项合格的绿色项目取代此类项目。此外，联邦部门和国营公司将负责监督"绿色项目"的实施，并提醒加拿大财政部和加拿大环境与气候变化部注意各项潜在问题。

3. 收益管理

加拿大财政部将负责发行绿色债券以及管理绿色债券的净收益。根据框架，绿色债券的收益将存入加拿大政府的综合收入基金，并按照与传统债券发行筹集资金的相同方式进行管理。加拿大财政部每年都会通过虚拟登记册监

[①] 加拿大政府网，https://www.canada.ca/en/department-finance/programs/financial-sector-policy/securities/debt-program/canadas-green-bond-framework.html#Toc79593450（2023年7月14日）。

跨部门绿色债券委员会	
IGBC 的代表来自： ● 加拿大财政部（联合主席） ● 加拿大环境与气候变化部（联合主席） ● 加拿大自然资源部 ● 创新、科学与经济发展 ● 加拿大基础设施 ● 加拿大农业和农业食品部 ● 加拿大交通部 ● 加拿大公共安全部 ● 加拿大渔业和海洋 ● 加拿大原住民服务部 ● 皇家土著关系与加拿大北方事务部 ● 相关国营公司 其他部门、机构和皇家公司可以根据需要加入 IGBC	IGBC 将通过以下方式支持加拿大金融部和加拿大环境与气候变化部： ● 绿色债券框架的实施和维护 ● 绿色债券募集资金的合格绿色支出的识别、评估和选择 ● 确定绿色债券收益的潜在支出 ● 绿色债券募集资金的分配和管理 ● 关于净收益分配和环境影响的年度绿色债券报告

图 9-1　IGBC 的构成和内容

资料来源：加拿大政府网，https://www.canada.ca/en/department-finance/programs/financial-sector-policy/securities/debt-program/canadas-green-bond-framework.html # Toc79593451（2023 年 7 月 14 日）。

测绿色项目，并确定绿色债券净收益对各类绿色项目的分配。加拿大财政部将至少 50% 的绿色债券净收益分配给处于首个年度的项目，具体取决于该项目的可用性、目标发行规模和其他考虑因素。此外，在将绿色债券收益全部分配给绿色项目之前，加拿大财政部将根据加拿大基金管理治理框架中规定的加拿大政府现金管理政策来分配收益，并在必要时进行更新。绿色债券募集资金分配给绿色项目的情况将进行年度审查。

4. 报告

对于本框架下的所有绿色债券的发行，加拿大政府将致力于向投资者提供关于合格绿色项目的透明报告（分配报告），并将报告这些项目对环境的积极影响（影响报告）。

（1）分配报告

绿色债券发行后，加拿大政府将在下一个财政年度发布一份关于绿色债券募集资金净额分配的报告，其内容包括：已发行绿色债券向合格绿色项目类别的分配概览；按合格绿色项目类别划分的分配收益明细；按支付类型（例如，转移支付、补贴、财政措施（税收抵免）、业务支出、贷款和融资等）分配的收益明细；未分配的收益金额。分配报告将每年更新一次，直至已发行绿色债券的募集资金净额全部分配完毕。

(2) 影响报告

加拿大政府将在首次发行绿色债券后的两年内,每年发布一份影响报告,说明合格绿色项目的积极环境影响(例如,避免的温室气体排放、保护的土地公顷数)。此外,根据加拿大政府还将报告社会协同效益(例如,创造的就业机会数量、受益家庭数量)和对原住民社区的影响。

影响报告将提供以下信息:与已分配绿色债券收益的合格绿色项目相关的环境影响指标(例如,避免的温室气体排放);在适当的情况下,使用概述定性和/或定量指标的案例研究来讨论项目的影响。影响报告将每年更新一次,直至已发行绿色债券的募集资金净额全部分配完毕。由于特定环境影响指标的发布时间滞后,加拿大政府可能会在必要时提供额外的更新。影响报告的方法可能会随着时间的推移而更新,以与新的报告标准和方法保持一致。

5. 审查

(1) 第二方意见

在根据本框架首次发行加拿大政府绿色债券之前,加拿大政府会聘请Sustainalytics就该框架提供独立的第二方意见(SPO)。SPO为投资者提供对绿色债券项目类别预期环境效益的独立评估,以及该框架与ICMA绿色债券原则的一致性。

(2) 验证

加拿大政府还将聘请一个独立机构对已发行绿色债券的收益分配给合格绿色项目提供第三方验证。该报告将每年提供一次,直至已发行绿色债券的收益全部分配完毕。验证报告将在加拿大政府网站上公开。

(三) 对外国投资的政策变化

2022年《加拿大投资法》(Investment Canada Act)下的外国投资和国家安全审查将有以下变化。

第一,对除文化部门以外的外国资本投资的"加拿大净收益"审查将继续处于低水平,而"国家安全审查"将更加突出。

第二,国家安全审查的范围将继续扩大,其内容将超越传统的国防相关安全风险,新增基于经济的安全威胁(例如,影响敏感商品和技术、关键基础设施)和涉及环境可持续性的相关问题(例如,获取对开发清洁能源至关重要的矿物)、公共健康和安全以及个人数据保护。

在《加拿大投资法》通过后的三十年里,其审查核心一直是在"加拿大净收益"测试下审查国外投资,这是一种以考虑经济收益为主的理念。然而,由于受到经济全球化、全球政治局势、环境破坏的影响,审查核心将逐渐转变为以考虑社会公共利益为主的"国家安全审查"。因为在这个时代,国家安全的范围已经远远超出了传统的以国防和领土完整问题为重点的国家安全问题。在2020年和2021年,加拿大政府的指导方针和举措中规定的国家安全风险有所扩大——政府寻求在包括经济在内的一系列方面保护其公民(例如,防止丢失关键技术或受损的基础设施,确保生产先进技术的能力);确保可持续性(例如,以关键矿物作为清洁能源的投入);保障公共健康和安全(例如,保障个体的防护设备);实施个人数据保护。

加拿大国家安全风险的广度在政府2016年底发布的《国家安全投资审查指南》中有所体现,且在2021年3月,加拿大政府修订国家安全指南时明确提出将考虑以下内容:

第一,投资对关键矿产及其供应链的潜在影响(已确定31种矿产)。政府的一个主要目标是确保为低碳经济(例如,用于可再生能源和清洁技术应用)和用于航空航天、制造和国防等高科技行业的稀土金属稳定供应矿物;

第二,投资对加拿大境外敏感技术或专有技术转让的潜在影响,并详细描述可能引起国家安全问题的"敏感技术"类型(例如人工智能和机器人技术);

第三,投资的潜力,以允许访问某些类型的敏感个人数据。例如,个人身份健康或遗传数据生物识别(例如指纹)、财务、私人通信、地理定位或有关政府官员的个人数据。考虑到许多企业——从金融服务到约会应用程序——在日常运营中依赖大量的个人信息,这一风险因素可能适用于广泛的加拿大企业。

总的来说,对于外国资本投资,加拿大政府将更多地运用"国家安全审查"制度来确保投资不会触及加拿大"国家安全"。同时,"国家安全"的范围超出了该术语的传统概念,并正在扩大以保护"经济安全"和其他目标,例如环境可持续性和公共健康与安全。国家安全显然是一个弹性概念,加拿大政府将使用它来支持一系列政府目标。①

---

① Sandy Walker, "Foreign Investment trends to watch in 2022: The expanding scope of Canadian national security review", Dentons(Jan.20, 2022), https://www.dentons.com/en/insights/newsletters/2022/january/11/global-regulatory-trends-to-watch/dentons-pick-of-canadian-regulatory-trends-to-watch-in-2022/foreign-investment-trends-to-watch-in-2022-the-expanding-scope-of-canadian-national-security-review?utm_source=mondaq&utm_medium=syndication&utm_content=inarticlelink&utm_campaign=article.

第五节　法律责任

1999年,加拿大议会开始对《环境保护法(修订草案)》进行全面审查,并于2000年3月31日宣布生效。1999年加拿大《环境保护法》较1988年版做出了重大修改,其提出将"污染防治"作为国家环境保护的基石,明确法院对罪犯判刑的标准,还提出建立关于控制燃料、国际空气和水污染、汽车排放的新规定。它是加拿大联邦环境法领域的"母法",后来几乎所有重要的环境法律都以其为基础,同时该法也是加拿大环境保护监管体系的基石。以该法案为基础,加拿大环境法律体系逐渐完整,法律内容逐渐具体。此外,加拿大于2012年实行《环境执法法》,对9项环境法的罚款制度和量刑条款进行了现代化改进和协调,并引入了新的执法工具。这些措施旨在帮助公众更好地遵守联邦环境立法,并且能以最有效的方式进行环境补偿。

随着时代的发展,"碳中和"成为全球共识。对于温室气体减排这一微观领域的法律责任明晰逐渐成为这个时代环境立法的重要工作。对于政府推进绿色减排制度的法律保障和企业、个人的发展的法律规制,都需要环境法律的与时俱进。所以,本节以加拿大《环境保护法》中记载的法律责任为基础的同时,还将介绍部分法律责任在当下的新发展。

一、1999年《环境保护法》中的法律责任

在1999年《环境保护法》中,其有关"法律责任"的内容主要是规定在法案的第十部分"执法"的第十三小节"罪行和惩罚"中。其内容主要由提供虚假或误导性信息,破坏环境并导致人员伤亡,董事和高级职员的责任三部分构成。

(一)惩治提供虚假或误导性信息的行为

1. 处罚标准

根据加拿大《环境保护法》第272条第1款第(k)和(I)项和272.1条第1款第(g)和(h)项关于提供虚假或误导性信息的规定,其犯罪行为包括:其一,故意或者过失地就与本法或条例有关的任何事项向任何人提供任何虚假或误导性信息、结果或样本;其二,故意或者过失地就与本法或条例有关的任何事

项提交包含虚假或误导性信息的文件。

对于故意提供虚假或者误导性信息的处罚,针对个人来说,272条第2款规定:根据起诉书定罪的,(1)对于初犯,处以15 000至1 000 000美元的罚款或不超过三年的监禁,或两者并罚,以及(2)对于第二次犯罪或累犯,处以30 000至2 000 000美元的罚款或不超过三年的监禁,或两者并罚;根据简易定罪的,(1)对于初犯,处以5 000至300 000美元的罚款或不超过六个月的监禁,或两者并罚,以及(2)对于第二次犯罪或累犯,处以10 000至600 000美元的罚款或不超过六个月的监禁,或两者并罚。而对于本法第272条第3款规定的、除第4款中提及的个人或公司外的第三人犯罪,则应:根据起诉书定罪的,(1)对于初犯,处以500 000至6 000 000美元的罚款,并且(2)对于第二次犯罪或累犯,处以1 000 000至12 000 000美元的罚款;或者根据简易定罪的,(1)对于初犯,处以100 000至4 000 000美元的罚款,并且(2)对于第二次犯罪或累犯,处以200 000至8 000 000美元的罚款。而对于处罚小型公司(法院明确该公司在案情发生之日起前12个月内的总收入不超过5 000 000美元),第272条第4款规定:根据起诉书定罪的,(1)对于初犯,处以75 000至4 000 000美元的罚款,并且(2)对于第二次犯罪或累犯,处以150 000至8 000 000美元的罚款;或者根据简易定罪的,(1)对于初犯,处以25 000至2 000 000美元的罚款,并且(2)对于第二次犯罪或累犯,处以50 000至4 000 000美元的罚款。

对于第272.1条中规定的基于疏忽向他人提供虚假或者误导性信息的处罚则仅限于经济处罚,不再包括监禁。其中就个人而言,根据起诉书定罪的,(1)对于初犯,处以不超过100 000美元的罚款,并且(2)对于第二次犯罪或累犯,处以不超过200 000美元的罚款;或者根据简易定罪的,(1)对于初犯,处以不超过25 000美元的罚款,并且(2)对于第二次犯罪或累犯,处以不超过50 000美元的罚款。就除第4款中提及的个人或公司外的第三人而言,根据起诉书定罪的,(1)对于初犯,处以不超过500 000美元的罚款,并且(2)对于第二次犯罪或累犯,处以不超过1 000 000美元的罚款;或者根据简易定罪的,(1)对于初犯,处以不超过250 000美元的罚款,并且(2)对于第二次犯罪或累犯,处以不超过500 000美元的罚款。对于小型公司而言,根据起诉书定罪的,(1)对于初犯,处以不超过250 000美元的罚款,并且(2)对于第二次犯罪或累犯,处以不超过500 000美元的罚款;或者根据简易定罪的,(1)对于初犯,处以不超过50 000美元的罚款,并且(2)对于第二次犯罪或累犯,处以不超过

100 000 美元的罚款。①

2. 该责任的新发展

2010年后,人类对于环境问题的关注空前提高,也正是在这个阶段,如"ESG""环境信息披露"等绿色制度开始被大众熟知。此时各大公司敏锐地意识到,给自身或自身的产品贴上此类标签有利于树立自身的品牌,并从中获利。也正是在这个阶段"漂绿"等虚假宣传行为开始出现。"漂绿"这一市场营销行为,可能涉及各个部门法的协调适用问题。对此,如果其宣传的客体处于《环境保护法》的监管范围内,则依据该法进行处罚。例如2020年的大众汽车案,大众汽车公司承认58项违反1999年《环境保护法》第154条的非法向加拿大进口不符合规定的车辆排放标准的车辆的指控,这是《环境保护法》第272(1)(a)段规定的违法行为。同时,该公司还对两项提供误导性信息的罪名表示认罪,这是该法第272(1)(k)条规定的罪行。其在承认60项违反联邦环境立法的指控后,被法院依据该法勒令支付1.965亿美元的罚款。对于本文第二节提到的虚假广告案例,则因涉及不正当竞争,客体不包含于《环境保护法》,而由更为"特别"的《竞争法》进行规制。

(二) 规制破坏环境和导致人员伤亡的行为

根据加拿大《环境保护法》第274条第1款的规定,有故意或鲁莽地造成环境灾难,导致环境的使用价值或非使用价值丧失;或者表现出肆意或鲁莽地漠视他人的生命或安全,从而导致他人死亡或受到伤害的风险等情况的,一经起诉定罪,可处以罚款或五年以下有期徒刑,或两者并罚。该条第2款则规定了需由《刑法典》(The Criminal Code of Canada)规制的加重情形:任何人在实施本法规定的犯罪行为时,表现出肆意或不计后果地漠视他人的生命或安全,从而导致他人死亡或人身伤害,均应根据《刑法典》第220条过失犯罪致人死亡或第221条过失犯罪致人身伤害的规定受到起诉和处罚。对于个人来说,第274.1条还规定了附加罚款制度,其指出:如果个人被判有罪,并且法院确信由于犯罪的结果,该人获得了财产或者利益,法院应命令违法者支付额外罚款,罚款数额等于法院对该财产或利益的估计价值,并且附加罚款可以超过根据本法可能处以的任何罚款的最高金额。对于公司来说,根据第274.2条的规定,如果有股东的公司被裁定犯有本法规定的罪行,法院应下令指示该公司以

---

① Canadian Environmental Protection Act1999, part10-Enforcement.

法院指示的方式和时间通知其股东与犯罪有关的事实和处罚的细节。①

(三)明确董事和高级职员的责任

1. 处罚标准

根据加拿大《环境保护法》第 280 条第 1 款的内容,如果公司犯了本法规定的罪行,公司的任何董事、高级职员、代理人或受托人如果指示、授权、同意、默许或参与了该罪行的实施,即为该罪行的当事方并犯有该罪行,一经定罪,就公司犯下的罪行,应受到本法规定个人的处罚,无论该公司是否被起诉或定罪。并且,该法第 280.1 条第 1 款还规定了董事和高级职员的"忠实勤勉"义务:"公司的每一位董事和高级职员都应尽一切合理的努力确保公司遵守本法和条例,第 7 部分第 3 节和根据该部分制定的条例除外;和部长、执法官员和审查官员的命令和指示,以及禁令和要求,但与该部门规定的义务或禁令或根据该部门制定的条例相关的命令和要求除外。"②

2. 该责任的新发展

在某些情况下,董事或者高级职员要为公司的环境违法行为负责,即使他们并非有意实施违法行为,这被称为环境违法"严格责任"。随着绿色发展时代的到来,有关董事或者高级职员的责任在公司治理和公司信息披露两个方面进一步扩大。

"加拿大气候法倡议"(不列颠哥伦比亚大学和约克大学奥斯古德·霍尔法学院的一项研究倡议,即研究公司董事、官员和养老金受托人考虑、管理和报告气候相关气候变化的法律依据)在表明董事和高级职员除有受托义务了解、采取行动并披露与气候变化相关的风险和机遇之外,还应尽注意义务(指合理谨慎的人在可比情况下会行使的注意、勤勉和技能,也是公司法中对公司董事履行职责的客观标准),以最大限度地帮助公司摆脱气候变化带来的风险。同时,根据加拿大《一般公司法》,以及加拿大《商业公司法》第 122 条的规定,在以公司的最大利益为出发点行事时,董事可以考虑但不限于股东以及环境和公司的长期利益。在履行注意义务和采取会影响利益相关者的公司行动时,董事应公平公正地对待每个利益相关者群体。在解决利益冲突时,董事应将利益相关者的利益与公司的最大利益一起评估,以期创建一个"更好"的公

---

① Canadian Environmental Protection Act 1999,part10-Enforcement.
② Canadian Environmental Protection Act 1999,part10-Enforcement.

司。尽管董事和高级职员的受托责任仅针对公司，但公司法并未具体规定董事注意责任的受益人，这使得董事可能对其他利益相关者（包括更广泛的公众）负有广泛的注意义务。

在加拿大，上市公司有强制披露的义务，公司的风险披露对于投资者的投资决策非常重要。在披露的过程中，对有关气候变化风险的虚假陈述会使公司、董事和高级职员承担监管责任和民事责任。此外，董事和高级职员应当意识到，他们关于披露的决定和披露的内容不受商业判断规则的保护。加拿大最高法院考虑了气候披露要求的性质并得出结论："预测是商业判断问题，但披露是法律义务问题。"简而言之，该规则不能用来限制或破坏董事和高级职员对气候披露所应承担的责任。基于此规则，董事和高级职员应当评估自身在特定行业气候变化相关风险方面的专业知识，这将使他们能够就气候变化相关的风险和机遇提出正确的问题，并在风险管理和披露方面做出明智的决定。根据加拿大证券管理局于2019年8月1日发布的员工通知，加拿大进一步明确了董事和高级职员的责任，即董事和高级职员应避免含糊不清的披露。CSA指出，相关、清晰且易于理解的特定实体披露将帮助投资者了解发行人的业务如何受到气候变化导致的所有重大风险的具体影响。该风险披露应为投资者提供有关董事会和管理层如何处理的背景信息评估与气候变化相关的风险。

参考文献

[1] Rocco Sebastiano, Canadian Government Carbon and Greenhouse Gas Legislation, Osler(Mar, 2021), https://www.osler.com/en/resources/regulations/2021/carbon-ghg-canadian-government-carbon-and-greenhouse-gas-legi.

[2] Sheldon Fernandes, "History Lesson-Carbon Pricing in Canada", Brightspot Climate Inc(Feb. 7, 2022), https://brightspot.co/library/history-lesson-carbon-pricing-in-canada/.

[3] 加拿大政府网, https://www.canada.ca/en/news/archive/2006/10/speaking-notes-honourable-rona-ambrose-minister-environment-canada-an-announcement-concerning-canada-clean-air-act.html(2023年7月14日)。

[4] 不列颠哥伦比亚省政府网, https://www2.gov.bc.ca/gov/content/environment/climate-change/clean-economy/carbon-tax(2023年7月14日)。

[5] 联合国气候变化网站, https://www4.unfccc.int/sites/ndcstaging/PublishedDocuments/Canada%20First/Canada%27s%20Enhanced%20NDC%20Submission1_FINAL%20EN.pdf(2023年7月14日)。

［6］Greenhouse Gas Pollution Pricing Act.

［7］Clean Fuel Regulations 2020.

［8］Canadian Net-Zero Emissions Accountability Act.

［9］壳牌加拿大网站，https：//www.shell.ca/en_ca/media/news-and-media-releases/news-releases-2020/shell-launches-drive-carbon-neutral-program-in-canada.html and https：//twitter.com/Shell_Canada/status/1425577241623384065?s＝20（2023 年 7 月 14 日）。

［10］Dina Ni，Greenpeace Canada files Competition Bureau complaint against misleading Shell advertising，GreenPeace（Nov.10，2021），https：//www.greenpeace.org/canada/en/press-release/50740/driving-carbon-neutral-with-fossil-fuels-greenpeace-canada-files-competition-bureau-complaint-against-misleading-shell-advertising/.

［11］Green Peace，"Driving carbon-neutral" is impossible with fossil fuels，November 2021.

［12］Nathalie J.Chalifour，"Jurisdictional Wrangling over Climate Policy in the Canadian Federation：Key Issues in the Provincial Constitutional Challenges to Parliament's Greenhouse Gas Pollution Pricing Act"，*Ottawa Law Review*，Vol.50，No.2，pp.197–253（2019）.

［13］Grant Bishop，"Living Tree or Invasive Species? Critical Questions for the Constitutionality of Federal Carbon Pricing"，C.D.HOWE Institute（December，2019），https：//www.cdhowe.org/public-policy-research/living-tree-or-invasive-species-critical-questions-constitutionality-federal-carbon-pricing.

［14］Jason MacLean，"Climate Change，Constitutions，and Courts：The Reference re Greenhouse Gas Pollution Pricing Act and Beyond"，*Saskatchewan Law Review*，82：2，pp.147–185（2019）.

［15］加拿大最高法院网站，https：//scc-csc.ca/case-dossier/cb/2021/38663-38781-39116-eng.aspx（2023 年 7 月 14 日）。

［16］加拿大最高法院网站，https：//decisions.scc-csc.ca/scc-csc/scc-csc/en/item/18781/index.do?q＝＋Greenhouse＋Gas＋Pollution＋Pricing＋Act（2023 年 7 月 14 日）。

［17］加拿大 CPA 网站，https：//www.cpacanada.ca/en/business-and-accounting-resources/financial-and-non-financial-reporting/mdanda-and-other-financial-reporting/publications/tcfd-overview（2023 年 7 月 14 日）。

［18］Canadian Securities Administrators，CSA Staff Notice 51-354 Report on Climate change-related Disclosure Project，April 2018.

［19］CSA，51-107-Consultation Climate-related Disclosure Update，November 2021.

［20］加拿大政府网，https：//pm.gc.ca/en/mandate-letters/2021/12/16/minister-environment-and-climate-change-mandate-letter（2023 年 7 月 14 日）。

［21］Mark Segal，Canada Introduces Mandatory Climate Disclosures for Banks，Insurance Companies Beginning 2024，ESG today（Apr.8，2022），https：//www.esgtoday.com/canada-introduces-mandatory-climate-disclosures-for-banks-insurance-companies-beginning-2024/.

［22］Icap 网站，https：//icapcarbonaction.com/en/ets/canada-quebec-cap-and-trade-system(2023 年 7 月 14 日)。

［23］魁北克省政府网，https：//www.environnement.gouv.qc.ca/changements/carbone/participants-inscrits-au-SPEDE_en.htm(2023 年 7 月 14 日)。

［24］Regulation respecting a cap-and-trade system for greenhouse gas emission allowances 2022，s 70.5.

［25］Global Sustainable Investment Alliance，Global Sustainable Investment Review 2020，2021.

［26］RIA，2020 Canadian RI Trends Report，November 2020.

［27］CIFSC，Responsible Investment Identification Framework，January 31，2023.

［28］Sandy Walker，Foreign Investment trends to watch in 2022：The expanding scope of Canadian national security review，Dentons(Jan.20，2022)，https：//www.dentons.com/en/insights/newsletters/2022/january/11/global-regulatory-trends-to-watch/dentons-pick-of-canadian-regulatory-trends-to-watch-in-2022/foreign-investment-trends-to-watch-in-2022-the-expanding-scope-of-canadian-national-security-review?utm_source=mondaq&utm_medium=syndication&utm_content=inarticlelink&utm_campaign=article.

［29］Canadian Environmental Protection Act 1999，part10-Enforcement.

执笔：姚魏、陈思彤、何卫东(上海社会科学院法学研究所)

附录 9-1

ICMA 绿色项目类别	联合国可持续发展目标映射	子类别	加拿大绿色项目示例
清洁交通	可持续城市和社区	1. 支持低碳出行，包括开发和置换低排放和零排放车辆（尾气排放＜50 g/km），以及低排放和零排放公共交通车辆（尾气排放＜50 g/p·km）。 2. 建造和升级交通基础设施（例如，公共交通、铁路、充电站、主动交通）以及加强对基础设施的维护，促进向低排放交通方式的转变，支持低排放和零排放的未来。	1. 零排放汽车基础设施计划解决了加拿大缺乏充电站和加油站的问题；通过增加加拿大人生活、工作和娱乐的本地化充电和加氢机会的可用性，扫除 ZEV 应用的主要障碍之一。 2. 零排放车辆激励计划为加拿大居民和企业提供购买或租赁零排放车辆的激励措施。
自然资源与土地利用	可持续的生产和消费，消除饥饿，清洁海洋	1. 支持重新造林、自然保护区和可持续渔业以及可持续林业。 2. 支持恢复和加强湿地、泥炭地和草地的保护项目，支持储存和捕获碳等技术的发展。	自然智能气候解决方案基金支持恢复和加强湿地、泥炭地和草地的生态系统和捕获碳，改进土地管理做法，特别是在农业、林业和城市发展部门；保护富含碳的生态系统，避免这些生态系统被转化为其他用途，从而释放其储存的碳。
能源效率	可负担的清洁能源，可持续城市和社区发展	1. 支持或促进工业、商业、农业、公共或住宅部门的能源效率或燃料转换的措施。 2. 支持建造新的低碳建筑以及对现有建筑进行能源效率和/或低碳改造的措施。	绿色家园补贴（Greener Homes Grant）计划支持房主提高能源效率，在加拿大各地创造新的就业机会，发展加拿大国内绿色供应链，并应对气候变化。

续表

ICMA绿色项目类别	联合国可持续发展目标映射	子类别	加拿大绿色项目示例
陆地和海洋生物多样性	海洋生物保护、陆上生物保护	支持保护和恢复生物多样性以及陆地和海洋生态系统的措施，包括保护濒危物种和其他相关优先事项。	加拿大自然基金通过创建保护区和帮助恢复濒危物种的举措来支持保护加拿大的生物多样性。
再生能源	可负担的清洁能源	1. 支持可再生能源开发、部署和分配的措施，例如太阳能、风能、地热能、氢气（<36.4 g CO_2e/MJ）、海洋可再生能源、清洁燃料和生物能源。 2. 支持水电开发以及现有水电设施改造、运营或维护的措施，包括 25 MW 以下的小水电。超过 25 MW 的水电项目必须满足功率密度阈值或生命周期排放阈值。 3. 支持电网现代化的措施。	1. 智能可再生能源和电气化途径计划。 2. 智能可再生能源和电网现代化项目。
适应气候变化	气候行动	1. 支持增强气候弹性、管理与气候变化影响相关风险的措施，包括洪水、野火、干旱和极端天气事件。 2. 支持天气和环境条件监测和预测的措施。 3. 支持社区监测气候变化、加强风险评估、风险缓解和加强准备的措施。	减灾和适应基金旨在通过投资公共基础设施项目（包括自然基础设施项目）来增强加拿大社区的恢复能力，使他们能够更好地管理与当前和未来自然灾害（例如洪水、野火和干旱）相关的风险。

续表

ICMA 绿色项目类别	联合国可持续发展目标映射	子类别	加拿大绿色项目示例
水资源的可持续利用	清洁水和卫生设施建设	支持水和废水处理和管理的措施	投资加拿大基础设施计划包括投资水基础设施投资，以支持获得饮用水、废水处理和其他环境目标。
循环经济和绿色的产业链	可负担的清洁能源，可持续城市和社区，可持续的生产和消费	1. 支持产品和服务设计、制造和使用的措施，旨在延长商品的使用寿命和保值率（例如再利用、维修、翻新、再制造、再利用）以及材料、技术、服务和流程的有用应用（包括商业模式的改变）。 2. 支持生物经济技术、产品和工艺开发的措施（生物材料、生物化学制品和下一代建筑产品）。	森林创新计划促进新兴生物经济中创新技术、产品和流程的初始研发。这是通过支持符合未来市场需求和消费者偏好的研发和试点项目来实现的，并帮助该行业应对与木纤维供应相关的当前增长来的挑战。它还加速了清洁增长技术和产品的开发。
污染防治	可持续的生产和消费，可持续城市和社区，海洋生物保护，可负担的清洁能源	1. 支持减少空气污染物和温室气体排放的措施，包括碳捕获、利用和储存（符合排除标准）。 2. 支持废物管理活动发展的措施，例如废物预防、废物减量和回收。	低碳经济基金挑战通过利用对产生清洁增长和减少温室气体排放的项目的投资来支持泛加拿大框架，以帮助实现加拿大在巴黎协定中的承诺。

资料来源：加拿大政府网，https://www.canada.ca/en/department-finance/programs/financial-sector-policy/securities/debt-program/canadas-green-bond-framework.html#Toc79593451（2023年7月14日）。

图书在版编目(CIP)数据

全球碳中和合规研究 / 彭峰等著. -- 上海 : 上海社会科学院出版社, 2024. -- (双碳发展研究丛书) / 王振主编 . -- ISBN 978-7-5520-4456-0

Ⅰ. D912.6

中国国家版本馆 CIP 数据核字第 2024LL2668 号

全球碳中和合规研究

著　　者：彭　峰　安翊青　居晓林　等
责任编辑：袁钰超
封面设计：谢定莹
出版发行：上海社会科学院出版社
　　　　　上海顺昌路 622 号　邮编 200025
　　　　　电话总机 021 - 63315947　销售热线 021 - 53063735
　　　　　https://cbs.sass.org.cn　E-mail：sassp@sassp.cn
照　　排：南京理工出版信息技术有限公司
印　　刷：常熟市大宏印刷有限公司
开　　本：710 毫米×1010 毫米　1/16
印　　张：23
字　　数：396 千
版　　次：2024 年 6 月第 1 版　2024 年 6 月第 1 次印刷

ISBN 978 - 7 - 5520 - 4456 - 0/D·725　　　　　　　　　定价：108.00 元

版权所有　翻印必究